Wolfgang Herles

VORWIEGEND FEST-KOCHEND

Kultur & Seele der deutschen Küche

PENGUIN VERLAG

Zum Autor

Wolfgang Herles, Jahrgang 1950, ist Schriftsteller und einer der profiliertesten deutschen Fernsehjournalisten und Autor erfolgreicher Sachbücher und Romane. Einem großen Publikum ist Herles als Moderator des ZDF-Kulturmagazins »Aspekte« und der Literatursendung »Das blaue Sofa« bekannt. Er lebt in München und Berlin.

Inhalt

Für Diethard

»Jedes Leben endet mit dem Tod,
jeder Tag mit einer Mahlzeit.«

Hermann Fürst von Pückler-Muskau

Gruß aus der Küche

Eine Liebeserklärung an die deutsche Küche ist das hier natürlich auch – aber zugleich viel mehr. Was den Deutschen schmeckt, wie sie kochen, übers Essen reden und schreiben, ist Ausdruck ihrer Kultur, ja, ihrer Seele.

Die Gründe für unterschiedliche Esskulturen sind im Klima und anderen Produktionsbedingungen zu finden. Aber auch in fest verwurzelten Traditionen. Gerade auf dem Teller zeigt sich, wie unverwüstlich Mentalitäten sind. Sie machen den Geist der deutschen Küche aus und widerlegen die Behauptung, jenseits der Sprache sei deutsche Kultur »schlicht nicht mehr identifizierbar«, wie die ehemalige Integrationsbeauftragte der Bundesregierung Aydan Özuğuz behauptete. Gerade auf dem Teller ist deutsche Kultur nach wie vor identifizierbar.

So ist dieses Buch auch eine Fortsetzung von Thea Dorns und Richard Wagners Bestseller »Die deutsche Seele«. Wer bloß ein wenig herumstochert auf den Tellern, in Töpfe, Pfannen und Gläser guckt, bekommt schnell ein ziemlich präzises Bild der Deutschen, einst und heute.

»Gegessen wird, was auf den Tisch kommt.« Der deutsche Volksmund fackelte früher nicht lange, wenn die Mäuler gestopft wurden. Haut rein! Essen war Sättigung. Die Verköstigung bestand selten aus Köstlichkeiten. Der deutsche Magen galt als strapazierfähig. »Vergeblich habe ich viele hundert deutsche Köchinnen zum Besseren zu leiten versucht«, schrieb desillusioniert schon der bedeutendste der nicht allzu vielen deutschen Küchenphilosophen, Carl Friedrich von Rumohr, im neunzehnten Jahrhundert. Er wollte die Deutschen keineswegs nach dem Vorbild der genusssüchtigen französischen Schleckermäuler erziehen, war er doch Patriot. Für ihn hieß die Parole auch in der Küche: Deutschland gegen Frankreich. Deutsche Werte – das Einfache, Klare, Pure, Natürliche – führte er gegen französische Prinzipien – Raffinesse, Aufwand, Überfeinerung – ins Feld. Deutsche Esskultur ist von jeher an den Unterschieden zur französischen zu erkennen, auch wenn Deutschlands Küche längst erwacht ist und international mithält.

Mit den deutschen Vorlieben verhält es sich noch immer wie bei den deutschen Kartoffeln: Bevorzugt werden sie »vorwiegend festkochend«.

Deutsche wollen etwas Ordentliches, Strammes auf dem Teller. Ohne viel Schnickschnack. Aber auch hierzulande wird zunehmend gefragt, warum etwas schmeckt und ob es überhaupt noch schmecken darf. Denn heutzutage ist das Gute zugleich das Gesunde.

Ja, die Deutschen zeigen auch beim Essen zunehmend kritisches Bewusstsein. Das war nicht immer so. Jahrhundertelang fürchteten sie den Hunger, heute haben sie eher Angst vor dem Essen. Romantisch und fortschrittsskeptisch lieben sie möglichst viel »Natur« auf dem Teller. Nicht der

Markthalle 9, Berlin

Mangel, sondern der Überfluss schafft heute Unbehagen. Dieses Buch ist ein Bekenntnis zur Lust am guten Essen und Trinken. Moralaposteln und Körnerfressern mag es weniger munden. Ins Regal der Ernährungsratgeber und professionellen Kostverächter passt es nicht.

Es erzählt auch von enormem Wandel. Die deutsche Küche hat sich geöffnet. Sie hat zwar immer Fremdes aufgenommen, vieles, was als »typisch« deutsch gilt, kommt von weit her, nicht zuletzt die Kartoffel. Aber heute herrscht grandiose Weltoffenheit auf den Tellern, und auch die ist, wenn man so will, typisch für dieses Land.

Dabei geht es nicht bloß um Gerichte, sondern um die Einstellung zum Essen, um die Veränderung der Ernährung überhaupt. Wenn Deutsche übers Essen reden, klingt es auch deshalb immer öfter englisch. Indoor farming, Superfood und Slowfood, Streetfood und Junkfood, Clean Food und Genfood, Covenience Food, Foodporn und der grüne Veggieday. Die Vorlieben der Deutschen ändern sich nicht überall so rasant wie in hippen Großstadtrevieren, aber überall ist Essen eine Leidenschaft.

Wie passt diese Lust jedoch zur Knausrigkeit im Supermarkt und diese wiederum zum neu erwachten Bewusstsein für gesunde Ernährung und die Rettung des Klimas durch Verzicht? Wie die Gier nach fremder Kost zur Liebe zu Omas Küche? Die Antworten stecken voller Geschichte, Märchen, Mythen und Fakten. Von A bis Z.

Apfelbaum

Der Biss in den ersten Apfel der Saison: jedes Mal wieder ein Erlebnis. Bereits im Juli ist er reif. Er gewinnt keinen Schönheitspreis, ist meist unsymmetrisch, eher klein, von unauffälligem Hellgrün. Der heimische Klarapfel – typisch deutsch? Die Sorte stammt aus dem Baltikum und breitete sich erst Mitte des neunzehnten Jahrhunderts über Frankreich in ganz Europa aus. Am besten, man pflückt diesen Apfel vom Baum und genießt sofort. Denn kaum geerntet, wird er bereits mehlig. Druckempfindlich ist er leider auch, also nicht lagerfähig, weshalb er im Handel keine Rolle spielt.

Damit ist er allerdings nicht allein. Von A (wie dem um 1800 aufgetauchten Aachener Hausapfel) bis Z (wie die 1885 in Hausen an der Zaber kultivierte Zabergäurenette) zählt Deutschland fast fünftausend Apfelsorten mit noch viel mehr regional unterschiedlichen Namen. Im Handel sind nur etwa fünfzig Sorten. Drei davon machen siebzig Prozent des Umsatzes: Jonagold, Golden Delicious, Red Delicious. Mit Abstand folgen Granny Smith, Elstar, Cox Orange, Schöner aus Boskoop.

Knapp eine Million Tonnen werden in Deutschland pro Jahr geerntet. Zwei Drittel der Deutschen nennen den Apfel ihr liebstes Obst. Doch ist von dieser innigen Liebe zum Apfel im Handel wenig zu spüren. Weshalb nehmen die Deutschen diese Verarmung in Kauf? Weshalb verlangen sie nicht den verlorenen Reichtum an Geschmack zurück? Weil sie den Unterschied nicht mehr schmecken. Weil es ihnen egal ist, solange der Preis stimmt.

Der Grund der Verarmung ist simpel. Im Fokus der Produktion stehen Vermarktung, Lager- und Transportfähigkeit, Normierung und Bürokratisierung, aber nicht die wahre Qualität der Früchte, nicht der Genuss und schon gar nicht das geradezu magische Wesen des Apfels. Um das Elend zu begreifen, genügt ein Blick in die Marktordnung.

Auszug aus der Durchführungsverordnung Nr. 543/2011 der EU-Kommission zur Verordnung Nr. 1234/2007 des Rates für die Sektoren Obst und Gemüse. Anhang I, Teil B, Teil 1, Vermarktungsnorm für Äpfel, Klasse Extra. »Die Äpfel müssen folgende sortentypische Mindestfärbung aufweisen: bis

3/4 der Gesamtfläche mit roter Färbung in der Färbungsgruppe A, bis 1/2 der Gesamtfläche mit gemischt-roter Färbung in der Färbungsgruppe B, bis 1/3 der Gesamtfläche mit leicht rot verwaschener oder rot gestreifter Färbung in der Färbungsgruppe C.« Neben Farbe und Form ist auch die Größe genormt: »Um die Gleichmäßigkeit hinsichtlich der Größe zu gewährleisten, darf der Größenunterschied zwischen den Erzeugnissen eines Packstücks folgende Grenzen nicht überschreiten: a) für nach Durchmesser sortierte Früchte: bis 5 mm bei Früchten der Klasse Extra und Früchten der Klasse I und II, die in Lagen gepackt sind …« Und so weiter.

Setzt sich niemand zur Wehr? Das Apfelnetzwerk, gegründet 2009 unter Federführung des Bundesforschungsinstituts für Kulturpflanzen des Julius-Kühn-Instituts in Potsdam, hat sich zum Ziel gesetzt, die genetische Basis von wenigstens etwa tausend Apfelsorten zu erhalten. Sie sollen jeweils an mindestens zwei Orten angepflanzt bleiben. Der Grund dafür ist wiederum kein kulinarischer, sondern ein ökologisch-ökonomischer. Erhalten werden soll die genetische Basis nämlich zur Züchtung neuer Sorten, die mit geringerem Verbrauch von Pflanzenschutzmitteln höhere Erträge bringen.

Neue Sorten, die auf den Markt kommen, sind jedoch meist nicht alte, vergessene, sondern neue Züchtungen. Sie heißen dann Red Prince (»ein Typ zum Anbeißen«) oder Green Star (»ein perfekter Durstlöscher«), so die Markennamen für »Clubsorten«, wie sie von einer limitierten Zahl von Erzeugern vertrieben werden. Geworben wird beim Green Star damit, dass er in der Brotdose nicht braun wird, was dem Geschmack eines Apfels keinen Abbruch tut, nur eben dem Aussehen.

Bekanntlich hat ja alles Elend unter einem Apfelbaum begonnen. Damit, dass Adam etwas Verbotenes gegessen hat. Dem Mann blieb gleich der erste Bissen im Hals stecken. Dort ist Adams Apfel immer noch zu sehen. Vor der Vertreibung aus dem Paradies ins irdische Jammertal stand ein Apfelbaum. Der Biss in den Apfel ist die Ursünde, die den Verlust der Harmonie zwischen Schöpfer und Geschöpf symbolisiert. Damit verlieren Adam und Eva nicht nur ihre Unschuld, sondern auch ihre Unsterblichkeit. Mit dem Genuss des Apfels tritt der Tod auf die Bühne des Lebens. Eros und Tod sind nicht zu trennen.

So wird mit einem Apfelbaum auch alles enden, zumindest in Deutschland. Denn es ist ein Apfelbäumchen, das Martin Luther »heute noch«

Apfelmarketing auf der Fruit Logistica in Berlin

pflanzen würde, »wenn morgen die Welt unterginge«. Wäre es nicht sinnlos? Doch der Sinn des Lebens ist es eben nicht, immer nur Sinnvolles zu tun. Der Sinn des Lebens ist vielmehr das Leben selbst.

Möglich, dass das theologisch nicht ganz korrekt formuliert ist. Aber gerade mit diesem Satz kommt mir Martin Luther besonders deutsch vor. Eine Sache um ihrer selbst willen tun – und zu übertreiben. Auch wenn es das Letzte ist, was noch zu tun bleibt.

Streng genommen ist in der Bibel allerdings von einem Apfelbaum keine Rede. Nur in der Vorstellung der Deutschen trägt der Baum der Erkenntnis Äpfel. (Die Frucht, die Paradiesapfel heißt – Paradeiser in Österreich –, ist eine Tomate.) Womöglich hängt das botanisch-theologische Missverständnis mit der lateinischen Namensgleichheit von *malum* (Apfel) und *malum* (das Böse) zusammen.

Die Schlange lockt, doch der Apfel ist das Objekt der Begierde. Adam und Eva verletzen die totale Autorität ihres Schöpfers, geben einer stärkeren Kraft nach: ihrer Neugier. Der Biss in den Paradiesapfel macht Adam und Eva zu Verwandten des Prometheus, der den Göttern das Feuer stiehlt und damit zum ersten Koch der Menschheit avanciert. Im Paradies gibt es alles, nur keine Freiheit. Ein noch immer aktuelles Thema. Die meisten Menschen würden wohl im Zweifel ihre Freiheit gegen ewige Sorglosigkeit eintauschen.

Wer nach Erkenntnis strebt, begnügt sich nicht mehr mit dem Glauben. Glauben kann der Mensch nur blind. Wissen dagegen heißt erkennen. Adam und Eva erkennen sich nackt. Ihre Sexualität erwacht und damit ihre Scham.

Auf Albrecht Dürers grandiosem Gemälde betrachtet Eva ihren Adam mit unverhohlenem Interesse. Wie beiläufig hält er einen dünnen Zweig in der Hand, an dem eine große, pralle Frucht hängt, ohne den Zweig zu biegen. Der Apfel, nicht das Feigenblatt, bedeckt das Geschlechtsteil. Die beiden sind so schön wie Venus und Apoll. Dürer bezieht sich auch auf antike Götter, erweist sich als Künstler der Renaissance. Im Mittelalter hätte man ihm noch vorgeworfen, Götzenbilder zu malen.

Faust, Inbegriff des deutschen Manns, der in seinem Erkenntnisdrang den Pakt mit dem Teufel eingeht, ist auch so ein Renaissancemensch. In Goethes Schauspiel tanzt er in der Walpurgisnacht mit einer jungen Schönen. Unverfroren macht er sie an: »Einst hat ich einen schönen Traum; / Da sah ich einen Apfelbaum, / Zwei schöne Äpfel sah ich dran, / Sie reizten mich, ich stieg hinan.« Worauf die Schöne antwortet: »Der Äpfelchen begehrt ihr sehr / Und schon vom Paradiese her. / Von Freuden fühl ich mich bewegt, / Dass auch mein Garten solche trägt.« Das muss nicht erklärt werden. Goethe ist ein Apfelfreund, in jeder Hinsicht. Im zweiten Teil des »Faust« finden wir die unsterblichen Zeilen: »Über Rosen lässt sich dichten, / In die Äpfel muss man beißen.« Dem ist nichts hinzuzufügen.

Der Apfel ist doppeltes Sinnbild: für die verbotene Frucht wie für die Schönheit. Schönheit und Eros sind so wenig voneinander zu trennen wie Eros und Macht. Auch dieses Motiv kennen wir aus der Antike. Paris hat die Qual der Wahl. Der schönsten der drei Göttinnen wird er einen Apfel als Siegespreis überreichen. Schön sind sie alle drei. Athene bietet dem Prinzen von Troja zusätzlich Weisheit, Hera Macht. Er aber entscheidet sich für Aphrodite, für nichts als die Schönheit. Wie auch immer Paris gewählt hätte, die Rache der unterlegenen Göttinnen wäre ihm gewiss gewesen.

Der Apfel ist Zankapfel. Paris nimmt sich die schöne Helena zur Frau, die dummerweise schon mit Menelaos, dem König von Sparta, verheiratet ist.

Warum nur entzündet sich am Schönen so oft das Böse? Die böse Königin kann es nicht ertragen, dass Schneewittchen die Schönste ist im ganzen Land. Ihr Mordwerkzeug: ein vergifteter Apfel. »Äußerlich sah er schön aus, weiß mit roten Backen, dass jeder, der ihn erblickte, Lust danach bekam; aber wer ein Stück davon aß, der musste sterben.« Schönheit und Niedertracht sind im Apfel vereint, von der Bibel bis zum deutschen Märchen.

Auch in der deutschen Oper: In Wagners »Ring«-Tetralogie, gleich im ersten Teil, dem »Rheingold«, ist die Unsterblichkeit der Götter in Gefahr. Und damit Wotans Macht. Alles hängt an den Äpfeln. Die schöne Freia ist auf Walhall zuständig für das Ressort Gartenbau und Liebe. »Goldne Äpfel wachsen in ihrem Garten; / sie allein weiß die Äpfel zu pflegen: / der Frucht Genuss / frommt ihren Sippen / zu ewig nie / alternder Jugend«, singt Fafner, der Riese. Er hat gute Gründe, Wotan daran zu erinnern. Der vertragsbrüchige Potentat kann die Rechnung für den Neubau von Walhall nicht bezahlen. Deshalb nehmen die Bauunternehmer Fafner und Fasolt Freia in Geiselhaft. Was aber soll nun aus den Äpfeln werden und aus der Götter Unsterblichkeit? »Siech und bleich / doch sinkt ihre Blüte, / alt und schwach / schwinden sie hin, / müssen Freia sie missen.« Freia muss mit dem geraubten Gold der Nibelungen aufgewogen und ausgelöst werden. Schon tönt das Ende leitmotivisch in den Ohren, die Götterdämmerung.

Das Apfelmotiv entnahm Wagner der nordischen Sagenwelt. Das Paradies der Kelten ist Avalon – Apfelland. König Artus ritt nach Avalon, um Heilung zu finden. Der Apfel muss also schon sehr früh heimisch gewesen sein im Norden Europas. Der Wildapfel *Malus silvestri* wurde schon in der Jungsteinzeit kultiviert zum *Malus domestica*.

Das Know-how der Römer war beim Apfelanbau hilfreich. Sie veredelten, indem sie pfropften. Das deutsche Verb leitet sich vom lateinischen *propagare*, fortpflanzen, ab. Doch hatte der deutsche Apfel die lateinische Propaganda gar nicht nötig. Das ist schon daran zu erkennen, dass sich das ältere germanische Wort Apfel, althochdeutsch apful, durchgesetzt hat.

Den Reichsapfel hielten die Kaiser des Heiligen Römischen Reichs deutscher Nation als Insignie ihrer Herrschaft zur Krönung in der linken Hand, ein Symbol für die Macht über den Erdball. In unseren Tagen wird die

Symbolik umgedeutet. In der Hand des Menschen ist die Erde nicht mehr sicher. »Dieser Apfel dort / ist die Erde / ein schönes Gestirn / auf dem es Äpfel gab / und Esser von Äpfeln«, dichtete Hans Magnus Enzensberger.

Die meisten Äpfel werden allerdings getrunken. Durch die Jahrhunderte war Most das hauptsächliche Getränk der einfachen Deutschen, bis weit ins Mittelalter hinein. Met, meist vergoren aus Honig und Äpfeln, verbreiteter als Bier. Die Germanen kelterten Äpfel, als die Römer Wein anbauten. Die nannten den sauren Most Vice Vinum, Vizewein, Weinersatz, weshalb im Umland der ehrwürdigen römischen Kapitale Augusta Treverorum (Trier) der Stoff bis heute Viez gerufen wird. Der Historiker Plinius der Ältere schrieb: »Vinum fit e piris malorumque omnibus generis.« Wein wird aus Birnen und Äpfeln aller Arten gemacht. Wo Bartel den Most holt, ist nicht gut Kirschen essen.

Most! Erinnerungen an berauschende Kindheitserlebnisse steigen auf, die mein Illertissener Onkel zu verantworten hatte. Das hausgemachte, laut Lebensmittelrecht »weinähnliche Getränk« von mindestens sechs Prozent Alkohol löscht den Durst besser als Wein und Bier und beflügelt die Verdauung. Es lässt sich nicht aus dem übersüßen Tafelobst der Super-

märkte keltern, sondern verlangt nach gerbstoffreichen alten Sorten, etwa nach den kleinen Mostbirnen, die lange Zähne machen, falls man unbedingt hineinbeißen muss. Im Süddeutschen, in der Schweiz und in Österreich (Mostviertel) ist Apfelwein Kulturgut.

Ganz besonders auch im Frankfurter Stadtteil Sachsenhausen. Dort hält man den Ebbelwoi in tönernen Krügen aus dem Kannebäckerland kühl, ehe das Stöffche aus dem Bembel ins geribbte Glas geschenkt wird, Schobbe für Schobbe. Die einschlägigen Kneipen tragen lustige Namen: *Daheim im Lorsbacher Thal* oder *Kanonesteppel.*

Unvergorener Apfelsaft, gespritzt oder pur, ist heute der bevorzugte Saft der Deutschen. Nach kulinarischen Maßstäben ist der größte Teil davon nur als Schorle gegen den gröbsten Durst genießbar. Saft aus Apfelsaftkonzentrat dominiert den Handel. Dessen Herkunft darf verschwiegen werden. Nicht selten stammt das sirupartig eingedampfte Konzentrat aus China, dem größten Produzenten der Welt. Abgesehen von immer wieder entdeckten Schwermetallen und Pestiziden sind die chinesischen Zuchtäpfel so süß, dass Zitronensäure nicht bloß zur Konservierung in den Saft muss. Wieder schlägt der Preis die Qualität.

Natürlich produzieren am oberen Ende der Skala kleine Mostereien direkt gepresste, oft auch sortenreine Apfelsäfte zum fünffachen Preis. Die besten Saftbauern arbeiten so sorgfältig wie Winzer, sortieren matschiges Fallobst aus, bevorzugen alte Bäume von Streuobstwiesen, düngen nicht mit Kunstdünger, verringern der Qualität zuliebe den Ertrag. Die Kraft der Aromen mit Wasser zu schwächen wäre so barbarisch, wie die besten Weine für Gespritzten herzunehmen. Schon sind Sommeliers zu finden, die die passenden, sortenreinen Direktsäfte als Menübegleiter empfehlen. Es ist der Reichtum vergangener Zeiten, der allmählich wiederentdeckt wird. Er ist seinen Preis wert, preiswert aber ist er nicht.

▶ **Bauernopfer, Bio, Fleischeslust, Geschmackssache, Hopfen und Malz, Schnapsnase, Spätlese**

Apfelernte am Bodensee

Bananenrepublik

Deutschland, eine Bananenrepublik? Was das besonders innige Verhältnis der Deutschen zur Banane angeht, ganz gewiss. Sie schätzen sie mehr als andere Völker, jedenfalls unter denen, die keine Bananen anbauen. Das drückt schon die der deutschen Sprache vorbehaltene, ein wenig aus der Mode gekommene Phrase »Alles Banane« aus: alles Bestens.

Lange stand die Banane beispielhaft für die Versorgungsprobleme der DDR und wurde damit auch zu einer innerdeutschen Angelegenheit. Als Symbol der Wiedervereinigung schuf Klaus Staeck, der aus Sachsen stammende Politgrafiker, ein Plakat, das eine Bananenschale zeigt, aus der eine Bockwurst ragt. Da wächst zusammen, was offenbar nicht zusammengehört und dennoch zusammenpasst. Nach der letzten Volkskammerwahl der DDR, der ersten demokratischen, zog der westdeutsche Innenminister Otto Schily eine Banane aus der Tasche, um zu illustrieren, weshalb nicht seine Partei, die SPD, gewonnen hatte, sondern die CDU des Kanzlers. Hatte Helmut Kohl doch das Ende des Mangels versprochen, also auch Bananen. Schily verspottete die mit dem Geist der kapitalistischen Marktwirtschaft erleuchteten Brüder und Schwestern.

»Bananen! Richtige Bananen!« sind das Highlight der Büfetts in jenem Villenviertel Dresdens, in dem DDR-Bürger in Uwe Tellkamps preisgekröntem Roman »Der Turm« ihre bildungsbürgerliche Parallelgesellschaft pflegen. »Habe schon fünf verdrückt und ein paar auch um die Ecke geschafft. […] Für die Kinder«, triumphiert Malthakus. Man erzählt sich auch Bananenwitze. »Auf dem Alexanderplatz in Berlin wurde ein Bananenautomat aufgestellt. Steckt man oben eine Banane hinein, kommt unten ein Markstück heraus.« Ob eine Ost- oder eine Westmark, lässt der Roman offen.

Dem Mangel an Bananen ist der Schlager zu verdanken, den die Spatzen schon von deutschen Dächern pfiffen, als es die DDR noch gar nicht gab. »Ausgerechnet Bananen, Bananen verlangt sie von mir! Nicht Erbsen, nicht Bohnen, auch keine Melonen, das ist ein' Schikan von ihr!« Der deutsche Text des Erfolgshits stammt von Fritz Löhner-Beda, den die Nazis in Auschwitz umbrachten. Allerdings wurde der Bananenmangel, auf den der Songtext anspielt, nicht von deutscher Misswirtschaft verursacht, sondern von Braunfäule im Herkunftsland Brasilien. Die Krankheit traf nicht nur Europa, sondern auch die USA, wo dieser Schlager entstand.

Anhänger der nationalistischen Organisation Pegida (Patriotische Europäer gegen die Islamisierung des Abendlandes) schwenkten schwarz-rot-goldene Fahnen mit Bananen an der Stelle, an der früher Hammer und Zirkel der DDR prangten. Damit erregten sie den Verdacht auf Verunglimpfung staatlicher Symbole. Die Fahnen wurden von der Polizei beschlagnahmt. Nein, als Bananenrepublik will sich Deutschland nicht verspotten lassen. Ist es doch eindeutig keine Bananenrepublik im Sinne der von Korruption und Misswirtschaft gebeutelten mittelamerikanischen Staaten, in denen tatsächlich Bananen wachsen. Obwohl einem sofort der Berliner Flughafen oder die »Gorch Fock« einfallen.

Die Sehnsucht nach Bananen ist in den Ländern der ehemaligen DDR auch Jahrzehnte nach dem Beitritt zum Schlaraffenland BRD noch immer überdurchschnittlich groß. Auch in dieser Hinsicht leben die Deutschen tatsächlich in einer Bananenrepublik. Sie vertilgen jede dritte in Europa verkaufte Banane, obwohl sie nur sechzehn Prozent der Bevölkerung ausmachen. 1,4 Millionen Tonnen, zwölf Kilo pro Person, etwa achtzig Stück mittlerer Größe pro Jahr.

Anlass zur Sorge gibt, dass der Welthandel an einer einzigen Sorte hängt, die akut von Schädlingen bedroht ist. Die Bananenindustrie bezahlt den Preis der Monokultur nicht zum ersten Mal. Bereits in den Fünfzigerjahren erledigte die Panamakrankheit die damals dominierende Sorte Gros Michel. Deren leider nicht so süße Nachfolgerin, die Cavendish, ist doppelt so ertragreich, leichter zu ernten und beherrscht heute den Bananenmarkt – wenn auch vermutlich nicht mehr lange. Die Pilze Black sigatoka und Tropical Race 4 rücken ihr zu Leibe. Forscher züchten um die Wette, entwickeln neue, resistente Sorten. Noch schnellere Abhilfe verspricht die Gentechnik. Doch auch die Abneigung der Deutschen gegen Gentechnik auf dem Teller ist überdurchschnittlich stark. Man wird sehen, was stärker ist, der Appetit oder der Argwohn.

Feinschmecker bevorzugen ohnehin die kleineren, süßeren karibischen Bananen und haben auch für roh nicht genießbare Kochbananen

Der Bananensprayer war da. Kunstbunker des Sammlers Christian Boros in Berlin

als Gemüse Verwendung. Noch liegt die Einheitsbanane in den Regalen, dank EU-Bananenmarktordnung. Die Bananenmarktordnung legt lediglich Länge (nicht unter vierzehn Zentimeter) und Dicke (niemals weniger als siebenundzwanzig Millimeter) fest und unterscheidet zwischen Gemeinschaftsbanane, AKP-Banane (Afrika-Karibik-Pazifik im Sinne des Abkommens von Lomé) sowie Drittlandsbanane. Sie werden jeweils unterschiedlich verzollt. Die Eurobanane, grün und hart geerntet, übersteht den Transport dadurch leichter, dass sie erst am Bestimmungsort reifen darf. Das aber ist dem deutschen Bananenfreund gleichgültig. Hauptsache, die Kalorienbombe (hundertfünfzig Kilokalorien pro mittelgroße Banane) mit hohem Kaliumgehalt ist günstig zu kriegen. Dies ist der Fall, solange Umwelt- und Sozialbedingungen in den echten Bananenrepubliken mangelhaft bleiben. Hungerlöhne auf Riesenplantagen – auch solchen, die ein »Rainforest-Alliance-Siegel« auf die Früchte kleben – subventionieren den deutschen Appetit auf Bananen.

Warum ist die Banane krumm? Nicht etwa, weil sie, wie ein Witz behauptet, um die DDR einen Bogen gemacht hat. Der Grund liegt in dem, was Biologen negativen Geotropismus nennen. Bananen drehen sich, eingezwängt ins Kollektiv des Büschels zu je sechs bis zwanzig »Händen«, von Beginn ihres Wachstums an gegen die Schwerkraft der Sonne zu. Gekrümmt aus Freiheitsdrang: Mit diesem Widerspruch muss die Banane leben.

Und reden wir nicht darum herum, die Banane nährt auch die erotische Fantasie, überhaupt künstlerische Fantasien. Natürlich ist es ein deutscher Künstler, der weltweit als »Bananensprayer« bekannt geworden ist. Der vom Niederrhein stammende Thomas Baumgärtel sprüht seit 1986 ungefragt Bananen an die Fassaden von bisher etwa viertausend Kunstmuseen und Galerien im In- und Ausland und etablierte so die Banane als Symbol für Kunst.

Auf der Art Karlsruhe sorgte er 2018 für einen Eklat. Er steckte auf einer Karikatur seine phallische Lieblingsfrucht dem türkischen Präsidenten Erdoğan in den Hintern. Man muss das nicht pornografisch verstehen, kann es auch politisch-polemisch interpretieren: Die Kunst, symbolisiert durch die Banane, erniedrigt den Diktator. Politisch korrekt ist das nicht. Und weil die Deutschen in Sachen Political Correctness Spitze sind, gab es Ärger. Nach Protesten trennten sich der Galerist vom Bild und der Künstler vom Galeristen.

▶ **Bio, Fleischeslust, Goldbroiler, Schlaraffenland, Zuckerbrot**

Bauernopfer

Was der Bauer nicht kennt, frisst er nicht. Umgedreht scheint das deutsche Sprichwort noch immer zu stimmen: Was der Bauer nicht frisst, kennt er nur zu gut. Rückständigkeit auf der einen, skrupellose Industrialisierung auf der anderen Seite – kaum ein Berufsstand hat mit mehr und widersprüchlicheren Vorurteilen zu kämpfen. Man könnte auch sagen: »Was der Städter frisst, kennt er nicht.« Weil er von Ackerbau und Viehzucht keine Ahnung hat. Aber ist das den Bauern vorzuwerfen?

Verbraucher und Erzeuger hatten schon immer unterschiedliche Interessen. Aber noch nie war das Misstrauen so groß. Das ist schon daran zu erkennen, dass Verbraucherschutzministerium und Landwirtschaftsministerium gegeneinander arbeiten. Besonders plakativ war dies zu sehen, als das eine der beiden Ministerien 2017 seltsame Bauernregeln propagierte. »Steht das Schwein auf einem Bein, ist der Schweinestall zu klein.« Der Spruch ist selbstredend Mist. Solche Slogans sollten die Stadt gegen das Land aufhetzen, schimpfte der bayerische Bauernminister. Was hatte die Bundesministerin für Umwelt und Verbraucherschutz geritten, dafür Steuergeld auszugeben? War der Landwirt zum offiziellen Feindbild der Regierung avanciert? Die Regierung hätte genauso gut die Verbraucher attackieren können, etwa so: Muss das Schwein sehr billig sein, ist das Essen gar nicht fein.

Der Landwirt mistet den Stall aus, betreibt am Computer Herdenmanagement, manövriert seinen Betrieb durch den Paragrafenwald des EU-Agrarmarkts, wird dabei zum Spielball der Agrarindustrie und verdient damit weniger als ein Angestellter im Chemiewerk, dessen Produkte er großzügig einsetzt.

Dafür hat er einen Beruf, der mehr ist als ein Beruf, nämlich eine Lebensform. Er sieht sich als fleißiger und traditionsbewusster Bewahrer der Kulturlandschaft. Bei allem Stolz auf die eigene Scholle hält er sich gern für die schwächste Figur auf dem Schachbrett, an den Rand geschoben und anderen, mächtigeren Interessen geopfert.

Der Bauer folgte dem Jäger und Sammler, aber der Übergang dauerte viele Jahrtausende. Der frühe Mensch war Jäger, Sammler, Fischer und

Bauer zugleich, bis vor etwa zwölftausend Jahren, in unseren Breiten erst vor siebentausend Jahren, die unbearbeitete Natur zum Überleben der wachsenden Bevölkerung nicht mehr genug hergab. Der Anbau von Lebensmitteln musste kultiviert werden. Mit dem Bauern kam die Sesshaftigkeit, mit der Sesshaftigkeit entstand Gesellschaft. Gesellschaftsgeschichte ist immer auch Ernährungsgeschichte.

Neuere Ausgrabungen, etwa bei den Pfahlbauten am Zürichsee vom Ende des vierten Jahrtausends v. Chr., belegen, dass der Tisch weitaus reichhaltiger gedeckt war als bisher vermutet. Nur etwa vierzig Prozent des Essens bestand aus Getreide. Es gab Alternativen, wenn Nahrungsquellen wetterbedingt ausfielen. Zum Beispiel Haselnüsse, mit dreizehn Prozent auf Platz zwei der Lebensmittel vor der Erbse mit neun Prozent. Es wurden Haustiere geschlachtet: Schweine, Rinder, Hunde. Aber auch Biber und Frösche kamen auf den Tisch. Wilde Äpfel, Brombeeren, Schlehen sorgten für Vitamine. Fett lieferte die Milch, aber auch Lein- und Mohnsamen.

Die Völker des Nordens, Kelten und Germanen, nutzten die unberührte Natur länger als die Hochkulturen im Süden. »Ackerbau betreiben sie wenig«, behauptete noch Cäsar. »Ihre Ernährung besteht zum größten Teil aus Milch, Käse und Fleisch. Jagen, Fischen, Sammeln.« Die Tiere, die sie züchteten, lebten wild in den Wäldern. Was den Ackerbau anging, waren die Römer schon viel weiter.

Erst mit der Bevölkerungszunahme im neunten Jahrhundert begann die Ausweitung der landwirtschaftlichen Flächen, wurden Wälder großflächig gerodet, Sümpfe trockengelegt und urbar gemacht. Die Nachfrage stieg, des Bauern Bedeutung wuchs. »Die unberührte Natur wird von jetzt ab an den Rand der produktiven Werte und der vorherrschenden Ideen verbannt. Es ist dies der Anfang eines großen Booms – oder vielleicht auch einer großen Krise«, resümiert der Historiker Massimo Montanari. Denn mit der Zunahme der Flächen wuchs auch die Konkurrenz um deren Nutzung. Der Bauer lebte vom Land, der Adel vom Grundbesitz. Er beutete die Bauern aus, zog die Überschüsse ein. Die meisten Bauern lebten von dem, was übrig blieb. Sie hatten zwar Tiere im Stall, aber nur selten Fleisch auf dem Teller. Und sie verspürten wenig Anreiz, unter diesen Bedingungen effizienter zu wirtschaften, sie hatten ja nichts davon. Bauern und Grund-

Jungbauern – Landwirtschaftsfest München

herrschaft: ein Spannungsfeld. Selbst die Jagd war ein Privileg des Adels, das Bauern aus den Wäldern verbannte und zum Wildern nötigte. Fleisch war nun eine Frage des Standes und der Klasse. Unter den Bauern selbst, den wenigen reichen, den vielen armen, die kaum mehr schafften als ihre Selbstversorgung, war Getreide die Hauptnahrungsquelle.

Die Konzentration auf den Getreideanbau wiederum strapazierte wie jede Monokultur die Böden. Der Ertrag war zunächst mäßig, auf ein Samenkorn kamen lediglich vier Körner des geernteten Korns. Eine Lösung bot die Dreifelderwirtschaft. Alle drei Jahre lag ein Acker brach, um den Nährstoffgehalt der Erde aufzufüllen. Entsprechend niedriger war der Ertrag. Bessere Pflüge sollten das ausgleichen. Je tiefer die Pflugschar ins Erdreich schnitt, je fetter und schwerer die Erde war, desto mehr Zugtiere waren nötig – und desto weniger Chancen hatten die kleinen Bauern. Der

Teufel schiss von jeher auf den größten Haufen. Arme Bauern mussten sich selbst vor den Pflug spannen, hatten keine Zugtiere und dazu noch weniger Mist zum Düngen für die Felder.

Immer wenn die Bevölkerung stark zunahm, expandierte auch die Landwirtschaft. Jedes Mal ging dem eine Periode des Mangels voraus. Erst die Not machte erfinderisch. So auch während der Kleinen Eiszeit im sechzehnten und siebzehnten Jahrhundert, als die Durchschnittstemperatur in Mitteleuropa deutlich gegenüber dem warmen Mittelalter sank. Hunderttausende von Kleinbauern verelendeten. Gab das Land zu wenig her, bissen den Letzten die Hunde. Es gab bald weniger Bauern, aber größere Höfe, die für einen größeren Markt produzierten. In den Hungerjahren der Kleinen Eiszeit wuchs auch der internationale Handel mit Getreide, um Ernteausfälle zu kompensieren. Nachdem sich die Methoden von der Antike bis zum Beginn der Neuzeit kaum verändert hatten, machten nun neue Getreidesorten, verbesserte Viehzucht sowie Düngung die Landwirtschaft intensiver und effizienter.

Zum Stand der Bauern gehörten immer Arme und Reiche, Herren und Knechte. Bauerndörfer waren Orte enormer sozialer Gegensätze. 1520 beschrieb Johannes Bohemus den Bauernstand: »Ihre Lage ist ziemlich bedauernswerth und hart; sie wohnen abgesondert voneinander, demüthig, mit ihren Angehörigen und ihrem Viehstand. […] Geringes Brot, Haferbrei, gekochtes Gemüse ist ihre Speise, Wasser und Molken ihr Getränk.«

In unzähligen Berichten aus mehreren Jahrhunderten ist immer nur von der Not der Bauern zu lesen. Fernand Braudel, der große französische Historiker, zweifelt sie gleichwohl an: »Nehmen wir also die in der Literatur so häufigen Klagen über die Ernährung der armen Bauern […] nicht allzu wörtlich: Wir haben Beweise für das Gegenteil.« Auch das Jammern gehört seit jeher zum Geschäft.

Der Bauernstand war in Deutschland immer wieder Objekt und Opfer von Ideologie. Man mag auch den Neoliberalismus für eine Ideologie halten. Aber zunächst denken wir an die Blut-und-Boden-Ideologie der Nazis. Danach ist das rassisch reine Volk eins mit seinem Boden. Die Bauern wurden in den »Reichsnährstand« gezwungen. Der Staat legte Produktionsmengen und Preise fest. Der Reichsbauernführer war zugleich Landwirtschaftsminister. Sitz des Reichsnährstands war die Reichsbauernstadt Goslar. Der Verband war zäh, überlebte das Naziregime um etliche Jahre. Erst 2006 machte das Reichsnährstands-Abwicklungsgesetz dem Spuk auch juristisch ein Ende.

Die DDR sah sich als Arbeiter- und Bauernstaat. Vom Stand zur Klasse erhoben, hatten allenfalls Bauern ohne nennenswerten Landbesitz etwas davon. Als Werktätige der Scholle arbeiteten die Enteigneten zwangskollektiviert in landwirtschaftlichen Produktionsgenossenschaften und Agrarfabriken. Im Osten war die Landwirtschaft allerdings zuvor weitgehend in der Hand meist adliger Großgrundbesitzer. So sahen und sehen die ärmlichen Dörfer bis heute aus. Es fehlt eine gewachsene bäuerliche Kultur, wie sie Süddeutschland eigen ist.

Großagrarier mit mehr als tausend Hektar Boden wurden schon in der Sowjetischen Besatzungszone entschädigungslos enteignet. Tausende flohen in den Westen. Die stalinistische Zwangskollektivierung der übrigen Landwirte lief seit 1952 in Wellen und auch noch nach Stalins Tod (1953) bis 1964. Wer sich weigerte, sein Land einer LPG zu überlassen, wurde »überredet«. Dabei halfen willkürlich überhöhte Ablieferungsquoten, »Ernteeinsätze« der Staatssicherheit und anderer Kampfgruppen der Arbeiterklasse; die Maßnahmen reichten von eingeschlagenen Fensterscheiben bis zum Psychoterror. Nur maximal ein halber Hektar Boden blieb zur privaten Bewirtschaftung. Vor dem Mauerbau 1961 flohen Zehntausende Bauern. Manche brannten ihre Höfe nieder und verübten Selbstmord.

Fast alle Bauern arbeiteten in den LPGs, wobei sich die Umstrukturierung auf riesige Monokulturflächen sowie Massentierhaltung und auch die mangelnde Erfahrung mit solchen Kulturformen negativ auswirkte. Die Ernten blieben hinter den Plänen zurück, die Versorgungsvielfalt der Bevölkerung mangelhaft, und von der propagandistisch behaupteten Überlegenheit gegenüber der kapitalistischen Landwirtschaft im Westen konnte keine Rede sein. Nach der Wende wollte ein großer Teil der Bauern sein Land nicht wieder selbst bewirtschaften. LPGs wandelten sich in GmbHs oder Genossenschaften um.

Heute beliefern deutsche Bauern überwiegend die Industrie und sind ein Rad im Getriebe des Agrobusiness. Dieser hässliche Anglizismus hat sich auch in Deutschland eingebürgert. Der Bauernverband verwendet ihn ebenso wie das Landwirtschaftsministerium. Zum Agrobusiness zählt alles zwischen *farm and fork,* zwischen Pflug und Pfanne, vom Saatgut bis zum Brot. Erzeuger, Handel, Handwerk, Industrie umfassen ein gutes Zehntel der Beschäftigten in Deutschland, darunter sind die Bauern eine kleine Minderheit, gerade einmal 1,6 Prozent der Erwerbstätigen arbeiten auf dem Bauernhof.

Agrobusiness ist Big Business. Die größten drei Landtechnikunternehmen teilen sich die Hälfte des Weltmarkts. Drei Saatgut- und Agrarchemiekonzerne kontrollieren ihn, das deutsche Unternehmen Bayer ist ganz vorn dabei und zugleich in der Bredouille, denn die Übernahme des umstrittenen amerikanischen Gentechnikkonzerns Monsanto birgt unüberschaubare Haftungsrisiken durch das Unkrautvernichtungsmittel Glyphosat und hat Bayer in höchste Bedrängnis gebracht.

Bis ins Mittelalter war noch alles in einer Hand. Der Bauer backte Brot, schlachtete, produzierte aus Milch Butter und Käse, webte Textilien, verkaufte direkt an die Verbraucher. Die Spezialisierung ging einher mit der Verstädterung der Gesellschaft. Mit der Arbeitsteilung – Marx hatte in diesem Punkt recht – kam die Entfremdung. Bauern werden heute von der Agrartechnikindustrie und den Saatgutproduzenten ausgenommen, kämpfen gegen die Agrarfabriken, gegen Lebensmitteldiscounter, gegen geizige Verbraucher. Die Freiheit von der Leibeigenschaft haben sich Landwirte mühsam erkämpft. Nun presst der Markt sie, Staat und Europäische Union reglementieren und subventionieren, die großen Lebensmittelketten diktieren Preise und zusätzliche Vorschriften.

Was immer ein Bauer unternimmt, um die Produktivität zu steigern und die wirtschaftlichen Risiken zu senken, es kostet Vertrauen. Zwar war die Lebensmittelsicherheit noch nie so hoch wie heute, die Versorgungslage noch nie so stabil – doch zugleich auch der Argwohn gegenüber Lebensmitteln so groß.

Das Agrobusiness hat zwar effizientere Betriebe geschaffen, doch auf Kosten von Produktvielfalt und Qualität. Wo Konsumenten Qualität höher zu schätzen wissen wie in Frankreich, ist das Angebot besser als in Deutschland.

Wenn die Scholle zum Geschäftsfeld wird, braucht sich niemand zu wundern, wenn die bäuerlichen Kulturlandschaften inzwischen auch so aussehen. Monochrome Flächen, Wände aus Mais, von tonnenschweren Landmaschinen zusammengepresste Böden, von Pestiziden vernichtete Blumen und Kräuter, ausgelaugte Böden, belastetes Grundwasser.

Die Natur schlägt zurück: der Ackerfuchsschwanz im Getreide, Bodenpilze in Kartoffeläckern, Nematoden, Rapsglanzkäfer. Die Wirkstoffkombinationen der Chemie helfen immer weniger. Schädlinge entwickeln Resistenzen. Wenn die Waffen stumpf sind, ertönt der Ruf nach besserer Chemie, nach neuen Pestiziden. Aber auch die Prüfung neuer Insektizide wird strenger.

Verbandssprecher beklagen, Bienen würden besser geschützt als die Bauern. Das Volksbegehren »Rettet die Bienen« stieß ausgerechnet im einst agrarischen Bayern auf höchste Zustimmung. Sein Ziel ist es, die Artenvielfalt zu erhalten, was nur mit einer Steigerung ökologisch weitgehend unbedenklicher Landwirtschaft zu erreichen ist. Und hier erweisen sich immer mehr Bauern findiger als ihr Verband. Manche Ackerfläche wird bereits in artenreiche Wiesen für Bienen und andere Insekten verwandelt.

Doch trägt der Landmann Mitschuld an der Misere, wenn er aus Gier nur die rentabelsten Pflanzen anbaut, statt die Böden zu schonen und etwa zwischen Weizen, Raps und Gerste abzuwechseln. Weizen bringt zwanzig Euro mehr pro Hektar. Weizen nimmt in Deutschland den größten Flächenanteil aller Ackerfrüchte ein. Inzwischen muss auf immer mehr Flächen der Weizenanbau eingestellt werden, weil Bauern die biologischen Bedingungen jahrzehntelang ignorierten. Geringere Rendite – weniger Resistenzen, auch diese Rechnung geht am Ende auf.

Rekordjagd auf dem Acker, Rekordjagd im Stall. Die Deutschen sind an billige Lebensmittel gewöhnt und stellen nun zunehmend fest, dass das mit Raubbau verbunden ist. Sie wollen vom Agrobusiness profitieren,

Prototyp eine Feldroboters
auf der Grünen Woche

ohne die Nachteile in Kauf zu nehmen. Sie wünschen sich eine saubere, sichere und preisgünstige Ernährung. Nicht zuletzt deshalb wird der Ruf nach einer Agrarwende lauter, auch wenn der Preis dafür zu zahlen ist. Bei konsequenter Umstellung auf tiergerechte Haltung kämen zum Beispiel auf die Bauern vierzig Prozent Mehrkosten zu, wie die Organisation Foodwatch berechnet hat. Sie müssen umgelegt werden auf die Verbraucher.

Die Wende wird kommen. Auch im Stall werden sich die Dinge ändern. Zum Besseren. Ausgemistet gehören die Maßstäbe von gestern. Dunkle, schlecht belüftete Ställe – sie gelten heute als Tierquälerei. Ebenso jedoch die Vorstellung vom kleinbäuerlichen Idyll im Einklang mit der Natur, denn das war nie mehr als eine romantische Illusion.

Vor tausend Jahren lebten drei Viertel der Deutschen auf dem Lande, vor hundert Jahren noch knapp die Hälfte. Nach dem Zweiten Weltkrieg gab es 1,65 Millionen landwirtschaftliche Betriebe allein in der alten Bundesrepublik. Heute sind es noch zweihundertsiebzigtausend in ganz

Deutschland. Ein Bauer erwirtschaftet im Schnitt dreißigtausend Euro. Er produziert genug für hundertdreißig Verbraucher, vor gut hundert Jahren lag das Verhältnis noch bei eins zu vier. Und Jahr für Jahr geben viele Bauern auf. Die Großen werden vom Staat überdurchschnittlich gehätschelt und subventioniert, obwohl es die Kleinen sind, die für Vielfalt sorgen und tun, was die Propaganda vollmundig »Erhaltung der bäuerlichen Kulturlandschaft« nennt.

Vorsprung durch Technik kann sich der Großbauer eher leisten als der kleine Landwirt. Beide hat die digitale Revolution erfasst, ob sie wollen oder nicht. Smart Farming: Künstliche Intelligenz wird den Feldarbeiter weitgehend ersetzen. Drohnen in der Luft, Sensoren in Saat- und Erntemaschinen überwachen den Zustand von Boden und Pflanzen. Nährstoffbedarf, Feuchtigkeit, Pflanzenschädigung: Der Computer erhält alle Informationen, die er braucht, um jede einzelne Pflanze mit Nährstoffen, Wasser, Dünger individuell zu versorgen. Kleinere, den Boden schonende, führerlose Maschinen erkennen Unkraut, bekämpfen es, säen und düngen. Satellitenbilder beobachten das Wachstum und teilen dem Bauern täglich mit, wo Gefahren drohen. Agrarmanagement 4.0.

Und wieder sind die Weltkonzerne mit im Spiel. Aber auch Hunderte von Agrar-Start-ups ziehen Wagniskapital an. Der einstige Monsanto-Forschungsvorstand Robert Fraley, ein Bauernsohn, sagt: »Wenn wir diese Technikfeindlichkeit hinter uns bringen, ist es möglich, zehn Millionen Menschen zu ernähren und gleichzeitig weniger Land zu nutzen. Apple wird dann wahrscheinlich die Agrarindustrie bestimmen. Und Google.« Als die Bundesforschungsministerin zum Ausbau des schnellen Internets auch auf dem Land nonchalant anmerkte, 5G sei »nicht an jeder Milchkanne notwendig«, hagelte es Widerspruch. Tatsächlich ist Landwirtschaft ohne den Einsatz elektronisch gesteuerter intelligenter Technik in Zukunft nicht mehr konkurrenzfähig. Attraktiver und profitabler könnte der Beruf werden, wenn alle technischen Möglichkeiten sinnvoll genutzt werden.

▶ **Bio, Brotzeit, Hungersnot, Kraut und Rüben, Milchmädchenrechnung, Schlachtschüssel, Vegetarier und Veganer, Verbraucher, Zukunft auf dem Teller**

Bio

Zurück zur Natur! Es ist die Sehnsucht der Städter, seit es den Moloch Stadt gibt und seit Maschinen sein Leben bestimmen. In Deutschland ist dieser Drang besonders stark entwickelt und Ausdruck jener Gesinnung, die wir romantisch nennen. Die deutsche Seele ist gern romantisch, selbstverständlich auch auf dem Teller.

Zu unterscheiden ist zwischen der romantischen Haltung, wie sie immer noch lebendig ist, und der Epoche der Romantik im neunzehnten Jahrhundert, eine Gegenbewegung zur Industrialisierung. Aus dieser Tradition enthält das Romantische immer auch eine politische Dimension, eine gewisse Fortschrittsskepsis, und umgekehrt zeigt auch die Politik nicht selten eine romantische Neigung.

Wie kommt das im Alltag des deutschen Konsumenten zum Ausdruck? Dem vom Landleben entfremdeten Verbraucher helfen viele Biosiegel. Damit fällt es nicht schwer, sich zum Guten, Wahren und Korrekten zu bekennen. Das Attribut Bio genießt unter den Deutschen hohe Reputation und Glaubwürdigkeit. Bio klingt nach körperlicher wie geistiger Gesundheit, nach Moral, nach Bewahrung, Schöpfung, Reinheit, Erlösung, kurz: nach Einheit zwischen Mensch und Natur, Leib und Seele. Wenn es denn so einfach wäre.

Der deutsche Romantiker lehnt Materialismus und Nützlichkeitsdenken ab. »Natur« macht er zur »Kampfparole«, weiß Rüdiger Safranski, ein Kenner der Materie. Der Romantiker ist Idealist, weshalb auch die Philosophie des Idealismus eine sehr deutsche Errungenschaft ist. Sie führte zu unseligen Erlösungsfantasien in der Kunst, in der Politik und auch in der Küche. Nur in kargen Zeiten wurde diese Einstellung vernachlässigt, etwa während der überaus nüchternen, in jeder Hinsicht mageren Nachkriegsjahre. Ansonsten gilt: Je fetter das Land, desto bio.

Bio steht nicht bloß für Lebensmittel, sondern auch für Lebensstil. Wie er sich kleidet, wohnt, wie er konsumiert, hält der Biokonsument für den Ausdruck seiner Individualität. Ein Missverständnis, folgt er doch dabei bewusst und unbewusst kulturellen Mustern. Er hält sich an Konventionen, die ihm sagen, was erlaubt und erwünscht ist und was nicht. In und out. Bio ist selbstverständlich in.

Korrekt einkaufen in Kreuzberg

Bio steht aber auch für eine bestimmte Lebensführung, also für die ökonomische Grundlage unseres Lebensstils. Allerdings sind wir bei der Lebensführung nicht frei. Bio kostet mehr Geld. Wie wir uns ernähren, verrät, wie wir uns selbst sehen und gesehen werden möchten, aber auch, was wir uns leisten können.

Nichts bringt den Wandel der Ernährungsgewohnheiten in Deutschland auf einen kürzeren Nenner als die drei Buchstaben Bio. Als Ernährungskrisen noch häufig an der Tagesordnung waren, wurde klaglos und dankbar gegessen, was auf den Tisch kam. Bio ist eine Errungenschaft des Überflusses.

Vor der ersten industriellen Revolution (etwa von 1840 bis 1875) waren Hungerkrisen keine Seltenheit. Die Industrialisierung der Ernährung (Technisierung der Landwirtschaft, Konservierung, Lebensmittelchemie, Standardisierung der Produkte, Verbesserung der Logistik durch die Eisenbahn) linderte die Not.

Auch nach den Kriegskatastrophen ging es zuerst darum, satt zu werden und das Bruttosozialprodukt zu steigern. Mit dem Wirtschaftswunder der Fünfzigerjahre kam die Fresswelle. Erst mit dem sicheren Wohlstand kamen die Deutschen zur Besinnung. Wir kritisieren heute die Konsumgesellschaft, der wir doch nicht mehr entkommen. In diesem Dilemma scheint Bio eine Lösung anzubieten: Konsum – ohne Verzicht, doch mit Prädikat. Jetzt klebt ein Biosiegel auf der gefräßigen deutschen Seele.

Die Industrialisierung war verbunden mit optimistischem Glauben an den Fortschritt. Es galt als vernünftig, unabhängiger zu sein von der Natur, deren Risiken zu bannen durch Ökonomie und Technik. Der Fortschritt nahm den Bürgern Ängste. Heute macht der Fortschritt Angst. Massentierhaltung, intensive Landwirtschaft, Gentechnik, globale Marktmechanismen werden weithin als Irrwege angesehen.

Ausgelöst wurde die Biowende auch von konkreten Erfahrungen wie dem Rinderwahn. Die Krankheit forderte in Großbritannien einhundertsechsundsiebzig Todesopfer, in Deutschland kein einziges. Dennoch führte die bovine spongiforme Enzephalopathie (BSE) zum Totalverbot tierischer Futtermittel für Wiederkäuer. Angst haben viele auch vor Genfood. Mehr als die Hälfte der Deutschen lehnt es ab. In diesem »Krieg gegen die Natur« stehen sie allerdings auf beiden Seiten der Kampflinie, wenn man berücksichtigt, dass die den Weltmarkt beherrschende Genfood-Firma Monsanto inzwischen zum deutschen Bayer-Konzern gehört.

Es ist nicht zu übersehen, dass bei aller berechtigten Kritik genveränderte Pflanzen weniger oft Missernten produzieren. Die Ernährung einer auf bald acht Milliarden gewachsenen Erdbevölkerung ist ohne Gentechnik in der Landwirtschaft kaum möglich. Die Bio-Logik aber will Monsanto für eine Ausgeburt des Teufels halten. Der Ökostreitmacht gegen die Gentechnologie angeschlossen haben sich so unterschiedliche Gruppen wie die antikapitalistische Attac, Greenpeace, der Öko-Bauernverband Demeter und Slow Food. Sie werfen Monsanto vor, mit dem Einsatz des genveränderten Saatguts am Artenschwund, am Elend der Kleinbauern, an der Landflucht in weiten Teilen der Welt schuld zu sein.

Immer mehr Agrarier werden zu Biobauern, derzeit sind es gut zwölf Prozent, vor zwanzig Jahren waren es aber erst 1,7 Prozent. Der Biobauer steigt im Ansehen. Ohne moderne Technik kommt er nicht aus, aber vieles wirkt nostalgisch. Er hat meist noch einen richtigen Misthaufen hinterm Stall. Früher einmal war das der ganze Stolz jeden Landwirts. Je größer der Haufen, desto mehr Vieh. »Die innere Kraft seiner ganzen Wirtschaft zeigt sich in ihm«, hieß es 1885 in einem »Beitrag zur Lehre vom Völkeruntergang durch Bodenerschöpfung«. Auch in der Malerei war der Misthaufen das Erkennungszeichen des erfolgreichen Landmanns. »Ein krähender Hahn auf dem Misthaufen ist noch lange keine deutsche Malerei« ätzte und ächzte Lovis Corinth. Das lässt sich abwandeln. Ein stinkender Misthaufen allein ist noch lange nicht Bio. Es kommt auf den Mist an.

Seinen Erfolg verdankt Bio neuen Ängsten vor den Auswüchsen des Agrobusiness. Nimmt Bio die Ängste? Schön wär's. Zu viel »Fortschritt« kommt auf uns zu, meinen viele. Die »Entmachtung« des Menschen durch künstliche Intelligenz, dazu der Klimawandel, die halbe Welt auf Wanderschaft. Wie gut, denkt mancher, dass er wenigstens beim Essen dem bedrohlichen Wandel Einhalt gebieten kann. Bio macht die Welt auf dem Teller ein wenig übersichtlicher.

Deshalb reagieren viele Menschen auf die neue vorwärtsstürmende industrielle Revolution anders als unsere Vorfahren. Einst war der Fortschritt eine Verheißung, heute wird er zunehmend als Bedrohung empfunden. Früher befreite er; heute fühlt er sich wie Entmündigung an. Sein schwindelerregendes Tempo überfordert so manchen und macht uns obendrein abhängig von seinen Profiteuren.

Wer von Bio allerdings eine Befreiung vom überregulierten europäischen Agrarmarkt erhofft, irrt. Das Biosegment ist keineswegs der ungezügelten Natur überlassen. Die Obrigkeit mischt mit. Vater Staat überlässt Mutter Natur nicht das Feld. Wo käme man da auch hin. Die Zunahme staatlicher Normen ist auf dem Teller unübersehbar – ob ein Biolabel darauf klebt oder nicht.

Inzwischen ahnt auch der Gutgläubige: Bio garantiert nur einen besseren Ruf, ist jedoch nicht immer gesünder, schmackhafter, unverfälschter und für Umwelt und Nutztiere besser. Ein Irrtum zu glauben, biologische Pestizide seien durchweg harmloser. Spinosad, ein biologisches Pilzgift auf bakterieller Basis, tötet Bienen, ein anderes Pestizid mit dem Bacillus thuringiensis macht anfällig für Lungeninfektionen.

In der Ökolandwirtschaft ist auch die Lebensmittelsicherheit naturgemäß schlechter als im konventionellen Anbau. Mutterkornvergiftungen kommen bei Mehl und Müsli vor. Und schließlich verändert auch herkömmliche Zucht das Erbgut. Auch unter der Flagge Bio kann Natur zer-

In Reih und Glied, aber mit Siegel: Bio

stört werden, etwa wenn Wasser verschwendet und das Grundwasser versalzen wird, wie es in Spaniens Süden geschieht.

Gäbe es nur noch Ökolandwirtschaft, müssten die Anbauflächen enorm ausgeweitet werden. Denn der Ertrag der Bioflächen in Deutschland ist rund zwanzig Prozent geringer als der sonstiger landwirtschaftlich genutzter Flächen. Rechnet man die in der Ökolandwirtschaft unvermeidbar höheren Ernteausfälle hinzu, entstünde nach Greenpeace-Berechnungen ein Mehrbedarf von vierzig Prozent an landwirtschaftlich genutzter Fläche. Bio heißt also keineswegs automatisch, dass verantwortlich mit der Natur und Ressourcen umgegangen wird.

Bio verspricht glückliche Kühe, glückliche Arbeiter verspricht es nicht. Auch im Biolandbau schuften unterbezahlte Saisonkräfte, Tagelöhner aus aller Welt. Und wenn Bioartikel von weither importiert werden, zum Beispiel jede zweite Biomöhre, jeder dritte Bioapfel, ist die Ökobilanz nicht besser als bei normalen Produkten. Auch mangelt es an Kontrollen. Falsch deklarierte oder mit Schadstoffen versehene Importware ist keine Seltenheit, Biobetrug kein Ausnahmedelikt, wie Ermittlungen gegen dreihundert Bioeiererzeuger allein in Niedersachsen bewiesen.

Darüber ist recht wenig zu lesen, weil sich Bio aus einem Glauben speist.

Es gibt zahllose Biolabel. Die Kunden haben den Überblick längst verloren, wie Untersuchungen etwa der Stiftung Warentest beweisen. Das Biosiegel der EU gilt als Billigbio, die Anforderungen an Tierhaltung und

Ackerbau sind lascher als bei anderen Siegeln. Die »richtigen« Biobauern halten billige Biolebensmittel für verhängnisvoll. Denn sie gaukelten den preisfixierten deutschen Verbrauchern vor, Bio sei billig zu produzieren. Die Geiz-ist-geil-Mentalität ist wohl nicht mit ökologisch einwandfreier Landwirtschaft vereinbar.

Die Herkunft vieler Bioprodukte ist den meisten Verbrauchern nicht bekannt. Die deutsche Landwirtschaft kann die Nachfrage bei Weitem nicht decken. Dennoch wächst der heimische Ökolandbau kaum noch. Ziel der Bundesregierung ist es, ein Fünftel der Fläche bis 2020 biologisch korrekt zu bewirtschaften. 2017 war es erst ein Fünfzehntel. Viele Landwirte bauen lieber Energiepflanzen an, weil Biogasanlagen stärker gefördert werden und rentabler sind.

Bio boomt, und trotzdem sterben Bioläden. Marktführer im Biosegment sind Aldi und Lidl. Dazu kommen die Drogerieketten mit wachsenden Biosortimenten und eigenen Biolabeln. Das ist der neue Trend: Zwei Drittel des Bioumsatzes machen inzwischen die Konzerne. Sie setzen auf Bio, weil es sich lohnt. Im vergangenen Jahrzehnt hat sich der Umsatz von Biolebensmitteln in Deutschland auf gut zehn Milliarden Euro mehr als verdoppelt. Das sind zwar nur etwa fünf Prozent des Umsatzes der Lebensmittelbranche, aber die Wachstumsraten sind höher als bei konventionell hergestellten Lebensmitteln. So fegen die Großen der Branche die Bio-Emma-Läden hinweg. Nur noch ein knappes Drittel des Handels ist Einzelkämpfern überlassen.

So bleibt nicht viel übrig vom Weltverbesserungspathos von Bio, zu dem auch die Illusion gehört, das Wirtschaftsleben zu humanisieren. Doch auch der Biolebensmittelmarkt ist ein Schlachtfeld. Im Preiskampf bleibt die Qualität oft auf der Strecke. Und immer mehr Biobauern werden wie gewöhnliche Bauern zu abhängigen Lieferanten der Riesen, die Absatzmengen garantieren und Preise diktieren.

Bio stand einmal für moralisch korrektes Essen. Wer den Glauben an das Gute noch nicht ganz verloren hat, sollte genauer hinsehen, auf kleine Märkte gehen, auf regionale Herkunft achten. Wer Bio isst, sollte sich auskennen. Die romantische Gesinnung genügt nicht.

► **Bauernopfer, Diätwahn, Verbraucher, Waldpilze**

Bismarckhering

Wäre das Wappentier der Deutschen nicht schon der König der Lüfte, müsste es der Hering sein. Ein Wappentier soll ja das Beste im Charakter eines Volkes symbolisieren. Wie der Deutsche fühlt sich der Hering im Schwarm, im Kollektiv wohler denn als freiheitsliebender Einzelgänger.

Der Roman »Der Butt« von Günter Grass trägt zwar einen Plattfisch im Titel, aber auch der Hering spielt eine prominente Rolle. Grass beschreibt, was alles mit Hering gemacht werden kann. Er ist eingesalzen, geräuchert, mariniert oder grün, zu Brot, Kartoffeln und Kraut, gesotten, gedünstet, gebraten oder in heißer Asche gegart ein Genuss. Zu den einfacheren Genüssen zählt das Fischbrötchen. »Bismarck oder Matjes?«, heißt es an einschlägigen Imbisstheken.

Matjes sind junge, noch nicht geschlechtsreife Heringe, schon auf See ausgenommen und eingesalzen, eine seit dem fünfzehnten Jahrhundert erfolgreiche Methode, Heringe zu konservieren. Heringslappen in essigsaurer Marinade, mit roher Zwiebel serviert, werden dagegen unter dem Namen des vergötterten Gründers des Deutschen Reichs vermarktet. Just im Jahr der Reichsgründung 1871 will der Stralsunder Fischhändler Johann Wiechmann von Bismarck selbst die Erlaubnis dazu erhalten haben. Die Urkunde ging in den Kriegswirren verloren, weshalb die Legende umstritten ist. Eine andere Version geht auf einen Frontbesuch Bismarcks im deutsch-dänischen Krieg zurück. Der Eiserne Kanzler stand damals nicht bloß als Denkmal in allen Städten des Reichs, sondern auch auf jedermanns Tisch, sei es als Bismarckeier, Bismarckäpfel, Bismarckgurken, Bismarcktorte oder eben auch als Bismarckhering. Um eine saure Gurke gewickelte Bismarckheringslappen hören auf den respektlosen Namen Rollmops.

Der Bismarckhering avancierte gewissermaßen zum Saumagen der Ära Merkel. Während Helmut Kohl Staatsgäste mit dem traditionellen pfälzischen Fertiggericht beglückte, bekamen Wladimir Putin, George W. Bush und Austernfreund François Hollande beim Besuch in Merkels Wahlkreis auf Rügen ein Fässchen Bismarckheringe geschenkt.

»Heringe – die deutsche Volkskost« warb in einschlägiger Zeit ein weit verbreiteter Slogan. Hering war einmal ein Lebensmittel für den Alltag,

Arme-Leute-Essen. Diese Zeiten sind vorbei. Der Hering hat es an die Feinkosttheke geschafft, ist beinahe schon eine Spezialität – was den abnehmenden Fangmengen geschuldet ist. Schon im späten Mittelalter wusste man von den Grenzen der Ausbeutung; es gab Schonzeiten für den Heringsfang im Frühling.

Das Heringsfilet in Tomatensoße aus der Dose war im Studentenhaushalt meiner Zeit neben den damals noch billigen Ölsardinen ein Klassiker zum Abendbrot. Eine Alternative waren sauer eingelegte Bratheringe (ebenfalls aus der Dose) zu Bratkartoffeln. Grün, also roh, wenn auch bereits geschuppt und ausgenommen, ist der Hering etwas aus der Mode

Edelfischbude – Viktualienmarkt

gekommen. Der Hering aus dem Rauch heißt Bückling (von Pökling), ein gesalzener, heiß geräucherter, golden schimmernder Genuss, Leibspeise meines Vaters. Der Händler wickelte ihn traditionell in Zeitungspapier.

In der deutschen Wirtschaftsgeschichte spielt der Hering keine geringe Rolle. Die Hanse blühte nicht zuletzt dank des Handels mit diesem Fisch auf. Geeignete Konservierungsmethoden und schneller Transport ließen lange auf sich warten. Gepökelter, geräucherter, in Öl eingelegter Fisch war zwar schon früher bekannt, aber erst im Hochmittelalter breitete sich der Fisch auch auf den Märkten des Binnenlandes aus. Haltbar gemacht in Salz und in Fässer gepackt, wurde er bis in die süddeutschen Metropolen Nürnberg und Regensburg transportiert. Mitte des neunzehnten Jahrhunderts kamen die Heringsfässer auf die Eisenbahn.

Eine noch ältere Methode der Haltbarmachung von Fisch ist das Trocknen. Salz stand im frühen Mittelalter noch nicht in ausreichenden Mengen zur Verfügung. Luftgetrockneter Kabeljau, Stockfisch, ist seit den Wikingern, die den Kabeljauschwärmen weit nach Westen und Norden folgten, ein hochbegehrtes Gut. Das Handelsnetz reichte von Konstantinopel bis Amerika.

Neben dem Hering ist Kabeljau der Seefisch, der die deutsche Küche prägt, feiner als Hering, klassisch mit Senfsauce. Zu den mythischen Fischspezialitäten zählt Grass die Fischsuppe aus »fünf glubschäugigen Dorschköpfen«, in der eine Bernsteinkette mitgekocht wurde, was der Bischof im »Butt« als Fastensuppe besonders schätzt. Dorsche sind die jüngeren Exemplare des Kabeljaus, aber auch eine Bezeichnung für die kleinere Ostseevariante dieses Fisches, der lange Zeit billig war und durchaus nicht bloß auf die Tische von Bischöfen und anderen Personen von Rang und Stand kam. Am besten in Weißwein bei schwacher Hitze gesotten, Gurken und Dill kommen am Ende in den Sud, Krabben werden darübergestreut.

Die Bestände von Kabeljau und Hering gingen stark zurück. Gar nicht mehr korrekt ist der Verzehr der heiß geräucherten Bauchlappen des vom Aussterben bedrohten Dornhais. An die blonden Nackenlocken des Nationaldichters Friedrich Schiller erinnernd, werden Schillerlocken heute als Killerlocken diskriminiert. Dornhaischützer verweisen zusätzlich auf die Gefährlichkeit des Leckerbissens. Er enthalte siebenhundert

Mikrogramm Methylquecksilber pro Kilogramm und überschreite den gesundheitlich unbedenklichen Grenzwert um das Zehnfache.

Womit hat Schiller das verdient? Seine Dichtung befasst sich leider nur am Rande mit Fischerei. Die gemeinsam mit Goethe verfasste 198. Xenie geht so: »Freilich tauchet der Mann kühn in die Tiefe des Meeres, / Wenn du, auf leichtem Kahn, schwankest und Heringe fängst.« Vom Philosophen Fichte ist hier die Rede, er wird hier als geistiger Tiefseetaucher gerühmt, während die Dichterfürsten sich mit Fischen an der Oberfläche begnügen.

Ersatz für Schillerlocken liefert die Tilapia-Zucht. Massentierhaltung. Der Fisch als arme Sau. Aquakultur klingt zwar besser als Saustall, eben irgendwie nach Kultur, aber sieht das der Fisch genauso?

Statistisch kauft der Deutsche seinen Fisch am liebsten tiefgefroren und fertig zubereitet, insgesamt etwa fünfzehn Kilogramm pro Jahr und Nase; die Menge ist über die Jahre relativ stabil geblieben. Mehr als die Hälfte der von der deutschen Fangflotte angelandeten Beute ist gefrostet. Dies spricht weniger gegen die Qualität des Fisches als gegen die Qualität der deutschen Küche. In der hohen Schule der Kochkunst steht die Fischküche am höchsten, Frischfischküche allerdings. Frische Fische filetiert Fischers Fritz.

Das Grimm'sche Märchen vom »Fischer un syner Fru« hört sich an, als sei es aus der Tiefe der deutschen Seele aufgetaucht. Ursprünglich in vorpommerschem Platt verfasst, ist es ein Werk des Schriftstellers und Malers Philipp Otto Runge. Hauptfigur ist ein gewaltiger Plattfisch, ein Butt, der sprechen und Wünsche erfüllen kann. Er bittet den Fischer, der ihn an Land gezogen hat, um seine Freiheit. Das wiederum beschert dem freundlichen Fischer Ärger mit Ilsebill, seiner Frau. Weshalb der Schwachkopf denn keine Gegenleistung verlangt habe, will sie wissen. Reumütig kehrt der Fischer an den Strand zurück: »Buttje, Buttje inne See, myne Fru de Ilsebill, will nich so, as ik wol will.« Die Frau stellt immer höhere Forderungen, der Butt liefert, und am Ende handelt es sich doch um ein deutsches, also pädagogisch wertvolles und moralisch einwandfreies Märchen, wird die Fru für ihre Maßlosigkeit bestraft.

Der Butt im Roman von Günter Grass ist der Auffassung, es sei an der Zeit, das Märchen vom Fischer un syner fru als »weiberfeindliches

Steckerlfisch in einem Münchner Biergarten

Propagandamärchen zu widerlegen« und »alle Ilsebills zu rehabilitieren«. »Der Butt« ist das sprachmächtigste Werk, das jemals die deutsche Küche und ihre Geschichte beschrieben und verherrlicht hat. »Ilsebill salzt nach« lautet sein begnadeter erster Satz. Er beweist, dass wir es mit einer ausgezeichneten Köchin zu tun haben. Übersalzen ist nicht wiedergutzumachen, besser ist es nachzusalzen. Überhaupt ist es wichtig, nicht zu früh zu salzen, um die Zutaten nicht auszulaugen. Leider sind die Ilsebills unter den deutschen Köchinnen und Köchen eine Minderheit. Die Mehrheit tut sich nicht zuletzt mit der Zubereitung von Fisch schwer.

Die Geringschätzung von Fisch in der deutschen Küche hat Gründe. Fisch galt in Deutschland lange Zeit als das schiere Gegenteil von Fleisch, das die deutsche Küche dominiert – und war deshalb vorwiegend Fastenspeise. Fleisch vom Rind, Schwein oder Lamm zählte weit mehr als Fleisch von Hering, Forelle oder Aal. Der Ausbreitung des Christentums verdankt der Fisch, dessen griechische Vokabel ein Akrostichon für die Herrschaftsbezeichnungen Jesu ist, in Deutschland seine nur langsam gewachsene Wertschätzung. Nachteil des Fisches: seine schnelle Verderblichkeit. Fisch aber steht mittlerweile kulinarisch ganz oben. Und der edle Butt ist kaum noch erschwinglich für Otto Normalverbraucher.

Der beliebteste Plattfisch auf deutschen Tellern ist jedoch kein Butt, sondern die Scholle; sie trägt beide Augen auf der rechten Körperseite, der Butt dagegen auf der linken, beide leiden an Überfischung. Am häufigsten wird Scholle, zumal die jugendliche Maischolle, nach Finkenwerder Art mit Speck zubereitet, eine kulinarisch freilich überschätzte, der Feinheit des Fisches nicht gerecht werdende Zubereitung.

Die deutsche Hausmannskost aber verwöhnt nicht mit Fisch. Das Fischstäbchen schmeckt dem kleinen Mann, weil auch dem großen Mann Backfisch am besten mundet, Hauptsache, er ist außen knusprig. Es soll noch immer Kinder geben, die glauben, Fisch komme in freier Natur überwiegend in rechteckiger Gestalt vor und werde auf hoher See von Käpt'n Iglos Männern gefangen. Der Vierkantfisch, so viel zum Trost, ist keine deutsche, sondern eine britische Erfindung aus der Nachkriegszeit. Nach deutschem Lebensmittelrecht enthält er immerhin zwei Drittel wirklichen Fisch, der wiederum zu drei Vierteln aus intaktem Fischfilet bestehen muss. Im Fischstäbchen steckt noch immer gelegentlich Kabeljau, häufiger Seehecht oder Seelachs. Den jungen Fischstäbchen-mit-Ketchup-und-Pommes-Liebhabern sind solche Feinheiten gleichgültig. Ein typisch deutscher Schlager scheint dagegen das sogenannte »Schlemmerfilet« zu sein, ein Hitparadendauerbrenner wie »Marmor, Stein und Eisen bricht«. Vergessen wir nicht die gute deutsche Fischfrikadelle, die durchgegarte Cousine des Fischbrötchens.

Die deutsche Küche hat mit noch durchaus Gröberem aufzuwarten. Man mag über Labskaus streiten. Ursprünglich ist er gar kein Fischgericht. Es ging darum, Seeleuten an Bord etwas aufzutischen, was vom Skorbut schmerzenden, wackeligen Zähnen keinen unangemessenen Widerstand bot. Also wurde Pökelfleisch mit Zwiebeln, Schiffszwieback, Roter Bete und Gurkenwasser püriert. Später kamen Matjes und Kartoffeln in die Pampe und statt Pökelfleisch Corned Beef. Zur Entlastung der deutschen Küche kann gesagt werden, dass auch Labskaus nicht aus Deutschland stammt, sondern aus England. Der fischige Brei gehört in die geschlossene Abteilung Folklore, jedoch nicht in die Abteilung Kulinarik.

Dort ist anderes zu finden. Abgesehen vom Kaviar aus hessischer Störzucht kommen als luxuriös geltende Wasserbewohner wie Hummer und

Langusten nicht aus deutschen Gewässern. Eine Ausnahme macht die Auster, sie wird – wo sonst – im Sylter Watt gezüchtet. Der Verzehr dieser Delikatessen gilt hierzulande meist als dekadente Verschwendung, während der Mittelstandsfranzose dafür ohne Reue ans Ersparte geht.

Der Hummer der Deutschen ist eher die winzige Nordseekrabbe, mit Grundschleppnetzen aus dem Wattenmeer geschöpft, leicht verderblich, deshalb gleich nach dem Fang gekocht. Von drei Kilo Krabben bleiben nach dem Pulen nur ein Kilo verzehrbare Schwänzchen übrig. Das Lösen des Garnelenfleisches aus dem Panzer ist dem Esser nicht zuzumuten; er würde darüber womöglich verhungern. Früher wurde die Krabbe in deutscher Heimarbeit gepult, heute in Marokko, Polen oder Weißrussland. So eine Krabbe kommt also weit herum, wenn sie erst einmal tot ist. Sie landet im Cocktailglas, im Rührei, auf Pumpernickel. Unverwechselbares deutsches Essen, das sich vor den größten und edelsten Krustentieren nicht verstecken muss. Billig ist auch sie nicht.

Der deutsche Strom ist der Rhein. Einst fühlten Lachse sich in ihm wohl. Sie wurden nach dem Fang lebendig transportiert und erst auf den Märkten in ganz Deutschland geschlachtet. Heute kommt dieser Fisch aus norwegischer oder irischer Zucht und ist längst kein Luxus mehr.

Von Zander, Hecht und Karpfen war noch nicht die Rede. Zander auf Weinkraut, Karpfen blau und Badische Hechtklößchen in Sahnesauce zählen zu den Höhepunkten traditioneller deutscher Kost. Die Hauptspeise unter den Süßwasserfischen deutscher Herkunft aber ist die Forelle, am liebsten nach Art der Müllerin. Ein nach heutigen Maßstäben weit überdurchschnittlich gebildeter Deutscher hat vielleicht schon einmal das Forellenquintett von Franz Schubert gehört. Vorausgesetzt, er hält bis zum vierten Satz durch, vernimmt er ein vielfach variiertes Thema, das auf ein ebenfalls von Schubert vertontes Lied zurückgeht, dessen Text jedoch – Achtung Verwechslungsgefahr! – von Christian Friedrich Daniel Schubart stammt. »In einem Bächlein helle, / Da schoss in froher Eil / Die launische Forelle …«

Das in der Musik so hurtig und heiter vorwärtsschnellende Tier ist freilich nicht zu beneiden. Denn am Ufer steht ein Angler. »So lang dem Wasser Helle / So dacht' ich, nicht gebricht, / So fängt er die Forelle / Mit seiner Angel nicht.« Dieser Angler zählt nicht zu der Viertelmillion in siebzigtausend Vereinen des Verbands Deutscher Sportfischer e.V. organisierten, ökologisch einwandfreien Angler, sondern ist ein finsterer Bursche. Er macht »das Bächlein tückisch trübe«, und die Forelle ist »die Betrogene«.

Schubart konnte sich bestens in die Forelle hineinversetzen, schrieb er doch sein Gedicht während zehnjähriger Isolations- und Festungshaft (1777 bis 1787) auf dem Hohen Asperg bei Stuttgart. Der Komponist, Dichter, Journalist sowie Kritiker absolutistischer Herrschaft und kirchlicher Doppelmoral zählt zu den leider fast vergessenen, weil unterlegenen deutschen Freiheitshelden. In der Forelle charakterisierte er sich selbst. Schubarts Forellenschicksal soll Heringsfänger Schiller zu den »Räubern« inspiriert haben.

Wer glaubt, die Bachforelle habe es heute leichter, irrt. Die Bedrohung kommt weniger vom Angler mit Berechtigungsschein als vielmehr von der Regenbogenforelle, einem 1885 aus den USA eingeführten Zuchtfisch, der inzwischen jedoch in deutschen Bächen und Seen eine fast totale Herrschaft ausübt, obwohl er, kulinarisch gesehen, der Bachforelle nicht das Wasser reichen kann.

Der deutsche Süßwasserfisch hat es insgesamt nicht besser als der Seefisch. Das Problem ist hier nicht die Überfischung – vielmehr ist mittlerweile das Wasser allzu helle, allzu sauber. Die Fangerträge gehen seit Jahren im größten deutschen See zurück. Als ich vor einem halben Jahrhundert in Lindau aufwuchs, war das »Umkippen« des Bodensees noch ein großes Thema. Inzwischen sorgen modernste Kläranlagen für bestes Trinkwasser, aber auch dafür, dass zu wenige Nährstoffe für Fische ins Wasser kommen. Felchen sind eine Rarität geworden. Berufsfischer fordern, den See zu düngen, damit die Felchen schneller wachsen. Wie absurd! Für Umweltschützer gilt nichts anderes als für Umweltverschmutzer: Jeder Eingriff in die Natur hat Folgen auf den biologischen Kreislauf, und was dem einen nutzt, schadet dem anderen.

▶ **Diätwahn, Feinkost für Feinschmecker, Fleischeslust, Hausmannskost, Imbissbude, Kochkunst, Pfeffersack, Saumagen, Weihnachtsessen**

Bohnenkaffee

»Ei! wie schmeckt der Coffee süße, lieblicher als tausend Küsse, milder als Muskatenwein. Coffee, Coffee muss ich haben. Und wenn jemand will mich laben! Ach, so schenkt mir Coffee ein!« Der Leipziger Thomaskantor Johann Sebastian Bach komponierte 1734 die Kaffeekantate, uraufgeführt vermutlich im Zimmermann'schen Kaffeehaus zu Leipzig. Die historischen Verdienste der *Kaffeesachsen,* wie man sie nannte, um die Kaffeekultur in Deutschland sind unbestreitbar.

Die ersten deutschen Kaffeehäuser entstanden nach 1670 in den Hafenstädten Bremen und Hamburg, als auch in Frankreich, England, Italien Kaffee in Mode kam. Das älteste noch existierende Kaffeehaus Deutschlands – *Zum Arabischen Coffe Baum* – steht seit 1719 in Leipzig. Zu diesem Zeitpunkt gab es in Paris bereits dreihundert Kaffeehäuser. Bevor Kaffee und Tee nach Europa kamen, wurde schon am Morgen Alkohol getrunken. Reines Wasser war oft noch unbekömmlicher, weil hygienisch nicht unbedenklich. Kaffee mit abgekochtem Wasser dagegen ernüchterte den Bürger, klärte seinen Verstand, machte ihn geschäftstüchtig.

Diese Eigenschaft kürte das Heißgetränk zum »Symbolgetränk der bürgerlichen Leistungsgesellschaft«, wie die Historikerin Ursula Becher treffend feststellt. Der große Kulturphilosoph Egon Friedell bezeichnet Kaffee als »Charaktergetränk« des Hochbarocks, als »Anregungsmittel […] das sozusagen nüchterne Räusche bewirkt«. Zunächst war Kaffee ein Getränk der Kaufleute, der Geistesarbeiter, der Eliten des Fortschritts. Sie versammelten sich in den Kaffeehäusern, frühen Orten bürgerlicher Öffentlichkeit und damit auch der politischen Debatte. Es ist nicht zu viel gesagt: Der Kaffee hat die Demokratie befördert.

Die Obrigkeit in deutschen Landen erkannte die Gefährlichkeit des Kaffeegenusses. Vom Verbot des Kaffees waren in manchen Regionen nur Standespersonen ausgenommen. »Wer sich untersteht, Bohnen zu verkaufen, dem wird der ganze Vorrat konfisziert, und wer sich wieder Saufgeschirr dazu anschafft, kommt in den Karren«, heißt es in einer bischöflichen Verordnung aus Hildesheim von 1780. Die so teuren wie lasterhaften Bohnen alarmierten auch die Obrigkeit in Preußen. Selbst das private Rösten war verboten. Zur Überwachung wurden als »Kaffeeriecher« ehemalige französische Soldaten beschäftigt. Der Kaffeehandel war Staatsmonopol. Doch die Prohibition förderte das Kaffeetrinken nur.

Zumal die regulierenden Herren nicht mit den unregulierbaren Damen rechneten. Da die frühen Kaffeehäuser Frauen weitgehend ausschlossen, versammelten sich die deutschen Kaffeetanten zu häuslichen Kaffeekränzchen, zum Kaffeeklatsch. Die Kaffeekultur erfuhr damit »gewissermaßen ihre Eindeutschung bis zur Unkenntlichkeit. So wird der Kaffee aus einem Symbol für Öffentlichkeit, Aktivität, Geschäftigkeit usw. zu einem Symbol des Familienlebens und der häuslichen Beschaulichkeit«, urteilt der Historiker Wolfgang Schivelbusch über die Kaffeekultur im Biedermeier. Die Demokratie ließ in Deutschland noch immer auf sich warten. Man zog die Behaglichkeit dem Diskurs vor.

Bald wurde Kaffee auch zum Getränk der Arbeiter, Kaffee zu einer Droge der Industrialisierung. Wer Kaffee trinkt, bleibt länger wach, seine Ausbeutung funktioniert besser. Kurze, leistungssteigernde Kaffeepausen unterbrechen elend lange Arbeitstage. Der Kaffee muss süß sein, Energie aus Zucker geht schnell ins Blut und übertönt das Hungergefühl.

Kaffee veränderte auch die täglichen Mahlzeiten. Das Frühstück bestand bis Ende des sechzehnten Jahrhunderts meist aus Suppe und Brei. Nun kam das Butterbrot in Mode. Aber erst mit Kaffee war es gut hinunterzuspülen. Und auf das Butterbrot gehörte Marmelade. Mit Kaffee und Marmelade entstand die Vorliebe für Süßes auf dem deutschen Tisch. Ohne die industrielle Produktion des preiswerteren Rübenzuckers Anfang des neunzehnten Jahrhunderts (die deutsche Antwort auf die napoleonische Kontinentalsperre, die Zuckerimporte verhinderte) hätte sich die Kaffeekultur allerdings nicht so schnell verbreitet.

Nicht heimisch wurde in Deutschland, was der Österreicher Stefan Zweig als »unsere beste Bildungsstätte für alles Neue« beschrieb. Das Wiener Kaffeehaus ist eine in Europa einzigartige Institution, wo die wichtigsten nationalen und internationalen Zeitungen ausliegen, wo man sich »über alle Vorgänge der Welt so umfassend orientieren und sie zugleich im freundschaftlichen Kreise diskutieren konnte«. Für wenig Geld dürfen sich die Bürger zu ein paar Tassen Kaffee und einigen Schlucken Wasser stundenlang im Kaffeehaus aufhalten. Und so verdanken auch die hohe

Literatur und der Journalismus dem Wiener Kaffeehaus eine Blütezeit. In den schlimmen Nazizeiten war das Wiener Kaffeehaus ein Zufluchtsort.

Die gute alte Kaffeetafel bleibt in Deutschland Inbegriff des bürgerlichen Familienlebens, ob im Süden oder Norden, so wie sie Siegfried Lenz in der »Deutschstunde« geschildert hat, einschließlich der »neun vorgeschriebenen Gebäcksorten, die in festgelegter Folge herumgereicht werden müssen. […] die Näpfe voller Würfelzucker, den man in den Kaffee tunkt, bevor man ihn zerkaut, ferner die Schüsseln geschlagener Sahne, die man sich auf den Kaffee kleckst, nachdem man zuvor klaren Schnaps dazu gegossen hat«.

Mobiler Coffeeshop in Berlin

Als sich das deutsche Wirtschaftswunder entfaltete, tröpfelte der »gute« Bohnenkaffee bei Muttern am Sonntagnachmittag durch einen Filter aus Papier in die Kanne, die Dreizimmerwohnung mit seinem Duft erfüllend. Dazu wurde selbst gebackene Schwarzwälder Kirschtorte, Frankfurter Kranz mit Buttercreme oder Gugelhupf gegabelt. Aber bitte mit Sahne. Und man sprach ehrfürchtig von *Bohnen*kaffee, als sei Kaffee vorstellbar, der nicht aus Bohnen stammt.

Tatsächlich wurde Kaffee schon im achtzehnten Jahrhundert meist mit Ersatzstoffen gestreckt. In Deutschland wurde »preußischer«, das hieß gepanschter Kaffee gebrüht – Muckefuck aus Getreide oder Kathreiners Malzkaffee aus Zichorienwurzel. Seitdem bürgerte sich zur Unterscheidung der Pleonasmus Bohnenkaffee ein – ein Qualitätsmerkmal.

Der Schriftsteller Uwe Timm übermittelt ein Rezept aus der Nachkriegszeit: »Man sammelt Eicheln, trocknet sie in der Backröhre, entfernt die Fruchtschale, zerkleinert und röstet die Fruchtkerne sodann. Danach wird noch die übliche Kaffeeersatzmischung zugesetzt [...] Der Eichelkaffee hat die Zunge regelrecht gegerbt. So konnten Eichelkaffeetrinker in dem Hungerwinter 47 sogar Sägespäne in das Brot einbacken, und es mundete ihnen wie ein Brot aus bestem Weizenmehl.« Die echte Bohne wurde zur Währung im Tauschhandel. »Echte Bohne sind zwei Amis oder dreißig Mark.«

Als im Wirtschaftswunder-Westen Bohnenkaffee endlich Standard wurde und einschlägige Marken »Die Krönung« und »Unser Bester« hießen, herrschte in der DDR noch Kaffeemangel. Ohnehin bezogen DDR-Verbraucher zwanzig Prozent des guten Bohnenkaffees von der Verwandtschaft aus der BRD. Nach Missernten in Brasilien stieg der Weltmarktpreis 1976 stark an, und der DDR fehlten Devisen. Es kam zur Kaffeekrise. Außenhandelschef Schalck-Golodkowski empfahl die Einstellung der Produktion. Gar kein Bohnenkaffee, das war selbst im Arbeiter- und Bauernstaat nicht durchsetzbar. Mischkaffee mit geringem Anteil echter Bohnen kam in die Geschäfte.

Früher schluckten koffeinsüchtige Bürohengste alles, was schwarz und bitter war. Heute geben sie richtig Geld dafür aus. Ein Kilo Kaffee in Kapseln kostet um die sechzig Euro, etwa das Vierfache des an der New Yorker Kaffeebörse durch Spekulation oder Missernten teuer gehaltenen

Rohstoffs. Vater Staat kassiert obendrein Kaffeesteuer, als handle es sich nicht längst um ein Grundnahrungsmittel. Eine Milliarde Euro pro Jahr sind keine Bagatelle, etwa zwei Euro zwanzig pro Kilogramm Röstkaffee.

Entwicklungsminister Gerd Müller, CSU, schlug vor, die Kaffeesteuer für fair gehandelten Kaffee auszusetzen, ihn quasi zu subventionieren. Der Anteil von ohne Kinderarbeit und Raubbau an der Natur produziertem Kaffee liege erst bei fünfzehn Prozent, klagte er. Eine »Verirrung der Wohlstandsgesellschaft« sind ihm Kaffeekapseln. Der Mann hat bestimmt eine Assistentin, die ihm den frisch und schonend gebrühten Kaffee serviert.

Keiner deutschen Kaffeetante muss noch erklärt werden, was guter Bohnenkaffee ist. Der deutsche Kaffeeonkel weiß zudem, was eine erstklassige Kaffeemaschine zu leisten hat. Er bevorzugt den Vollautomaten mit chromblitzender Hochdrucktechnik. Heute wird über Kaffeesorten und Kaffeemaschinen selbst im märkischen Dorf »so blumig geredet wie andernorts über moderne Kunst«, heißt es in Juli Zehs Roman »Unterleuten«. Da aber wie so oft nur einer wusste, wie man sie bediente, der selbst kein großer Kaffeetrinker war, »bestand die Aufgabe des Wunderapparats vor allem darin, gut auszusehen«.

Spätestens jetzt kommt auch das Wasser ins Spiel. Zu weiches Wasser hebt den Säureanteil von stark und schnell gerösteten Bohnen, zu hartes Wasser vernichtet feine, fruchtige Noten. Aber nicht bloß auf den Kalkgehalt, auch auf pH-Wert und auf Geschmacks- und Geruchskomponenten kommt es an. Aktivkohlefilterkannen tauschen Kalzium- und Magnesiumionen gegen Natrium- und Kaliumionen. Glauben Sie bloß nicht, so eine Tasse echter Bohnenkaffee sei eine einfache Sache!

Dem deutschen Kaffeetrinker ist der Unterschied zwischen Latte macchiato und Espresso macchiato längst geläufig, Crema kein Fremdwort mehr. Ohne Crema kein Espresso, der, überflüssig zu erwähnen, dunkel und ölig, aus Arabica- oder Robustabohnen besteht, die etwa zwanzig Minuten lang bei milden zweihundert Grad zu rösten sind. Filterkaffee ist säurereicher, weil industriell nur etwa fünf Minuten lang bei dreihundert bis fünfhundert Grad aus Arabica geröstet.

Latte macchiato ist zur Kurzformel für einen urbanen Lebensstil geworden. Im gentrifizierten Latte-macchiato-Kiez hängen Latte-macchiato-

Mamas mit ihren Kids in einschlägigen Cafés herum. Die »Latte-macchiato-Familie«, wie sie vom Frankfurter Zukunftsinstitut genannt wird, ist akademisch gebildet, bestellt aus dem Manufactum-Katalog, wählt grün, drückt sich politisch korrekt aus. Und überhaupt gilt: viel Milch, wenig Kaffee.

Nicht nur die italienische Kaffeekultur ist eingewandert und von den Einheimischen voll adaptiert. Der deutsche Filterkaffee hat auch Konkurrenz aus den USA bekommen. Wo einst viele kleine Konditoren zum Kännchen luden, wuchern Coffeeshop-Ketten wie Starbucks, wo Kaffee mit Vanille- oder Schokoladenaroma aufgepeppt wird. Der Deutsche nimmt ihn im mittlerweile verfemten Wegwerfbecher mit Deckel mit auf die Straße und verbrennt sich an ihm die Zunge. Es sieht so aus, als hätten das traditionelle Kaffeehaus und die Kaffeestube der kleinen Bäckereien den Wettbewerb verloren.

Inzwischen sind die Latte-macchiato-Mütter schon wieder ein wenig überholt. Zumindest in den Metropolen beherrscht bereits der Kaffee-Extremist die Szene. Er mahlt, brüht und filtert seine Bohnen langsam per Hand, lässt weder Zucker noch Milch in der Tasse zu. Der Kaffee-Afficionado bevorzugt Bohnen aus kleinen Röstereien, von denen es inzwischen Hunderte gibt.

Refinery High End Coffee aus äquatorialen Hochlagen ist gefragt. Er kommt aus Guatemala, von den Blue Mountains Jamaikas, aus Costa Rica, dem Hochland von Kenia, Äthiopien, Brasilien oder Kolumbien und wird umschrieben und besungen wie Wein. Er »zeigt Noten«, etwa von Zitrusfrüchten, Karamell, Lakritze, Cassis, Schokolade, oder Anklänge von Äpfeln und Himbeeren. Nicht zur Sahnetorte serviert ihn der auch auf gut Deutsch bereits Barista genannte Fachmann.

So hat den deutschen Kaffeetrinker die Globalisierung erfasst. Er kann und will mithalten. Also spricht er von der »Third-Wave-Coffee-Kultur«. Sie ist gerade deshalb gut deutsch, weil sie eine Sache um ihrer selbst willen zu übertreiben pflegt.

► **Bio, Butterbrot, Einbauküche, Goldbroiler, Hopfen und Malz, Hungersnot, Leitungswasser, Mahlzeit, Zuckerbrot**

Brotzeit

Das schöne deutsche Wort Brotzeit klingt kernig und ungekünstelt und bezeichnet das Wesentliche, das, worauf es im Leben ankommt. Stoff und Sein. Brot und Zeit: Fast könnte man meinen, Brotzeit sei Ausdruck jener philosophischen Tiefe, derer sich die Deutschen rühmen.

Ursprünglich ist die Brotzeit das zweite Frühstück. So wie es allenfalls noch auf dem Land üblich ist, wo man mit den Hühnern aufsteht und deshalb die Zeit bis zum Mittagessen mit einer kräftigen Kalorienzufuhr, oft gleich auf dem Feld, unterbrechen muss. Herzhaft und nahrhaft hat die Brotzeit zu sein. Etwas auf dem Brot: das ist deutsches Fast Food. Auch das deutsche Abendbrot ist Brotzeit. Scheiben meist dunklen Brotes liegen auf dem Brotzeitbrettchen und wollen belegt werden. Mit Butter, Wurst und Käse.

Vor dreißigtausend Jahren schon ernährten sich Menschen von Süßgräsern. Brot aber ist erst relativ spät zu *täglich Brot,* zum wichtigsten Grundlebensmittel der Deutschen, avanciert. Zuvor löffelten sie Grütze aus Getreide. Spätestens seit dem Beginn des elften Jahrhunderts liegt Brot auf allen deutschen Tellern. Die Äcker werden als »Brotland« bezeichnet. Fallen die Ernten schlecht aus, herrscht Hungersnot, weil die ganz auf Brot basierende Ernährung durch wenig anderes kompensiert werden kann.

Aufgeladen mit Gefühl bis hin zur Ideologie ist deutsches Brot auch. Es ist, so Walter Mayer, »Heimweh aus Mehl«. Die tief verwurzelte Liebe zum Brot schlug sich in der Sprache nieder. Allein für das Brotende, den Anschnitt, führt Wikipedia vierzig regional gebräuchliche Bezeichnungen auf, darunter Bugl, Gigele, Gnetzla, Kanten, Kipf, Knäuschen, Knerzel, Knurrn, Knust, Koosch, Mürgel, Ränftl, Riebele, Scherzl und Timpken.

Deutsches Brot ist aus Sauerteig. Dreifach geführt. Kneten, ruhen, reifen. Kneten, ruhen, reifen. Kneten, ruhen, reifen. Gutes Brot benötigt Zeit. Auch das ist Brotzeit. Zeit, die die Masse der deutschen Konsumenten weder genießen noch bezahlen will. Es geht schneller und billiger, wenn diverse Phosphate oder Soda das Backen verkürzen.

Ein guter Sauerteig ist ein Lebewesen. Billiarden Mikroorganismen bewohnen ihn, Milchsäurebakterien und Hefepilze, die die Stärke im

Holzofenbrot wie aus dem fünfzehnten Jahrhundert auf der Landshuter Hochzeit

Mehl aufspalten, eine empfindliche Gesellschaft, die gepflegt werden will. Vom sorgsam gehüteten und behandelten Sauerteig nehmen der Tradition verpflichtete Bäckermeister täglich einen Teil ab und mischen ihn mit Mehl. Der Sauerteig lebt weiter, ist nahezu unsterblich. Die Fermentation benötigt Zeit, einen Tag lang, bis sich Hefen, Milch- und Essigsäuren ohne Zusätze entfalten. Das Kneten bedarf kräftiger, erfahrener Hände. Der Teig hat etwas dagegen, nur von Maschinen bewegt zu werden. Er bewegt selbst, gärt, dehnt sich aus.

Mehl, Wasser, Milchsäurebakterien, Hefe, Salz. Sonst nichts. Das Ergebnis sind Hunderte von Aromavarianten. Allein ein Sauerteig kann über dreihundert verschiedene Geschmackskomponenten haben, er duftet nach Bier oder Obst. Beim gebackenen Brot kommt es auf Geruch, Geschmack, Optik, selbst auf das Geräusch beim Brechen an, auf die Knusprigkeit außen, die Weichheit und Elastizität der Krume innen. Mitentscheidend für den Geschmack ist der Salzanteil. Zwei Prozent sind in

Deutschland üblich. Ein Prozent Salz machen das Brot flach und fad auf der Zunge, obwohl es angeblich gesünder wäre.

Bäcker, die noch am späten Abend mit Buchenscheiten achthundert Grad heiße Schamottöfen anheizen und im Morgengrauen wieder in der Backstube stehen, sind rar geworden. Die meisten Bäcker sind gar keine *Hand*werker im wörtlichen Sinn mehr. Sie arbeiten in Brotfabriken. Darüber zu jammern ist verständlich, doch sinnlos. Aus der Fabrik kommt das Brot in Berlin und anderen Städten schon seit gut hundertfünfzig Jahren.

Die Fabriken wachsen und wachsen. Bei Marktführer Harry spucken fünfundsiebzig Meter lange Backautomaten Brötchen aus, und kein Brot wird jemals von der Hand eines Bäckers berührt. Spiralkühltürme, Knetgiganten, Rundwirkmaschinen, Ofenlader, Strahlungsöfen, Verpackungsroboter. Das schöne Handwerk der Bäcker ist im Niedergang. 2008 lernten noch fast fünfzehntausend Lehrlinge Bäcker, heute sind es noch sechstausend. Und was lernen sie da? Wie man Fertigmischungen in Maschinen füllt?

Übrigens sank auch die Zahl der Mühlen radikal, bei annähernd gleicher Menge Mehl von knapp neunzehntausend Betrieben auf nur noch gut zweihundert seit 1950. Das Abwandern ist des Müllers Lust. Aber es achtet ja auch kaum noch jemand auf die Qualität des Mehls. Kleine, handwerkliche Mühlen arbeiten gegen den Trend an. Als hochwertiges Naturprodukt unterschied sich Mehl einst stark, je nach Wetter, je nach Sorte. In den Backmischungen des Großhandels ist global gehandeltes Mehl von Getreide, dessen Ähren mithilfe von Enzymen mehr abwerfen. Weil die Halme die Monster kaum noch tragen können, wird früher geerntet, wenn das Getreide noch kaum reif ist.

Es liegt nicht allein, aber vermutlich auch an der Mehlverarbeitung, wenn immer mehr Konsumenten Unverträglichkeiten aufweisen. Die langen Eiweißketten im Getreide werden nicht gespalten, wenn dem Teig die Zeit zum Gehen fehlt.

Schön für die Backarbeiter, wenn sie länger schlafen können. Am Anfang waren Knetmaschinen nur mechanische Hilfen, die das Kneten von Hand nachahmten. Die Technik aber hat sich weiterentwickelt. Inzwischen verändert der Einsatz der Knetmaschinen das Brot. Die Zutaten werden der Maschine angepasst, nicht etwa die Maschine dem Teig.

Für Brot und Brötchen sind etwa zweihundert und auch nach EG-ÖKO-Verordnung noch rund fünfzig Zusatzstoffe zugelassen. Cystein verkürzt die Knetdauer, Oxidasen machen den Teig knetfähiger, Phospholipidenzyme verteilen das Fett. Im richtig guten deutschen Bäckerbrot haben sie nichts verloren.

Nach dem Backen muss gutes Brot reifen. Je aufwendiger und sorgfältiger es nach alter Handwerksart hergestellt ist, desto länger bleibt es frisch. Einige Kilo wiegt ein Wagenrad wie der Frankenlaib, in den auch Gewürze hineinkommen, Anis und Kümmel, Koriandersamen. Solch wahres deutsches Brot ist zum Weltkulturerbe geadelt worden. Beim Brot zeigt die deutsche Küche ihren Reichtum – und ihre Verarmung. Dreitausenddreihundert Sorten aus sechzehn zugelassenen Getreidearten sind registriert. Doch bald gibt es mehr Sorten als Backbetriebe. Mehr als die Hälfte der deutschen Bäckereien hat schon zugemacht in den vergangenen zehn Jahren, jeden Tag eine. Zwölftausend gibt es noch.

Die Rede ist hier nicht von den Backshops mit ihren Aufbackapparaten. Die größte Gefahr der deutschen Backkultur sind nicht veränderte Ernährungsgewohnheiten, sondern der Feind aus dem Osten. Tiefgekühlte Teiglinge kommen aus China oder Osteuropa in die sogenannten Backstuben. »Immer frisch gebacken« lassen sich die Kunden einreden. Hauptsache billig.

Das Bäckerhandwerk setzt sich zur Wehr. Das geht nur mit bedingungsloser Qualität und Besinnung auf Tradition. Alte Getreidesorten kommen wieder zu Ehren: Dinkel, Emmer, Einkorn, Kamut. Nüsse, Sauerkirschen, Cranberrys, Kakao oder Sepia im Brot liefern neue Geschmackserlebnisse. Ein anderer Trend heißt auf gut deutsch Frontbaking. Der Kunde darf dem Meister bei der Arbeit zusehen. Die Akademie des Deutschen Bäckerhandwerks in Weinheim bildet auch Brotsommeliers aus, als sei die Geschmacksvielfalt von Brot mit der von Wein vergleichbar. Solches Brot gibt es nicht zum Spottpreis in Backstuben und Supermärkten.

Der Brotkonsum sinkt, von durchschnittlich fünfundachtzig Kilo auf gut sechzig Kilo pro Jahr seit der Jahrtausendwende. Brot ist in den Verdacht ungesunder und unbekömmlicher Nahrung geraten. Gluten ist drin. Dick macht es sowieso. Bestsellerärzte warnen vor Weizen, dem »Killerkorn«.

Roggen, das die Römer für Unkraut hielten, war bis ins hohe Mittelalter die meist angebaute Getreideart, die in jedem Boden wuchs, robuster und ertragreicher als Weizen. Roggen steht bis heute für Deutschland. »Deutschland ist für mich auf jeden Fall richtig schönes Roggenbrot.« Der Frankfurter Gangsterrapper Celo lässt dabei das R rollen, sein Markenzeichen. Er soll im öffentlich-rechtlichen Auftrag im Youtube-Format Germania Appetit auf Integration machen. Kann dabei Schwarzbrot helfen? Zuwanderer wie Trendsetter haben das dunkle deutsche Backwerk aus Schrot und Korn entdeckt, bestreichen es aber modern, mit Hummus oder Avocadocreme.

Genauer betrachtet ist Roggenbrot weniger eine gesamtdeutsche als eine norddeutsche Angelegenheit. Zu den Spezialitäten aus Roggenmehl zählt etwa der westfälische Pumpernickel, der vierundzwanzig Stunden lang eher gedämpft als gebacken wird. Je weiter man früher nach Süden kam, desto heller wurde das Brot. Bauern und Diener aßen Schwarzbrot aus Roggen oder Dinkel. Weißbrot war teurer und etwas für die verweichlichten Franzosen. Sie geben noch heute im Schnitt das Dreifache für Brot – Weißbrot – aus als die Deutschen. Brot in Deutschland ist heute dagegen überwiegend Mischbrot. Nur jeweils gut fünf Prozent sind hierzulande reines Weißbrot oder reines Roggenbrot.

Schwarzbrot ist länger haltbar, tauglich zur Marschverpflegung. Deshalb verdankt es seine Karriere auch den kriegerischen Jahrhunderten. Das gilt auch fürs Vollkornbrot. Zu Unrecht wird es für urdeutsch gehalten. Erst zu Beginn des zwanzigsten Jahrhunderts taucht es auf. Die Lebensreformbewegung des ausgehenden neunzehnten Jahrhunderts propagierte den Verzehr von Brot aus nur geschrotetem Getreide. Die Nazis schlossen sich dieser »Bewegung« an. Zum Prinzip gehört, dass möglichst alles roh und ungeschält und »natürlich« zu sein hätte.

Die Nazis hielten Vollkornbrot für das der Herrenrasse angemessene Grundnahrungsmittel und setzten das Ziel, seinen Anteil auf ein Drittel des Brotverbrauchs zu steigern. Dazu gründeten sie den »Reichsvollkornbrotausschuss«, eine Behörde mit fünfundvierzig Dienststellen. Brot war damals auch ein ideologischer Kampfbegriff. Hitler verknüpfte rhetorisch »Arbeit und Brot« und »Freiheit und Brot« wie Blut und Boden.

Der ideologische Ballaststoff stört die modernen Freunde ballaststoffreicher Biovollkornbrote nicht und würde es wohl auch nicht, wenn sie davon wüssten. Denn die deutsche Brotideologie passt auch in die viel ältere Protestantisch-karg-Tradition. Bescheidenheit und Liebe zum Kargen gelten als fromme und deutsche Tugenden.

Ideologie ist nie bekömmlich. Das ist beim Brot nicht anders. Zum Mythos des Vollkornbrots zählt, dass es gesünder sei als Weizenbrot. Zumindest sorgfältig gemachtes Weißbrot aber ist bekömmlicher.

Brot ist ja auch befrachtet mit christlicher Bedeutung. Beim Abendmahl wird Brot gar zum Leib Gottes: »Das Brot, das ich geben werde, ist mein Fleisch für das Leben der Welt« (Joh 6,51). Kein Wunder auch, dass die Brotvermehrung – von fünf Broten nähren sich fünftausend Menschen – das einzige Wunder Jesu ist, das in allen vier Evangelien vorkommt.

Ein Stück Brot: Es steht für das Existenzminimum. Notfalls reicht es nur zu Wasser und Brot. Je ärmer die Menschen waren, desto größer war auch der Anteil des Brotes an ihrer Ernährung. Sank der Wohlstand, stieg der Brotkonsum. So war das auch im Nachkriegsdeutschland. Deshalb spielt das Brot in der Literatur dieser Zeit eine so wichtige Rolle.

Wolfgang Borcherts auch im Schulunterricht beliebte Kurzgeschichte »Das Brot« erzählt von einem Mann, der nachts heimlich vom kargen Brot isst, es mit knurrendem Magen im Bett neben seiner Frau ganz langsam kaut. Am nächsten Morgen gibt ihm die Frau unaufgefordert ein Stück mit der Begründung, sie vertrage es ohnehin nicht. Dies steht für wahre Liebe. Auch »Das Brot der frühen Jahre« von Heinrich Böll handelt von der Liebe. Denn von Luft und Liebe muss leben, wem es an Brot fehlt. Es ist aber tatsächlich Brot und nicht die Liebe, um das alle Gedanken des Ich-Erzählers kreisen. Später, als der Hunger gebannt ist, es Sahnekuchen gibt und »vernünftiges Essen«, übt Brot noch immer eine geradezu erotische Wirkung auf ihn aus. Er sieht Brötchen in der Auslage, »ihre glatten braunen Bäuche [...] ihre knusprigen Rücken«. Die »Rechnungseinheit ist das Brot, das Brot dieser frühen Jahre«.

Wer so etwas erlebt hat, kann kein Stück Brot mehr wegwerfen. Aus hart gewordenem, altbackenem Graubrot kochte meine Mutter Brotsuppe, ich habe sie in schlechter Erinnerung. Heute landen in Deutschland jedes Jahr etwa eine halbe Million Tonnen Brot im Müll.

Zum Wahrzeichen und Symbol der deutschen Bäcker hat es die Brezel oder Breze gebracht. Der verschlungene Teigstrang verdankt dem lateinischen *brachium* (verschränkte Arme) seinen Namen. Wir könnten jetzt ins Detail gehen und uns genüsslich in regionalen Unterschieden verlieren. Ob der Ansatz der Ärmchen weiter oben liegt, wie genau sie durch Verdrillen verschlungen sind, wissen Kenner zu unterscheiden. Es genügt zu wissen, dass Brezeln heute in Großbetrieben von Maschinen geschlungen werden, statt von Hand mit überlieferter Wurftechnik. Auch aus einer Lage Teig gestanzte, ausgestochene oder formgegossene Brezen sind bedauerlicherweise auf dem Markt. Dem Unwesen der aufgebackenen Tiefkühlteiglinge entkommt die Brezel nicht. Es nützt ihr auch nicht, dass sie eine uralte christliche Fastenspeise ist.

Es gibt zahllose süße Brezelvarianten, am häufigsten aber ist die vor dem Backen in Natronlauge getauchte Brezel aus Weizenmehl, Malz und Backhefe, in manchen Regionen wird Schweineschmalz hinzugefügt. Die Bedeutung der Breze wird durch den bayerischen Sprachgebrauch unterstrichen. Danach brezelt man sich auf, wenn man sich feinmacht. Es kann einen aber auch zerbrezeln. Dann liegt man auf dem Boden, womöglich mit verdrehten Armen wie eine Brezel.

Typisch deutsch ist die regionale Vielfalt jenes Kleingebäcks, das hier Schrippe, dort Semmel, andernorts Brötchen, wiederum anderswo Wecken genannt wird. Der Unterschied ist nicht zu vernachlässigen. Der Ostberliner SPD-Politiker Wolfgang Thierse machte bundesweit Schlagzeilen mit seiner lautstarken Entrüstung über die Schwabenschwemme in seinem Kiez, dem Prenzlauer Berg. »In Berlin heißt es Schrippen, nicht Wecken, daran können sich selbst Schwaben gewöhnen«, wetterte er. Warum streitet er nicht lieber über Qualität und lobt die Vielfalt? Die wahren Feinde der Berliner Schrippen sind doch nicht die schwäbischen Wecken, sondern die Aufbackbrötchen, schockgefroren oder halb gebacken aus der Fabrik. Sie wurden nie von einem Bäcker berührt, sind ohne jedes Leben. Das Elend liegt nicht in der Vielfalt, sondern in der Einfalt.

► **Bauernopfer, Butterbrot, Diätwahn, Extrawurst, Gulaschkanone, Hausmannskost, Hungersnot, Weißwurstäquator**

Brühwürfel

Vorsprung durch Technik. Deutschland ist führend bei der Entwicklung billiger, praktischer, haltbarer Nahrungsmittel. Auf diesem Feld kam es zu größeren Ehren als auf dem der feinen Küche. Auf dem Feld der Ehre kamen sie zum Einsatz. Die Heere zogen mit Brühwürfeln im Gepäck an die Front.

Doch am Anfang standen hehrere Ziele. Einer der großen Pioniere ist Justus von Liebig. Er entwickelte eine richtige, fleischhaltige Substanz, den Fleischextrakt. Typisch ist: Ein Deutscher erfindet Bahnbrechendes (wie auch Philipp Reis das Telefon), andere machen daraus eine Industrie (wie der Amerikaner Alexander Graham Bell). Liebig wollte nicht an erster Stelle verdienen, sondern forschen und helfen.

Ein Kilo von Liebigs Fleischextrakt bestand aus dreißig Kilogramm Muskelfleisch, ohne jeden Zusatz gekocht, filtriert, entfettet, getrocknet. Neu war die Idee nicht. Schon James Cook führte bei seinen Weltumsegelungen haltbaren Proviant mit, neben Sauerkraut auch »Portable Soup«, eine eingedickte Substanz, damals allerdings noch nicht industriell hergestellt, sondern handwerklich in kleinen Mengen.

Liebig kam 1853 eine zündende Idee, als die Tochter eines Freundes, von Cholera geschwächt, keine feste Nahrung mehr zu sich nehmen konnte. »Infusam«, Liebigs Fleischextrakt, löffelweise eingenommen, kräftigte Emma. Erhältlich war »Eine neue Fleischbrühe für Kranke« (so Liebigs Angabe in den Annalen der Chemie) zunächst nur in einigen Münchner Apotheken.

Liebigs Theorie von der Lebenskraft war schon damals umstritten. Eiweiß aus Muskelfleisch, glaubte er, könne die von den Arbeitern eingesetzte Muskelkraft eins zu eins ersetzen. Von Vitaminen und anderen lebensnotwendigen Elementen der Nahrung war noch keine Rede. Da sich Arbeiter nicht viel Fleisch leisten konnten, sann Liebig auf Abhilfe. Doch sein Fleischextrakt war zu teuer für das Proletariat. Stattdessen stieg die Zutat in die gutbürgerliche Küche auf, für die sie nicht gedacht war. Sie zog sogar ins Mekka der Rindfleischküche, an den k. u. k. Hof nach Wien, dessen Hoflieferant Liebig war.

Liebig war ein schlechter Geschäftsmann. Ein Riesengeschäft machte aus seinem Produkt erst Georg Christian Gilbert. In Südamerika gab es große Tierherden. Vor Erfindung der Kühlmaschinen war das Fleisch aber nicht transportabel. Fleischextrakt schon. Gilbert baute 1862 in Uruguay eine Fabrik, die Liebig's Fleisch-Extract in gewaltigen Mengen produzierte. Als »Liebig's Extract of Meat Company« 1865 sein Hauptquartier nach London verlegte und zu einer marktbeherrschenden Weltfirma aufgestiegen war, besaß der Erfinder Justus von Liebig nur hundert Aktien und das Recht, sein Produkt auf Qualität prüfen zu dürfen.

Das Unternehmen, das Liebigs Namen trug, erfand zur besseren Vermarktung etwas, was es bis heute gibt: Sammelbilder. Wie groß Bildung damals geschrieben wurde, lassen die Motive erkennen. Da gibt es eine Serie zu Hector Berlioz' Goethe-Oper »Fausts Verdammnis«. Margarete träumt vor gotischem Kirchenfenster. Mephisto erscheint als schwarze Fledermaus. Darüber das Zitat aus der Goethe-Oper: »Der Flackerflammen irre Geister eilt herbei!« Auf der Rückseite steht: »Liebig's Fleisch-Extract ist die Quintessenz des besten Ochsenfleisches. Will man dabei Mühe, Zeit und Geld sparen, so benutze man beim Kochen Liebig's Fleisch-Extract, denn zum Kräftigen und Schmackhaftmachen von Suppen, Saucen und Gemüsen gibt es nichts, das ihm gleichkäme. Eineinhalb bis zwei Teelöffel voll zu einer Tasse heißem Wasser geben eine vorzügliche Bouillon.«

Mit einer anderen verdienstvollen Erfindung machte Liebig ähnliche Erfahrungen. Der berühmte Professor und sein Schüler Eben Norton Horsford entwickelten ein Backtriebmittel als Ersatz für die leicht verderbliche Hefe fürs Bäckereihandwerk. Aber den großen Reibach mit Bakery Powder machte später ein anderer Deutscher. Er brachte 1892 das Backpulver in die Küche der Hausfrau – zum Kuchenbacken. Er füllte das Pülverchen in kleine Tütchen, jeweils genau die richtige Menge für ein Pfund Mehl. August von Oetker wurde mit dieser Idee reich.

Justus von Liebig hatte auch das Katastrophenjahr 1816 erlebt, ein Jahr ohne Sommer mit Missernten und nachfolgender Hungersnot. Der führende Agrikulturchemiker propagierte Mineraldünger und entwickelte 1849 wasserlöslichen Superphosphatdünger, der heute noch verwendet wird und der Landwirtschaft in kargen Zeiten enorm auf die Sprünge half. Auch daraus entstand eine ganze Industrie.

Die Karriere des Wissenschaftlers, der schon mit einundzwanzig Jahren außerordentlicher Professor für Chemie in Gießen wurde, hatte übrigens mit Erbsen begonnen. Mit Knallerbsen. Der Apothekerlehrling Justus Liebig setzte damit den Dachstuhl seines Lehrherrn in Brand, und aus war's mit der Apothekerlaufbahn, zum Glück für die Wissenschaft. Richtige Erbsen spielten eine große Rolle bei der Industrialisierung des Essens.

Fürst Bismarck hätte ohne die Erbswurst das Deutsche Reich nicht herbeigesiegt. Auf sie ein dreifach zackiges Hurra! Als Preußens Armee 1870 gegen Frankreich zog, war sie als eiserne Ration in jedem Tornister dabei. Ein Mehl aus Erbsen, Rinderfett, dazu Speck in mikroskopischer Körnung, Zwiebeln, Salz und Pfeffer, praktisch verpackt in handlichen Rollen aus Papier. In einer staatlichen Fabrik produzierten tausendsiebenhundert Arbeiter täglich sieben Tonnen Erbswurst, insgesamt bis zu fünftausend Tonnen.

Vorausgegangen waren erfolgreiche Experimente am Mann. Sechs Wochen lang waren Soldaten ausschließlich mit Erbswurst und Kommissbrot ernährt worden und hatten die Diät überlebt. Wir kennen das aus dem Theater. Georg Büchner hat im »Woyzeck« solche Versuche verar-

beitet. Der Soldat Franz wird für zwei Groschen täglich mit Erbsen traktiert. »Doctor: Hat Er schon seine Erbsen gegessen, Woyzeck? Es gibt eine Revolution in der Wissenschaft, ich sprenge sie in die Luft. Harnstoff 0,10 salzsaures Ammonium, Hyperoxydul – Woyzeck, muss er nicht wieder pissen? Geh Er einmal hinein und probier Er's!«

Der Berliner Koch Johann Heinrich Grüneberg hatte die Erbswurst einige Jahre vor dem Frankreichfeldzug entwickelt und das Patent für das stolze Sümmchen von fünfunddreißigtausend Silbertalern des Deutschen Zollvereins (umgerechnet etwa siebenhunderttausend Euro) an Preußen verkauft.

Die siegreichen Soldaten wollten auch im Frieden nicht mehr von der Erbswurst lassen. Und nicht nur sie. Vom Schützengraben stieg die Erbswurst auf zur Hausmannskost. Denn die Erbswurst ist ein fast unbegrenzt haltbarer Fett- und Eiweißspender, der bei der Zubereitung kaum Arbeit macht und sich allen Geschmacksmoden entzieht. Die Gebrüder Knorr in Heilbronn übernahmen das Geschäft 1889, wo die Erbswurst das Sortiment um Bestseller wie die Patentsparsuppe Victoria ergänzte. Es ist die Jahreszahl, die bis heute auf der Verpackung im Retrodesign prangt.

Suppen und Breie aus Erbsen waren bereits bei den alten Ägyptern beliebt. Der Verfasser des ältesten bekannten Kochbuchs, der Römer Apicius, würzte Erbsbrei mit Ingwer, Honig, Liebstöckel und Pfeffer. Ein Jahrhundert vor den preußischen Grenadieren labten sich bereits Münchens Arme an einer »Sparsuppe« aus Erbsen, Kartoffeln und Graupen. Doch den entscheidenden Fortschritt brachte erst die Erbse im getrockneten Zustand.

Die Erbswurst ist im doppelten Sinn ein Produkt der Industrialisierung. Sie kommt aus der Fabrik und wurde zuerst für Fabrikarbeiterinnen gemacht. Frauen, die in den Fabriken schufteten, fehlte die Zeit, zu Hause zu kochen. Mit kaltem Essen speisten sie ihre Kinder ab. Die Schlote rauchten, der Fortschritt war unaufhaltsam, doch die Kindersterblichkeit

Aus dem Schützengraben
auf den Mittagstisch

nahm zu. Auch die Mütter in den Fabriken ernährten sich schlecht. Es gab noch keine Kantinen. Und wo es welche gab, war das Essen erbärmlich. Erbswurst musste nur mit Wasser aufgegossen werden und war preiswert und nahrhaft dazu.

Der Schweizer Arzt und erste staatliche Fabrikinspektor Fridolin Schuler kritisierte die katastrophalen Zustände. Die schlechte Ernährung der Arbeiterschaft sah er als Hauptursache zahlreicher Mangelerkrankungen. Schnaps war oft eine Hauptkalorienquelle und ein probates Mittel obendrein, die Arbeit erträglicher erscheinen zu lassen. Schuler propagierte eine eiweißreiche Nahrung, in der Hülsenfrüchten wie Bohnen und Erbsen die entscheidende Rolle zukam. Leguminosenmehl nannte er die Hauptzutat für die hilfreiche Fertigsuppe, schnell zubereitet, warm und nahrhaft. Für die Herstellung brachte er den Unternehmer Julius Maggi ins Spiel. So begann 1886 auch dessen Aufstieg mit der Erbse und nicht mit der Würze, die ihn so berühmt machte. Der Weg war frei zur modernen Tütensuppe, wie sie heute ganze Regale der Supermärkte füllt. Gemüse, Nudeln, vorgegart, gefriergetrocknet.

Die Erfindung der Maggi-Würze ist ein weiterer Geniestreich. Es ist noch nicht lange her, da durfte sie auf keinem deutschen Tisch fehlen. Ein Mittel, das dem fadesten Teller etwas gibt, was nach mehr schmeckt als Salz und Pfeffer. »Das gewisse Tröpfchen – seit 1887« steht noch heute auf den viereckigen Fläschchen mit dem schlanken Hals. Schon zur vorletzten Jahrhundertwende hieß es: »Gute sparsame Küche! Altbewährt und einzig. Gibt schwachen Suppen, allen Saucen, Gemüsen, Salaten etc. augenblicklich überraschend kräftigen Wohlgeschmack.«

Eigentlich ist der Gebrauch der Würze ein Armutszeugnis für Koch oder Hausfrau. Entfernt erinnert die Tinktur an Zutaten, die garantiert nicht darin enthalten sind. Vor allem Fleisch. Oder ein Kraut mit dem schönen Namen Liebstöckel. Die Markenmacht Maggis ist daran zu erkennen, dass der Volksmund Liebstöckel inzwischen Maggi-Kraut getauft hat, weil der Geschmack von Maggi vertrauter ist als der des bewährten Krauts.

Die Esskultur hat Maggi sicher nicht bereichert. Leichter ist die Würze als Förderer der deutschen Literatur zu rühmen, verdiente doch der Dramatiker Frank Wedekind als Leiter des Reklamebüros von Maggi etliche Jahre lang seinen Lebensunterhalt. Er dichtete:

Söhnchen, mein Söhnchen!
Kommst du erst zu den Truppen,
So ißt man dort auch längst nur Maggi's
Fleischconservensuppen.

Brotgeber Julius Maggi war begeistert: »Famos!« Der Patron verstand nicht die subversive Satire in den Werbetexten Wedekinds auf die verlogene Moral seiner Zeit. Der spätere Verfasser des Erfolgsstücks »Frühlings Erwachen« ist schon zu ahnen, wenn er in die Reklameharfe greift:

Alles Wohl beruht auf Paarung;
Wie dem Leben Poesie
Fehle Maggi's Suppen-Nahrung
Maggi's Speise-Würze nie!

Maggi ist Reklamemagie. Nichts sonst. Der Schweizer mit dem italienischen Namen war ein Unternehmer von hohen Gnaden, ein Vermarktungsgenie. Sein Marketingkonzept ist vergleichbar mit dem von Red Bull. Es kommt weniger auf den Inhalt an als auf die charakteristische Verpackung, auf den gewaltigen Reklamerummel, auf die Marke an sich. Selbst den größten Koch seiner Zeit, den göttlichen Auguste Escoffier, spannte Maggi für Reklamezwecke ein (Escoffiers Karriere begann übrigens in Deutschland, im Kurhaus Wiesbaden), gegen fette Kohle, versteht sich, wie es Starköche auch heute tun. Maggi lebte auf großem Fuß in Paris und protzte an Frankreichs Küste mit seinen Dampfjachten Maggi I, Maggi II, Maggi III und Maggi IV.

Im kriegerischen zwanzigsten Jahrhundert gewann sehr schnell auch der Brühwürfel an Bedeutung. In den Schützengräben des Ersten Weltkriegs war er im Kochgeschirr der Deutschen wie der Engländer zu finden. In den vielen Variationen von Brühwürfeln als Fleischersatz sind heute Salz und Zucker, Karamell, pflanzliches Fett, Sellerieextrakt, gentechnisch behandeltes Sojaprotein oder Maiskleber, Hefe und andere, chemisch gewonnene Geschmacksverstärker zu finden. Selbst sogenannte Biobrühwürfel enthalten Geschmacksverstärker, nämlich Hefeextrakte, die im Bioprodukt nur nicht als Geschmacksverstärker deklariert werden müssen. Was vom Fleisch in der gehobenen Variante des »Fleischbrühwürfels« noch übrig ist, wie er im Behördendeutsch so hübsch heißt, sind »tierische Nebenprodukte«. Auf gut Deutsch: Schlachtabfälle, die durch Kochen in verdünnter Salzsäure aufgelöst werden.

Die gute alte Erbswurst gibt es noch immer. In zwei Geschmacks- oder besser Farbrichtungen; ohne Farbstoff, verspricht Knorr. Erbswurst grün (mit Räucherspeck) ist mit Spinat gefärbt, Erbswurst gelb (mit Speck) mit Kurkuma. Aber abgesehen von der Verpackung ist das Produkt den Weg aller Instantnahrung gegangen. Das Rinderfett ist durch Palmfett ersetzt worden, das Erbsmehl (sechsundsechzig Prozent in der grünen Version) wird aufgemotzt mit Gemüsesaftkonzentrat, Hefeextrakt, geräucherter Hefe, Rauch, Raucharoma und anderen Aromen sowie gleich dreierlei Geschmacksverstärkern, nämlich Mononatriumglutamat, Dinatriuminosinat, Dinatriumguanylat.

Jede Wurst enthält sechs Teilstücke zu jeweils fünfundachtzig Kilokalorien für je einen Viertelliter Wasser. »Zubereitung für einen Teller: 1 Teilstück in einem Topf zerdrücken und mit 250 ml kaltem Wasser verrühren. Unter Rühren zum Kochen bringen. 3 Minuten kochen. Fertig.« Ganz so einfach ist es nicht. Wer nicht sorgfältig zerdrückt und rührt, erntet Klümpchen.

Mein Geschmackstest besagt: Der Rauchgeschmack drängt etwas nach vorn. Er ist das Einzige, was irgendwie schmeckt. Immerhin, ich hatte salzigere Kost befürchtet. Da ist ein unbestimmt süßlicher Grundton. Es fehlen völlig Säure, Frische, Komplexität. Eine künstlich schmeckende Pampe klebt am Löffel. Man könnte ihrer Genießbarkeit mit einem Schuss Weißwein und einem Löffel Sahne, mit frischen Kräutern und gut gebutterten Brotcroutons aufhelfen. Aber wer will das schon? Die Herstellung von Erbsensuppe aus gefrorenen frischen Erbsen, Brühe, Sahne dauert kaum länger als drei Minuten inklusive Passieren durchs Haarsieb. Mit frisch gemachter Suppe ist die Erbswurst nicht zu vergleichen, nur mit den anderen Fertigtrockensuppen. Dabei allerdings schneidet sie nicht schlecht ab.

► **Bauernopfer, Fernsehköche, Geschmackssache, Gulaschkanone, Gutbürgerlich, Hausmannskost, Hungersnot, Kraut und Rüben, Schlachtschüssel, Schnapsnase, Soße und Sauce, Suppenkaspar, Weihnachtsessen**

Butterbrot

Im Butterbrot steckt alles, was deutsche Küchenkultur ausmacht: das Allerschlichteste und das Allerköstlichste. Anspruchsvoll und anspruchslos zugleich – so sind wir. Butterbrot: ein Synonym für Deutschland.

Es kommt auf beides an, auf das Brot und auf die Butter. Schon Simplicius Simplicissimus schwärmt im siebzehnten Jahrhundert vom Butterbrot. Im Paradies, einem Nonnenkloster, »lernte ich das Schwarzbrot schmieren, fingerdick mit gesalzener Butter, damit es besser rutscht …«. Weißbrot würde auch ohne Butter rutschen. Butterbrot-Brot ist meist dunkel. Die Butter auf ihm leuchtet umso heller.

Man toaste eine ein bis zwei Zentimeter dicke Schnitte von einem schon ein paar Tage alten dunklen fränkischen Roggenmischbrot aus Natursauerteig mit kompakter, doch elastischer Krume, reibe eine Knoblauchzehe über die goldbraune, krosse, raue Oberfläche. Das Brot soll nur noch lauwarm sein, damit die Butter darauf nicht gleich zerläuft, sondern nur anschmilzt. Rohmilchbutter sollte es sein. Fleur de Sel darübergestreut, grobes, flockiges Meersalz. Der Biss in die rösche Schnitte ist der Himmel auf Erden. »Jutta, ach Jutta, du bischt auf meinem Brot die Butter«, schmalzte Jockel Tschiersch, der Comedian meiner Heimatstadt Lindau. Ja, so ist es.

Brot und Butter gehören in Deutschland zusammen. Anderswo tunkt man Weißbrot in Öl. Kulturgrenzen sind nicht selten Vegetationsgrenzen. Wo kein Wein wächst, wird mehr Bier getrunken. Noch bedeutender ist die Grenze des Olivenanbaus. Die Olive ist Hauptfettlieferant der mediterranen Küche. Nördlich der Alpen dominieren seit jeher tierische Fette. Lange Zeit waren es in erster Linie Schweinespeck, gepökelt, geräuchert, und Schweineschmalz. Butter ist weniger haltbar, spielte deshalb lange Zeit eine geringere Rolle.

Die Krönung der deutschen Esskultur verlangt nach höchster Qualität beider Bestandteile. Vom Brot war bereits die Rede. Nun also zur Butter. Meine von Krieg und Vertreibung gebeutelte Mutter nahm zum Kochen und Backen meist keine Butter. Nicht weil Margarine, wie immer wieder propagiert und wohl auch geglaubt wird, gesünder, sondern weil sie bil-

Inbegriff der deutschen Esskultur

liger war. Nahm sie Butter, sprach sie von »guter Butter«. Aufs Butterbrot aber kam gute Butter, nicht Margarine.

Der Buttererersatz aus Pflanzenfett ist eine holländische Erfindung, aber schon Anfang des zwanzigsten Jahrhunderts konsumierten die Deutschen ein Drittel der Weltproduktion, auf jedes Kilo Butter kam ein Pfund Margarine. Rama, Sanella: Den Markennamen fehlte zur Täuschung der Verbraucher nur ein kleines h. Die Schlacht zwischen Butter und Margarine ist ein Lehrstück über die Glaubenskriege, die mit wissenschaftlichen und pseudowissenschaftlichen Argumenten ausgefochten, von der Industrie finanziert und von den Medien dramatisiert und emotionalisiert werden. Das Urteil kann nur lauten: Es kommt darauf an. Auf die Qualität der Butter wie auf die Qualität der Margarine.

Für Butter sprechen alle kulinarischen Gesichtspunkte, vorausgesetzt, es ist wirklich gute Butter. Und vorausgesetzt, wir spachteln sie nicht pfundweise in uns hinein. Butter aus dem Supermarkt ist ein standardisiertes Industrieprodukt; rund einhundertfünfzig Großbetriebe stellen es her, nicht mehr, wie den Fünfzigerjahren, dreieinhalbtausend überwiegend kleine Molkereien. Gut zwanzig Liter Milch sind für ein Kilogramm Butter nötig.

Die Deutsche Butterverordnung schreibt der deutschen Markenbutter Eigenschaften vor, die rein handwerklich nicht zu erzielen sind. Dank der Fettfeinverteilung in pasteurisierter, doch nicht homogenisierter Milch ist sie von streichzarter Konsistenz. Handwerkliche Butter dagegen ist härter, bröckeliger, trockener, schwerer zu streichen, dafür überraschend ausdrucksstark im Geschmack und niemals stets gleich wie Fabrikbutter, weil sie immer nur in kleinen Chargen produziert wird.

Je länger die Milch reift, desto besser können sich Aromen im Milchfett, der von der Buttermilch getrennten Sahne, entfalten. Wirklich gute Butter, vor allem aus nicht pasteurisierter Rohmilch, zeigt Charakter. Das musste man früher niemandem erklären. Denn gebuttert wurde meist zu Hause, die Butter dann zur längeren Haltbarkeit gesalzen und in Holzfässern gelagert. Heute kennen die wenigsten Konsumenten den Unterschied. Die Preisdifferenz zwischen 1,29 und sechs Euro fürs Pfund entscheidet meist die Wahl.

Süßrahmbutter flockt beim Erhitzen nicht so schnell aus, eignet sich also besser zum Binden von Saucen. Sie schmeckt sahniger, weicher als gesäuerte Butter. Deutsche Markenbutter ist maschinell geschlagen und »mild gesäuert«, also erst *nach* dem Buttern mit Milchsäurebakterien versetzt, was zu keiner Fermentation mehr führt. Im Gegensatz zur Sauerrahmbutter, bei der *vor* dem Buttern Milchsäurebakterien zur Sahne gemischt werden.

Vor allem aber kommt es bei der guten Butter wie beim Käse auf die Qualität der Milch an, darauf, wie die Kuh gefüttert und gehalten wird. Denn am Ende steckt der Geschmack im Terroir – im Boden, im Gras, im Klima, in der Erfahrung und im Können der Bauern.

► **Bauernopfer, Brotzeit, Hausmannskost, Hungersnot, Käseigel, Mahlzeit, Milchmädchenrechnung, Pfeffersack, Soße und Sauce, Spätlese**

Currywurst

Zur »deutschen Seelenwurst« wurde sie geadelt (von der »Frankfurter Allgemeinen Zeitung«) und ebenso leidenschaftlich von Feinschmeckern verachtet: die Currywurst. Endstation im Herzen der kulinarischen Finsternis. Bitte alles aussteigen!

Die Currywurst ist in allen Schichten, allen Generationen und in allen Gegenden Deutschlands beliebt, ein wahres Nationalgericht. Und dazu der kleinste gemeinsame Nenner der kulinarischen Kultur dieses Landes.

Kein Zweifel auch: Deutschland hat der Welt die Currywurst geschenkt. Umstritten bleibt, wer genau sie den Deutschen geschenkt hat. Von Wikipedia bis zum Deutschen Currywurstmuseum teilen Experten zwar die Auffassung, die Berliner Imbissbudenwirtin Herta Heuwer habe sie am 4. September 1949 »erfunden«. Dies ist jedoch in doppelter Hinsicht anfechtbar. Frau Heuwer ließ zwar ihre »Chillup-Spezialsoße« 1958 als Warenzeichen – »oft kopiert, nie erreicht« – eintragen und als »Patent« bewerben, und stolze Berliner haben sogar eine Gedenkplakette am Standort ihres Imbissstandes angebracht. Was die Wurst an sich angeht, darf aber die »Spandauer ohne Pelle« nicht unterschlagen werden, eine Entwicklung des aus dem Erzgebirge nach Berlin geflohenen Metzgers Max Brückner. Nach dem Krieg waren Därme schwer zu beschaffen. Senf auch. Die Currywurst verdankt ihre Existenz dem Mangel.

Heuwer oder Brückner? Gegen beide spricht die Auffassung, die Currywurst sei gar keine Erfindung. Uwe Timms Novelle, literarische Feinkost, sagt es schon im Titel: »Die Entdeckung der Currywurst«. Danach wurde sie von Lena Brückner, einer angehenden Hamburger Imbissbetreiberin, entdeckt, als sie auf dem Schwarzmarkt im Tausch gegen ein silbernes Reiterabzeichen Whiskey, Zigaretten, drei Flaschen Ketchup und eine Dose Currypowder eintauschte und mit all dem auf der Treppe stolperte und fiel. Im Karton ein roter Matsch aus Currypulver und Ketchup. In jenen Tagen warf man das nicht einfach weg. Frau Brückner bot das Zufallsresultat in ihrer frisch eröffneten Imbissbude an. Es gab »weder Bockwurst noch Bratwürste, heute gab es nur verschrumpelte Bratwürste. Sahn aus wie n Witz. Die wurden auch noch kleingeschnitten, überschmiert mit

Konnopke's Wurstbude

so ner gräßlichen roten Soße, nein, einem rotbraunen Brei.« Die ersten Kundinnen waren Nutten aus dem Billigpuff. Der »Siegeszug der Currywurst« begann. Sie ist ein Denkmal der Trümmerfrauenjahre. »Trümmer und Neubeginn, süßlichscharfe Anarchie.«

Damit enthält die Currywurst alle notwendigen Zutaten einer Legende. Am Geschmack allein kann es ja nicht liegen, dass die Leute noch heute tonnenweise Currywürste verschlingen. Es ist die Schärfe des Currys und der Tomatentunke, die den Geschmack der nicht gegrillten, sondern in reichlich Fett gebratenen Würste überdeckt. Qualität und Frische vermag der Esser kaum zu beurteilen. »Darmgepresste Fleischabfälle« nennt sie Deutschlands einflussreichster Esskritiker Jürgen Dollase, was Currywurstliebhaber nicht abschrecken kann.

Dieses Nationalgericht ist kulinarisch alles andere als korrekt, politisch korrekt ist es jedoch allemal und auch in dieser Hinsicht keine Erfindung, sondern eher ein gefundenes Fressen. Die SPD in Nordrhein-Westfalen klebte zum Wahlkampf 2012 Plakate mit dem Slogan »Currywurst ist SPD«. Da wollte eine Volkspartei in ihrem Stammland an Rhein und Ruhr vom Image einer Wurst profitieren und sich malochernah geben. Ihr gehen zwar die Arbeiter aus, nicht aber die Currywürste.

Zunächst repräsentierte die Currywurst das zertrümmerte, das zähe Luftbrückenberlin, auch das geteilte Berlin, denn die Ostvariante der Currywurst war ebenso populär. Was dem Mangel entsprungen war, passte auch in die Hauptstadt der DDR. Pellen waren dort noch immer Mangelware. Und das Deutsche Currywurst Museum steht wohl nicht zufällig direkt am Checkpoint Charly, wo es zum stolzen Eintrittspreis im Gegenwert von vier bis fünf Currywürsten Touristen aus aller Welt anlockt. Der Dauerniedrigpreis (der Wurst, nicht des Museums) gehört zum sentimentalen, kleinbürgerlichen Image der essbaren Legende. Jedermann weiß, dass es nur eine arme Sau sein kann, die für so wenig Geld verwurstet wird. Dem Currywurstliebhaber sollte es nicht egal sein, wie das Schwein behandelt wurde, aus der seine Leibspeise gemacht wird. Doch Billigkeit gehört zu ihr wie das triefende Fett.

Bei Curry 36, in sozialen Netzwerken als beste Currywurstbude Berlins, also quasi der ganzen Welt, gefeiert, kostet sie weniger als zwei Euro und selbst die Variante vom Havelländer Bioapfelschwein weniger als drei Euro. Schlangestehen gehört übrigens dazu wie einst in der DDR. Im Osten ist Konnopke's unter den S-Bahn-Bögen im Prenzlauer Berg das Mekka. Auf Wunsch mit Bih Jolokia Chili mit achthunderttausend Scoville.

Dom Curry, betrieben vom Hilton-Hotel am Gendarmenmarkt, bietet die selbst gemachten Würste auch aus Büffel- oder Straußenfleisch an, und selbstverständlich auch in einer veganen Variante. Es sind Preziosen für sage und schreibe drei Euro fünfzig. Das gilt in Berlin als Provokation. Die Leute verzehren sie in geflochtenen Loungemöbeln auf Porzellan, das Papptellern zumindest nachempfunden ist. Dass die Currywurst klassenlos sei, ist die Behauptung einer Stadt, in der auch Besserverdienende mit zerschlissenen Jeans und Turnschuhen in die Opernpremiere gehen.

Aber auch die billige Currywurst kann mit einer ordentlichen Prise

Dekadenz gewürzt sein. Es gibt die Schickimickivariante mit Blattgold, zu der am Kudamm 195 ein Gläschen Dom Pérignon bestellt werden will. Schade um den Schampus. Denn jede Currywurst ist ordinär und die Nahrungsaufnahme, meist im Stehen unter freiem Himmel, mehr Ritual als Genuss.

Die Currywurst steht nicht bloß für das alte, sondern erst recht für das neue Berlin. Die Hauptstadt ist zwar nicht in der Lage, einen Flughafen zu bauen oder eine bürgernahe Verwaltung zu organisieren, aber die flächendeckende Versorgung mit Currywürsten klappt anstandslos. Berlin ist ja nicht, wie einst das bescheidene Bonn, bloß Bundeshauptstadt, son-

Currywurst aus Marzipan, Deutsches Currywurst Museum Berlin

dern durch und durch Hauptstadt, in dessen Mitte wieder ein Hohenzollernschloss, sogar eines aus Beton, zu bestaunen ist.

Die Currywurst gilt als weltoffenes Gericht. Eine Kreuzung aus orientalischem Curry und deutscher Wurst. Sie »verbindet das Fernste mit dem Nächsten« (Uwe Timm). Die Multikultiwurst gibt es längst mit Pommes statt wie einst nur mit Schrippe. Ob das Currypulver obendrauf gestreut oder eingerührt wird, ob die Wurst vorgeschnitten kommt oder nicht, im Darm oder ohne: Da ist der Berliner tolerant. Die Currywurst ist wie diese Stadt: ein Provisorium für immer. Sie passt in eine Weltstadt, in der das Unfertige, Ungepflegte, wild und zufällig Kombinierte für Stil und Ruppigkeit für Humor gehalten werden wollen. Und über Geschmack ist in Berlin noch nie gestritten worden.

In ganz Deutschland werden im Jahr etwa achthundert Millionen Currywürste verputzt, und sie dürfen in keiner Imbissbude fehlen. In München macht die Currywurst inzwischen sogar der Weißwurst Konkurrenz. Im Rheinland und im Ruhrgebiet hat sie schon länger Fuß gefasst, dort allerdings sind Bratwürste im Darm die Grundlage eines Gerichts gleichen Namens.

Auch Volkswagen produziert höchst erfolgreich »Currywurst«, allerdings handelt es sich hier um eine geräucherte Bockwurst aus bereits mit Curry gewürztem Schweinefleisch. VW-Würste gibt es schon seit Beginn der Autoproduktion in den Dreißigerjahren. Dem Werk gehörten Bauernhöfe, die spezielle Volkswagen-Currybockwurst wird aber erst seit 1973 hergestellt. Ursprünglich als Kantinenkost gedacht, ist sie das einzige Produkt des Konzerns, das nicht vom Abgasskandal gebeutelt wird. Vielleicht sollte man sie Volkswurst nennen.

► **Extrawurst, Hausmannskost, Imbissbude, Nationalgericht, Pfeffersack, Schlachtschüssel, Soße und Sauce, Weißwurstäquator**

Diätwahn

Wer die Geschichte des Diätwahns erzählt, berührt die deutsche Seele. Deutsch sein heiße, wusste schon der Vegetarier Richard Wagner, eine Sache um ihrer selbst willen zu treiben. Das stimmt auch beim Essen. Und für das Gegenteil, das Fasten und Diäthalten, gilt es erst recht. Sie sind ganz vorn mit dabei, die Deutschen, bei der Völlerei wie beim Fasten.

Die Liebe und das Essen – die romantische Ader der Deutschen macht beide kompliziert, befrachtet sie mit einem Überschwang von Gefühlen, mit gedankenschweren Genussbremsen. Die Romantiker zur Zeit der ersten industriellen Revolution waren die ersten Grünen. Die Grünen sind die Romantiker von heute. Der Veggieday, die Agrarwende, der Kampf gegen gentechnisch veränderte Lebensmittel stehen auf ihrer Agenda. Die grünen Romantiker moralisieren und pädagogisieren. Freiheit ja, nur nicht auf dem Teller. Im Gouvernantenstaat ist Essen nicht mehr nur Privatsache. »Falsche« Ernährung wird öffentlich angeprangert. Der Verzicht auf dies und jenes ist politisch erwünscht. Zucker wird zum Volksfeind erklärt. Immer sitzt ein imaginärer Ernährungsberater mit am Tisch.

In diesem Zusammenhang darf ein Phänomen nicht unerwähnt bleiben, das als »French paradox« schon vor zweihundert Jahren beobachtet wurde. Franzosen leiden trotz ihres regelmäßigen Alkohol- und hohen Fettkonsums seltener an Herz-Kreislauf-Erkrankungen als andere Nationen. Die Herzinfarkthäufigkeit in Frankreich ist deutlich geringer als in Deutschland. Womöglich ist die Sache zu erklären mit der insgesamt positiven Einstellung zum guten Essen. Sie entspannt und ist deshalb gesund, obwohl Ungesundes verspeist wird – das französische Paradox. In Frankreich sind Köche die maßgeblichen Ernährungsberater. In Deutschland sind es Wissenschaftler.

Erstmals alarmierte die Fresswelle der Nachkriegszeit Vater Staat. Deshalb sollte der deutschen Sau der Speck abgezüchtet werden. Den Deutschen wurde beigebracht, mageres Fleisch für das bessere, ja für das einzig brauchbare Fleisch zu halten. Die Folgen waren der Verlust zahlreicher Landschweinrassen und die Monokultur der Turbosau. Mit vermeintlich guten Absichten wurde dem Schwein der Geschmack geraubt und das Elend der Massentierhaltung gefördert.

Es geht längst nicht mehr nur ums Abnehmen. Gesundbleiben wird zur ersten Bürgerpflicht. Normen werden aufgestellt. Zum vermeintlich richtigen Verhalten wird der Bürger angestupst, also mit den scheinbar sanften Methoden des Nudging genötigt, ohne unbedingt auf Verbote zu setzen. Papa Staat mischt sich ein. Er sorgt nicht bloß dafür, dass Lebensmittel hygienisch sind und gefahrlos konsumiert werden können. Er behauptet auch zu wissen, was »falsche Ernährung« sei. Er tut so, als sei es möglich, »das tägliche Essen aus sozialen und kulturellen Kontexten herauszulösen und einzig und allein dem Diktat des Körpers zu unterstellen«, so die führende deutsche Ernährungssoziologin Eva Barlösius. Und so maßen sich Experten in staatlichem Auftrag an, in die Freiheit des Individuums einzugreifen.

Was da als Aufklärung daherkommt, ist nicht selten Diskriminierung. Die Dicken werden zu Volksschädlingen, Versicherungsbetrügern gestempelt. Wohin wird das führen? Werden die Krankenkassen ihre Mitglieder in Zukunft – die IT-Technik erlaubt es – überwachen und hohe Blutzuckerwerte, Alkoholmengen, Ernährungssünden bestrafen? Dabei ist bekannt, dass nicht nur zu wenig Bewegung und zu viel Zucker Risikofaktoren sind, sondern erwiesenermaßen auch das Übergewicht der Eltern oder der Umstand, als Baby nicht gestillt worden zu sein. Essstile sind abhängig von sozialem Status und Bildung.

Wissenschaftliche Erkenntnisse stehen am Anfang jeder Diätwelle. Der deutsche Professor Justus Liebig begründete die Ernährungswissenschaft. Der deutsche Apotheker Carl Schmidt führte 1844 erstmals den Begriff Kohlehydrat ein. Es ist mehr als nur ein Wort. Der Feind auf dem Teller trug von nun an einen Namen.

Der deutsche Mensch isst nun nicht mehr einfach, er ernährt sich. Nährstoffe, Fett, Proteine, Kohlehydrate. Satt werden reicht nicht. Was gut schmeckt, schürt erst einmal Verdacht. Das Wissen nimmt ständig zu. Von Vitaminen und Mineralien ist bald die Rede. Dann von Superfood, Antioxidantien auf der Jagd nach freien Radikalen. Heute herrscht vielfach der Eindruck, als gäbe es mehr gute Gründe zum Entsagen als zum Genießen. Mit je mehr Informationen wir überschüttet werden, desto weniger trauen wir den Dingen.

Das Material, das wir täglich kauen, schlucken, verdauen und woraus wir unsere ganze Lebensenergie beziehen, ist vielen fremd geworden. Sogar der Biss in einen roten, reifen, saftigen Apfel. Warum ist er so makellos, fragen sich manche voller Misstrauen. Die Deutschen fasten weniger aus Askese denn aus Angst. Mit Ängsten lassen sich blendende Geschäfte machen. Es wächst das Angebot an Diäten, hinter denen eine komplette Diätindustrie steht, vom Diätberater bis zur Diätklinik. Ein Geschäft mit der Angst.

Zum wachsenden Diätwahn kommt die Zunahme von Unverträglichkeiten und Allergien. Nehmen wir nur Gluten. Zum Feind erklärt von Diätgurus diesseits und jenseits des Atlantiks. »Weizenwampe. Warum Weizen dick und krank macht« – ein Bestseller. Der Autor, ein amerikanischer Mediziner, warnte, dass Gluten im Weizenmehl den Esser zum Junkie mache wie Heroin. Das ist nach allen seriösen Erkenntnissen Unsinn. Aber die Angst vor Gluten, das tatsächlich nur wenige Menschen nicht vertragen, ist längst ein Milliardengeschäft.

Viele Lebensmittel ohne Angstpotenzial gibt es nicht. So gut wie alles, was sich essen lässt, macht fett oder süchtig und am Ende womöglich sogar dement. Angst essen Seele auf. Das Ei hat zu viel Cholesterin, der Kaffee ist schlecht fürs Herz, vielleicht aber auch gut. Studien jeder Art sind im Internet zu finden. Wissenschaftlich belegt ist alles und jeweils das Gegenteil. Jonathan Schoenfeld von der Harvard-Universität und John Ioannidis von der Universität Stanford ließen die Zutaten von zufällig ausgesuchten Rezepten eines Kochbuches durch die medizinische Suchmaschine Pubmed wandern. Für nahezu alle Zutaten ließen sich Pro- und Kontrastudien finden.

Immer mehr Lebensmittel geraten unter Verdacht, andere werden dringend empfohlen. Gerade noch wurde Müsli als perfekter Start in den Tag empfohlen, schon ist es nichts anderes als eine Zuckerbombe. Diäten unterliegen nicht nur wissenschaftlichen Erkenntnissen, sondern auch Moden. Nur die Diätindustrie macht immer Kohle.

Der adipöse englische Bestattungsunternehmer William Banting, der sicherheitshalber die Treppen rückwärts hinabstieg, um sein Knie zu schonen, schrieb 1863 einen »Offenen Brief über Korpulenz, an das Gesamte Publikum gerichtet«. Der erste Diätbestseller der Geschichte. Banting empfahl Heringe und warnte vor Buttertoast. Es folgten bis heute

Abertausende gedruckte Diätratgeber und Hunderte von Diätmethoden. Low Carb, High Carb, Low Fat, Milch-Semmel-Kur nach Franz-Xaver Mayr, Fasten nach Buchinger, Molkefasten, Teefasten, Schrothkur, Saftkur, Gemüsebrühekur, Hollywoodkur, Brigitte-Diät, Eiweißdiät, Kohlsuppendiät, Atkinsdiät, 16:8-Diät, 5:2-Diät, FdH und Nulldiät.

Fasten und Diät sind nicht dasselbe, auch wenn sie einander ergänzen und meist dasselbe bezwecken. Beim Fasten geht es schlicht darum, weniger oder nichts zu essen, Fastenzeiten einzuhalten. Auch die Diät will mehr als bloß Einschränkung, sie will richtig ernähren – so, wie sie es für richtig hält. Und auch sie beinhaltet ein Motiv, das über das Abnehmen hinausreicht. Es ist der moderne Selbstoptimierungswahn. Der Mensch kann nicht mehr sein ohne Design. Deshalb folgt der Mensch gern einer Diätphilosophie, kasteit sich nach komplizierten Regeln.

Die Paläodiät etwa. Sie fußt auf der Behauptung, dass sich der menschliche Verdauungsapparat noch immer nicht an die Folgen der Landwirtschaft seit der neolithischen Revolution vor zehntausend Jahren angepasst hat. Sie verlangt artgerechte Ernährung nach Art der Steinzeitmenschen (Paläolithikum), also den Verzicht auf jüngere Errungenschaften wie Getreide und Milchprodukte, natürlich auch auf Zucker und andere stark verarbeitete Nahrungsmittel. Viel Fleisch aber ist erlaubt und alles andere, was seinerzeit Mutter Natur hergab, also Gemüse, Obst, Fisch, Eier und Nüsse. Wie die meisten Diäten ist auch diese medizinisch spekulativ.

Ein anderer Diättrend verlangt, sechs Tage lang eisern zu hungern, um am siebten Tag, dem Cheatday, ungebremst zuzuschlagen. Mit vernünftiger Ernährung hat das so wenig zu tun wie mit Askese. Doch erscheint manchem die Kombination aus Kasteiung und Fresssucht als überaus extravagant.

Wie leicht ist der neueste Trend versäumt. Low Fat ist out. Schlank werden mit Fett lautet die Parole, man muss nur zwischen guten, bösen und superbösen Fetten zu unterscheiden wissen. Gesättigte Fette wie Schweineschmalz schaden angeblich dem Gedächtnis und verstopfen die Arterien. Aber ungesättigtes Fett aus Nüssen, Avocados, Leinsamen, Rapsöl und Fisch hält fit. Mehr noch: »Omega-3-Fettsäuren machen glücklich und wirken gegen Depressionen«, behaupten die Propagandisten der

Alles Fasten, oder was?

»Omega-3-Revolution«. Leider verspeist der Durchschnittsdeutsche zwanzig Mal so viel von den hochgefährlichen Omega-6-Fettsäuren, aber er neigt bekanntlich auch nicht zu Revolutionen.

Wer blickt noch durch? Der Supermarkt ist verimintes Gelände. Wer auf Low Carb setzt, verzichtet nicht bloß auf Schokolade, sondern auch auf das Glückshormon Dopamin, auf Zufriedenheit dank Serotonin. Schlank werden im Schlaf oder Futtern ohne Reue sind unhaltbare Versprechen. Die einzige zweifelsfrei bewiesene Wahrheit lautet, wer abspecken will, muss weniger essen, als sein Körper verbraucht. Wir haben die Wahl: Weniger essen oder mehr verbrauchen. Was stresst mehr? Ständig übers Essen nachdenken zu müssen und täglich schweißtreibend Sport zu treiben oder ein paar Kilo mehr zu wiegen?

Die Kulturgeschichte des Fastens lässt sich grob in zwei Epochen teilen. In der ersten wird überwiegend unfreiwillig gefastet, in der zweiten aus freien Stücken. In der ersten, der Epoche des Mangels, überwiegt der Hunger. In der zweiten, der Epoche des Überflusses, rückt die Kunst des Fastens und der Diät in den Vordergrund.

Wo ohnehin Mangel herrscht, ist freiwilliges Fasten sinnlos, ja schädlich. Es muss erst einmal etwas geben, auf das man verzichten kann. Nur wer über genügend Nahrung verfügt, kann aus freiem Willen fasten. Nicht die Not macht tugendhaft, sondern die Überwindung der Not lässt überhaupt erst Tugend zu.

Wenn Essen Ausdruck von Lebenslust ist, ist Fasten, mit Ausnahme von Heilfasten, Ausdruck des Wunsches, dem Leben höhere Ziele zu setzen. Der Fastende übt Verzicht auf irdische Genüsse, um sich spirituell zu finden, zu festigen und dadurch seelisch zu gesunden. Er reinigt seinen Leib als Gefäß der Seele.

Enthaltsamkeit jeder Art soll der Selbstkontrolle dienen, dem Abtöten der Triebe, besonders der Völlerei, der Festigung des Charakters, der inneren Befreiung für Höheres und Wesentlicheres. Auch Fernseh- und Facebook-Enthaltsamkeit wären deshalb heute sinnvolle Fastenformen.

Der freiwillig Fastende sucht sich selbst. Nach wenigen Tagen verschwindet das Hungergefühl. Der Körper schüttet Endorphine aus. Der hungernde Asket fühlt sich erleichtert oder findet Gefallen an seinem Leiden. Also leidet er nicht.

Die Frage muss erlaubt sein, warum gerade in Deutschland so selten darüber gesprochen wird, dass auch genussvolles Essen seelische Bedürfnisse befriedigt, die Sinne schärft, den Geist beflügelt, das Bewusstsein erweitert, die Körpersäfte klärt, Brücken in überirdische Gefilde schlägt. Auch Einkehr durch Einkehren ist möglich. Wie wäre es mit einer Diät der höchsten kulinarischen Qualität statt einer Diät der Reduktion?

Denn Spiritualität lässt sich auch in den Speisen finden. Waren die Priester in frühen Kulturen nicht zugleich Köche? Sie opferten den Göttern Lebensmittel. Die Gottpriester der Pharaonen trugen hohe Mützen, ähnlich wie heute die Köche – ein bloßer Zufall? Ein Abendmahl steht im Zentrum der christlichen Religion, Brot und Wein symbolisieren den Leib des Herrn.

Prototypen des fastenden Hungerleiders sind Einsiedler, fromme Mönche, asketische Aussteiger. Simplicius Simplicissimus, der barocke Romanheld, wird von seinem Autor Hans Jakob Christoffel von Grimmelshausen auf der Flucht vor den Nöten des Dreißigjährigen Kriegs in den Wald zu einem Einsiedler geschickt. Dort ist er in Sicherheit, auch wenn der Hunger Koch und der Mangel Küchenmeister sind. Wie ernähren sie sich im Schutz des Waldes? »Unsere Speise bestand aus allerlei Gartengewächsen – Rüben, Kraut, Bohnen, Erbsen und dergleichen. Aber auch Bucheckern und wilde Äpfel, Birnen oder Kirschen verschmähten wir nicht, und wir ließen uns oft sogar Eicheln schmecken. Das Brot, oder besser gesagt, unsere Brotkuchen backten wir in heißer Asche aus zerstoßenem Mais. Im Winter fingen wir Vögel mit Fallen und Schlingen, im Frühjahr und Sommer aber bescherte Gott uns Junge aus Nestern. Oft hielten wir uns an Schnecken und Frösche und hatten auch gegen das Fischen mit Angeln und Reusen nichts einzuwenden […] Einmal hatten wir ein junges Wildschwein gefangen, das wir in den Pferch sperrten, und nachdem wir es mit Eicheln und Bucheckern aufgezogen und gemästet hatten, schließlich verspeisten, denn mein Einsiedel meinte, es könne keine Sünde sein, wenn man genießt, was Gott den Menschen zum Genuss erschaffen hat.« Das klingt nicht nach leeren Tellern, sondern eher nach gesunder Abwechslung. Doch jederzeit kann der Mangel an die Tür klopfen.

In den Klöstern zählte das Fasten nicht aus Not, sondern aus religiöser Pflicht zum Alltag. In der vorösterlichen Fastenzeit gab es nur einmal am Tag etwas zu essen. Es wurde auch an allen Freitagen gefastet. Dann durften auch keine tierischen Produkte wie Eier und kein Käse gegessen werden. Ausnahme: Fisch. Fisch war kein Fleisch und als Eiweißlieferant erlaubt. An normalen Tagen gab es in Klöstern des neunten Jahrhunderts bis zu zwei Kilo Brot, hundert Gramm Käse, zweihundert Gramm Hülsenfrüchte pro Kopf in der Woche, nur an Sonn- und Feiertagen Fleisch statt Bohnen. Die Zahl der Festtage stieg im Laufe der Zeit – wohl auch aus Appetit auf Fleisch. Denn für die Feiertagskost galt keine Fastenregel.

Manche Regel wurde auch spitzfindig und scheinheilig umgangen. »Ergo te babtizo carpam«, sprach der Abt und segnete die »Karpfen« getaufte Ente. Fleischliche Ersatzgenüsse boten auch Frösche und Schnecken. Sie stiegen über die klösterliche Fastenküche in den Rang von Delikatessen auf. In vielen Klöstern waren an Fastentagen auch Milch, Eier, Schmalz verboten, weshalb sie als Zutaten in süßem Schmalzgebäck (Krapfen) versteckt wurden.

Nicht voneinander zu trennen waren Brot und Wein. Das hatte mit ihrer liturgischen Bedeutung beim Abendmahl nichts zu tun. Vielmehr wäre das dauernde Darben ohne Wein oder Bier nicht auszuhalten gewesen. Zu den großen Errungenschaften klösterlicher Fastenkultur zählen die schwer gemalzten, dunklen, alkoholreichen Fastenbiere. So wie der Münchner Salvator an die Salvatorianer, erinnern auch andere bis heute gebraute Starkbiere an die Tradition geistlicher Orden. Das Fasten ging also eine innige Verbindung mit dem Saufen ein – zum Betäuben des Hungergefühls, für die Kalorienzufuhr durch Malz und Alkohol.

Die Dialektik von Askese und Sünde, Fasten und Fressen, entspricht der Lebenswirklichkeit seit Urzeiten. Stets wechselten Überfluss und Hunger ab. Den Jägern stand nicht immer genug Wild zur Verfügung. Wenn er Beute machte, fraß der Mensch sich übersatt. In Klöstern, in denen kein Mangel mehr herrschte, wurde der Wechsel aus Sättigung und Mangel zum spirituellen Ritual.

Auf den Einfluss des Protestantismus auf die Ernährung der Deutschen stoßen wir an allen Ecken und Enden. Hier nur so viel: Luther verteidigte die Freiheit des Christenmenschen gegen Rom. Deshalb akzeptierte er auch nicht die katholischen Fastenregeln. Der Protestant lässt die Sau nicht heraus, also muss er sich ihr auch nicht beim Fasten entsagen. Er ernährt sich stets maßvoll und verantwortungsbewusst. Der Katholik dagegen büßt fastend seine Sünden, seine Zügellosigkeit und Genusssucht. Die Küche der katholischen Gegenden Deutschlands konnte sich zügelloser entfalten.

Wie der Künstler verwandelt und transzendiert der Koch die Gaben der Natur. Fasten und Kochkunst sind zwei Seiten derselben Medaille – sie sind durch die Suche nach Transzendenz verbunden. So wie das Essen kann auch das Fasten zur krankhaften Sucht werden.

Oder aber zur Fastenkunst. Es gab sie wirklich, die Fasten-, die Hungerkünstler. Zu behaupten, sie übten eine brotlose Kunst aus, wäre sarkastisch und falsch dazu. Ihre Kunst stand in der ersten Hälfte des zwanzigsten Jahrhunderts in Blüte, auch in Deutschland. Ein gewisser Jolly lockte 1926 in Berlin dreihundertfünfzigtausend Besucher an, während er vierundvierzig Tage lang hungerte. Noch 1950 hungerte ein Deutscher namens Heros im Frankfurter Zoo dreiundfünfzig Tage lang öffentlich.

Arnold Ehret schaffte 1909 mit neunundvierzig Hungertagen in Köln einen neuen Weltrekord. Er kam vom Monte Verità, dem Tessiner Kultort der Lebensreformbewegung, wo er eine »Schule für leibliche und geistige Diätik« eröffnete. Der Weg zwischen dem Hungern als Zirkuskunst und dem Hungern als Lebenskunst ist nicht sehr weit.

Der Schriftsteller Franz Kafka war an beidem sehr interessiert, hielt selbst Diäten und litt außerdem an Essstörungen. Hungerkünstler wie Ehret motivierten ihn zur ironischen Erzählung »Ein Hungerkünstler« (1922). Das Werk ist ein Gleichnis für den am Unverständnis seines Publikums leidenden Künstler. Hungern sei »die leichteste Sache der Welt«, sagt der Hungerkünstler Kafkas; viel schwieriger sei es, zu vermeiden, dass er für einen Scharlatan gehalten, ihm also unterstellt werde, heimlich zu essen. Tatsächlich wurden einige der großen Hungerkünstler beim Betrug ertappt, so auch Jolly, dem Wärter heimlich Schokolade zusteckten.

In Kafkas Erzählung wird dem Hungerkünstler nach vierzig Tagen wider Willen Essen serviert, obwohl er noch weiter hungern könnte. Er verteidigt seinen Berufsstolz, fühlt sich verletzt, weil ihm das Publikum nicht glaubt und ihn um die ihm zustehende Bewunderung betrügt.

Die Verweigerung jeglicher Nahrung ist die radikalste Form der Diät, die Nulldiät. Wer sie nicht als Kunst pflegt, bei dem ist sie medizinisch indiziert. Es sei denn, es handelt sich um einen Hungerstreik, aus Gründen der Autoaggression oder aber als Versuch des Ohnmächtigen, unter Einsatz des letzten Mittels dem Mächtigen etwas abzuringen, etwa bessere Haftbedingungen.

Bevor Kafkas Hungerkünstler stirbt, verrät er sein wahres Motiv. »Weil ich nicht die Speise finden konnte, die mir schmeckt. Hätte ich sie gefunden, glaube mir, ich hätte kein Aufsehen gemacht und mich vollgegessen wie du und alle. Das waren die letzten Worte, aber noch in seinen gebrochenen Augen war die feste, wenn auch nicht mehr stolze Überzeugung, dass er weiter hungerte.« Auch er befand sich letztlich im Hungerstreik.

▸ **Apfelbaum, Bio, Bismarckhering, Brotzeit, Brühwürfel, Feinkost für Feinschmecker, Hopfen und Malz, Hungersnot, Kochkunst, Kraut und Rüben, Schlachtschüssel, Spätlese, Suppenkaspar, Völlerei, Weißwurstäquator, Zuckerbrot**

Eat-Art

Die deutsche Kochkunst steht nicht unbedingt im Zentrum des kulinarischen Universums. Was dagegen das Essen als Medium der Kunst angeht, liegt das Land der Dichter und Denker weit vorn, vor Frankreich sogar. Nicht von der Kunst des Kochens ist hier die Rede, sondern von bildender Kunst, die mit essbarem Material arbeitet. Dafür hat sich in der Kunstwissenschaft der Begriff Eat-Art etabliert.

Der aus Rumänien stammende Künstler Daniel Spoerri erfand ihn. Er betrieb gemeinsam mit dem Schweizer Gastronomen und Sammler Carlo Schroeter in Düsseldorf, einem vom Ende der Sechziger- bis zum Ende der Siebzigerjahre quirligen Zentrum der internationalen Kunstszene, das Restaurant Spoerri mit angeschlossener Eat Art Gallery.

Eat-Art will Bewusstsein schaffen für Fragen der Ernährung, auch mit den Mitteln der Provokation, ist also oft alles andere als appetitanregend. Auf der Karte standen zu erschwinglichen Preisen Bärentatzen, Elefantenrüsselsteaks, Klapperschlangenragout, Pythonschnitzel, Termitenomelette, Leoparden-, Löwen- und Kamelsuppen. Spoerri wurde bekannt mit dreidimensionalen Tafelbildern, den sogenannten Fallenbildern. Er fixierte Essensreste und Gegenstände auf abgegessenen Tischen und stellte sie senkrecht aus. Spoerris Objekte stehen damit in der Tradition des barocken Stilllebens – nur eben dreidimensional.

Etwa ab 1600 entstand dieses wichtige Genre der europäischen Kunst. Stillleben zeigen naturgetreu Fleisch und Früchte, erlegte Fasane und zerlegte Fische, angeschnittene Brotlaibe und verwelkte Blüten. Vor allem Künstler aus den Niederlanden machten sich damit einen Namen. Ruhm erwarben aber auch deutsche Künstler wie Georg Flegel, 1566 in Olmütz geboren, 1638 in Frankfurt am Main gestorben, dessen Stillleben mit Käse und Kirschen es sogar auf eine Briefmarke der Deutschen Post schaffte. Essen wird hier als Teil des Kreislaufs des Lebens begriffen. Tod, Verwesung, Wiedergeburt. Memento Mori und Carpe Diem. Die Gedanken kreisen um Lebensgenuss und Sterben, um Werden und Vergehen.

Die moderne Kunst hat dieses Thema mit neuen Methoden und Materialien aufgegriffen. Dieter Roths schimmelnde Kunstwerke etwa machen

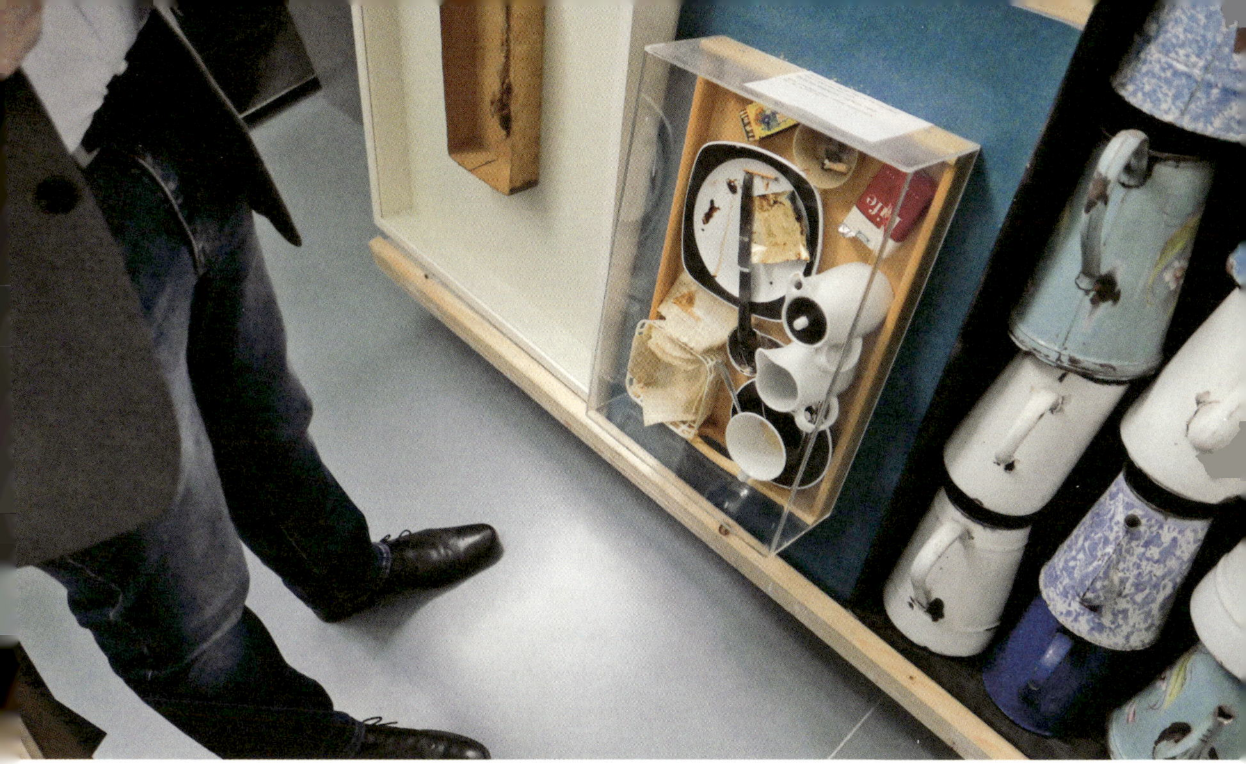

Eat-Art im Depot des Düsseldorfer Museums Kunstpalast: Daniel Spoerris Frühstückstablett, links daneben Joseph Beuys' Heringsgräte. Der Fuß gehört dem Kurator Kay Heymer.

Barocke Eat-Art, ebenfalls im Düsseldorfer Museum Kunstpalast.
Hier mit der oberen Hälfte des Kurators.

den Verfall selbst zu Kunst. Die Kunstwerke der Eat-Art sind nicht immer, aber häufig auch essbar. Etwa eine Nachbildung des Künstlers François Lalanne, die 1970 in Düsseldorf rituell zerteilt und verspeist wurde – ein *Diner Cannibale* als Happening. Zu einer gewaltigen Tortenschlacht (die Torten im Stil der wichtigsten Künstler ihrer Zeit) steuerte 1970 Joseph Beuys, damals Professor an der Düsseldorfer Kunstakademie, fünfundzwanzig unter der Decke hängende Heringsskelette bei. Sie könnten eine Anspielung auf den Satz des Nationalökonomen Friedrich List aus dem Hungerjahr 1844 gewesen sein: »Ich habe Reviere gesehen, wo ein Hering, an einem an der Zimmerdecke befestigten Faden mitten über dem Tische hängend, unter den Kartoffelessern von Hand zu Hand herumging, um jeden zu befähigen, durch Reiben an dem gemeinsamen Tafelgut seiner Kartoffel Würze und Geschmack zu geben.«

Beuys ist einer der zentralen Eat-Art-Künstler, nicht nur, weil Fett und Honig wichtige Materialien seiner Kunst sind. Jeder Mensch sei ein Künstler, lautete sein Motto. Das gilt erst recht für den kochenden Menschen. Denn wie jeder Künstler kombiniert und verändert der Koch die Dinge und verleiht ihnen dadurch Bedeutung. Beuys ließ sich beim Kartoffelschälen und Suppeschöpfen filmen und adelte Tätigkeiten in der Küche zu Kunst. Als Mitbegründer der Partei der Grünen machte er den Umgang mit Lebensmitteln auch zu einem politischen Thema.

Die naturgemäß nicht immer leicht zu konservierenden Werke der Eat-Art sind heute vor allem im Düsseldorfer Museum Kunstpalast zu besichtigen, wenn nicht gerade mal wieder das Dach der städtischen Sammlung undicht geworden ist und alles ins Depot wandern muss. Spoerris Skulpturen aus Brotteig sind dort zu finden, einige seiner berühmten Tableaus halb aufgegessener Mahlzeiten, aber auch Dieter Roths Multiples aus zerflossenem Käse und Karnickel aus echten Karnickelköteln.

Nahrungsmittel wurden erstmals 1930 Material von Kunst. Die italienischen Futuristen meinten, Kunst dürfe nicht vor dem wahren Leben haltmachen. Filippo Tommaso Marinetti, der Kopf der Bewegung, erklärte Kochen zu Kunst. Die Avantgardisten experimentierten mit Lebensmitteln und schufen neue und absurde Kombinationen, die sie in einer Turiner Küche zubereiteten, der *Taverne zum Heiligen Gaumen.* Auf den Teller kamen zum Beispiel Salamischeiben in Espressobrühe. Damit können die

Eat-Art-Künstler als Erfinder der Erlebnisgastronomie gelten, wenn auch der realen Kochkunst so viel künstlerische Freiheit nicht zugestanden wird.

An der Städelschule in Frankfurt, der hoch angesehenen Kunstakademie, leitete Peter Kubelka von 1978 bis 2000 die Klasse für Film und Kochen als Kunstgattung. Er hält Kochen für »die älteste bildende Kunst überhaupt«. Der renommierte Kochkunstkritiker Michael Onfray, ein Franzose, rühmte, dass Kubelka »Akteur seiner eigenen Existenz, Baumeister seiner eigenen Form, Künstler seines eigenen Lebens« sein wolle, der die Kochkunst als Angriff »gegen den eindimensionalen Menschen« verstehe. Kubelka lehrte »traditionelle Einfachheit im ›Speisenbau‹«.

Die Künstler der Eat-Art arbeiten sich an der Industrie- und Konsumgesellschaft ab. Christian Höller und Rosemarie Trockel schufen für die Documenta X ein »Haus für Schweine und Menschen«. Und der Videokünstler Christian Jankowski ging mit Pfeil und Bogen auf Schnäppchenjagd in den Supermarkt. Eine zwölf Meter lange Installation des Belgiers Wim Delvoye ist dem Verdauungssystem des Menschen nachgebildet. Sie besteht aus Schläuchen, Pumpen, Zentrifugen, Kompressoren, wird vorn mit Lebensmitteln gefüttert und stößt hinten Exkremente aus.

Das Kunstverständnis der Deutschen verlangt nach höherer Bedeutung. Genuss allein um des Genusses willen genügt nicht. Deshalb haben es richtige Köche schwerer als in Frankreich, als Künstler anerkannt zu werden. Ein Koch, der die Zutaten nicht bloß verfeinert und verwegen kombiniert, sondern sie in ihrem physischen Wesen verändert, kommt der deutschen Vorstellung von Kunst schon näher. Die Documenta XII in Kassel lud erstmals einen echten Koch ein, den Spanier Ferran Adrià, den Erfinder der molekularen Küche, der Produkte der Natur in andere Aggregatszustände verwandelt, und adelte ihn damit zum bildenden Künstler.

► **Einbauküche, Feinkost für Feinschmecker, Foodporn, Geschmackssache, Hungersnot, Kochkunst, Verbraucher**

Einbauküche

Die Biennale di Venezia gilt als eine Art Olympische Spiele der Kunst. In den Giardini bestreiten die Nationen mit ihren Ausstellungspavillons den Wettbewerb um den Goldenen Löwen. Zur Biennale 2009 überließ die Bundesrepublik Deutschland ihren Pavillon ganz und gar einem Briten. Liam Gillick nahm sich vor zu zeigen, was in seinen Augen Deutschlands Wesen ausmacht. Dafür suchte der Künstler ein Symbol; und er fand es. Deutschlands Biennale-Beitrag war ein einziges raumfüllendes Kunstwerk, eine riesige Installation, eine Einbauküche.

Sie bestand ganz und gar aus Tannenholz. Denn die deutsche Seele kommt aus der Tiefe des deutschen Waldes. Die normierten Fertigteile unterschieden sich nur durch die natürliche Maserung des Holzes, das unregelmäßige Muster der Astlöcher. Auch wenn man es hätte vermuten können, war der Beitrag der deutschen Nation zur Kunstbiennale nicht etwa von einem schwedischen Möbelhaus oder von einer der großen deutschen Einbauküchenfirmen wie Alno, Bulthaup, Leicht, Nolte, Poggenpohl oder SieMatic gesponsert. Grüßen ließ vielmehr die Nation der Heimwerker, der Bastler, Schrauber und Tüftler. Alles aus Massivholz – ökologisch korrekt, wie der Deutsche nicht zuletzt auch in der Küche ist.

Eine monumentale deutsche Einbauküche in einem monumentalen, von den Nazis 1938 erbauten Tempel der Kunst. Der Deutsche trumpft nicht mehr auf, und wenn er schon auftrumpfen muss, dann macht er sich dabei wenigstens nützlich. Nützlich bis zum Aberwitz. Ober- und Unterschränke ohne Zahl, sich endlos wiederholende Module – dies war, noch dazu von einem Briten, ein ironisches, ins Groteske gesteigertes Sinnbild für das deutsche Wesen: praktisch, zweckmäßig, kühl, modern, hell ausgeleuchtet, funktional, eckig, alles andere als individuell, radikal aufgeräumt. Das Einzige, was in dieser Küche an so etwas wie Leben erinnerte, war eine ausgestopfte Katze auf einem der Oberschränke, mit einer Gebrauchsanweisung im Maul. Dieser Beipackzettel enthielt einen Verweis auf die küchentechnische Errungenschaft, die Deutschland der Welt geschenkt hat: die Einbauküche.

Zwar standen die ersten Einbauküchen schon Mitte des neunzehnten

Jahrhunderts in den USA, doch zum industriellen Standard wurden sie in Deutschland entwickelt. Es gab frühe Prototypen schon in der ersten Bauhaus-Ausstellung in Weimar 1923. Das Deutsche Reich strebte hochoffiziell nach Marktführerschaft. Seit 1926 beförderte die Rationalisierungsgemeinschaft für Hauswirtschaft des Reichskuratoriums für Wirtschaftlichkeit den Fortschritt.

Aus diesem Jahr stammt die berühmte *Frankfurter Küche,* eine Ikone der industriellen Moderne. 1926 von der Wiener Architektin Margarete Schütte-Lihotzky entworfen, war sie keine der damals noch üblichen geräumigen Wohnküchen, sondern der letzte Schrei des städtischen Wohnungsdesigns. Die Frankfurter Küche sollte die Emanzipation der berufstätigen Frau nachhaltig befördern. Tatsächlich förderte sie eher das Gegenteil. Die Frankfurter Küche bot nur einer Person Platz, und das war die Hausfrau. Am Herd fand sie ihre Bestimmung. Ihre Kochkünste galten als anspruchslose Tätigkeit, als notwendige Pflicht, nicht als kreative Kür. Die normierte neue Einbauküche bezweckte nichts anderes, als den Arbeitsplatz der Frau vermeintlich etwas menschlicher, sprich praktischer zu gestalten.

Diese Küche taugte weder zum Protzen noch zum Wohlfühlen. Effizienz und Zeitersparnis waren alles. Der Designer Otl Aicher hielt diese Küchenrevolution Jahrzehnte später für den Ausbund einer »schikanösen Männerwelt«. Er stritt als einer der Ersten für offene, kommunikative Küchen.

Aber zunächst sah die Einbauküche nach Befreiung der Frau aus. »Der moderne Mensch sollte an der Küche genesen«, so die Berliner Architekturhistorikerin Kerstin Dörhofer. Die Frankfurter Küche ist standardisierte 6,5 Quadratmeter klein, eine durchrationalisierte Kombüse, in die griffbereit hineinpasst, was die Frau für ihre Arbeit in der Küche benötigt. Alles ist buchstäblich im Handumdrehen erreichbar: der Herd, ein Abzug darüber, die Arbeitsfläche mit Linoleumbelag, Töpfe, Geschirr, Spüle, Vorratsbehälter. Nur der Geschirrspüler war damals noch nicht vorgesehen. Es sollte noch bis in die Fünfzigerjahre dauern, bis die deutsche Einbauküche auch den internationalen Maßstab setzte. Sechzig Zentimeter breit sind die Elemente und sechzig Zentimeter tief. Deutsches Maß.

Die Küche für den kleinen Haushalt war millionenfach in Sozialwohnungen zu finden, lange auch in exklusiven Penthäusern. Wesentliches aber hat sich inzwischen geändert. Die Trennung von Küche und Wohnen ist verworfen, der beengte, zweckmäßige Arbeitsplatz der Hausfrau von gestern. Die Küche ist ins Zentrum der Wohnkultur gerückt.

Dabei wird nicht geknausert. Schauen wir uns um, zum Beispiel im Showroom der Firma Poggenpohl. Die Küchenfronten, schwarz oder weiß, glänzen wie Konzertflügel. Es gibt – noch exklusiver – Küchenfronten aus Treibholz. Die Arbeitsflächen sind aus deutschem Porphyr, unvergleichlich seine Maserung. Ein High-End-Produkt nennt sich *Fourth Wall*. Der Begriff ist dem Theater entlehnt und bezeichnet die imaginäre Wand zwischen Bühne und Publikum. Nun nämlich wird die Küche zur Bühne. Nichts wird mehr versteckt, vom Wein (»lässt sich per Tastendruck an die Oberfläche zaubern«) bis zum Gemüse in transparenten, klimatisierten Regalen (»fast so, als würden sie in der Luft schweben«). Während der Gast »gelassen am Geschehen teilhaben« kann, zaubert der Koch auf seiner Teppanyakiplatte etwas mit Riesengarnelen. Der Amateurkoch gibt den Entertainer in einem Bühnenbild mit angeschlossenem Essbereich, der sich durch Beleuchtung verwandeln lässt.

Friedemir Poggenpohl hatte im ostwestfälischen Herford bereits 1892 seine Firma für Küchenmöbel gegründet. Dort sitzt sie noch heute und geht mit der Zeit. In siebzig Ländern ist sie vertreten. Ihre Produkte gelten, wenn man so will, als Porsche der Küche. Und siehe da, die glanzvollsten Küchen der Firma stammen tatsächlich aus der Zusammenarbeit mit dem Porsche Design Studio. Auch das, was sich in so einer Küche machen lässt, erinnert an Autofahren in einem modernen Cockpit. »Mit +MOTION DRIVE holen Sie sich puren Luxus in die Küche. Schubkästen und Auszüge öffnen und schließen sich automatisch. Einfach einmal in der Mitte berühren, und der Rest passiert ganz von allein. So haben Sie die Hände frei für Wichtigeres. Wählen Sie zwischen einer elektrischen und einer mechanischen Öffnungsunterstützung.«

Auf die Frage, welche der anderen weltweit erfolgreichen deutschen Küchenfirmen die stärkste Konkurrentin sei, kommt die Antwort: keine Küchenmarke, sondern Luxusautos. Eine Poggenpohl-Küche ist ein Investment, für dessen Gegenwert (nicht selten sechsstellig) auch ein stattliches Automobil zu bekommen wäre. Nicht zwischen Poggenpohl oder Bulthaup fällt oft die Entscheidung, sondern zwischen Auto und Küche, zwischen altem und neuem Statussymbol.

Welches Gefühl bestimmt die Wahl zwischen Porsche und Porsche-Design-Küche? Luxusküche wie Luxusauto sind Kokons, in denen der Besitzer sich einkapseln und träumen kann. Wie im Auto sitzt er gewissermaßen in einem faradayschen Käfig, der vor Einschlägen schützt. Die deutsche Autobahn, man weiß es, führt schnurstracks in die deutsche Seele. Doch das deutsche Credo – freie Fahrt für freie Bürger – gerät politisch aus der Mode. Der Besitz eines repräsentativen Gefährts ist nicht mehr der dringendste, prestigeträchtigste Wunsch zumal jüngerer Deutscher. Die deutsche Großeinbauküche etabliert sich als zeitgemäßerer Seelenort. »Krisen sind gut für die Küche«, sagt der erfahrene Verkäufer im Showroom. Kein Soziologieprofessor könnte es besser auf den Punkt bringen. Die Küche scheint dem ökologisch bewussten Bürger werthaltiger.

Küchenladen,
Berlin-Charlottenburg

Diesen Trend belegen die Wachstumsziffern. Zwei Drittel des Küchenumsatzes wird im eigenen Land gemacht, dabei sind die Baumärkte noch gar nicht mitgerechnet. Über elf Milliarden Euro geben die Deutschen im Jahr für Küchen aus, die weiteren Wachstumsprognosen sind günstig. Es muss nicht unbedingt eine Porsche-Küche sein. Doch wie beim Auto zieht der Deutsche, das ist er sich schuldig, ein hochwertiges deutsches Fabrikat vor.

Was erzählt der Trend zur teuren Küche? Erstens: Die Emanzipation des deutschen Mannes ist unaufhaltsam. Wer es nicht glauben will, beobachte ihn in seiner Küche. Er liebt sie, gönnt sich etwas Besonderes. Der Statusgewinn der Küche ist ohne den Statusgewinn des kochenden Mannes nicht zu erklären. Zweitens erfährt die Küche eine Renaissance als sozialer Ort. Darauf reagieren Architekten wie Innenarchitekten. Die Küchen werden größer, vor allem öffnen sie sich dem Raum, der früher Wohnzimmer hieß.

Die Wohnküche ist also zurück. Ich erinnere mich an die Küche meiner Kindheit in einem Dorf. Es gab neben dem Esstisch in der Mitte zwei zentrale Objekte. Das eine war der Ofen mit silbern blitzendem Ofenrohr. Angeheizt wurde er mit Spänen und Papier. In die Herdplatte war ein Behälter eingelassen, der heißes Wasser enthielt; aus dem Hahn kam es noch nicht. Unter gusseisernen Ringen glühte das Feuer. Das zweite Objekt war eine monströse Küchenkredenz, ein Aufbewahrungsmöbel mit geschwungenen Fronten, eine Art Kommode mit einem Aufsatz für Geschirr, Gläser, aber auch mit Schüben für Mehl, Zucker, Reis. Entfernt erinnerte das Ding an den Altar in der Dorfkirche vor dem vatikanischen Konzil. Das Wolferle zelebrierte daran das Hochamt. Die Hostien waren echt (aus dem Oblatenvorrat für Elisenlebkuchen), das Latein nicht. Es gab noch keine Einbaugeräte wie Spülmaschinen und Herde. Kühlschränke waren 1960 erst in der Hälfte der deutschen Haushalte vorhanden. Es wurde noch täglich eingekauft und immer frisch gekocht.

Die Formel-1-Küche unserer Tage befriedigt den kochenden Mann, ob er lieber der eigenen Genialität oder dem Kochbuch folgt, ob er zum Slow-Food neigt oder zum Speed-Cooking, ob er nur Convenience-Produkte aufwärmt oder Saucenfonds selbst ansetzt. Die Küche erfüllt die Wünsche von Kreativgenies wie technikverliebter Praktiker. Dampfgarautomat, versenkbare Dunstabzugshaube als Multimedia-Esse mit Flachbildschirm, Oberflächen mit Anti-Fingerprinttechnik, Wasserarmaturen, die kochendes Wasser auf Knopfdruck spenden, Induktions- oder Gasherde, Backöfen, die sich per Handy vorheizen lassen, Fleischthermometer, Präzisionswaagen, es fehlt an nichts. Im Angebot ist auch der voll vernetzte Dialoggarer, der mit elektromagnetischen Wellen aus dem Frequenzbereich des deutschen Mobilfunknetzes arbeitet (anders als die alte Mikrowelle). Im Ofen versteckte Antennen erlauben es, unterschiedliche Lebensmittel gleichzeitig zu garen. Auch ein Rotationsevaporator sollte künftig nicht fehlen und eine Vorrichtung zum kryogenischen Einfrieren wie bei den Molekularküchenprofis.

Die Hightech-Amateurküche orientiert sich an der professionellen Gastronomie. Auch hier ist Deutschlands Industrie weltweit führend, selbst wenn die Geräte englische Namen tragen. Das *Vario Cooking Center* und das *Self Cooking Center* stammen vom Landsberger Weltmarktführer Rational, einem Unternehmen, das 2017 in die börsennotierte MDAX-Liga aufrückte. Edelstahlbehälter werden am »Soft Touch Panel« gesteuert, auch mit »Übernachtfunktion«. Das schaffen auch Köche, die keine Köche sind, und erst recht Künstliche Intelligenz.

Genuss durch Präzision, lautet die Parole. Vom Ehrgeiz gepackt und von Selbstzweifeln geplagt, setzt der kochende Mann auf die Perfektion seines mit der Außenwelt und sich selbst vernetzten Smart-Home-Geräteparks. Eher misstraut er dem eigenen Fingerspitzengefühl. Haftet doch dem Kochen noch immer etwas Unberechenbares an, das einem kein Onlinerezept und kein Fernsehkoch nehmen kann. Ein Soufflé wahrt sein letztes Geheimnis.

So verraten die Investitionen des kochenden Mannes ein seltsames Pathos. Die Superküche vereint die Errungenschaften der elektronischen Revolution mit ganz alten Sehnsüchten und Gefühlen. Handgeschmiedete japanische Messer und Kupfertöpfe passen dazu, und auch der frei stehende Küchenblock. Die Küche als Ausdruck von Familiensinn, von Gastfreundschaft, doch auch als Refugium, das allerdings Anschluss an das Morgen verspricht. Utopie und Nostalgie in einem.

Die Aufrüstung der deutschen Küche bedeutet freilich nicht, dass dort auch mehr gekocht würde. Manche Küche funkelt nur vor sich hin, dient dem Aufbacken von Fertigpizza und wärmt die Menüs vom Lieferservice. Bezweifelt werden darf auch, dass die Raffinesse der Gerichte mit der technischen Raffinesse der Küche mithalten kann. Aber darum geht es gar nicht. Die moderne Küche berührt die ganz und gar romantische, also deutsche Seele, und zwar vor allem die Männerseele. Frauen, also die, die in Deutschland nach wie vor für den Löwenanteil der Küchenarbeiten, jedenfalls fürs Abspülen und Aufräumen, zuständig sind, schätzen arbeitssparende Einbauküchen. Und an der Wohnküche die Tatsache, dass sie bei der Küchenarbeit nicht mehr vom übrigen Leben in der Bude ausgeschlossen sind.

Aber war nicht auch die Suche nach der blauen Blume eine Reaktion auf das Zischen der Maschinen, das Qualmen der Schlote, das Hämmern in den Hallen? Wieder erleben wir eine technologische Revolution. Mit ihr wachsen die Ängste vieler Menschen. Nicht bloß der Arbeitsplatz kann flöten gehen im Konkurrenzkampf mit unermüdlich lernenden Robotern. Wo aber bleibt der Mensch noch unerreicht?

Kein Computer kann seine Sinnesorgane ersetzen, seine Genussfähigkeit. Ihm bleibt das Hantieren mit den einfachen Dingen, die Mutter Natur zur Verfügung stellt. Der kochende Zeitgenosse lehnt sich auf gegen die Entmenschlichung der Konsum- und Arbeitswelt. Dazu zieht er sich in seine Küche zurück. Auch Liam Gillicks gigantische, alle Dimensionen sprengende Biennale-Küche im Zentralraum des altehrwürdigen deutschen Kunsttempels zu Venedig spielte mit dieser romantischen Sehnsucht.

▶ **Fernsehköche, Gutbürgerlich, Hausmannskost, Kochkunst, Thermomix, Zukunft auf dem Teller**

Extrawurst

Die Extrawurst ist eine in Österreich verbreitete knoblauchhaltige Wurstsorte. Der Begriff kann gern als Prädikat für deutsche Wurst überhaupt herhalten. Sie ist einfach extra. Extra gut, extra ordinär, und extra groß ist ihre Vielfalt. Auf seine Würste ist der Deutsche stolz. »Die ganze Welt beneidet uns« (Fernsehkoch Nelson Müller).

Auch große Geister rühmten sie. Der Meister der romantischen Ironie, der Franke Jean Paul, dichtete gar: »Wurst ist eine Götterspeise.« Nur die Begründung dafür schmeckt nicht jedem. »Denn nur Gott weiß, was drin ist.« Der Kunsthistoriker Wolfger Pöhlmann, der der deutschen Wurst eine vierhundertsechzig Seiten dicke Hymne sang, verglich den Wurstmacher gar mit dem Künstler. Die Wurst sei sein Werk, Objektkunst und kulinarische Offenbarung zugleich. So stellt er fest, dass »die eigene Handschrift des Künstlers, die Stimmigkeit von Schöpfer, Werk, Ort und Zeit tatsächlich auch zur Qualität der Wurst beitragen können«.

Dann aber fährt er fort: »Dies bedeutet zugleich, dass sich bei der industriellen Massenware genau hierin alle Mängel manifestieren. Es gibt keine handwerkliche Individualität, das schreckliche Leben und Sterben der Tiere in Massenhaltung wird geschmacklich durch allerlei Zusatzstoffe übertüncht. Der Profit scheint das Maß aller Dinge. Die dem Metzger nachgesagte Fähigkeit, er beherrsche die Kunst, Wasser schnittfest zu machen, wird von der Industrie in allerhöchster Form verfeinert.« Insofern geht es auch für die Wurst um die Wurst.

Die Bandbreite regionaler Namen, Formen, Traditionen, Zubereitungsarten ist schier unüberschaubar. Etwa eintausendsechshundert Sorten sind bekannt, wovon selbst im Supermarkt noch erstaunlich viele, sechzig bis hundert, in den Regalen liegen. Doch keine originär »deutsche« Wurst steht auf Platz eins, sondern die in ganz Europa heimische Familie der Salami, kalt geräucherte, rohe Dauerwürste (Ausnahme: Kochsalami). Jahresdurchschnittsverzehr pro Person: 5,5 Kilogramm. Auf Platz zwei liegt die Familie der Fleischwürste (2,6 Kilogramm), gefolgt von Leberwürsten (1,6 Kilogramm). Danach erst folgen die Bratwürste. Und die Mettwürste. Und die Presswürste. Und Blutwürste.

Die Wurst ist ein Durcheinander und Miteinander, ein Salat – das Wort Salat kommt vom lateinischen *salita*, was nichts anderes bedeutet als eingesalzen, also durch Salz haltbar gemacht. Salita – Salami. Das haben alle Würste gemeinsam: Sie bestehen aus durch Pökeln, Räuchern, Kochen oder Trocknen haltbar gemachtem Fleisch.

Scheibchenweise kommen wir der Wahrheit näher. Beim Aufschnitt ist Wurst in kleinsten Mengen portionierbar. Zu ihrem überragenden Stellenwert in der deutschen Küche trägt bei, dass die Wurst das Fleisch des kleinen Mannes ist. Wenigstens die Wurst lässt er sich nicht vom Brot nehmen. Wurst macht auch billiges Fleisch noch verwert- und genießbar. Die ungeheure Menge (zweieinhalb Millionen Tonnen jährlich) und Vielfalt der deutschen Wurstproduktion steht also für eine eher ärmliche Volksküche. Das heißt im Umkehrschluss, Mangel macht erfinderisch.

Der Deutsche verspeist Wurst vom Morgengrauen bis in die Nacht, also sollte man meinen, Qualität sei mit ihm nicht verhandelbar. Also sollte man ihm auch über die Vorzüge von Wurst aus frischer Schlachtung nichts erzählen müssen. Sie schmeckt besser und ist bekömmlicher, weil auf den sonst unvermeidbaren Zusatz von Phosphat verzichtet werden kann. Das körpereigene Phosphat, wenige Stunden nach dem Tod bereits abgebaut, macht die Wurst geschmeidig. Die wenigsten Würste aber werden aus schlachtwarmem Fleisch gemacht.

Überhaupt kommen immer weniger Würste vom Metzger, immer mehr aus der Wurstfabrik. Einhundertfünfzig Zusatzstoffe sind zugelassen. Mineralölrückstände zählen nicht dazu. Werden sie dennoch aufgespürt, stammen sie vermutlich aus der Plastikverpackung, die zwei Drittel der Wurstwaren umhüllt. Der Preisdruck ist enorm. Dauertiefstpreise drücken die Salami auf sechzig Cent pro hundert Gramm.

Selbst schlechte Nachrichten können den Deutschen ihren Appetit auf Wurst nicht nehmen. Die Öffentlichkeit aufgeschreckt hat eine Studie der Weltgesundheitsorganisation. Sie stufte Wurst als krebserregend ein. In einer Metastudie auf der Basis von über achthundert Einzelstudien fanden die Forscher der International Agency for Research on Cancer Hinweise darauf, dass der Verzehr von verarbeitetem Fleisch stets das Risiko erhöhe, an Darmkrebs, Bauchspeicheldrüsen- und Prostatakrebs zu erkranken. Angeblich steige schon ab einem Verzehr von fünfzig Gramm verarbeitetem Fleisch täglich das Krebsrisiko um achtzehn Prozent. Die Deutschen vertilgen davon im Schnitt täglich achtzig Gramm. Statistik ist wie eine Geisterbahn. Wer sich erschrecken lässt, hat keine Ahnung. Eine Risikozunahme um achtzehn Prozent bedeutet, dass zum Beispiel die Wahrscheinlichkeit, an Darmkrebs zu erkranken, bei Männern von 7,1 auf 8,4 Prozent steigt.

Der Feind heißt Nitrit, das mit Eiweißstoffen krebserzeugende Nitrosamine bilden kann. Ein halbes Prozent Natriumnitrit wird ins Kochsalz gemischt und findet beim Pökeln Verwendung, ist also in neunzig Prozent der Würste zu finden. Gepökelte Würste bleiben rot, statt grau zu werden, sind aber auch vor dem Befall durch das Bakterium Clostridium botulinum geschützt, das ein gefährliches Gift produziert. Nur etwa drei Prozent der gesamten Nitritbelastung des menschlichen Körpers stammen aus dem Verzehr gepökelter Fleischerzeugnisse. Der größte Teil wird im menschlichen Körper selbst produziert oder entsteht aus Nitrat, das vorwiegend aus Gemüse und Wasser stammt. Dennoch ist das Geschrei über gepökelte Wurst am lautesten. Außerdem entstehen beim Räuchern polyzyklische aromatische Kohlenwasserstoffe.

Weißwürste, Gelbwurst, Leberwurst oder Bratwürste werden ohne Pökelsalz hergestellt. Aber auch der hohe Fett- und Salzanteil vieler Würste ist zweifellos nicht gesund. Wenn seine Ängste mit ihm durchgehen – etwa vor Feinstaub und Klimawandel –, ist der Deutsche in der Regel kaum zu halten. Wenn es aber um die Wurst geht, akzeptiert er das Risiko. Ihr Umsatz sinkt trotz der zunehmenden Vegetarisierung der Deutschen kaum.

Die Angewohnheit, Schlachtreste zu konservieren, indem man sie hackt und in Därme oder Mägen toter Tiere stopft, stammt aus der Tiefe der Zeit. Die alten Chinesen wie die antiken Ägypter aßen Würste, wie fünftausend Jahre alte Abbildungen belegen. Homer berichtet, dass die tapfersten Kämpfer der Griechen nach der Schlacht und nach dem Schlachten mit Blutwürsten belohnt wurden. Die Germanen dagegen wussten achthundert Jahre vor Christus noch nicht, wie man wurstet.

Das Mittelalter erst schuf dafür den Fachmann, den Beruf des Metzgers, Schlachters, Fleischers, Wursters. Es wurde darum gewetteifert, wer die

Schlange stehen für eine Bratwurst

beste oder auch schwerste und längste Bratwurst herstellen konnte. Und prompt meldete sich die Obrigkeit mit Vorschriften dazu, was alles hineindurfte in die Wurst und wie sie herzustellen sei.

Seitdem herrscht Ordnung. Die Deutschen lernten zu unterscheiden. Zu den achthundert verschiedenen Brühwürsten zählen Fleischwürste, Weißwürste, Currywürste. Sie werden nach dem Füllen gekocht. Die Kochwürste, etwa dreihundertfünfzig Sorten, bestehen dagegen aus vorgekochtem Fleisch. Die Rohwürste, fünfhundert Sorten, sind aus rohem Fleisch, das durch langes Trocknen oder Räuchern konserviert wird, zum

Beispiel Mett- und Teewürste. Man kann sich mit größtem Vergnügen verlieren im Zauberwald der deutschen Wurst, vor lauter Würsten die Wurst an sich nicht mehr sehen.

Mit Frankfurter Würstchen wurden sogar gebratene Ochsen bei den Gelagen anlässlich der Kaiserkrönungen gefüllt. Der Name Frankfurter Würstchen ist geschützt und darf nur für Würstchen verwendet werden, die tatsächlich aus der Gegend um Frankfurt am Main kommen. Überall sonst heißen sie deshalb Wiener Würstchen. Die echten Wiener Würstchen aus Wien, die dort wiederum Frankfurter heißen, unterscheiden sich tatsächlich von denen vom Main. Die Frankfurter Frankfurter bestehen ausschließlich aus Schweinefleisch, weil dort die Schweine- und Rindermetzger noch streng voneinander getrennt waren, in Wien aber durften Metzger Rind- und Schweinefleisch mischen.

Das Territorium der Brühwürste ist noch längst nicht durchschritten. Mit jedem herzhaften Biss ist das Knacken der Knackwürste zu hören. Der Augsburger Knackwurst, der Stuttgarter Knackwurst, der Regensburger, die aus einem gewöhnlichen Wurstsalat erst einen bayerischen Wurstsalat macht, und des Schüblings aus meiner Gegend am Bodensee.

Kalbs-, Leber- oder Fleischkäse, die aus Rind- und Schweinefleisch hergestellt werden, gehören ebenfalls zu den Brühwürsten, auch wenn ihre Form kaum an Würste erinnert. Übrigens enthält der Leberkäse in Bayern niemals Leber, während er überall sonst Leber enthalten muss, was ihm geschmacklich nicht unbedingt guttut. Ohne Leber wird er ausdrücklich Bayerischer Leberkäse genannt. In Bayern dürfen die Metzger das Prädikat »bayerisch« zusammen mit der Leber weglassen, weil es dort die Verbraucher sowieso wissen. Anderswo will man sie dagegen vor Irreführung schützen. Leberkäse ohne Leber muss außerhalb Bayerns daher als Fleischkäse, grob oder fein, bezeichnet werden. Apropos Bayern: Auch die altbayerische Milzwurst ist eine Brühwurst, in deren Masse kleine Stücke Milz vom Schwein oder vom Rind eingearbeitet sind und die in edlerer Version auch Bries und Fleisch vom Kalbskopf enthält. (Über die Weißwurst später mehr.)

An dieser Stelle sollte ich auch übers Würzen ein paar Worte verlieren. In die rheinische Mettwurst gehören Mazis, Ingwer und Nelken, die grobe Braunschweiger Mettwurst wird mit Rum aromatisiert, die sächsische hingegen mit Weinbrand. Bienenhonig und Vanille kommt in Leberwürste. Je nach Rezept mit weißem Pfeffer, Kardamom, Kurkuma, Muskat, Koriander, Knoblauch, Ingwer und anderem ist die Lyoner gewürzt, die in keinem guten Aufschnitt fehlen sollte, denn mit fünfundsechzig Prozent bindegewebsfreiem Eiweiß liegt sie beim Anteil an schierem Muskelfleisch an der Spitze. Kalbskäse wird mit Ingwer, schwarzem Kardamom, Mazis und Zitrone gewürzt.

Die milde Gelbwurst war und ist Lieblingswurst vieler Kinder, früher auch als Hirnwurst bekannt, aber die Zugabe von Hirn ist aus der Mode gekommen. Für die bayerische Bierwurst wiederum wird nicht nur die Blase des Schweins als Hülle benutzt, daher ihre kugelige Gestalt, sondern in ihr sind auch Schweine- oder Rinderherzen zu finden. Auch aus Blut wird Wurst gemacht. Dazu kommen Schwarte und Speck, die mit Blut und Zwiebeln fein vermengt, gewürzt und gekocht werden. Einigen Blutwurstsorten werden Innereien wie Lunge, Herz und Zunge, Kehlkopf, Leber, Schweineherz sowie Schweinemaske und Schweinskopfteile, Schlachtfett, aber auch Äpfel, Rosinen, Brotbrösel, Eier, Knoblauch oder Kastanien hinzugefügt. Sie tragen appetitanregende Namen wie Blunzen, Plunzen, Flönz.

Nicht übersehen werden darf die Jagdwurst, eine Fleischwurst, die sich in Ostdeutschland als Jägerschnitzel noch immer großer Beliebtheit erfreut.

Mettwürste sind schnitt- oder streichfest, kalt geräuchert oder getrocknet, mit Rind oder nur viel magerem Schweinefleisch (Holsteiner Schinkenmettwurst).

Bei den Presswürsten wie dem weißen oder roten Presssack und dem Presskopf wird nach dem Kochen die Wurstmasse durch Druck verdichtet. Sie werden mit Essig, Öl und Zwiebeln, also »mit Musik« serviert. Der Schwartenmagen gehört zur selben Familie.

Ja, im Wald der deutschen Würste kann man sich verlaufen, noch ehe die Höhe, der Nationalpark der Bratwurst, erreicht ist. Thüringen besitzt die älteste urkundliche Erwähnung: eine Rechnung von 1404. »Die Bratwurst ist eine Fränkin«, behauptet hingegen Heinrich Höllerl, der allerdings auch feststellt, dass es sich um eine keltische Errungenschaft handle, die wiederum von den Römern abstamme. Ein Massenphänomen wurde die Bratwurst erst mit ihrer maschinellen Fertigung und Konservierung in Dosen.

Jede Region pflegt ihre eigene Bratwurst, von der zweiunddreißig Zentimeter langen Coburger bis zur sieben Zentimeter kurzen EU-geschützten Nürnberger, die mindestens im halben Dutzend auf Sauerkraut auf einem Zinnteller in steinalten Tavernen wie *Zum Gulden Stern* oder dem *Bratwurstglöcklein* verabreicht werden.

Auf die Länge kommt es bekanntlich nicht an. Auf die Gewürzmischung sehr wohl und ganz entscheidend auch auf die offene Glut. Kiefernzapfen erst machen aus der Coburger eine seltene Delikatesse, die den internationalen Vergleich etwa mit einer marokkanischen Lamm- oder französischen Entenbratwurst nicht zu scheuen braucht. Bratwürste sind als Schweins-, Kalbs- oder Rindsbratwurst häufiger gebrüht als roh zu finden, weil die rohen Würste in Deutschland am Tag ihrer Herstellung verkauft werden müssen.

Genug, genug! Das Wesen der deutschen Wurst besteht im dreifachen Sinn aus ihrer Fülle, ihrer Füllung wie der unübersehbaren Fülle an Varianz. Ein Fall für Existenzphilosophen ist sie, die deutsche Wurst. Hat doch alles ein Ende, nur die Wurst hat zwei.

Friedrich Nietzsche sieht in der Wurst gar ein Bild für die Wahrheit. Danach ist »die Wahrheit nie rein und aus einem Stück, sondern wie die Wurst etwas Verwurstetes […] Die Wahrheit zeigt sich oft in einer bloß oberflächlichen Einheit und schönen Erscheinung, hinter der Mannigfaltiges, Heterogenes und Banales, aber auch Hässliches und Übles stecken kann.« So gesehen erweist sich die Wurst als tiefes Symbol nicht bloß für die Unergründlichkeit der Wahrheit, sondern für das Leben selbst, von dem sich mancher verwurstet sieht.

Das kann keinem wurscht sein.

▶ **Bio, Currywurst, Eat-Art, Feinkost für Feinschmecker, Hausmannskost, Imbissbude, Nationalgericht, Pfeffersack, Saumagen, Schlachtschüssel, Weißwurstäquator**

Feinkost für Feinschmecker

Gleich auf seiner ersten Pressekonferenz gelang einst einem Trainer des FC Bayern, Carlo Ancelotti, der vollständige deutsche Satz: »Ich werde die Feinkost genießen.« Offenbar ist der Italiener – der Ruf eilte ihm voraus – Feinschmecker. Nur, was ist das, ein Feinschmecker? Einer, der auf Feinkost steht? Und was ist überhaupt – noch so ein seltsames deutsches Wort – Feinkost?

Italiener und Franzosen brauchen keinen eigenen Ausdruck für Feinkost. Feinkost ist für sie die übliche Normalkost. Daraus lässt sich schließen, dass auch der deutsche Feinschmecker aus dem Rahmen fällt. Der deutsche Esser ist kein Feinschmecker. Er bevorzugt Hausmannskost. Die Deutschen, die dennoch Feinschmecker sind, wollen sich bewusst unterscheiden von den Kantinennormalos, mit denen sie die Staatsangehörigkeit teilen. Der deutsche Feinschmecker hat einen, wie es im Duden heißt, »ausgeprägten Sinn für feine Speisen«, womit er anders als in Frankreich einer Minderheit angehört.

Als Feinkost bezeichnet Wikipedia »besondere oder mit besonderer Sorgfalt ausgewählte Lebensmittel, die nicht zum alltäglichen Bedarf gehören, wie Kaviar, Froschschenkel, Schnecken, Austern, Champagner oder exotische Gemüse und Früchte«. Da ist ja gar nichts Deutsches dabei! Nach der vorläufigen Definition – Feinschmecker bevorzugen Feinkost – wäre ein Feinschmecker also jemand, der deutsche Kost verschmäht, weil sie ihm nicht fein, nicht fremd genug ist.

Widerspricht echtes, kerniges deutsches Essen grundsätzlich dem Feinen, Verfeinerten, wie es der Franzose liebt? Schon der deutsche Küchenphilosoph Carl Friedrich von Rumohr definierte deutsche Kost im Gegensatz zum französischen Essen. Er wusste, auf wessen Seite er stand, und

Alfons Schuhbeck und ein deutscher Feinschmecker

wetterte gegen eine »Überfeinerung der Kochkunst«. Allerdings plädierte Rumohr nicht für grob, schlicht und kunstlos Zusammengekochtes. Vielmehr beklagte er, dass »im Norden einer vollständigen Ausbildung feinerer Kochart jene barbarische Neigung zur Völlerei entgegen[stehe]«.

Zumindest eins lässt sich jedenfalls sagen: Der Feinschmecker ist das Gegenteil eines Vielfraßes. So wie der französische Gourmet im Gegensatz zum Gourmand steht. Anders als in Frankreich gilt in Deutschland dem Feinen und Aufwendigen jedoch noch immer eine gewisse Verachtung. Jean Anthelme Brillat-Savarin, der größte Gastrosoph Frankreichs, formulierte: »Ein echter Feinschmecker, der ein Rebhuhn verspeist hat,

kann sagen, auf welchem Bein es zu schlafen pflegte.« Falls ein deutscher Feinschmecker einen Rebhuhnbraten an der unterschiedlichen Ausprägung der Beinmuskeln überhaupt erkennen könnte, sollte er solches Wissen besser für sich behalten. Er würde zumindest für einen Snob gehalten werden. Allzu leicht tappt der deutsche Feinschmecker auch in die Neid- und Gerechtigkeitsfalle.

Ist es nicht seltsam? Ein Musikliebhaber, der dreihundert Euro für eine Konzertkarte ausgibt, folgt nur seiner Leidenschaft. Jemand, der diese Summe ins Dreisternerestaurant trägt, gilt dagegen hierzulande schnell als Verschwender. Woran das liegt? Der Musikgourmet folgt vermeintlich einem geistigen Interesse, der Feinschmecker dagegen allein leiblichen, also niederen Gelüsten.

Wolfram Siebeck, Inbegriff des deutschen Feinschmeckers, ein brillanter Satiriker, der auch brillant verachten konnte, hielt den Mangel an Feinschmeckerei in Deutschland zugleich für eine Frage der Bildung und entwickelte pädagogischen Ehrgeiz. »Warum sollte man Ungebildeten, die Steckrüben oder Quark mit Pellkartoffeln für ideales Essen halten, nicht auf die Sprünge helfen?«

Die feine Küche ist in Deutschland nicht mehrheitsfähig. Die Fast-Food-Vertilger sind es. Dies ist keine soziale Frage. Es gibt kein richtiges Leben im falschen. Diese Maxime aus Theodor Adornos (einem Verächter der Kochkunst) »Minima Moralia« gilt auch für den Feinschmecker. Mittags Currywurst von der Bude oder Convenience-Pampe in der Kantine verschlingen und abends den Gourmet geben, geht nicht zusammen. Denn Feinschmeckerei ist eine Haltung – zum Essen wie zum Leben. Der Feinschmecker sucht das Wahre, Gute und Schöne auf dem Teller. Lieber verzichtet er aufs Essen, als schnell-schnell und gleichgültig Minderwertiges zu vertilgen. Für den berufstätigen Feinschmecker ist die übliche deutsche Mittagspause leider zu kurz, und in den meisten Kantinen herrscht (von Betriebsräten beförderter) Geiz. Billig und viel gelten mehr als gut.

Allerdings ändern sich allmählich die Verhältnisse. Wie sehr der deutsche Feinschmecker dazugelernt hat, zeigt ein Blick in das 1977 ins Deutsche übersetzte, wegweisende Kochbuch »Die neue Küche« des seinerzeit berühmtesten Kochs, Paul Bocuse. Im Jahr davor war es unter dem Titel »La Cuisine du Marché« im französischen Original erschienen. Der deutsche Übersetzer und Bearbeiter, Bernd Neuner-Duttenhofer, hielt zahlreiche Anmerkungen und Kommentare damals für unverzichtbar. Schrieb Bocuse gleich zu Beginn: »Oft weiß ich nicht einmal, was ich zu Mittag kochen werde: Der Markt entscheidet – und dies, so glaube ich, macht die wirklich gute Küche aus«, musste der deutsche Herausgeber dies so kommentieren: »Aber, wird man sich fragen, was nützen die ganzen Ratschläge in unserer Situation, wo wir doch fast alle auf das eintönige, genormte Angebot von Supermärkten angewiesen sind? Wir können doch gar nicht über den Markt schlendern und so einkaufen, wie Bocuse das von uns verlangt.« Der deutsche Bearbeiter der Kochbibel empfahl deshalb, »Vorarbeiten zu leisten«, etwa weit entfernte Märkte zu besuchen und nach »Quellen für gute Erzeugnisse« zu forschen.

Eine solche Kommentierung wäre heute nicht mehr nötig. Angebot und Nachfrage haben sich verfeinert. Der deutsche Konsument holt auf – eine zivilisatorische Leistung zweifellos. Feinschmecker legen Wert auf Feines im Sinne von sorgfältig ausgewählt und zubereitet, es kann auch schlicht, klar, ursprünglich und unverfälscht sein – also deutsch.

Und man muss als Feinschmecker auch nicht alle Moden mitmachen. Die Nouvelle Cuisine konnte manchem nicht radikal genug sein. Die Spezialisten pilgerten zur molekularen Küche Ferran Adriàs und später nach Kopenhagen zu Principis skandinavischer Kultküche. Andere schätzen eher das Deftige, Traditionelle. Beide aber machen um Fertignahrung und Fast Food einen Bogen.

Der Feinschmecker weiß, wie die Dinge schmecken müssen und schmecken können, wenn sie gut sind. Da lässt er sich nichts vormachen: Ein Hamburger aus der Hamburgerfabrik schmeckt vielleicht nach Hamburger, aber nicht nach Fleisch. Lieber verzichtet der Feinschmecker auf den Steinbutt, wenn der nicht frisch ist. Er unterstellt seine Qualitätsansprüche aber auch nicht dem Regulierungswahn der Brüsseler Behörden, traut nicht irgendwelchen Labels. Er kennt Produzenten seines Vertrauens, folgt den Jahreszeiten. Damit ist er noch lange kein Grüner; aber es gibt eine natürliche Schnittmenge zwischen Feinschmeckerei und Ökologie. Der Gourmet hält sich nicht unbedingt in den Grenzen dieser Schnittmenge auf. Er liebt ja meist auch die Leber von gestopften Gänsen und bei lebendigem Leibe gebrühte Langusten.

Feinschmecker benötigen deshalb kulinarische Kompetenz, also das Wissen und die Erfahrung, die nötig sind, um Produkte und Gerichte zu beurteilen. Noch besser ist es, wenn sie auch Verständnis für die Komposition eines Gerichts, für das Zusammenspiel von Produkten, Aromen und Texturen haben.

Ein Musikliebhaber muss nicht selbst großartig Klavier spielen, Noten lesen sollte er allerdings können. Ein Feinschmecker muss nicht unbedingt selbst kochen, aber in aller Regel ist er dazu fähig. Anders als die meisten Hobbyköche kennt er jedoch seine Grenzen, brutzelt nicht bloß herum, sondern folgt der kulinarischen Logik. Er weiß, wie wichtig Erfahrung und Routine sind. Er ist kein Profi – und er weiß es auch.

Sag mir, welche Kochbücher du benutzt, und ich sage dir, ob du ein Feinschmecker bist. Die Kochbücher von Alfred Biolek stehen in Feinschmeckers Küche eher selten, aber häufig die großen Klassiker, Bocuse, Ducasse, Witzigmann. Der Feinschmecker holt sich aus dem Kochbuch Anregungen, ohne die Rezepte sklavisch genau nachzukochen. Er weiß, dass das nicht funktioniert. Bocuse wandte sich 1977 noch an »die Hausfrau«, als er schrieb, sie müsse »ihre Grenzen kennen und soll nicht versuchen, mit Berufsköchen in einen Wettstreit zu treten [...]. Sie soll sich vor allem nie als Sklave dieses Buchs fühlen [...], sie dagegen soll mit ihrem Geschmack, ihrer Phantasie und ihrem Einfallsreichtum kochen.« Der Feinschmecker jedweden Geschlechts schließt sich dieser Maxime an. So entgeht er dem größten Leiden des deutschen Hobbykochs, dem Nachahmungstrieb. Ehrgeiz ist nicht immer hilfreich.

Apropos Kochbücher. Die meisten stehen, das dürfte in Deutschland nicht anders sein als überall, unbenutzt im Regal. Ihr Gebrauchswert ist geringer als ihr Genusswert. Wer wissen will, wie etwas in der Küche gemacht wird, wird heute am Smartphone schneller und unkomplizierter fündig. Aber Geschmackserlebnisse lassen sich virtuell zumindest nachempfinden. Kochbücher legen deshalb meist Wert auf opulente Bebilderung, regen den Appetit an und ersetzen manchem Leser selbst das Kochen. Es gibt ja auch virtuellen Sex.

Die vielleicht berühmteste deutsche Kochbuchautorin starb bereits 1876. Das »Praktische Kochbuch« der Johanna Friederika Henriette Katharina Davidis-Holle erfuhr Dutzende von Auflagen. Zwei Aspekte sind bezeichnend. Der erste: Die Hauswirtschaftslehrerin verstand, darin typisch deutsch, Kochen als Teil eines umfassenden Erziehungs- und Bildungsprogramms. Kein Genuss ohne Leistung.

Zum anderen beweist dieses Werk aber auch, zu welchen Höhen die traditionelle bürgerliche Küche bereits zur Kaiserzeit fähig war. Es findet sich sogar ein Rezept für Fasan auf Sauerkraut und Austern.

Wer glaubt, je feiner das Essen ist, desto teurer müsse es auch sein, der irrt. Carlo Petrini, der italienische Begründer der Slow-Food-Bewegung, die auch in Deutschland ein breites Echo gefunden hat, sagt: »Wir müssen den Mythos widerlegen, man brauche viel Geld, um gut zu essen.« Der Feinschmecker weiß das.

Den Zusammenhang zwischen Qualität und Preis ganz zu leugnen, wäre allerdings unsinnig. Auch bei den einfachen Dingen – Kartoffeln, Salz, Essig, Öl – kommt es entscheidend auf die Qualität an. Sie kostet Geld. Und hier liegt der Hase im Pfeffer. Die meisten Deutschen sparen, wenn sie sparen, am Essen. Anders in Frankreich und Italien und Polen und China und fast überall auf der Welt.

Nicht verwechselt werden sollte der Feinschmecker mit dem Snob. Ein typisch deutsches Vorurteil. Auch Klassendünkel haben mit Feinschmeckerei nichts zu tun. Heinrich Manns bürgerliche Satire »Im Schlaraffenland« macht sich darüber lustig. »Das frugale Abendessen bestand aus einem Hummersalat und einer kalten Kalbsschnitte. ›Nur gerade der gesunde Nährwert, das ist das Feinste‹, erklärte Duschnitzki, aber am Hummersalat war ungeheuer viel Senf, der Andreas zum Weinen brachte, während ihm die scharfe Kräutersauce, die man zum Kalbsbraten aß, die Eingeweide verbrannte.« Hier ist das Essen nahezu ungenießbar, dennoch luxuriös. Duschnitzki, dieser sehr deutsche Snob, kokettiert mit dessen Schlichtheit. Wie ein Diätmensch begründet er seine Vorliebe mit dem Nährwert. Andernfalls müsste er sich genieren.

Der deutsche Gesetzgeber, das ist nun wirklich deutsch bis zum Exzess, unterscheidet pedantisch zwischen Nahrungs- und Genussmitteln. Das eine ist nötig, das andere nicht. Nahrungsmittel ernähren, Genussmittel regen an. Da wird ein Unterschied gemacht, der aus kulinarischer Sicht ganz und gar unsinnig ist. Diese Unterscheidung ist überraschend alt, schon im Wörterbuch der Gebrüder Grimm zu finden. Im Gegensatz zum »der ernährung dienenden stoff selbst, das nahrungsmittel: narung, nutrimentum, nutrimen« steht das »Genuszmittel«. Es dient »weniger zur ernährung als vielmehr zum genusz, wie gewürze, thee u. dgl.«. Auch »das fleischextract ist nicht als nahrungsmittel, sondern als genuszmittel zu bezeichnen«. Was hat eigentlich der Fleischextrakt in dieser Liste zu suchen? Vielleicht weil es ihn zunächst in der Apotheke gab? Oder weil dekadent viel Fleisch für ein Löffelchen davon verbraucht wurde?

Alkohol, Kaffee, Tee, Kakao, Schokolade, Zucker und Gewürze enthalten Substanzen, die auf die Psyche einwirken. Nichts ist gefährlicher als ein Übermaß an Genuss. Die deutsche Sprache unterstellt dem Genießer und Feinschmecker mangelnde Disziplin. Genuss als sinnliches Vergnügen kommt nicht vor. Das gar nicht schöne deutsche Wort Genussmittel trägt ebenso eine Portion schlechtes Gewissen im Gepäck wie das Wort Feinkost.

Genussmittel ist ein sperriges, seltsam hartes, bürokratisches und damit grunddeutsches Wort. Es hört sich an, als könne es mit Genuss wenig zu tun haben. Als diene es nicht der lustvollen Steigerung einer Empfindung, sondern einem eher niederen Instinkt, als sei es Mittel zum Zweck. Der Genuss beflügelt. Das Mittel ist bestenfalls nützlich. So ist das aus Genuss und Mittel zusammengesetzte deutsche Wort zwar der klassische Fall eines Oxymorons, eines Widerspruchs in sich, trifft aber ins Herz der deutschen Finsternis.

▶ **Bio, Bismarckhering, Bohnenkaffee, Brühwürfel, Currywurst, Geschmackssache, Fleischeslust, Hausmannskost, Hopfen und Malz, Kochkunst, Lecker, Nationalgericht, Oans, zwoa, gsuffa!, Pfeffersack, Schnapsnase, Völlerei, Zuckerbrot**

Fernsehköche

Koch und Fernsehkoch sind zwei unterschiedliche Berufe. Allerdings wird der Fernsehkoch von den meisten Zuschauern wohl für einen wahren Kochkünstler gehalten. Vor der Kamera aber ist selbst ein wahrer Kochkünstler nur ein Fernsehkoch. Also ein Unterhalter. Er muss manches können, die Kochkunst zählt nicht dazu.

Die falsche Botschaft aller Fernsehköche lautet: Jeder kann nachmachen, was ich vormache. Du musst nicht viel wissen, nicht viel können, dich nicht groß anstrengen, sondern einfach nur Spaß haben, dann klappt das schon. Und wenn du Fernsehkoch bist, kannst du damit sogar berühmt werden. Denn so definiert das Fernsehen Unterhaltung: Es ist das, was nicht anstrengt, niemanden überfordert, schon gar nicht im Kopf.

Wie man einen Fisch filetiert, ließe sich vor dem Bildschirm zwar durchaus erklären. Aber ohne Üben lernt es niemand. Der Fernsehkoch könnte damit allenfalls brillieren. Er ist nicht der Aufklärung verpflichtet, sondern der Reichweite. Weil er Quote machen muss, folgt er den Gesetzen des Mediums. Er ist darauf aus, die Komplexität des Kochens zu reduzieren, Aufwand und Anforderungen zu beschönigen.

Auch ein Unterhaltungsprogramm könnte aufklären, gewiss, doch es versimpelt. Beim Kochen erfüllt es nicht selten den Tatbestand der Irreführung. Einfach alles sieht einfach aus. In der Realität schmeckt Einfaches selten herausragend, und wenn, dann nur, falls die Produkte von herausragender Qualität sind.

Von der Qualität der Produkte ist in Kochsendungen kaum einmal die Rede. Sie liegen ja immer schon geputzt und präpariert herum. Wer nicht einzukaufen versteht, kann das Vorgemachte ohnehin nicht nachmachen. »Diese Fernsehshows, die nur von Rezepten handeln, sind eine Art Lebensmittelpornografie. Man nimmt etwas sehr Schönes und führt es auf eine herabsetzende Art vor, beraubt es seines Reichtums und seiner Komplexität«, so Carlo Petrini, der Gründer der Slow-Food-Bewegung.

Echtes Kochen ist nicht trivial, die meisten Kochshows sind es. Da stehen Fernsehköche, produzieren ein paar flotte Sprüche und tun so, als sei mit ein paar mühelosen Handgriffen alles ganz easy. Der kulinarische Wutbürger Siebeck schäumte: »Sie sind entweder zu dumm oder zu feige, unsere Flachköche vom Flachbildschirm. Aufklärung und Bildung sollten ihre Feldzeichen sein, mit denen sie die Massen ihrer Zuschauer aus den Fesseln der Verdummung befreien können. Aber lieber füllen sie Kohlrabi mit niedlichen Garnelen aus der Dose, als uns klarzumachen, dass die Produkte der Nahrungsmittelindustrie bisweilen gefährlicher sind als die Schweinegrippe.«

Verständnis für die Prozesse des Kochens zu vermitteln, wäre durchaus eine Aufgabe fürs Fernsehen, zumal das öffentlich-rechtliche. Unter den unzähligen Kochsendungen, meist in den dritten Programmen, sind gewiss manche, die diesem Anspruch genügen. In die Hauptprogramme schaffen es andere. Sie heißen *Die Küchenschlacht, Ein Sternekoch räumt auf. Die Kochprofis.* Harte Männer schwingen ihre Messer, breitbeinig wie Sheriffs im Wilden Westen. Auf die Spannungsdramaturgie kommt es an, nicht auf das kulinarische Ergebnis. Deshalb sind im Fernsehen Kochwettbewerbe so beliebt, auch zwischen Amateuren.

Wird es gelingen? Da ist der Kitzel des Scheiterns. Auch Ekel oder anderen beim Ekeln zuzuschauen, kann unterhaltsam sein. Man könnte die Sache zuspitzen und Fernsehköche ins Dschungelcamp schicken. Dort würden sie Schlangenragouts fabrizieren, Wasserbüffelhoden in Madensauce dämpfen und Krokodilstränen zu Schaumwein keltern. Das Medium Fernsehen wäre ganz bei sich.

Es ginge auch anders. Netflix beweist es mit *Chef's Table,* einer Sendung, die internationale Kochkünstler porträtiert und deren Leben und Werk präsentiert wie das bildender Künstler oder Sänger. Wie solche Versuche im deutschen Fernsehen enden, habe ich selbst erlebt. Im ZDF-Kulturmagazin *aspekte* ließ ich den deutschen Dreisternekoch Joachim Wissler Klassiker der modernen Küche zubereiten, und Jürgen Dollase interpretierte sie wie Meisterwerke aus den großen Museen. Die Gerichte eigneten sich nicht zum Nachkochen, es ging um Kochkunst, die aufzuwerten wir uns vorgenommen hatten. Die Hobbyköche wurden ja anschließend bei *Kerners Köche* bedient. Ich wies als Moderator auf diesen Unterschied hin, womit ich allerdings Kerner beleidigte. Er beschwerte sich erfolgreich beim Intendanten, die Kochkunst flog aus dem Kulturmagazin.

Verabschieden sollte man sich von der Vorstellung, Küchenshows wirkten mit an der großen Aufgabe, der deutschen Esskultur aufzuhelfen. Alles deutet geradewegs auf das Gegenteil hin. Trotz des Booms von Sendungen, in denen gekocht wird, wird in deutschen Küchen nicht mehr, sondern weniger gekocht.

Bereits der erste deutsche Fernsehkoch, Clemens Wilmenrod, war Schauspieler von Beruf, nicht Koch. Von der Küche verstand er wenig, praktizierte jedoch von 1953 bis 1964 live mit reichlicher Zuhilfenahme von Tuben und Konserven. Sein Einfluss war nachhaltig. Der Toast Hawaii ist angeblich eine seiner Erfindungen. Wie auch die »Schöne Melusine«, ein Auflauf, ein in eine Hackfleisch-Semmel-Mischung gebetteter, mit einer Creme aus Sahne und »Reibekäse« übergossener Blumenkohlkopf. Mächtige Wirtschaftswunderküche.

TV-Show: Grillt den Henssler

Alfred Biolek, 1994 bis 2006 auf Sendung, hat sich um die deutsche Fernsehunterhaltung gewiss größere Verdienste erworben als um die Kochkultur. Der juristisch promovierte Entertainer war zwölf Jahre lang der beliebteste Fernsehkoch, obwohl auch er nicht wirklich kochen konnte. Nie trat er ohne seine Kochbücher auf, nicht bloß um sie zu bewerben, sondern weil er selbst einfache Gerichte nur nach Anweisung zustande brachte. Es kam darauf nicht an.

Auf deutschen Bildschirmen agiert gewiss auch manch hervorragender Könner. Der Österreicher Johann Lafer, der Bayer Alfons Schuhbeck, die Luxemburgerin Léa Linster. Es glaube aber niemand, dass das, was sie vor der Kamera vorführen, annähend mit dem zu tun hätte, was sie in ihren Restaurants zeigen. Sie sind Marken geworden, deren Konterfei auf Töpfen, Konserven, Büchern, Gewürzen etc. prangt. Für echte Dreisterneköche wäre Fernsehruhm rufschädigend, sie gehören nicht ins Studio, sondern in die Küche ihrer Restaurants.

Erfolgreich sind inzwischen Formate, in denen Fernsehköche nicht kochen, sondern sich als Restaurantkritiker, Unternehmensberater für erfolglose Wirte oder Produkttester betätigen. Entsprechende Sendungen im Hauptabendprogramm tragen Titel wie *Hühnchen, Nuggets & Co.* Da treten dann aber Aldi gegen Lidl mit ihren Fertigprodukten an. Der Koch muss unter seinem Niveau den Kopf dafür hinhalten. Als Nelson Müller eine Hühnertütensuppe ins Wasser rühren musste, murmelte er: »Ein Glück, dass ich Koch gelernt habe.«

► **Feinkost für Feinschmecker, Gaststättenverordnung, Goldbroiler, Hausmannskost, Kochkunst, Lecker, Manieren und Sitten**

Fleischeslust

Was sehen Sie da? Vier Aprikosen? Kommen Sie! Ihre Fantasie ist längst auf Trab. Den feinen Flaum, die verlockenden Rundungen, sanften Einkerbungen, die Berührung der Körper. Schon fesselt sie uns, die Erotik der Dinge. Essen und Sex sind nah beieinander: das Kosten, Lecken, Schlürfen, mit Lippen und Zunge berühren, das Herausquellen der Säfte, das Beißen, Verschlingen. Für manchen mag Essen gar ein Ersatz sein für Sex. Die Fruchtbarkeit der Natur und die Fortpflanzung des Menschen sind nun einmal verschiedene Seiten desselben Buchs.

Auch die Sprache der Liebkosung bedient sich der Lebensmittel. Und hier ist das Deutsche dem Französischen keineswegs unterlegen. Etwa die

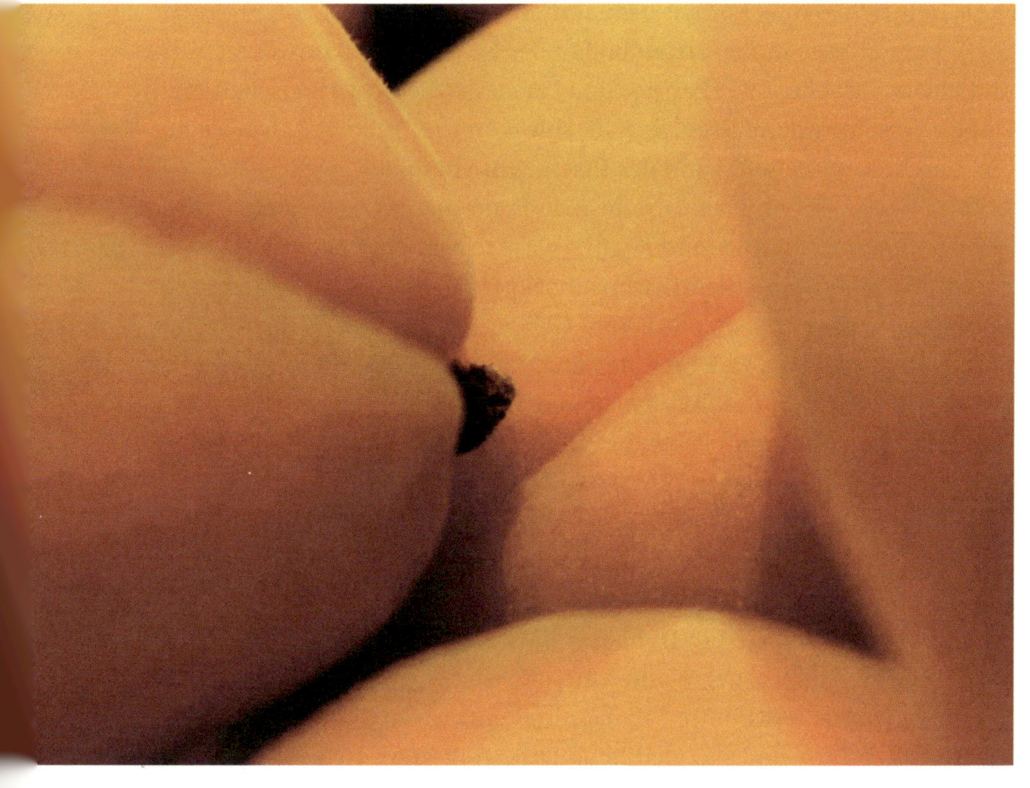

berühmten Zeilen »Ich bin so wild nach deinem Erdbeermund«. Sie entstammen nicht, wie manchmal irrtümlich angenommen, einer Ballade des französischen Vaganten und Lyrikers François Villon, sondern sind eine deutsche Nachdichtung von Paul Zech aus dem Jahr 1930, die erst Klaus Kinskis Rezitation unsterblich und zweifellos zu einem akustischen Aphrodisiakum gemacht hat. Vom »schönen Spiel« im »dunklen Tal, im Muschelgrund« ist da die Rede.

Man muss nicht einmal Küchenpsychologe sein, um zu wissen, dass Essen eine Form der oralen Befriedigung ist, dem oralen Sex also so verwandt wie der Appetit dem Begehren. Der Ausruf: »Ich könnte dich fressen« ist nicht misszuverstehen. Einander schmecken heißt einander einverleiben.

Es kommt immer auf die Situation an. »Andreas nahm, sobald er sich gesättigt hatte, nacheinander mehrere verführerische Stellungen ein, deren Wirkung auf die kleine Matzke seine Erwartungen übertraf«, erzählt Heinrich Manns Roman »Schlaraffenland«.

Ob zum Sunset in der Strandbude oder in der Küche mit Kerzenlicht und Musik: Zu sehen, wie Partner und Partnerin die Dinge zwischen ihren Lippen verschwinden lassen, wie sie ablecken und zubeißen, wie sie kosten, naschen, genießen, kann das Essen zum Vorspiel steigern.

Zwar wusste schon Ovid: »Nicht jede Frau, die das Feuer anbläst, will auch kochen.« Aber eine gute Köchin bläst so manches Feuer an, was im guten deutschen Sprichwort, wonach die Liebe durch den Magen geht, sehr keusch umschrieben wird. Vom Gelage zur Orgie ist es nicht weit.

Zu den grandiosen Früchten des europäischen Films zählt »Das große Fressen« (La Grande Bouffe) von Marco Ferreri. Vier sexbesessene Feinschmecker wollen ihrem Leben ein furioses Ende setzen. Sie ordern Delikatessen und Prostituierte. Zwischen Überdruss, Lebenslust und Dekadenz fressen und vögeln sie sich zu Tode. Kurz vor seinem Ende liegt Ugo auf dem Tisch. Er kann nicht mehr. Philippe stopft ihm Brei in den Mund. Andréa greift ihm an die Hoden. Das letzte Empfinden von Leben: Essen und Sex, Sex und Essen. Ein französischer Film, was sonst! Unter den Todsünden ist die Völlerei der Wollust am nächsten.

Die Annahme, bestimmte Lebensmittel enthielten Substanzen, die die männliche Potenz und die weibliche Lust steigerten, ist weit verbreitet.

Die katholischen Fastenregeln waren jahrhundertelang auf den Verzicht von Fleisch fokussiert. Es herrschte nämlich die Vorstellung, der Genuss von Fleisch fördere die sexuelle Lust. Fleischeslust: ein Wort von doppelter Bedeutung – jedoch ohne faktischen Beweis. Fleischberge fördern nicht die animalische Begierde, sie beschäftigen eher den Magen, machen müde.

Richtig ist, dass der Genuss von Chili und anderen scharfen Sachen über den Inhaltsstoff Capsaicin die Durchblutung fördert. Ob sie auch hart oder nur scharf machen, ist nicht nachzuweisen.

Aphrodite, die Göttin der Liebe und der Lust, wurde aus einer Muschel geboren. Besonders Austern gelten deshalb als Aphrodisiakum. Sie sind Hermaphroditen. Die Pazifische Felsenauster, die bei Weitem häufigste kulinarisch genutzte Austernart, legt sich erst nach zwei Jahren auf ein Geschlecht fest und bleibt dann in der Regel dabei. Anders die europäische Auster, die munter hin und her wechselt. Dies mag moderne Gendertheoretiker erfreuen, für die Erregbarkeit der Austernschlürfer ist es ohne Belang. Der hohe Zinkgehalt der Auster, so wird behauptet, fördere beim Mann die Testosteronproduktion. Casanova soll täglich fünfzig Stück zu sich genommen haben. Auch Frauen schwören auf dieses Mittel. Ob die Sache mit der Auster eine Autosuggestion ist oder nicht, ist eher unerheblich. Denn: Appetit entsteht in jeder Hinsicht im Kopf.

Überwiegend sind es Gewürze und Kräuter, intensive Geschmacksstoffe wie Pfeffer, Anis, Nelken, Zimt und Ingwer, aber auch Petersilie und Liebstöckel, denen aphrodisische Wirkungen zugeschrieben werden. Oder auch das Gegenteil. Der Mönchspfeffer, kein echter Pfeffer, sondern ein Gewürz aus der Gruppe der Eisenkrautgewächse, machte Karriere in Kirchenkreisen, diente als »Keuschlammsamen« angeblich als Lustminderungsmittel in Klöstern.

Grass berichtet von in Milch eingelegten, enthäuteten, mit Zitrone und Gurkensaft beträufelten, in Ei gewälzten und in Butter ausgebackenen Hahnenkämmen als Potenznahrung. Naheliegend – es gilt das Gockelhafte am Mann zu stabilisieren. Die Köchin, hier die dicke Gret, hat dem Erzähler immer wieder »den Stößel gerichtet. Es lohnt sich, ihr nachzukochen.«

Überhaupt wird die Symbolik mit der Wirkung verwechselt. Der Name

Deutsches Aphrodisiakum: Original Thüringer Bratwurst in Weimar

der Avocado kommt vom mexikanischen Wort für Hoden – *ahuacatl*. Paarweise hängt sie am Baum. Die weiblichen Genitalien sind in Austern, Feigen, Granatäpfeln, Papayas zu entdecken. In Brasilien wird das weibliche Geschlechtsteil Papaya genannt.

Dem erigierten Phallus gleich steht die Banane für Lust. Die Auftritte der Josephine Baker im Bananenröckchen waren erotische Bühnenkunst in Vollendung. Gewissermaßen übernahm die Banane hier die Funktion des Feigenblatts. In alten Zeiten wurde sie in Deutschland tatsächlich Paradiesfeige genannt. Ein Phallussymbol ist auch der Deutschen begehrtestes Frühlingsgemüse, der Spargel – bezeichnenderweise werden Pubertisten, die gerade ihren Wachstumsschub zum Mann hinter sich haben, gern Spargeltarzan genannt.

Der Einsatz von Nahrungsmitteln beim Liebesspiel bedarf keiner näheren Erläuterung. Die meisten Phallussymbole eignen sich auch als Sextoys, ob Gurke, Möhre, Zucchini oder gar Aubergine. Honig, Marmelade, Sahne, von der Körperwärme geschmolzene Schokolade sind so fantasievoll verwendbar wie Kirschen, Trauben, Kaviar.

Die erotische Symbolik von Lebensmitteln auf die Spitze getrieben hat die barocke Stilllebenmalerei. Denken wir nur an das berühmte Stillleben mit Austern, Konfekt und Früchten von Osias Beert d. Ä. aus dem Jahr 1610. Voluptas carnis – die Fleischeslust ist auf diesem Meisterwerk in der Stuttgarter Staatsgalerie unübertrefflich verkörpert. Sechs offene, schimmernde, höchst lebensecht gemalte Austern auf einem Teller im Vordergrund lassen das Wasser im Munde zusammenlaufen. Sie werden ergänzt von Konfekt und Zuckerstangen auf einer silbernen Tazza und von Maronen, beide ebenfalls Aphrodisiaka. Allerdings werden sie von Zitronen und Oliven temperiert. Das Saure und Bittere stehen symbolisch für die moralisch notwendige Mäßigung im Gegensatz zur verführerischen Süße. Sinnlich aufregend und anregend ist der Kontrast der Texturen, das Weiche, Schlotzige, und das Knusprige, die zwischen den Zähnen zersplitternde Kruste.

▸ **Apfelbaum, Bananenrepublik, Eat-Art, Feinkost für Feinschmecker, Kraut und Rüben, Pfeffersack, Schlachtschüssel, Schlaraffenland, Völlerei**

Foodporn

Während die Fleischeslust pornografische Fantasien weckt, hat Foodporn mit Sex nichts zu tun. Dennoch ist der englische Begriff auch im Deutschen sozusagen in aller Munde. Er steht für das exzessive elektronische Verbreiten von Bildern, die das Essen zeigen.

Nach gängiger Definition ist Pornografie die direkte Darstellung menschlicher Geschlechtsakte mit dem Ziel, den Betrachter sexuell zu erregen. Übrigens wurde der Begriff von dem deutschen Archäologen Karl Otto Müller für die im römischen Pompeji entdeckten erotischen Fresken erstmals benutzt. Das Wort Pornografie ist im übertragenen Sinne verwendbar für die öffentliche Darstellung intimer Angelegenheiten. Dazu zählt auch das Essen.

Wie die Pornografie beim Sex ist auch Foodpornografie eine vergröbernde Zurschaustellung. Sie vernachlässigt den Kontext. Es geht bildfüllend immer nur um das eine. »Das definierende Merkmal der Pornografie sind die Überbelichtung und die Großaufnahme: Porno-Genitalien füllen den gesamten Bildraum aus«, definiert der Philosoph Sloterdijk, selbst Autor erotischer Literatur. Er schlägt den Bogen zum Essen, wenn er fordert, man sollte »Menschen auch nicht beim Essen zusehen […] Deswegen sind Tischgespräche so wichtig. Sie bezeugen den Sieg der Zivilisation über die Verdauung.« Insofern ist Foodporn tatsächlich mit der herkömmlichen Pornografie verwandt.

Die Anonymität des Internets hat die Verfügbarkeit von Pornografie maßlos erweitert. Niemand muss sich mehr schämen. Man gibt einfach etwas mit der Silbe *porn* ein. Also zum Beispiel *#foodporn,* und sofort ergießt sich ein endloses Gewimmel von Abbildungen. Foodporn ist im Netz ebenso verbreitet wie gewöhnliche Pornografie. Beide sind ein Feld für Amateure. Mehr als sechzig Prozent der Deutschen fotografieren ihr Essen, im Restaurant und noch häufiger auch Selbstgekochtes. Jeder vierte Knipser stellt die Fotos auch ins Netz. Mehr als die Hälfte der Befragten nimmt an, die Fotos dienten vor allem der Selbstdarstellung. Zu was auch sonst? Ich zeige dir, was ich esse, und du siehst, wer ich bin. Exhibitionismus gehört zu jeder Art von Pornografie.

»Instagrammable Plates«: Restauranttafel in Berlin

Immer mehr Leute reden über Essen, posten ihr Essen – kochen aber nicht mehr. Die Inszenierung ist wichtiger als die Realität. Insofern haben die sozialen Medien den Umgang mit Essen verändert und sogar das Essen selbst: Es kommt mehr darauf an, wie es aussieht, als wie es schmeckt, mehr darauf, was es ausdrückt, als das, was es ist – ein internationaler Trend.

Ist es nicht peinlich, in den sozialen Netzwerken Smartphonefotos von fetten Tortenstücken oder überladenen Pizzas zu posten? Es ist nichts peinlich genug. »Essen ist das perfekte, nonverbale (und damit international verständliche) Symbol zur Inszenierung der eigenen Persönlichkeit, deshalb funktioniert es in sozialen Medien so gut«, meint Internetexperte Sascha Lobo.

Pornografie jeder Art ist visuelle Stimulierung, sie regt den Appetit an, der dann allerdings oft größer ist als der Hunger. Sie kann süchtig machen und damit in der sexuellen Praxis zu Problemen führen. Zwar dient Pornografie der Erregung, zugleich aber desensibilisiert sie, vor allem junge

Männer. Die Feministin Naomi Wolf wies 2003 im Artikel »Der Porno-Mythos« auf den Zusammenhang zwischen vorzeitigem Samenerguss und Pornografiekonsum hin. Männer werden unempfindlicher für die Reize ihrer realen Partnerin. Auf Foodporn übertragen heißt dies: Wer zu viel Foodporn guckt, verliert das Gefühl für gutes Essen. Allerdings ist die schädliche Wirkung von Foodporn nicht nachgewiesen.

Auf eine weitere Wechselwirkung zwischen sexueller Pornografie und Foodpornografie wies Marie Schmidt hin: »Pornos erinnern plötzlich an die Disziplin, der man andere Körperteile anheimstellt. Etwas wie die Konzentration auf die Darmflora durch eine Besinnung auf vegane, laktosearme Ernährung und den prickelnden Tadel des Detox-Diät-Beraters, wenn man darin inkonsequent war.«

Im Netz sind auch professionelle Foodpornografen aktiv. Es gibt mehr als tausend Foodblogs allein im deutschsprachigen Raum. Essfotografie ist ein etabliertes Gebiet der künstlerischen Fotografie, verwandt mit der Modefotografie. Der Foodporn-Amateur kann und will da nicht mithalten. Für ein Hochglanzshooting wird extra gekocht. Hunderte von Burgerpattys werden gebraten – nur eines schafft es aufs Bild, das mit dem schönsten Ketchupklecks am genau richtigen Fleck. In der Kochbuchfotografie sollen alle Zutaten gut zu erkennen sein. Obwohl manches nicht zum Verzehr bestimmt ist, was der Showdelikatesse aufhilft: Künstlicher Schaum für Glanz und Stütze, Haarspray, Lacke, Botox fürs Kalbsbäckchen. Farbeffekte verstärken die Wahrnehmung. Ein dunkler Hintergrund bringt rotes Fleisch zum Glühen. Das Grün soll leuchten wie der Frühling persönlich. Foodstylisten inszenieren Traumwelten. Das Geschirr, das Ambiente sind so wichtig wie das Essen. Die Fotos sind bearbeitet. Praller, glänzender, makelloser als jemals in der Wirklichkeit – so ähnlich wie im professionellen Sexporno. Foodfotografie macht an, setzt Körpersäfte in Bewegung, lässt den Mund wässrig werden.

Ein fast philosophisches Motiv kommt bei der Essfotografie hinzu, ganz ähnlich wie beim barocken Stillleben: Nichts ist verderblicher als Essen. Das Foto hält die Vergänglichkeit des kulinarischen Genusses fest. Nur dass – anders als bei der Musikkonserve – nichts übrig bleibt als ein optischer Nachklang, vergleichbar der Tagebuchnotiz, die den Kuss festhält.

Der Bildstil verändert sich mit Moden und Zeiten. Wurden in den Siebzigern noch Traumwelten aus Gelees und Cremes inszeniert, so steht heute das vermeintlich Simple, Authentische höher im Kurs. Auch wenn es aussieht wie zufällig mit dem Smartphone geknipst, wird nichts dem Zufall überlassen. Insofern hat die Amateur-Foodpornografie die Profi-Foodfotografie stärker beeinflusst als umgekehrt. Das postfaktische Zauberwort lautet Emotion. Nicht was auf dem Teller liegt, zählt, sondern was der Teller im Betrachter anrührt.

Die Frage, ob der Foodporno-Tsunami auch die Essgewohnheiten und die Gastronomie verändert, ist unschwer zu beantworten. Wer mit dem, was er isst, im Netz angeben will, achtet auf das Aussehen des Tellers. Die Inszenierung zählt oft mehr als die kulinarische Qualität. Die klassische Designregel der Moderne, wonach die Form der Funktion zu folgen habe, gilt nicht auf dem Teller. Dort ist es eher umgekehrt. Foodporntauglich muss das Essen in trendigen Lokalen sein, unabhängig von der kulinarischen Qualität. Foodporn und Fast Food schließen einander keineswegs aus. Schein ist mehr als Sein. Die entsprechenden Netzwerke empfehlen Restaurants mit dem foodpornografischsten Essen. Hauptsache, es sieht anregend aus.

Nicht selten sieht das Essen auch im Sternerestaurant schöner aus, als es schmeckt. Die wachsende Bedeutung der optischen Gestaltung verweist die Spitzenküche zurück auf die Tradition der klassischen französischen Küche, die den Köchen ein geradezu architektonisches, bildhauerisches und malerisches Talent abverlangt.

Das Aussehen der Teller wird immer wichtiger. So hat die bedauerlicherweise sparsame Handhabung von Sauce damit zu tun, das Sauce selten fotogen ist. Spitzenköche verstehen die Gestaltung ihrer Teller als wichtigen Teil ihrer kreativen Leistung. Manche beanspruchen inzwischen auch das Copyright auf Abbildungen ihrer Teller. Die Gerichte (hier: die Justiz) geben ihnen recht. Foodpornografen dürfen Schnappschüsse der Kreationen nicht ohne Weiteres ins Netz stellen. Mehr als der geistige Diebstahl zählt jedoch der werbewirksame Effekt der Abbildungen.

► **Feinkost für Feinschmecker, Fleischeslust, Kochkunst, Soße und Sauce**

Frühstücksei

Am Frühstück scheiden sich die Esskulturen. In England ist *breakfast* der Grundpfeiler der Ernährung. Porridge, Bohnen in Tomatensauce, Speck, Würstchen, Grilltomate, Eierspeisen, Toast. Danach folgt nichts Wesentlicheres mehr. In Frankreich ist das *petit déjeuner* dagegen ohne Belang. Es kommt später doch noch so viel Gutes. Ein schlichtes Croissant, ein Napf Milchkaffees, gerade gut genug, um etwas im Magen zu haben nach der Völlerei des letzten Abendessens. Das deutsche Frühstück liegt irgendwo dazwischen. Es mag sich nicht entscheiden zwischen maßvoll und maßlos. Der ordentliche Deutsche beginnt sein Tagewerk mit dem Frühstück und dieses mit dem Frühstücksei.

Kein Rührei, kein Spiegelei, kein üppiges Omelett steht im Zentrum des übersichtlichen deutschen Frühstücksarrangements, sondern das Ei als ebenso schlichtes wie vollkommenes Objekt.

Wer glaubt, die Zubereitung eines Frühstückseis sei eine einfache Angelegenheit, kennt die deutsche Frühstücksseele nicht. Sie legt Wert auf die immer gleiche, exakte Beschaffenheit: Das Gelbe vom Ei hat beinahe noch flüssig, im Idealfall wachsweich, das Eiweiß schon fest zu sein. Dreieinhalb Minuten, vier, viereinhalb, fünf oder sechs? Der deutsche Frühstückseiliebhaber weiß genau, was er will. Und verfehlt die Perfektion doch oft. Denn kein Ei ist ganz und gar wie das andere. Es kommt auf sein Alter an, ob Landei (dicke Schale) oder Batterieei (dünne Schale), auf die Größe des Eis und auf die Höhe über dem Meeresspiegel, auf der es gekocht wird, auch. Auf zweitausend Metern Höhe liegt die Kochtemperatur nur bei dreiundneunzig Grad Celsius, das Ei benötigt entsprechend mehr Zeit. Ob es von Hühnern aus Käfighaltung, Bodenhaltung oder glücklichen Biohühnern stammt, spielt hingegen keine Rolle für die Konsistenz des Frühstückseis.

Die Experten, also wir alle, diskutieren mit Hingabe darüber, ob ein Loch durch die Schale in die Luftblase gepikst werden soll oder nicht, um das Platzen im kochenden Wasser zu vermeiden. Tests ergaben so gut wie keinen Unterschied. Topf, Eierkocher, Dampfgarer, am Ende einerlei. Ob das Ei im kalten Wasser erhitzt oder in kochendes gelegt werden soll, bleibt so umstritten wie die Frage, wie die Schale zu entfernen sei. Nach Freiherr von Knigge darf das Ei nicht mit dem Messer geköpft werden. Das war sinnvoll, solange eiserne Schneiden den Geschmack beeinflussten. Rostfreie Edelstahlmesser aber sind nicht zu beanstanden und dem Aufklopfen der Schale mit dem Löffel (kein Silber) und dem darauffolgenden Herumgebrösel vorzuziehen.

Das Spiegelei ist nur perfekt, wenn das Dotter nicht mehr ganz flüssig ist und von einem glänzenden Eiweißspiegel überzogen. Von Paul Bocuse könnten die Deutschen lernen, wie das geht. Er schlägt die Zubereitung im gut vorgeheizten Ofen »unter ständiger Überwachung« vor. »Man kann die Eier zur Not auch auf dem Herd zubereiten, muss sie dann aber ständig mit heißer Butter begießen, die man mit einem Teelöffel vom Rande der Pfanne abschöpft.« Sorgfalt ist die Mutter der Kochkunst, auch beim Frühstücksei.

Unter einem Omelett wiederum verstehen die Deutschen meist einen Pfannkuchen (mit Mehl). Sie unterschätzen überhaupt das notwendige Feingefühl bei der Zubereitung von Eierspeisen.

Zweihundertdreißig Eier im Jahr isst jeder Deutsche im Schnitt, die meisten zum Frühstück, und macht sich dabei wenig Gedanken über die Hygiene. In den USA werden Eier nur gewaschen und gekühlt angeboten. In Europa halten sie auch bei Zimmertemperatur länger, weil der natürliche Schutzfilm auf der ungewaschenen Schale bleibt. Wie lange Eier haltbar sind, erkennt der deutsche Verbraucher am Stempel. Wer aber weiß noch, woran man frische Eier auch ohne Aufdruck erkennen kann? Da die Luftkammer zunimmt, sinkt nur ein frisches Ei auf den Grund des Wasserglases. Und es ist auch nichts zu hören, wenn man es am Ohr schüttelt, weil das Dotter nicht im Ei herumschwappt.

Wir wissen bekanntlich nicht, was zuerst war, das Ei oder das Huhn. Ein Wort über Hühner ist deshalb unvermeidlich. Unglückliche Hühner und weniger unglückliche. »Ich wollt, ich wär ein Huhn, ich hätt nicht viel zu tun«, heißt es im populären Schlager der Comedian Harmonists aus den goldenen Zwanzigern. »Ich legte jeden Tag ein Ei und sonntags auch mal zwei.« Das wäre ausgesprochener Stress. 1950 produzierten Hühner noch einhundertzwanzig Eier im Jahresmittel. Heute erst haben Hühner so elend viel zu tun. Entweder müssen sie Eier legen im Akkord

Frühstück für Leib und Seele

oder wachsen wie blöd. Zwei Drittel der Vögel produzieren etwa jeden Tag ein Ei, die Legeleistung mergelt ihre Körper rasch aus. Nach einem Jahr landen sie im Kochtopf.

Eier legen können nur Hennen. Also müssen die unbrauchbaren fünfzig Millionen männlichen Küken aus deutscher Brut leider beseitigt werden, auch Bioküken. Das Aussortieren wird als »sexen« bezeichnet. Die ausgesexten Küken werden in den Homogenisator geworfen, zu Deutsch: geschreddert oder vergast. Auf dem Müll landen auch Millionen lebensfähiger, doch noch ungeschlüpfter Küken. Sie haben es nur nicht rechtzeitig aus den Eierschalen geschafft. Beim Schlüpfen hilft kein Mensch. Menschen helfen nur beim Sortieren. Auch schwache oder verletzte weibliche Küken kommen in den Eimer zu den männlichen Küken.

Wir lassen uns den Appetit nicht stehlen. So ein Ei ist das Zentralgestirn des Frühstücks, um das das Brötchen kreist beziehungsweise der Wecken, die Semmel oder Schrippe. Die Deutschen frühstücken am liebsten dann groß, wenn das Hotelbüfett im Preis inbegriffen ist. Dann schaufeln sie auf Vorrat auch gleich noch das Mittagessen in sich hinein.

Frühstück im Luxushotel, Zimmerservice, ein doppelstöckiger Wagen wird hereingeschoben. Abdeckhauben, unter denen sich Käse, Wurst, Schinken befinden. Ein »Silberkorb mit Brötchen und Brotauswahl«, gekochte Eier »unter wattierten Hütchen […] ›Wünschen der Herr die Blumen auf dem Tisch zu behalten?‹ Nach einem Nicken verblieb das Nelken-Gerbera-Arrangement neben dem Brot. […] ›Wünschen Sie den Sekt schon geöffnet?‹ – Die Flasche Eltviller Hausgeister blieb verkorkt im Kühler.« So speiste einst Thomas Mann in Düsseldorf, Hans Pleschinski hat es in seinem Roman »Königsallee« anschaulich beschrieben.

Aber nicht zu früh. Mann frönte gern auch dem »Gabelfrühstück zwischen Morgenkaffee und unregelmäßigem Mittagessen […] vielleicht eine Marotte, doch eine höchst angenehme«, ein »Stärkungsritual«. Im Europa vor dem Ersten Weltkrieg, heißt es, hätten »alle höheren Beamten, kultivierte Unternehmer, Gutsbesitzer in Preußen oder in der Lombardei die Tageshast durch ein Gabelfrühstück unterbrochen, ja, nach der Stärkung sich mit einer Zigarre sogar für eine Viertelstunde zum Sinnieren in einen Sessel gesetzt und wären unansprechbar gewesen«.

Das Gabelfrühstück, bei dem am späten Vormittag herzhafte kalte oder warme Speisen mit alkoholischen Getränken serviert werden, ist dem französischen *déjeuner à la fourchette* entlehnt. Vermutlich ist der deutsche Begriff eine Schöpfung des Schriftstellers August von Kotzebue, der das Wort *Gabelfrühstück* bereits 1804 in seinen »Erinnerungen aus Paris« benutzt hat. Fünfzehn Jahre später wurde der erfolgreiche Autor, der im Dienste des russischen Zaren stand und gegen die Nationalbewegung polemisierte, von dem Burschenschaftler Karl Ludwig Sand in Mannheim mit den Worten erstochen: »… hier, du Verräter des Vaterlandes.«

Eher kein deutscher Charakter ist der Frühstücksmuffel. Er wird in Deutschland fast so verfolgt wie einst der Vaterlandsverräter. Denn zum traditionellen Bestand deutscher Gewissheiten zählt die Auffassung, man habe wie ein König zu frühstücken.

Dem Frühstücksmuffel werden Studien um die Ohren gehauen, wonach sein Herzinfarktrisiko um ein Drittel steige. Unverheiratete Alkoholiker und Nachteulen sind in der Gruppe der Frühstücksmuffel überrepräsentiert. Jeder dritte Erwachsene verzichtet in Deutschland aufs Frühstück. Schopenhauer hat seine legendäre Mittagsfressgier damit begründet, mangels Frühstück unterzuckert zu sein. Weinschaum aus Zucker, Eigelb und Weißwein zum Nachtisch glichen das Defizit aus.

Frühstücken wie ein König, Abendessen wie ein Bettelmann. Die deutsche Weisheit ist ins Wanken geraten. Die Ernährungswissenschaft ist sich einig: Es kommt weniger darauf an, wann man wie viel ist, sondern vor allem wie viel insgesamt. Wer lieber länger schläft als frühstückt, macht keinen Fehler – vorausgesetzt, er stopft nicht aus Heißhunger später alles doppelt in sich hinein. Auch ein strammes Frühstück ist keine Garantie gegen zu üppige Mittags- und Abendkost und den Annehmlichkeiten beim Stillen der kleinen Hungerattacken zwischendurch.

Ausgerechnet der britische Ernährungswissenschaftler Terence Kealey befeuerte mit seinem Buch »Breakfast is a Dangerous Meal« die internationale Debatte und verkündete, Frühstück werde in zehn Jahren so verrufen sein wie das Rauchen. Und das in England! Allmählich aber scheint sich die Erkenntnis durchzusetzen, dass Ernährungsgewohnheiten und auch ihre Folgen eine höchst individuelle Angelegenheit sind.

Herr und Frau Grünlich in Thomas Manns »Buddenbrooks« sind keine Frühstücksverächter. Milchgebäck, Butter, verschiedene Arten von Käse. »Es fehlte nicht an einer Flasche Rotwein, welche vor dem Hausherrn stand, denn Herr Grünlich frühstückte warm [...] und verspeiste nach englischer Sitte ein leicht gebratenes Kotelett. Seine Gattin fand dies zwar vornehm, außerdem aber auch in so hohem Grade widerlich, dass sie sich niemals hatte entschließen können, ihr gewohntes Brot- und Ei-Frühstück dagegen einzutauschen.«

Anders als Manns Heiratsschwindler nimmt der Arbeiter zum Frühstück Schwarzbrot mit Schmalz, Kaffee – halb Bohnen, halb Gerste – zu sich, so der Ernährungsvorschlag einer Fachzeitschrift von 1891. Das Frühstück ist lange ein Statussymbol und Ritual, gelegentlich eine Ausstattungsorgie mit »goldgeränderter« Porzellan und »dünnsilbernem« Brotkorb (»Buddenbrooks«). Manchmal auch nur eine Fressorgie. Reichskanzler Bismarck soll bis zu zwölf Eier, Koteletts, Gänsebrust und Aal zu sich genommen haben. Und einen Cognac zum Verdauen.

Das Frühstück wird vor allem sonntags gern mit dem Mittagessen zum Brunch zusammengelegt, ideal für Langschläfer. Gebruncht wird außer Haus, meist an ausufernden Büfetts. Masse geht zum Festpreis vor Klasse. Diese Art des Futterns kommt aus den USA, findet aber in Deutschland großen Anklang. Frühstücksrestaurants sind gerade im Trend. Frühstück gibt es dort von sieben bis dreiundzwanzig Uhr. Und das Angebot ist international, von Egg Benedict, New York Banana Pancakes bis Pulled Pork und halbflüssigem Schokokuchen.

Ein gutes Frühstück ist eine Frage der Zeit, sie ist der größte und wahre Luxus. Diejenigen, denen ein üppiges Frühstück guttäte, müssen allzu früh heraus und haben weder Zeit für ein Fünf- noch für ein Dreieinhalbminutenei. So ist das Frühstück zum Sorgenkind der Pädagogen geworden. Die Schule beginnt in Deutschland zu früh, ohne Rücksicht auf die inneren Uhren der Kinder. Zudem scheint der Frühstückstisch ein sozialer Brennpunkt zu sein. Umfragen bestätigen: Die Hälfte der Kinder aus ärmlichen Verhältnissen wird mit leerem Magen aus dem Haus geschickt – aber auch ein Viertel der Kinder aus den Haushalten Besserverdienender. Dass darunter die Leistungsfähigkeit in der Schule leidet, versteht sich von selbst. Überraschender ist die Erkenntnis amerikanischer Untersuchungen, wonach Kinder, die ohne Frühstück unterwegs sind, überdurchschnittliche Neigung zur Fettleibigkeit zeigen, weil sie mit zuckrigen Getränken und Fast Food den leeren Magen füllen.

▶ **Bohnenkaffee, Brotzeit, Butterbrot, Mahlzeit, Manieren und Sitten, Zuckerbrot**

Gaststättenverordnung

Wirte haben keinen guten Ruf. Sie hatten ihn nie, nicht einmal im Märchen. Es ist der Wirt im Märchen »Tischlein deck dich«, der dem Wandergesellen sein Hab und Gut abknöpft. In alter Zeit fielen auch Räuber über die Gäste her. Das »Wirtshaus im Spessart« ist die Rahmenhandlung von Wilhelm Hauffs Märchenalmanach aus dem Jahr 1828. »Vor vielen Jahren, als im Spessart die Wege noch schlecht und nicht so häufig als jetzt befahren waren«, erreichen die Reisenden erst im Dunkeln die Herberge. Aus Angst davor, ausgeraubt zu werden, bleiben die beiden Wandergesellen Goldschmied und Zirkelschmied lieber wach, erzählen einander Geschichten. Ein Fuhrmann und ein Student sind noch da, und später kommen die Gräfin, ihr Jäger und ihre Hofdame dazu. Als Räuber die Gräfin entführen wollen, verkleidet sich der junge Goldschmied als Gräfin und lässt sich gefangen nehmen. Von einem Wirt, der seine Gäste beschützt, ist nicht die Rede. Mehrfach erfolgreich verfilmt, wurde die populäre Geschichte vom Wirtshaus im finsteren Wald zu einem romantischen Topos.

Romantisch ist der Beruf des Gastwirts niemals gewesen. Dennoch zählt es zu den beliebtesten Illusionen stressgeplagter Zeitgenossen, eine Kneipe oder ein Café zu betreiben, statt ins Büro zu gehen. Es heißt zwar, wer nichts wird, wird Wirt. Aber das sagen nur Ahnungslose.

Ein Wirt ist ein Lebewesen, das artfremde Organismen mit Ressourcen versorgt. So definiert ihn die Biologie, in der es von Wirten wimmelt. Was den menschlichen Gastwirt angeht, ist die Sache in Deutschland überaus kompliziert. Laut *Gaststättengesetz des Bundes (GastG)*, zuletzt geändert am 10.3.2017, betreibt ein Gaststättengewerbe, wer »1. Getränke zum Verzehr an Ort und Stelle verabreicht (Schankwirtschaft) oder 2. zubereitete Speisen zum Verzehr an Ort und Stelle verabreicht (Speisewirtschaft)«. Allerdings liegt die Gesetzgebungskompetenz bei den Ländern, weshalb es in einigen Bundesländern Landesgaststättengesetze gibt, zumindest jedoch Gaststättenverordnungen. Sie regeln die »Gaststättenerlaubnis«, führen zahllose »Zuverlässigkeitsanforderungen« sowie »Versagungsgründe« auf. Begründete Zweifel an der Zuverlässigkeit des Wirtes bestehen etwa, sollte er »dem Trunke ergeben« sein oder befürchten lassen, »dem Alko-

Ruinös: Wirtshauskultur im Havelland

holmissbrauch, der Hehlerei oder dem verbotenen Glücksspiel Vorschub zu leisten«.

Der Wirt wird mit einem Wust von Sondervorschriften konfrontiert. Jederzeit können ihm Auflagen zum Schutze der Gäste und der Beschäftigten gegen Ausbeutung und gegen Gefahren für Leben, Gesundheit oder Sittlichkeit und gegen schädliche Umwelteinwirkungen sowie sonstige Gefahren oder Belästigungen erteilt werden. Es scheint keinen gefährlicheren Ort in deutschen Landen zu geben als das Wirtshaus.

Der Wirt wird bedrängt und bedroht. Er muss nicht bloß Steuerrückstände vermeiden, Sozialversicherungsbeiträge ordentlich bezahlen und das lückenlos nachweisen, Mindestlohnvorschriften und Arbeitszeiten penibel dokumentieren, die Lebensmittelhygiene-Verordnung, einschließlich der Verantwortung für Lebensmittellieferungen, Lagerung, Verarbeitung und Abfallentsorgung, ganz abgesehen von den die Hygiene, die Allergenkennzeichnung und die unbedenkliche Gesundheit des Personals betreffenden Vorschriften, und darf auch nicht gegen Lärmschutz, Jugendschutz und Nichtraucherschutz verstoßen. Unangemeldet steht die Gewerbeaufsicht vor der Tür, im Schnitt einmal im Jahr. Erwähnt werden müssen auch die speziellen Gaststättenbauverordnungen. Umfang und Ausstattung bereitzustellender Toilettenanlagen, Lärm, Belüftung und Dunstabzug, Brandschutz und nicht zuletzt die Sondernutzung öffentlicher Flächen für Außengastronomie sind hier geregelt. Dazu kommt das Arbeitsrecht. Ausländerrechtliche Bestimmungen werden in der Gastronomie besonders streng überwacht, der Wirt sollte über zahlreiche Sonderregelungen für Saisonfachkräfte und Spezialitätenköche Bescheid wissen. Darüber hinaus sind bei der Wiedergabe von Musik-, Fernseh- oder Videodarbietungen komplizierte Bestimmungen zu beachten. Die Aufzählung ist gewiss nicht vollständig.

Unwillkürlich fragt man sich, wie es kommt, dass in Deutschland trotzdem noch immer in hundertvierundsechzigtausend Gaststätten fast eineinhalb Millionen Beschäftigte einen Nettoumsatz von 43,6 Milliarden Euro (2017) erwirtschaften können, Tendenz steigend, und sich dabei nicht selten immer noch um die Qualität des Essens verdient machen.

Schlechter geht es der Kategorie der einfachen Schankwirtschaften. Ihre Zahl nimmt deutlich ab, sie hat sich in den vergangenen zwei Jahrzehnten mehr als halbiert, etwa dreißigtausend gibt es noch. Vor hundert Jahren kamen etwa in Berlin noch hundertsiebenundfünfzig Einwohner auf eine Kneipe, heute sind es etwa viertausend. Aber auch mehr als zwölfeinhalbtausend Restaurants und Gasthöfe machten in den vergangenen zehn Jahren zu.

Die Gründe sind vielfältig. Landflucht zählt dazu. Die überbordende Bürokratie ist ein anderer Grund. Es fehlt an Nachwuchs. Personal ist schwer zu finden, was nicht zuletzt an der schlechten Bezahlung liegt, an langen Arbeitszeiten auch an den Wochenenden und oft weitab vom Schuss. Dazu kommt ein verändertes Konsumverhalten. Zwar essen mehr als zwei Fünftel der Deutschen mindestens einmal in der Woche außer

Haus, ein Fünftel besucht sogar mehrmals in der Woche ein Wirtshaus oder ein Restaurant, aber die großen Profiteure sind andere: Die Leute gehen nicht mehr in die Gaststätte, sondern bevorzugen die Schnellgastronomie, den Coffeeshop. Sie lassen liefern oder besorgen sich ihr fertiges Essen im Supermarkt. Der Möbelhersteller IKEA ist mit seinen Köttbullar unter die zehn größten deutschen Systemgastronomieketten aufgestiegen.

Besonders in den neuen Bundesländern ist es um die Wirtshauskultur schlecht bestellt. Die DDR-Gastronomie war überwiegend und selbst am Ende noch zu siebenundfünfzig Prozent in staatlicher Hand. Zahlreiche Dörfer zwischen Havelland und Uckermark besitzen kein Wirtshaus mehr.

Doch selbst in kulinarisch attraktiven südlichen Regionen grassiert das Wirtshaussterben. Der Deutsche Gaststättenverband will die bayerische Wirtshauskultur zum immateriellen Weltkulturerbe erklären lassen. Die Zahl der Dörfer ohne Gasthaus nimmt aber auch in Bayern zu. Bundesweit hat bereits jede vierte Gemeinde keinen Gasthof mehr. Darunter leiden das Leben und die dörfliche Kultur. »Wo die Wirtschaft stirbt, stirbt der Ort«, stellten Wissenschaftler der Universität Eichstätt-Ingolstadt fest.

Gaststätte ist ein Sammelbegriff, der schlichte Kneipen ebenso umfasst wie Spitzenrestaurants. »Der wichtigste Punkt ist, dass in diesen Restaurants sozusagen unsere kulinarische Mitte liegt«, meint Jürgen Dollase, aber auch diese Mitte hat sich in den vergangenen Jahrzehnten verschoben, hin zum Fast Food, zum Convenience-Produkt, zur Systemgastronomie. Dies ist bedauerlich, aber kein deutscher Sonderweg. Deutsch sind allenfalls bestimmte Ausprägungen dieses Trends.

Schon in den Jahren vor dem Ersten Weltkrieg gab es in größeren Städten »Automatenrestaurants«. In München eröffnete 1955 das erste *Wienerwald*, lange bevor die erste US-Burger-Kette 1972 ebenfalls in München das erste »Restaurant« aufmachte. McDonald's & Co. machten der *Wienerwald*-Kette nahezu den Garaus. Wer zu früh kommt, den bestraft das Leben. Heute kommt es weniger auf den Wirt als auf sein Konzept an.

Die einstige gesellschaftliche Bedeutung des Wirtshauses ist schon daran zu erkennen, dass in Dörfern und Städten Wirtshäuser neben Kirche und Rathaus die prominentesten Plätze einnehmen. Es ist der öffentliche Ort, an dem Geschäfte beschlossen, politische Entscheidungen diskutiert werden, an dem gestritten, sondiert, versöhnt wird.

Gastwirte spielten in der frühen bürgerlichen Gesellschaft eine wichtige Rolle, auch als deren politische Vertreter. Sie repräsentierten und vermittelten »bürgerliche Öffentlichkeit in ihrer ursprünglichsten Form«, stellten zahlreiche Bürgermeister und Abgeordnete in den ersten gewählten Volksvertretungen. Ein Beispiel: 1884 waren von zweitausendzweihundertachtundzwanzig SPD-Mitgliedern in München fünfhunderteinundfünfzig Gastwirte. Im ersten deutschen Parlament in der Frankfurter Paulskirche waren die Fraktionen nach den Wirtshäusern benannt, in denen sie tagten. In solchen finden bis heute die meisten politischen Versammlungen statt. In Wirtshäusern wurden Revolutionen geschmiedet, ihre Rädelsführer bespitzelt, Ideen verbreitet.

Davon erzählen auch Romane. Innstetten, der adlige Landrat und langweilige Ehemann Effi Briests, rief »den von Zeit zu Zeit erscheinenden und nach der Ordnung sehenden Wirt heran und bat ihn, sich mit an den Tisch zu setzen und ihnen was zu erzählen. Dazu war Golchowski denn auch der rechte Mann; auf zwei Meilen in der Runde wurde kein Ei gelegt, von dem er nicht wusste.« Fontane stellt den Wirt »Zum Fürsten Bismarck« dar als »beflissenen« Mann, der Fähigkeiten beweist, die zu seiner Stellung ebenso gehören wie die Verantwortung für das kulinarische Angebot. Das Ansehen des Wirts ist nicht bloß gutem Essen und schönen Festen geschuldet. »Der Hauptrespekt, den ihm vor allem die Einheimischen entgegenbringen, kommt daher, weil er sich in den politischen Sachen auskennt wie nicht leicht einer [...] und man kann sich darnach richten«, erzählt Oskar Maria Graf in seinen »Kalendergeschichten«. Der Berufsstand des Wirts hat sich verdient gemacht – nicht zuletzt um die Entstehung einer bürgerlichen Öffentlichkeit, also der deutschen Demokratie. Das Wirtshaus jedenfalls ist ein Ort der Gedankenfreiheit. Die Gewerbefreiheit wird enger ausgelegt.

Blicken wir in Lion Feuchtwangers grandiosen Gesellschaftsroman »Erfolg«. Wir sitzen in der Tiroler Weinstube neben dem Hofbräuhaus in München, heute Zentrum des kulinarischen Imperiums von Alfons Schuhbeck. Heute wie damals tafeln dort Leute wie der Minister Dr. Franz Flaucher. Es kommt auch auf den Rahmen an, auf die »betont bürgerliche

Gemütlichkeit, die Holztäfelung [...] die für seßhafte Männer gemachten Bänke und Stühle [...] Männer in festen Stellungen, mit festen Ansichten«. Verboten sind inzwischen bloß die Zigarren, deren Rauch sich damals noch mit dem »Dunst nahrhafter Speisen« mischte. Der Minister darf sich behaglich fühlen, darf knurren, rülpsen, seufzen, auch seinen Launen Ausdruck geben. Die Kellnerin wird, wie jedes gutes Servicepersonal, zur Sozialarbeiterin, die Bescheid weiß »um die Stellung ihrer Stammgäste in der Wertung der Welt und der Kenner«. Zenzi »wußte, daß der Dr. Flaucher um diese Stunde, war er guter Laune, nochmals Würste, war er schlechter Laune, Rettich zu bestellen pflegte. Er brauchte seine Weisung nicht zu Ende knurren, so stand schon sein Rettich vor ihm.« Dem ist bis heute nichts Wesentliches hinzuzufügen.

Von jeher waren Gasthöfe mit unterschiedlichen Privilegien versehen, dem Braurecht, dem Schlachtrecht oder aber dem Ausspannrecht. Gasthöfe boten auch Pferden Quartier, luden buchstäblich zum Ausspannen ein. Gasthäuser im heutigen Sinne gibt es in Deutschland erst seit dem Mittelalter. Davor waren lediglich Pilgerhospize, Zunfthäuser, Nachtquartiere verbreitet, nur selten mit solider Bewirtung und professionellen Küchen. In den mittelalterlichen Gasthöfen brachten die Übernachtungsgäste ihr Essen meist selbst mit. Tavernen, Schenken boten höchstens einfache Kost. Erst im neunzehnten Jahrhundert bürgerte es sich ein, außerhalb des eigenen Hauses zu essen.

Davon profitierten die Wirte. Im ersten Haus am Platze, dem Hotel Bassermann in Heidelberg zum Beispiel, betrugen die Logiseinnahmen infolge dieser Entwicklung bald nur noch einen Bruchteil der Gewinne an Essen und Wein. Der damalige Wirt wurde zum ersten reichen Mann der Familie Bassermann, wie der Historiker Lothar Gall in seiner großen Studie über das »Bürgertum in Deutschland« schildert.

Das Stereotyp von der Servicewüste Deutschland ist so alt wie das deutsche Wirtshaus. Schon vor einem halben Jahrtausend berichtete Erasmus von Rotterdam: »Wenn man ankommt, begrüßt einen kein Mensch, damit ja nicht der Anschein erweckt wird, sie würden den Gast umwerben. Das halten sie [die Deutschen] nämlich für schmutzig, verwerflich und der deutschen Ernsthaftigkeit nicht angemessen.« Der weit herumgekommene Renaissancemensch kann die Unterschiede zwischen deutscher und französischer Gastlichkeit nicht übersehen. »Anstand und feinen Geschmack« rühmt er dort, schmutzige, überhitzte Gaststuben hier. Stunden muss er auf sein Essen warten. Der deutsche Gastwirt ist »nur auf Profit aus«. Die deutschen Gäste glotzen den Fremden an, »als wäre eine neue Tierart aus Afrika eingetroffen«, und vergessen darüber das Essen, während sich in Rom und Paris niemand darüber wundert. Der Wein, der aufgetragen wird, ist eine »nach Rauch stinkende Brühe«, »dünn und sauer«. Wer sich beschwert, dem wird empfohlen, sich ein anderes Wirtshaus zu suchen. Die knurrenden Mägen werden erst von in Fleisch- oder Gemüsebrühe eingeweichten Brotbrocken gestillt, die auf Platten mit »Pomp aufgetragen« werden, bis endlich der Braten vorgesetzt wird. »Aber hierbei lassen sie Sparsamkeit walten und tragen flugs wieder ab.« Es sind »robuste Menschen«, die sich um all den Schmutz und Lärm nicht scheren, von »unbeirrbarem Charakter«, der sie von den »Gepflogenheiten nicht abrücken« lässt. Worauf man noch heute stolz ist in Biergärten: Jeder Gast setzt sich hin, wo es ihm gefällt. »Einen Unterschied zwischen Arm und Reich, zwischen Herr und Knecht gibt es nämlich nicht.« Es gibt auch andere, positive Erfahrungen. Michel de Montaigne rühmt in süddeutschen Gasthöfen mehrfach unterteilte Teller für mehr als zwei Fleischgerichte.

Wir sprechen hier nicht von Luxusherbergen, sondern von Gasthäusern. Sie waren früh auch schon soziale Brennpunkte. »In der Kneipe können Männer eine Existenz führen, gleich weit entfernt von der begrenzenden Versorgung der Familie und der Rolle, die sie als Ehemann und Vater zu spielen haben, und der reinen Funktionalität des Arbeitslebens«, so Ursula Becher in ihrer »Geschichte des modernen Lebensstils«. Das einfache Gasthaus war lange Zufluchtsort für Männer, die aus feuchten, verwanzten, zu engen Wohnungen der Städte flohen und sich dem Alkohol hingaben, wie stets die Hüter der öffentlichen Moral beklagten, die es besser hatten. Auf dem Land, berichtete Oskar Maria Graf, gingen »Bauern unter der Woche überhaupt nie ins Wirtshaus«, sie hatten schlicht entweder nicht genug Geld oder versorgten abends ihre Tiere. Jedenfalls ist das Wirtshaus ein Ort, an dem niemand allein ist, der allein ist. Insofern ist es auch eine Bühne der Illusion.

Mit dem Niedergang der Wirtshauskultur eng verbunden ist der Niedergang eines ehrbaren Berufsstands: des Kochs. Die Hälfte der Kochlehrlinge bricht in Deutschland die Ausbildung ab. Das Renommee des Küchenpersonals in Deutschland ist, verglichen mit Frankreich, bescheiden. Der Berufsalltag ist hart, die Arbeitsbedingungen sind oft kläglich. Zwiebeln schälen, Putzen, Aufräumen, garniert mit dem harschen Ton eines, ja, auch das, noch immer typischen Männerberufs. So erleben es viele Kochlehrlinge und steigen aus. Und dazu kommt dann die Verwechslung von Koch und Fernsehkoch, von Schein und Wirklichkeit. Fernsehköche suggerieren, »dass man innerhalb weniger Wochen Superstar werden kann«, so der frühere Sternekoch und Fernsehentertainer Christian Rach. Und TV-Berühmtheit Johann Lafer bestätigt: »Wir Köche haben es im Fernsehen trotz unserer Präsenz nicht geschafft, die Vorteile dieses Berufs herüberzubringen.«

Das solide Handwerk im Herzen der Wirtshauskultur ist in Bedrängnis geraten. Nur noch in einer Minderheit aller Restaurantküchen – Fachleute schätzen, in nicht mehr als einem Fünftel der Gaststätten – wird noch überwiegend frisch gekocht. Für den Rest gilt: »Das ist nicht mehr Kochen, das ist aufwärmen«, so Vinzenz Klink, schwäbischer Sternekoch mit Bodenhaftung. Das Handwerk geht verloren, wenn die Lehrlinge in den meisten »Ausbildungsbetrieben« nur noch Tiefkühl- und Convenience-Produkte fertig machen, panierte Schnitzel aus dem Sack in die Fritteuse legen, statt selbst zu panieren, die Bratkartoffeln inklusive Fett nur noch aus dem Plastiksack in die heiße Pfanne schütten und die aufgewärmte Sauce Hollandaise aus dem Karton bloß noch aufrühren. »Sie sind dann praktisch keine Köche mehr. Der Beruf wird eigentlich zum Industriearbeiter degradiert, und da geht eine ganze Kultur baden«, brachte es Vinzenz Klink auf den Punkt. Das Badengehen spart dem Wirt Personalkosten, denn er braucht keinen gelernten Koch mehr. Und den echten Köchen gehen Motivation und Kreativität verloren. Abgesehen davon, dass die Kunden betrogen werden, denn diese Praktiken stehen nicht auf der Karte. Auf Nachfrage beteuert die Bedienung: hausgemacht, selbstverständlich.

► **Feinkost für Feinschmecker, Fernsehköche, Gutbürgerlich, Goldbroiler, Hausmannskost, Hungersnot, Imbissbude, Kochkunst, Soße und Sauce**

Gehacktes

Hackfleisch ist preiswert, lässt sich mit Semmel und Ei strecken und in der Pfanne braten und wird zum Verzehr gern in Senf getaucht. Dann heißt es Fleischpflanzerl (altbayerisch), Fleischküchle (schwäbisch), Fleischküchla (fränkisch). Die im Norden gebräuchlichen Bezeichnungen nehmen Anleihe im Französischen, Frikadelle (sprachverwandt mit Frikandeau, einer Kalbsschnitte) oder Bulette (von Boulette, das Kügelchen), was die Sache kulinarisch nicht besser macht.

Wer nach deutscher Hausmannskost verlangt, stößt unweigerlich auf durch den Wolf gedrehtes, mit anderen Zutaten vermengtes Fleisch. Der Deutsche liebt Gehacktes so sehr, dass er gewolftes Fleisch mit Zwiebel und Gewürzen vermischt, vom Schwein (Mett oder Hackepeter) und auch vom Rind (Schabefleisch) oder gemischt, hin und wieder sogar roh verputzt. Reines, besonders fein gewolftes Rinderhack, mit Eigelb, Zwiebeln, Kapern, Sardellen vermengt, kennt die deutsche Küche als Tatar (nach Art der wilden Horden der Tataren). Der Verzehr rohen Fleisches in der Gegenwart verdankt sich weniger den wilden Horden als der Entwicklung des Kühlschranks. Das Tatar aus Rind ist freilich keine deutsche Erfindung. Dem französischen Küchenstar Auguste Escoffier wird das Beefsteack à la Tartare (1921) zugeschrieben, einschließlich der Sauce à la Tartare. Unverkennbar deutsch dagegen ist rohes Schweinefleisch auf dem Mettbrötchen. Einen deutschen Sonderweg beschreitet insbesondere der Mettigel auf kalten Büfetts. In die Mettmasse werden rohe Zwiebelstücke oder Salzstangen gesteckt. Wie der verwandte Käseigel kam auch der Mettigel in den Fünfzigerjahren in Mode und ist noch immer nicht ausgestorben. In der globalen Welt lässt sich damit weniger Angst und Schrecken nach Art der Tataren erregen als Heiterkeit, wie ein in China millionenfach geteiltes Video von Thomas Derksen zeigt. Der junge Deutsche führt vor, wie ein Kilo rohes Schweinefleisch mit Zwiebeln gespickt wird. Deutscher Humor ist wohl, so etwas freiwillig zu essen.

Zu den bekanntesten regionalen Speisen aus gegartem Hackfleisch zählen die Königsberger Klopse, in Essigwasser gekochte Bällchen aus Kalbshack, Ei, Semmeln, Zwiebeln und Sardellen, die in einer aus Mehlschwitze, Sahne, Zitronensaft und Kapern gemachten Tunke gereicht werden.

Als Kompensation für den teuren Sonntagsbraten bietet die deutsche Hausmannskost zudem ein Gericht mit dem zutreffenden Namen Falscher Hase, einem Hackbraten, in dem gekochte Eier versteckt sind.

Ein weiteres preiswertes Produkt sind Kohlrouladen, in blanchierte Wirsing- oder Weißkohlblätter gewickelte Hackfleischzubereitungen, entfernte Verwandte der byzantinisch/türkischen Dolma, mit Hackfleisch und/oder Reis gefüllten Weinblättern.

Die Liebe zum Gehackten

Natürlich lassen sich Fleischklopse zu wahren Leckerbissen verfeinern. Kalbfleischpflanzerl, fein abgeschmeckt mit geschnittenem luftgetrocknetem Schinken, frischen Kräutern und Zitronenabrieb, doch ohne Semmel und Ei, sind nicht zu verachten. Der wachsende Wohlstand ist nicht zuletzt daran zu sehen, wie sich der Hackfleischkonsum gewandelt hat. Der Hamburger besteht aus reinem magerem Rindfleisch und hat der Frikadelle den Rang gründlich abgelaufen.

Ursprünglich hat der Hamburger mit deutscher Küche nichts zu tun. Er ist aus den USA eingewandert. Wieso der amerikanische Fleischklops Hamburger heißt, ist unter Experten umstritten. Die einen beziehen sich auf einen Ort Namens Hamburg bei Buffalo, andere behaupten, Rindfleisch sei einst über den Hamburger Hafen importiert worden. Eine zweite Welle der Burgerinvasion schwappt seit geraumer Zeit über Deutschland hinweg. Es wird nicht mehr nur aus Pappkartons gefuttert, sondern auch in edleren Etablissements auf Porzellan serviert, im Brioche statt nur im aufgebackenen Tempotaschentuch. Die Pattys sind wahlweise aus Dry-Aged-Beef, der Schmelzkäse ist höhlengereifter Gruyère. Das ist mondän und klassenlos zugleich. Das Fleisch stammt auch vom Elch oder Strauß, die Pommes sind auf Wunsch aus Süßkartoffeln und natürlich ebenso Bio wie das Gehackte, zu dem etwa Wasabikäse bestellt werden kann. Oder es besteht sogar aus Insektenfleisch wie in der Kette Hans im Glück. Längst ist der Burger in die deutsche Esskultur integriert, ja assimiliert. Hausmannskost – ohne Zweifel. Ein Arme-Leute-Essen aber sind solche Hamburger nicht, vielmehr das beste Beispiel für die Globalisierung der deutschen Küche auf dem Fundament einer alten Liebe: zum Gehackten.

▶ **Bio, Feinkost für Feinschmecker, Hausmannskost, Käseigel, Maultasche, Nationalgericht, Saumagen, Schlachtschüssel, Sonntagsbraten, Zukunft auf dem Teller**

Geschmackssache

Den Geschmackssinn schätzen die bedeutendsten deutschen Philosophen leider gering. Sie glauben an eine Hierarchie der Sinne, und in der steht das Schmecken ganz unten. Ganz oben ist das Sehen zu finden, der edelste der Sinne, gefolgt vom Hören. Wie das?

Schon Aristoteles bezeichnete die Augen als das wichtigste Instrument des angeborenen Wissensdrangs. Dieser Auffassung schloss sich Immanuel Kant an. Weil das Auge vom Objekt der Betrachtung am weitesten entfernt bleibe, sei Sehen der objektivste der Sinne, »reiner Anschauung« näher als andere Sinnesempfindungen. Die Geschmacksempfindung dagegen schätzte Kant als niedrig ein, weil sie »mehr die des Genusses« sei, »als der Erkenntnis des äußeren Gegenstandes« diene.

Sehr vereinfacht formuliert steht nach dieser Auffassung das Sehen dem Geist näher als das Schmecken. Hier ist sie zu spüren, die im deutschen Denken verwurzelte so verhängnisvolle Trennung von Körper und Geist, Gefühl und Erkenntnis. Zu Kants Ehrenrettung kann allerdings gesagt werden, dass der Feinschmecker Kant dem rationalistischen Philosophen Kant widerspricht, wenn er feststellt, in einer guten Mahlzeit seien »Sinnlichkeit und Verstand in einem Genusse vereinigt«.

Auch der die Schule des deutschen Idealismus anführende Georg Wilhelm Friedrich Hegel folgte in dieser Hinsicht seltsamen Ansichten. Er war davon überzeugt, Auge und Ohr ließen das Gesehene und Gehörte, wie es ist. Die Zunge dagegen berühre und verändere das Wahrgenommene. Mithin sei das Schmecken subjektiv, dem Körper verhaftet und nicht dem Geist, noch dazu von Lust- und Unlustgefühlen begleitet, also nicht mehr unabhängig und frei. Das ist, mit Verlaub, Unsinn. Wir wissen heute, wie subjektiv wir auch Gesehenes und Gehörtes empfinden.

Dem Kulinariker muss auch niemand erklären, dass der Geschmack keineswegs allein auf Zunge und Nase angewiesen ist. Das Auge isst bekanntlich mit. Und wie leicht foppt gerade das vermeintlich unbestechliche Auge den Esser. Das gilt auch für das Hörerlebnis beim Essen. Wir hören es lustvoll knacken, wenn wir Schokolade brechen. Knusprigkeit

Eine Geschmacksfrage

ist kein Geschmack im engeren Sinne, sondern eine Wahrnehmung, die aber Ohr und Zunge beeinflusst. Die Geschmacksnerven allein sind nicht in der Lage, komplexe Geschmacksbilder zu entwickeln. Deshalb isst vor allem die Nase mit. Schon der Geruchssinn »schmeckt« genauer als die Geschmacksknospen. Die Nase kann Aromen besser unterscheiden, bis zu zehn Millionen Gerüche liegen ihnen zugrunde.

Der Genuss beim Essen aktiviert wie beim Sex alle Sinne. Wir sehen die Süße im Glanz der Glasur, riechen die Bitterstoffe der Grapefruit, hören das Prickeln des Champagners. Genau diese synästhetische Wahrnehmung macht Schmecken, anders als deutsche Philosophen glauben, zu einem höheren, Körper und Geist durchaus verbindenden Erleben. »Vielleicht gebührt sogar dem gut ausgebildeten ›feinen Geschmack‹ – und nicht etwa dem trügerischen Auge – die hohe Auszeichnung, der philosophische Sinn schlechthin zu sein«, resümiert Harald Lemke, der führende Philosoph der Kulinarik.

Wir ahnen schon, in Frankreich verleihen Geistesgrößen dem Geschmackssinn höhere Weihen. Jean Anthelme Brillat-Savarin ging in seinem berühmten Hauptwerk »Die Physiologie des Geschmacks« von drei aufeinander folgenden Wahrnehmungen aus. Die erste unmittelbare im Mund, die zweite, vollkommene, im Rachen und in anderen Organen, und schließlich die dritte, reflektierte Wahrnehmung im Kopf. Deshalb komme nur der zum vollen Genuss, der in der Lage sei, seine Sinneseindrücke zu reflektieren. Der aufgeklärte Franzose, der als Revolutionär begann und die Terrorherrschaft in New York überlebte, wusste selbstverständlich in einem guten Mahl Erkenntnisgewinn und Lustgewinn zu vereinen. Weil er eben auch aus dem Genuss Erkenntnis schöpfte. Wenn der deutsche Geist denkt, hat der Genuss nichts mehr zu melden, geschweige denn die Lust.

Prophetisch merkte Brillat-Savarin an: »Unsere Nachkommen werden mehr über diese Gegenstände wissen, denn die Chemie wird ihnen ohne Zweifel die Ursachen oder die Grundelemente der Geschmäcke enthüllen.« Dass die Chemie das geschafft hat, ist das eine. Was Brillat-Savarin aber nicht vorausgesehen hat, ist die Tatsache, dass sich mit Chemie der Geschmackssinn leicht täuschen lässt. Heute zeigt sich, was Chemiker und Fooddesigner anrichten, welche »naturidentischen« Aromen sie in den Laboren entwickelt haben und wie die Lebensmittelindustrie die Geschmacksempfindungen vor allem der Kinder ruiniert.

Letztlich bilden sich Geschmacksvorstellungen, Vorlieben wie Abneigungen, im Kopf. Sie sind mit Emotionen verwandt. Gespeist werden sie von sensorischen Eindrücken, aber auch von Erinnerungen. Einen spezifischen Geschmack mit Worten exakt zu beschreiben, ist ebenso unmöglich, wie einen musikalischen Eindruck genau in Sprache zu übersetzen. Die Sprache bietet nicht annähernd ausreichende Möglichkeiten der Nuancierung.

In unserer Not bemühen wir deshalb Vergleiche. Etwas schmeckt wie etwas ganz anderes. Rotwein zum Beispiel erinnert an Brombeeren, Feigen, Schokolade, Leder, bestimmte Gewürze und so weiter. Und abgesehen davon sind sinnliche Wahrnehmungen subjektiv. So wie jeder dieselbe Musik ein wenig anders hört, schmeckt er auch ein und dasselbe Gericht auf dem Teller anders. Wenn Schmecken mit Erkennen zu tun hat, dann vor allem mit Wiedererkennen.

Individuelle Geschmacksvorlieben entwickeln sich mit der Persönlichkeit. Sie sind erlernt, werden bereits im Mutterleib aufs Kind übertragen. Mit der Muttermilch setzt sich die Prägung des Geschmacks fort. Was die Mutter nicht mag, bekommt das Kind nicht. Vorlieben wie Abneigungen werden so weitergegeben. Je abwechslungsreicher zu Hause gegessen wird, desto experimentierfreudiger, offener sind Kinder gegenüber neuen, unerwarteten Geschmackserlebnissen. Wer viel probiert, isst am Ende auch vielseitiger.

Bereits Kleinkinder im zweiten Lebensjahr registrieren soziale und kulturelle Zusammenhänge beim Essen. Forscher der Cornell University in Ithaca zeigten zweihundert Versuchsbabys per Video verschiedene Essszenen. Wurde dabei in einer den Babys vertrauten Sprache gesprochen und dabei das Essen entweder mit Begeisterung oder sichtbarer Ablehnung kommentiert, beobachteten die Kinder besonders aufmerksam, was sie sahen.

Zu viel Zucker, zu viel Salz aus Fertignahrung, an die sich ein Kind bereits gewöhnt hat, sind deshalb so schädlich, weil sie zum Maßstab werden für alles, was später der Erwachsene zu sich nimmt. Schmecken heißt Vergleichen. Wer isst, prüft, ob das, was er isst, seinem Erwarteten entspricht. Vertraut – nicht vertraut: Dies ist eine zentrale Dimension zur Beurteilung dessen, was einem vorgesetzt wird.

Ein anschauliches Beispiel ist die seit Jahrzehnten vor allem mit Kindernahrung und Süßigkeiten beförderte Vorliebe für Vanillegeschmack. Nicht jedoch die teure Vanilleschote, sondern billiges Vanillin liefert den meist verwendeten Aromastoff weltweit. Deutsche Chemiker leisteten die entscheidende Pionierarbeit. Bereits 1874 entwickelten Wilhelm Haarmann und Ferdinand Tiemann ein industrielles Herstellungsverfahren, zogen Vanillin aus den Rinden von Nadelbäumen. Heute ist Vanillearoma ein Nebenprodukt der Papierherstellung, wird aber auch aus Kuhdung und Erdöl gewonnen. Es darf als natürlich gekennzeichnet werden. Vanille riecht in Deutschland nach Kindheit. In Frankreich dagegen machte Vanillin weniger in der Lebensmittelproduktion als in der Parfumindustrie Karriere. Diese Parfums waren bei jungen Frauen in Deutschland besonders beliebt, die in den Siebzigerjahren aufgewachsen sind – einer Zeit, in der sich Kindernahrung entwickelte, die sehr häufig nach Vanille schmeckte und immer noch schmeckt. Diese Parfums rochen vertraut und weckten süße Erinnerungen.

Ein tief sitzendes Vorurteil lautet: Was besonders gut schmeckt, kann nicht besonders gesund sein. Wissenschaftler an der Universität Texas haben es im Versuch bestätigt. Wurde behauptet, ein Getränk sei gesund, schmeckte es den Versuchsteilnehmern nicht so gut wie dasselbe Getränk, das als ziemlich ungesund angekündigt wurde.

Auch dies wird schon dem Kind beigebracht. Schokolade soll ungesund sein. Bitteren Spinat aber soll es essen – weil er soooo gesund ist. Und wenn du brav aufgegessen hast, gibt es noch einen Wackelpudding zur Belohnung. Aber nur dann! Diese Pädagogik zerstört das ungezwungene Verhältnis von Kindern zum Essen, muffelt nach deutscher Gründlichkeit und nicht nach dem Laisser-faire unserer südlichen und westlichen Nachbarn. Es wäre wichtig, die kulinarische Intelligenz von Kindern zu entfalten. Feinschmecker essen nicht nur besser, sondern auch gesünder. Dafür liefert wieder einmal Frankreich den Beweis. In diesem Land, in dem das Verständnis für gutes Essen selbstverständlich ist, auch weil mehr Kinder an frische Zutaten gewöhnt sind, gilt die Gleichung *ungesund gleich schmackhaft* nicht, wie Wissenschaftler der Universität Grenoble herausfanden.

Geschmack stiftet Gemeinschaft. Wir fühlen uns identisch mit Leuten der gleichen Geschmacksorientierung. Das ist in der Familie so, aber auch in der größeren Gemeinschaft eines Stammes oder Volkes. Nationalküchen sind auch Ausdruck kollektiv erlernter Geschmacksmuster. Innerhalb der Nationen sind die Regionalküchen geschmacks- wie identitätsprägend.

Doch mischen sich die kollektiven Geschmacksbilder mit individuellen Geschmacksmustern. Wer mehr reist, ist offener und neugieriger auf neue Geschmackserlebnisse. Immer schon wanderten Lebensmittel aus anderen Weltgegenden ein, wurden vertraut und veränderten Speisezettel und Geschmacksvorstellungen. Diese Entwicklung hat sich mit dem Massentourismus enorm beschleunigt. Die Palette unserer Vorlieben ist heute größer, weil auch das Angebot gewachsen ist.

Das Wort Geschmack enthält eine zweite Bedeutung. Man schmeckt nicht nur, man besitzt auch Geschmack – oder eben nicht. Geschmack setzt voraus, beurteilen zu können, was man schmeckt. Beurteilen heißt unterscheiden. Voraussetzung dafür sind Erfahrung und Geschmacksbildung. Ignorante Gleichgültigkeit dagegen zerstört das Urteilsvermögen.

Geschmack ist auch abhängig von der Lebensführung, von der sozialen Schicht. Gibt es einen proletarischen Essstil im Gegensatz zur bürgerlichen Küche? Jahrhundertelang bestand zwischen geschmacklichen Vorlieben und gesellschaftlicher Stellung ein Zusammenhang. Doch sind die Unterschiede weitgehend abgeschmolzen. Das »Proletarische«, Schlichte, Einfache (Currywurst) erfreut sich klassenloser Popularität.

Deshalb kann man nicht nur, man muss über Geschmack streiten. Das dem Lateinischen entlehnte Sprichwort, *de gustibus non est disputandum*, irrt, das Gegenteil ist richtig. Wer über Geschmack nicht streiten mag, legt keinen Wert auf Geschmack.

Essstile sind auch identitätsstiftend für die soziale Zugehörigkeit. Ein gutes Beispiel für den Wandel ist Fleisch: Je magerer, zarter das Fleisch, desto teurer ist es. Lange war der Anteil des Fleisches auf den Tellern ein Gradmesser für die soziale Stellung der Esser. Je höher, desto mehr. Das ist heute anders. »Ein Lebensmittel hat in den letzten Jahren die Seite gewechselt, das Fleisch«, resümiert Eva Barlösius. Dies liegt nicht nur am Preisverfall durch die Massentierhaltung. Es ist inzwischen eine kulturelle Frage, dass Besserverdiener weniger Fleisch verzehren, auch weniger Kartoffeln, Brot und Zucker, aber mehr Obst. In Deutschland unterscheiden sich heute die Geschmacksstile im Wesentlichen nicht durch mehr oder weniger Luxus. Vielmehr ist »Natürlichkeit« zum maßgeblichen Unterscheidungsmerkmal geworden. Der Durchschnittsesser folgt dem Massengeschmack der Lebensmittelindustrie. Der »bessere« Geschmack setzt auf Natur. Dies ist ein ziemlich radikaler Wandel, wie ihn nur eine Überflussgesellschaft vollziehen kann.

► **Bio, Currywurst, Extrawurst, Feinkost für Feinschmecker, Gutbürgerlich, Käseigel, Kochkunst, Nationalgericht, Schlachtschüssel, Soße und Sauce, Verbraucher, Waldpilze, Weißwurstäquator**

Goldbroiler

Die Deutsche Demokratische Republik war Kleinbürgerland – nicht zuletzt auch auf dem Teller. Feinkost galt als dekadent, machte aber große Augen. Einfach und deftig war DDR-Hausmannskost. Bock-, Curry-, Bratwürste, Wurstgulasch. Die unausrottbaren Jägerschnitzel bestehen aus panierten Jagdwurstscheiben. Eine *Tote Oma* ist Grützwurst, aus Zwiebeln und Wurst zusammengerührter Brei.

Besseres war allenfalls für Gäste mit Devisen verfügbar und erschwinglich – oder kam aus dem Garten. Die Armseligkeit der DDR-Gastronomie ist so legendär wie ihre Servicequalität berüchtigt. Insofern ist an den kulinarischen Hervorbringungen der DDR vieles zu erkennen, was den real existierenden Sozialismus auf deutschem Boden insgesamt ausmacht. Nicht nur politisch, sondern auch kulinarisch orientierte sich die DDR am Mutterland der Werktätigen. Soljanka ist noch heute eine Leibspeise der Berliner. In der DDR gab es sie überall. Und weil Königsberg ja noch Kaliningrad war, mussten die beliebten Königsberger Klopse *Kochklopse* getauft werden.

Die DDR pochte auf Eigenständigkeit, wollte staatlicherseits gar eine eigene Nation sein, doch die Bürger verglichen ihre Errungenschaften ständig mit denen des Westens. Was der Westler kannte, wollte der Ostler auch haben, aber es sollte – staatlicher Zeigefinger – nach etwas Eigenem klingen. Also hieß der Hamburger *Grilletta,* der Hot Dog *Ketwurst,* die ostdeutsche Pizza *Krusta;* eine ihrer Varianten wurde mit Spreewald-Gurken belegt. *Würzfleisch* hieß etwas aus Schwein und Geflügel.

Im Prinzip gab es alles, was es im Westen auch gab, sogar *Toast Hawaii.* Weil die Pazifikinsel jedoch für DDR-Bürger unerreichbar war, hörte das Gericht im Osten auf den Namen *Karlsbader Schnitte,* als *Karli* bekannt. Die Lebensmittelindustrie im Osten verweigerte sich nicht dem Fortschritt. Was im Westen Maggi hieß, war im Osten BINO, ein Würzmittel aus BIt-terfeld-NOrd, hergestellt im VEB Elektrochemisches Kombinat Bitterfeld. Mangelndes Selbstbewusstsein gepaart mit Sehnsucht nach Weltniveau drückte sich auch auf dem Teller aus.

Die Küche der DDR war eine Küche des Mangels. Manches, wie Kalb-

Ostalgie auf der Grünen Woche

fleisch und Lamm, gab es selten. Von Bananen war schon die Rede, auch vom Kaffee, der zu einem größeren Teil in Fresspaketen aus dem Westen zu finden war, wofür sich der Osten gern mit Dresdner Stollen revanchierte. Was wiederum zu Engpässen bei Mandeln, Rosinen und Orangeat führte. Außenhandelschef Schalck-Golodkowski versuchte es 1978 mit einem Stollenschenkverbot, kam damit aber nicht durch. Alles, was aus dem kapitalistischen Ausland stammte, war schwer zu kriegen. Auch italienische Pasta; der Ostdeutsche musste mit Weichweizennudeln Vorlieb nehmen.

Die DDR holte auf, jedoch immer mit Zeitverzug. Lebensmittelkarten gab es bis 1958. Dann setzte auch in der DDR die Fresswelle ein. Das Essen blieb schwer. Fleisch, Fleisch, Fleisch, immer mit Sättigungsbeilage. Übergewicht unter Werktätigen war ein gesellschaftliches Problem. Manche Nachkriegsspezialität war auch im Westen populär, nur im Osten viel länger. Der *Kalte Hund* aus Schokoladenglasur und Keksen zählte dazu und der *Falscher Hase* genannte Hackbraten, wohl schon eine Vorkriegserrungenschaft, aber auch manch regionale Spezialität wie die zeitlos populäre Dresdner *Eierschecke,* einem Kuchen aus Hefeteig, Quark und einer dritten Schicht aus gezuckerter Eiersahne. Es ist oft berichtet worden, dass sich in der eingemauerten DDR das altdeutsche Wesen länger gehalten habe als im Westen, die DDR gewissermaßen der deutschere der beiden Teilstaaten gewesen sei. Für das Essen lässt sich das bestätigen.

»Erstens kommt das Fressen, zweitens die Moral«, heißt es in Bert Brechts »Dreigroschenoper«. Hätte die DDR ihre Bürger noch mehr darben lassen, wäre es nicht vierzig Jahre lang halbwegs gut gegangen. Die DDR-Bürger waren satt. Vielleicht sogar zu satt. Jutta Voigt, eine ehemalige DDR-Bürgerin, die ein Standardwerk über die DDR-Küche schrieb, fasste in einem Interview des Deutschlandfunks die Ernährungslage in der DDR so zusammen: »Also, während der DDR-Zeit habe ich es wahrscheinlich am eigenen Leibe gespürt, wie bewegungslos Sattsein macht, und zu satt sein, und bestimmte Langeweile oder auch bestimmten Frust wegzuessen oder auch mit Wodka schön wegzusaufen. Das darf man ja auch nicht vergessen, dass in der DDR sehr, sehr viel getrunken wurde, und zwar Hochprozentiges, weil es einfach besser geschmeckt hat als die Weine, die waren ja nicht so besonders. Und als ich dann das Buch angefangen habe zu schreiben, da wurde mir dieser Zusammenhang zwischen dem vielen Essen und dauernd auf Essen fixiert sein und der Bewegungslosigkeit immer klarer.« Doch die anerzogenen Geschmacksbilder bleiben lebendig, die Ostalgie blüht. »Unvergessene Klassiker« der DDR-Kochkunst lassen sich auf zahllosen Internetseiten finden.

Auch in der DDR existierte am Rande ein Bürgertum, das sich durch einen eigenen Essstil unterschied. Er konnte als eine Form stillen Widerstands gegen das Regime verstanden werden. Uwe Tellkamp hat es in seinem Opus magnum »Der Turm« eindringlich beschrieben. Seltsam biedermeierlich muten die Ärzte an, die sich in alten Villen am Rande Dresdens um die richtigen Zutaten bemühen. Auf dem Büfett sind Sensationen zu finden: Fleisch und Obst. Apfelsinen, Mandarinen und Bananen. Vertraut ist nur das Anstehen. »Die Schlange rückte langsam vorwärts. Am anderen Ende des Büfetts stand Adeling und schenkte klare Brühe aus, die es zu Fleischklößchen gab; den linken Arm hatte er auf den Rücken gelegt, in der weißbehandschuhten Rechten hielt er die Kelle, verbeugte sich jedes Mal vor dem Einschenken und schloss dabei lächelnd und mit bebenden Nasenflügeln, in grundsätzlichem Einverständnis mit den Wünschen des Gastes, kurz die Augen.« Das Angebot mag dürftig sein und nicht auf Westniveau, doch das Ritual ist intakt.

Stolz ist man weniger des kulinarischen Ergebnisses wegen als darauf, dass man es geschafft hat, die Zutaten zu besorgen. Die Protagonisten haben »in ›Delikat‹-Läden ein kleines Vermögen ausgegeben und sich Monate vor dem heutigen Tag gekümmert [...] Und ohne den Bruder seiner Sekretärin, der Sonderkontingente Obst- und Südfrüchte für die Versorgung von Berlin fuhr, hätte Richard Hoffmann nur die zwei in normalen Gemüseläden vorrätigen Apfelsorten bekommen können [...] Die Lendensteaks, das Gewiegte für Fleischklößchen und Beefsteaks und das Gulasch für die Schaschlikspieße hatte Richard gegen einen der zwei Sätze Schneeketten, die ihm Alice und Sandor vor einigen Jahren geschenkt hatten, in der Fleischerei Vogelsang besorgen müssen.«

Um endlich auf den Goldbroiler zu kommen: Er ist zweifellos ein Schmuckstück des abgeschlossenen Sammelgebiets DDR-Küche. Doch stammt auch er aus dem Westen. »A very young chicken suitable for broiling«, definierten englische Wörterbücher den Broiler. Züchtern ist der Broiler als fleischreiches Masthuhn ein Begriff. In den Fünfzigerjahren wurde es von einer Firma in Bremen aus deutschen Rassen gekreuzt und das Patent dann an eine US-Firma verkauft. Von ihr erwarb es der *Rat für gegenseitige Wirtschaftshilfe* des Ostblocks. Der Broiler brachte in der DDR nach zehn Wochen mindestens 1,2 Kilogramm auf die Waage.

► **Bananenrepublik, Bohnenkaffee, Currywurst, Extrawurst, Feinkost für Feinschmecker, Geschmackssache, Gutbürgerlich, Hausmannskost, Manieren und Sitten, Nationalgericht, Sättigungsbeilage, Schnapsnase, Sonntagsbraten, Soße und Sauce, Staatsbankett, Verbraucher, Völlerei**

Grillgut

Grillen ist die älteste und zugleich barbarischste Methode, Fleisch zu garen. Und auch die beliebteste, vor allem an milden Abenden. Seltsam, dass es in deutschen Landen noch nicht verboten ist angesichts klimavernichtender Rauchschwaden. Der Deutsche in seinen Widersprüchen. Vermutlich beschwört der Brandgeruch in seinem Unterbewusstsein Riten der Ahnen herauf, Brandopfer, die Gelage siegreicher Helden nach der Schlacht. Das Flaschenbier schäumt dazu noch mal so gut.

Und daher auch das seltsam karge, kurze und knackige Wort Grillgut, unübersetzbar, von fast poetischem Klang. Aber eben widersprüchlich. Grill und Gut passen in etwa so gut zusammen wie Traum und Schiff oder Ehe und Glück, sind also höchst selten füreinander bestimmt. Grillen ist nicht gut, auch kein kulturelles Gut. Grillfreunde aber erwecken den Eindruck, als hätte die Kulturtechnik des Kochens seit der Entdeckung des

Grillen ist Männersache

Feuers keinen wesentlichen Fortschritt mehr gemacht. Den Hausmann ficht dies nicht an. Er grillt gern und glaubt gut, so gut wie er auch Auto fährt. Auf die Grillmaschine kommt es an, ein Statussymbol. Lieber spart er an der Fleischqualität.

Sein Stolz ist etwa der »Brennwagen GTX 1500« zu siebentausend Euro, aus doppelwandigem Edelstahl mit Luftbereifung, einschließlich Smoker-Betrieb, eine Konstruktion nicht zufällig des früheren Formel-1-Ingenieurs Florian Wagner. Er ist noch lange nicht der Gipfel der High-End-Luxusgrille. Hundert Prozent deutsche Ingenieurskunst, hergestellt in Deutschland, verspricht etwa auch etwa der schwenk- und höhenverstellbare BBQ-Hydra 900 oder auch der HaJaTec EHR 1320 D, gefertigt in Handarbeit, beide zu rund fünfunddreißigtausend Euro. Zu den Weltmarktführern zählen Unternehmen deutscher Wertarbeit. Sie halten das Grillgut in den Grillkammern auf konstanter Temperatur, können grillen, braten, räuchern und auch backen. Der Outdoor-Perfektionismus korrespondiert mit der modernen Einbauküche.

Am Grill betätigt sich der moderne Hausmann am liebsten, da Frauen das Hantieren über der Glut gewöhnlich lieber Männern überlassen. Ohnehin verzehrt der deutsche Mann im Durchschnitt doppelt so viel Fleisch wie Frauen. Am Grill fühlt er sich kompetent, selbst wenn ihm darüber hinaus nicht einmal die einwandfreie Zubereitung eines weichen Eis zuzutrauen ist.

Der Kochbuchmarkt hat darauf reagiert. Erfolgreich sind Werke, die »Grill it!«, »Fired up«, »Männerwirtschaft«, »Well done« oder schlicht und ergreifend »Das ultimative Männer-Kochbuch« heißen. Nicht selten, wie der feinschmeckende Literaturkritiker Denis Scheck beklagen musste, Machwerke »aus der kulinarischen Hölle«.

Manches Grillgut gerät tatsächlich erst durch Grillen gut. Die Bratwurst vor allem. Ansonsten gilt, je magerer und zarter das Grillgut, desto empfindlicher ist es. Die Glut verzehrt, aber verfeinert nicht, weshalb fettes oder gründlich eingefettetes Grillgut vorzuziehen ist. Am besten ist die Glut von Holzkohle oder Tannenzapfen – der deutsche Wald lässt grüßen.

▶ **Einbauküche, Extrawurst, Fleischeslust, Frühstücksei, Hopfen und Malz, Schlachtschüssel, Sonntagsbraten, Thermomix, Waldpilze**

Gulaschkanone

Johann Wolfgang von Goethe empfing 1813 den preußischen Offizier und Schriftsteller Friedrich von Kurowski-Eichen zum Mittagessen. Der Dichterfürst interessierte sich allerdings weder für dessen mythologisch-romantische Dichtung »Die Zerstörung von Tantalis« noch für sein patriotisches Nationalgedicht in vier Bildern »Der Untergang der letzten Odinskirche oder Preußens Aufdämmerung«. Denn der Mittagsgast hatte Wichtigeres und Unvergänglicheres geschaffen: die Feldküche. Minister Goethe orderte zwei Stück der »Maschine«, wie er sie nannte, für des Herzogs Soldaten. Zweihundert Gulden kostete die erste Gulaschkanone. Goethe war so fasziniert von ihr, dass er sie zeichnete.

Im Wesentlichen sehen Feldküchen noch immer so aus wie zu Beginn. Der über einen Ofen montierte Kessel, groß genug für eine Kompanie hungriger Mäuler, auf zwei Räder montiert, wurde von zwei Pferden gezogen. Das Ofenrohr ließ sich umklappen, sah also aus wie ein Kanonenrohr.

Die aktuelle Version trägt die Bezeichnung *Taktische Feldküche 250*. Sie wird von einem typischen »Hidden Champion« des deutschen Maschinenbaus hergestellt, der Firma Kärcher in Winnenden, bekannt als Weltmarktführer auf dem Gebiet der Hochdruckreiniger. Noch immer sind Gulaschkanonen geländegängige einachsige Trailer. Natürlich können sie heute viel mehr, laut Produktbeschreibung: Kochen, Druckkochen, Sieden, Dünsten, Dämpfen, Schmoren, Braten, Druckbraten und sogar Backen, und das alles mit höchstem Hygienestandard.

Zur Gulaschkanone ist zu sagen, dass sie sich zum scharfen Anbraten von Fleisch hervorragend eignet, also für Gulasch, das in alten Zeiten häufig aus dem Fleisch der für König und Vaterland gefallenen Pferde gekocht wurde. Das eine halbe Stunde »angekochte« Gericht gart im gut isolierten Kessel auch bei erloschenem Ofen weiter, während die Gulaschkanone Richtung Front rollt.

Gulaschkanonen haben einen weiteren Vorteil. Die Nahrungsaufnahme verschlingt deutlich weniger Zeit als in jenen Tagen, da sich die Soldaten ihr Essen stundenlang auf offenen Feuern selbst zubereiten oder gar stehlen mussten. Bis heute heißt Essgeschirr bei der Bundeswehr

Gulaschkanone aus Beständen der kasernierten DDR-Polizei, touristisch benutzt auf Rügen

Kochgeschirr. Erst im Ersten Weltkrieg wurden Gulaschkanonen Standard, betrieben von einer Drei-Mann-Einheit unter Befehl eines Feldwebels, jeweils eine pro Kompanie.

Wenn die Gulaschkanone nicht liefern kann, kommt die Eiserne Ration zum Einsatz, die jeder Mann (und jede Frau) mit sich führt. Sie hört heute auf den Namen EPa. Die Einmannpackung, *Combat Ration,* NATO approved, enthält dreitausendachthundert Kilokalorien in zwölf Varianten und wiegt 1,6 Kilo. Vier leichtere EPas zu zweitausendzweihundert Kilokalorien und nur einem Kilo Gewicht stehen Spezialeinsatzkräften zur Verfügung und auch eine Version für arktische Kälte mit fünftausend Kilokalorien. Ein Päckchen soll jeweils für einen ganzen Tag reichen. Es enthält zwei warme, auf dem Esbitkocher aufzuwärmende Hauptgerichte und eine Zwischenmahlzeit, immer auch Brot sowie als »Panzerplatten« bekannte Hartkekse, Dosenwurst und Streichkäse, dazu diverse Getränkepulver. EPas halten selbst ungekühlt jahrelang.

Sosehr die NATO-Nationen Waffen und anderes Gerät teilen, die Rezepte teilen sie nicht. Kulinarische Tests sehen, wie könnte es anders sein, die italienische und französische Kost im Vorteil. Der Franzose findet in seinem grauen EPa-Karton zum Beispiel Hirschpastete, Cassoulet mit Ente und Schokocreme. Der Italiener selbstredend hochwertige Pastagerichte, der Engländer Frühstücksbohnen mit Schinkenspeck. Typisch deutsche Kost im Feld ist Linseneintopf mit Mettwurst, Schweinegulasch mit Kartoffeln oder Hamburger mit Tomatensoße.

Das klingt trotz modernster industrieller Herstellungsverfahren nach solider Hausmannskost. Es muss im fortschrittlichen Deutschland nicht eigens erwähnt werden, dass Spezial-EPas für Vegetarier und Soldaten mit religiös bedingter Schweinefleischaversion zur Verfügung stehen. Als Zwischenmahlzeit für alle findet sich etwa der aus Kindheitstagen bekannte Grießbrei mit Früchten wieder. Die Einmannpackungen der Bundeswehr sind auch bei Treckingfreunden beliebt und auf dem freien Markt erhältlich.

Es versteht sich fast von selbst, dass Deutschland auf dem Feld der Verpflegung im Feld Beispielhaftes geleistet hat. Ist sie doch hauptverantwortlich für die Disziplin der Truppe und kann Kriege entscheiden. Ohne Mampf kein Kampf, weiß der Vaterlandsverteidiger.

Aber es dauerte Jahrhunderte, bis aus dieser Einsicht die notwendigen Konsequenzen gezogen worden waren. Zuvor galt die Maxime des als Leuteschinder legendären Grafen Karl von Buquoy, kaiserlicher Feldmarschall und Oberbefehlshaber im Dreißigjährigen Krieg: »Der Krieg ernährt den Krieg.« Eine zynische Wahrheit. Wie Heuschrecken fraßen Söldnerheere die Landstriche leer. Nicht selten marschierten Armeen dorthin, wo nicht die Strategie der Feldherren, sondern der Hunger sie hintrieb. Er setzte den Soldaten gewaltiger zu als der Feind. Zehnmal mehr Soldaten starben im dreißigjährigen Gemetzel nicht in der Schlacht, sondern an Versorgungsmängeln, an Hunger, Hungertyphus, anderen Krankheiten und Kälte. Die Heere verloren jedes Jahr ein gutes Viertel der einfachen Soldaten. Die riesigen Kontingente überforderten die vorhandene Logistik.

Heerführer wie Wallenstein waren zugleich Kriegsunternehmer. Sie machten skrupellos Geschäfte mit Ausrüstung und Verpflegung. Davon profitierten alle Hierarchiestufen der Offiziere bis hinunter zum Hauptmann. Betrug und Korruption waren an der Tagesordnung auf Kosten der einfachen Soldaten, die für kargen Sold auch noch ihre Überlebensmittel zu überhöhten Preisen erwerben mussten. Plündern war oft genug Notwehr.

Die gebräuchlichste Waffe des Feldherrn des siebzehnten Jahrhunderts war der Hunger. Die Kaiserlichen blockierten 1632 zum Beispiel alle Straßen nach Nürnberg, wo die Schweden saßen. Das Futter für die Pferde ging als Erstes aus, Hunderte verendeten. Dann wurde das Salz knapp, das zur Konservierung der Lebensmittel gebraucht wurde. Die Katastrophe war komplett, »Wallenstein hatte den Hungerkrieg gewonnen«, urteilt Peter Englund in seiner »Geschichte des Dreißigjährigen Kriegs«.

Vom alltäglichen Überlebenskampf erzählt Simplicius Simplicissimus: Die Gedanken kreisten unentwegt um den knurrenden Magen. Sein Kamerad »sehnte vergeblich die Gerstensuppe herbei, die seine Eltern ihm einst vorgesetzt, die er aber oft verschmäht und stehengelassen hatte«. Nüchterner formuliert gab es im für die Deutschen traumatischen Dreißigjährigen Krieg vier Typen der Truppenversorgung. Wallensteins System der Kontributionen bestand darin, besetzte Landstriche für Unterkunft und Verpflegung der Truppen aufkommen zu lassen. Die Soldaten profitierten selbst davon, wenn sie Felder und Vieh schonten. Anders beim zweiten Versorgungstyp. Die Heere verheerten das Land, wenn die Vorräte zur Neige gingen. Der dritte Typ traf auf Söldnerheere zu, die das Land systematisch verwüsteten, oft auch in strategischer Absicht ihrer Führer. Lässt sich das Grauen noch steigern? Ja, mit dem vierten Versorgungstyp, dem marodierender Truppenhaufen. Sie stahlen Saatgut, verspeisten sogar Hunde und Katzen. Die ausgeraubten Bauern schlossen sich wiederum zu Banden zusammen und überfielen ihrerseits Soldaten. Ihnen blieb außer Gegengewalt nur, ihr Vieh in die Wälder zu treiben, wo sie auch Frauen und Kinder vor heranziehenden Soldaten versteckten.

Die preußische Armee führte 1756 erstmals eine frühe Form löslicher Trockennahrung ein. In Kriegszeiten hatte die Versorgung der kämpfenden Truppe stets Vorrang, die im Ersten Weltkrieg immerhin ein Sechstel der Bevölkerung ausmachte. 1917 gingen jedoch gut zwei Drittel aller verfügbaren Lebensmittel an die Soldaten. Zur offiziellen Tagesration gehörten siebenhundertfünfzig Gramm Brot, Zivilisten wurden nur zweihundertsiebzig Gramm zugeteilt.

In den Eisernen Rationen steckten nun moderne Lebensmittel: Konserven, Brühwürfel, auch die Erbswurst machte im Feld Karriere. Und natürlich das Kommissbrot. Gutes deutsches Mischbrot, nur in Notzeiten mit

Sägespänen gestreckt. Haltbar und kastenförmig: in Reih und Glied kam es aus Feldbäckereien, die schon der Alte Fritz betrieb.

Ein deutsches Prinzip: Keine Extrawurst für Offiziere, Einheitsverpflegung war angesagt. Offiziell. Die Realität sah anders aus. Der Historiker Ian Kershaw beschreibt sie: »Ärger über schlechte Verpflegung und, ab 1916, gekürzte Rationen« staute sich auf, während es sich Offiziere noch immer gut gehen ließen. »Als die Deutschen im folgenden Frühjahr durch die alliierten Reihen brachen, verbrachten sie wertvolle Zeit mit Plünderungen«, so Kershaws Kollege Niall Ferguson. Wenn in der Niederlage die Moral der Truppe schwindet, ist sich jeder selbst der Nächste.

Im furchtbarsten Gemetzel der Stellungskriege, in den Stahlgewittern des Ersten Weltkriegs, kommt Ernst Jünger – privilegierter Offizier, dem das Essen gebracht wird – immer wieder auf die Verpflegung zu sprechen. »Ein Lichtblick in diesem öden Einerlei war die allabendliche Ankunft der Feldküche […] wo sich bei der Öffnung des Kessels ein köstlicher Duft nach Erbsen mit Speck oder anderen herrlichen Sachen verbreitete. Aber auch hier gab es einen dunklen Punkt: das Dörrgemüse, von enttäuschten Feinschmeckern ›Drahtverhau‹ oder ›Flurschaden‹ geschmäht.« Der Chronist notiert im Tagebuch am 6. Januar 1918: »Abends kam die Feldküche angewackelt und brachte einen Saufraß, wahrscheinlich aus erfrorenen Schweinerüben zusammengekocht.« Zu Beginn des Krieges ist das Essen »noch reichlich, vorausgesetzt, daß Essenholer nicht unterwegs ›Dunst‹ bekommen und die Hälfte verschüttet haben«. Der Beschuss lässt keine Pause. Jünger klagt über die »äußerst knappe Verpflegung«. Ein Sack Kartoffeln wird beim Plündern erbeutet. Jeden Abend gibt es jetzt Pellkartoffeln mit Salz, offenbar eine erwähnenswerte Delikatesse. Es ist streng verboten, »in den Feldern zu ›furagieren‹«, dennoch »meldeten mir fast jeden Morgen die Feldgendarmen einige Leute, die sie beim nächtlichen Kartoffelroden angetroffen hatten und deren Bestrafung ich nicht umgehen konnte«. Auch eroberte Stellungen der Feinde verbesserten die Verpflegungslage. Bei Engländern wurde Schinken, Weißbrot, Marmelade und ein Krug Ingwerlikör gefunden – auf deutscher Seite undenkbare Delikatessen.

In den Schützengräben wimmelte es von Ratten und Mäusen, die sich über Brot und andere Vorräte hermachten. Kein Artilleriebeschuss vermochte die Widerstandskraft so gründlich zu brechen wie Hunger, Kälte und Nässe. Die Zeit im Graben wurde mit schlechtem, doch hochprozentigem Schnaps, an dem nie Mangel zu herrschen schien, bestenfalls mit Büchsenfleisch vertrieben.

Der Erste Weltkrieg kostete nicht nur neun Millionen Soldaten das Leben, sondern auch sechs Millionen Zivilisten, einen großen Teil durch Hunger und Krankheit. Im Zweiten Weltkrieg wurde die Wehrmacht besser versorgt als die Zivilbevölkerung. Im Osten wurden die eroberten Gebiete ausgeplündert. Tagesration im Feld: viertausendfünfhundert Kilokalorien. Die Aufstellung wies aus: »750 gr Brot, 150 gr Fett, 120 gr Wurst oder Fischkonserven, 1 kg Kartoffeln, ersatzweise Gemüse und 250 gr Fleisch«. Davon konnten Zivilisten nur träumen. Ihnen wurden rein statistisch zweitausendfünfhundertsiebzig Kalorien zugestanden. In Polen jedoch waren für Zivilisten keine tausend Kilokalorien vorgesehen. Es war eine klare Hierarchie: zuerst die Soldaten, dann die übrigen Arier, dann die überfallenen Völker. Die Reichsregierung ließ »viele Millionen Tonnen Lebensmittel zur Versorgung deutscher Soldaten rauben und das dann noch Greifbare nach Deutschland verfrachten«. Götz Aly hat es in »Hitlers Volksstaat« beeindruckend beschrieben.

Zur Grundverpflegung der Armee gehörte Schnaps. Abertausende, die auf den Schlachtfeldern des Ersten Weltkriegs verbluteten, waren alkoholisiert in den Tod marschiert. »Die meisten wussten, dass ihnen keine Wahl blieb, und nahmen ihr Schicksal fatalistisch. Oft halfen Rum, Schnaps oder Wodka, reichlich ausgeschenkt kurz vor der Offensive« gegen die Todesangst, schrieb Kershaw. Bei den Engländern war es Rum, bei den Deutschen Schnaps. »So wird der Soldat zum Gewohnheitstrinker und die Herstellung von Branntwein im Kriegsfall gewissermaßen zu einem Zweig der Rüstungsindustrie«, merkt der französische Historiker Fernand Braudel an. Um bei Bauchschüssen die Überlebenschancen zu erhöhen, aßen viele Landser nichts. Der Schnaps wirkte umso schneller. Heute enthalten nur noch die italienischen NATO-EPas einen Schluck vierzigprozentigen Alkohol.

► **Brotzeit, Brühwürfel, Goldbroiler, Hausmannskost, Hungersnot, Nationalgericht, Schnapsnase**

Gutbürgerlich

Serviert wird als Erstes Kräutersuppe mit geröstetem Brot. Man schlingt sie nicht hinunter, sondern löffelt »behutsam«. Darauf kommt es an, denn das Mahl wird zelebriert. Ein Abendmahl. Eine Art Kommunion. Wir sind zu Gast bei Thomas Manns Buddenbrooks. Die Tafel ist offen für Gäste, denen die Buddenbrooks imponieren wollen, ihr Mahl ist Selbstdarstellung und Gemeinschaftserlebnis. Dem dient auch das Tischgespräch. Bei den Herrschaften dreht es sich selbstredend ums Geschäft. Die Frauen haben ihren eigenen Disput. Er handelt davon, »Karpfen in Rotwein zu kochen [...] Aber nicht waschen, Liebste, alles Blut mitnehmen, um Gottes willen.«

Gut zwanzig Seiten füllt das Mahl, eine Schlüsselszene. Der »Verfall einer Familie«, wie es im Untertitel des Romans heißt, hat bereits begonnen, sie will davon nur noch nichts bemerken. Das Essen mit allen seinen Genüssen ist ein Stück, das sie sich selbst vorspielt. Dabei kommt es auf die Kulisse und die Requisiten an, auf das stilvolle Dekor.

Viele Kerzen brennen. Die Tafel ist fein gedeckt. »Man saß auf hochlehnigen, schweren Stühlen, speiste mit schwerem Silbergerät schwere, gute Sachen, trank schwere, gute Weine dazu und sagte seine Meinung.« Bei aller Wucht des Gebotenen: Diese Tischgesellschaft bleibt auf dem Teppich ihrer gutbürgerlichen Küche. Suppe, Fisch, danach »ziegelroter, panierter Schinken [...], geräuchert, gekocht, nebst brauner, säuerlicher Chalottensauce und solchen Mengen von Gemüsen, daß alle aus einer einzigen Schüssel sich hätten sättigen können«. Schließlich kommt in zwei großen Kristallschüsseln der »Plettenpudding« auf den Tisch, ein opulentes Gemisch aus Makronen, Himbeeren, Biskuits und Eiercreme, und für die Kinder ihr »Lieblingsnachtisch«, der brennende Plumpudding. Die Buddenbrooks sind im Getreidehandel wohlhabend geworden. Jetzt dient die Fülle nicht mehr zuvörderst der Kalorienzufuhr; kein Mensch kann so viel essen, der nur im Kontor sitzt. Das Übermaß an Köstlichkeiten dient vielmehr der Präsentation des Wohlstands.

Was Bürgertum bedeutet, ist am Essen abzulesen. Um den Tisch herum versammelt sich die ganze Familie, meist zweimal am Tag, denn man arbeitet im eigenen Haus oder kommt zum Mittagessen nach Hause. Gutbürgerlich heißt auch, selber kochen wie die Konsulin Buddenbrook es tut, obwohl Hauspersonal zur Verfügung steht.

Die Mahlzeit am Familientisch ist ein bürgerliches Konversationsstück. Ob geschwiegen wird oder gestritten, Stimmungen und Verstimmtheiten sind zu spüren. Die Charaktere am Tisch – verstockt, verschämt oder unverschämt, verlogen oder provokant – führen sich auf, brausen auf, mal eher komisch, mal eher tragisch. Es ist immer Drama.

Der Bürger unterscheidet sich vom kleinen Mann nicht bloß ökonomisch, sondern ebenso durch Stilempfinden und den Wert, den er seiner Bildung beimisst. Da ihm in Deutschland politische Teilnahme weitgehend verweigert wird, im Kaiserreich Adel und Militär über ihm stehen, die bürgerliche Revolution von 1848 gescheitert ist, setzt er auf geistige Werte.

Im Biedermeier zeigt sich der Bildungsbürger als treuer Untertan. Das Gegenstück zu den »Buddenbrooks« ist »Der Untertan«, der Roman des Bruders Heinrich Mann, der gegen das Rollenbild rebelliert und den »Bürger« satirisch aufspießt. Der Spießbürger heißt nicht etwa so, weil er eine Vorliebe für Spießbraten hätte, sondern ursprünglich seine Stadt mit dem Spieß verteidigte – eine preiswerte Waffe, durchaus wirksam gegen den adligen Ritter, der überschwer gerüstet zu Pferde daherkam.

Der Bürger orientiert sich gern nach oben. Der Hof ist sein Maßstab, auch bei Tisch. Mancher Hof aber hält es inzwischen mit der gutbürgerlichen Küche. Davon erzählt ein anderer Roman, der in einer kleinen Garnisonsstadt am Rande des österreichischen Kaiserreichs spielt. Das Ritual beginnt mit Militärmusik, um genau zu sein mit dem Radetzkymarsch, der Joseph Roths Roman den Titel gibt. Die Kapelle marschiert nicht jeden Tag vor dem Fenster über den Platz, nur sonntags. In den Pausen zwischen den Stücken hören wir das leise Tellerklirren aus dem Speisezimmer des Bezirkshauptmanns Trotta. Die Musik »war gut und nützlich, sie umrankte die feierliche Zeremonie des Essens mild und versöhnend […] Man konnte schweigen, zuhören und genießen.« Der Bezirkshauptmann selbst trägt wie sein Kaiser im fernen Wien einen weißen Backenbart.

Es gibt Tafelspitz. Die Ehrerbietung für den Tafelspitz wiederum gilt dem Allerhöchsten selbst. Der Tafelspitz repräsentiert den Kaiser bis in die hintersten Ecken seines Reiches. Denn der Tafelspitz ist auch die Leib-

Pausenmahlzeit auf Bayreuths grünem Hügel

speise von Kaiser Franz Joseph, der achtundsechzig Jahre lang regiert, und gehört auch im Schloss Schönbrunn zum Mittagsritual.

»Nach der Suppe trug man den garnierten Tafelspitz auf, das Sonntagsgericht des Alten seit unzähligen Jahren. Die wohlgefällige Betrachtung, die er dieser Speise widmete, nahm mehr Zeit in Anspruch als die halbe Mahlzeit. Das Auge des Bezirkshauptmanns liebkoste zuerst den zarten Speckrand, der das kolossale Stück Fleisch umsäumte, dann die einzelnen Tellerchen, auf denen die Gemüse gebettet waren, die violett schimmernden Rüben, den sattgrünen, ernsten Spinat, den fröhlichen, hellen Salat, das herbe Weiß des Meerrettichs, das tadellose Oval der jungen Kartoffeln, die in schmelzender Butter schwammen und an zierliche Spielzeuge erinnerten. Er unterhielt merkwürdige Beziehungen zum Essen. Es war, als äße er die wichtigsten Stücke mit den Augen, sein Schönheitssinn verzehrte vor allem den Gehalt der Speisen, gewissermaßen ihr Seelisches; der schale Rest, der dann in Mund und Gaumen gelangte, war langweilig und musste unverzüglich verschlungen werden. Die schöne Ansicht der Speisen bereitete dem Alten ebenso viel Vergnügen wie ihre einfache Beschaffenheit. Denn er hielt auf ein sogenanntes ›bürgerliches‹ Essen: ein Tribut, den er seinem Geschmack ebenso wie seiner Gesinnung zollte; diese nämlich nannte er eine spartanische. Mit einem glücklichen Geschick vereinigte er also die Sättigung seiner Lust mit den Forderungen der Pflicht. Er war ein Spartaner. Aber er war ein Österreicher.«

Der sich für einen Spartaner hält, weiß dennoch zu genießen und hält die Genussfähigkeit geradezu für seine staatsbürgerliche Pflicht. Speisen als Bewusstseinsübung. Was Trotta für spartanisch hält, ist etwas Einfaches von höchster Raffinesse, mit der Roth ironisch spielt. Ein köstlicher Text, mürbe, duftend, dampfend wie der Tafelspitz selbst. Solides Fleisch, doch nicht schwer, nahezu fettfrei. Das grau-rote Fasergewebe ist garniert und umgarnt von den Farben des Gartens. Altösterreich ist militärisch den Preußen unterlegen, gastronomisch weit voraus.

Drei Gänge genügen der gutbürgerlichen Küche, aber drei müssen es schon sein. Suppe, Hauptspeise, Nachspeise. Das ist bis heute so. Vom Spartanischen ist das Gutbürgerliche etwa so weit entfernt wie vom Luxuriösen, mit der Sterneküche hat es so wenig zu tun wie mit den Angeboten einer Frittenbude. Eine Anzeige wie »Sternekoch für gehobenen privaten Haushalt in München-Solln gesucht« fällt aus dem Rahmen, ist ganz und gar unbürgerlich und gehört sich eigentlich nicht. Denn Maß und Mitte sind das Geheimnis der bürgerlichen Gesellschaft. Und so tischt der Bürger auch auf. Das Essen ist geprägt von einer gewissen Ordnung, vom Gleichmaß der Dinge, also von Verlässlichkeit. Man übertreibt nicht, übt Sorgfalt auch in kleinen Dingen, aber versteigt sich nicht beim Verfeinern.

Das gutbürgerliche Dreigangmenü besitzt selbst eine Mitte. Eingerahmt von Suppe und Nachtisch, bewehrt von mächtiger Sättigungsbeilage, garniert von Gemüse, gruppiert es sich um sein Zentrum, ein respektables Stück Fleisch. Es ist immer reichlich davon da, aber es soll auch nichts übrig bleiben. Es wird aufgegessen. Die Portionen sind groß. Kleine Portionen wären ärmlich oder so dekadent, dass sie auch nicht wohlgetan sind. Der Genuss artet nicht aus in Völlerei, aber der Esser zeigt sich dankbar durch vollständigen Verzehr. Der Bürger lässt nichts verkommen. Lieber sich den Magen verrenken als dem Wirt etwas schenken. Der Bürger ist Aufsteiger, das hat er nicht vergessen. Gutbürgerlich – man darf das übersetzen mit ordentlich, solide, nicht übertrieben, zufriedenstellend. So ist gutbürgerliches Essen. Es ist ordentlich. Am Familientisch sind Werte versammelt, an die man glaubt.

Gastwirte werben heute mit dem Prädikat *Gutbürgerliche Küche,* als sei es ein Versprechen: anständiges Essen zu vernünftigen Preisen und ordentlichen Portionen. *Gutbürgerliche Küche* impliziert: Der Küche dieses Hauses können Sie vertrauen. Voraussetzung dafür wäre, dass gutbürgerliche Köche wie auch gutbürgerliche Gäste wüssten, wovon sie sprechen. Davon kann leider nicht mehr ausgegangen werden. War früher gutbürgerliche Küche gleichbedeutend mit solide und frisch gekocht, besteht heute Convenience-Verdacht – Aufwärmküche.

Auch die bürgerliche Familie nimmt es mit der Sorgfalt nicht mehr so genau, bestellt bei Bofrost, Lieferung frei Haus, nutzt Mikrowelle und Backmischungen. Wer es sich leisten kann, geht mit Kind und Kegel gelegentlich ins Restaurant, und zwar genauso gern wie ins gutbürgerlich-deutsche auch zum Italiener, Chinesen, Inder, Griechen, Thailänder, Spanier.

Mit der Erosion der einheitlichen Essenszeiten der Familienmitglieder am häuslichen Tisch schwindet die Bedeutung der gutbürgerlichen Küche. Auch am Wandel der gutbürgerlichen Küche zur Currywurst-Döner-Pizza-Gesellschaft ist dies abzulesen. Das spiegelt sich auch in der Literatur. Meiler, der wohlhabende bayerische Investor in Juli Zehs famosem Gesellschaftsroman »Unterleuten«, in dem sich Ossis und Wessis, Stadt- und Landvolk, Gebildete und Ungebildete, Reiche und Arme tummeln und der so dick ist wie ein Roman von Thomas Mann, wird so gut wie gar nicht mehr gegessen, nur noch gesoffen. Weil Essen nicht mehr viel aussagt. Es gibt zwar noch einen Landgasthof *(Der Märkische Landmann)* in Unterleuten als Versammlungsort der zusammengewürfelten Dorfgemeinschaft. Aber die Protagonisten verschwenden keine Zeit mehr an gemeinsame Abendessen, schlingen, wenn es nottut, nur ein paar belegte Brote hinunter, jeder für sich. Essstile, Ernährungsgewohnheiten, Gastlichkeit taugen nicht mehr zur Charakterisierung unterschiedlicher Milieus. Sag mir, was du isst und wie du isst, und ich sage dir, wer du bist – diese Behauptung lässt sich nicht mehr aufstellen.

Selbst der Begriff *Bürger* kommt aus der Mode. Es gibt zwar noch die Figur des *Staatsbürgers* in der politischen Rede und im Vokabular der Medien, aber der *Bürger* kommt kaum noch vor. Er wird ersetzt durch den Begriff *Mensch,* damit verallgemeinert und erhöht, denn wer den *Menschen* im Munde führt, gibt sich als sorgenvoller Menschenfreund. Gutmenschlich statt gutbürgerlich.

Der Soziologe Heinz Bude spricht von der »Statuspanik in der gesellschaftlichen Mitte«. *German Angst,* seit den Jahren des Wirtschaftswunders sprichwörtlich, spitzt sich in Zeiten der Globalisierung zu. Es ist die Angst davor, zurückzufallen, das Erreichte zu verlieren. Das Selbstverständnis des Bürgers steckt in der Sinnkrise. Gutbürgerlich kann der Bürger nur sein, solange es ihm gut geht. Aber wie lange geht es ihm noch gut?

Als der Bezirkshauptmann Trotta sonntags noch verlässlich seinen Tafelspitz genoss und den Zusammenbruch seiner alten Welt nicht zur Kenntnis nahm, schrieb Jakob van Hoddis bereits sein expressionistisches Gedicht »Weltende«:

»Dem Bürger fliegt vom spitzen Kopf der Hut,
In allen Lüften hallt es wie Geschrei,
Dachdecker stürzen ab und gehn entzwei
Und an den Küsten – liest man – steigt die Flut.«

Dachdecker gehen heute nicht entzwei, sondern in die flexible Rente. Der deutsche Bürger, auch dank besserer Ernährung, altert gesünder. An den Grundfesten des Sozialstaats, auch er eine bürgerliche Errungenschaft, soll nicht gerüttelt werden. Von der Klimakatastrophe ist mehr zu lesen als zu spüren. Doch ahnt der Bürger den Schrecken. Er will die Welt retten, ist sich jedoch nicht einmal sicher, ob er wenigstens sich selbst retten kann. Was wird aus seinen Anlagen und Einlagen? Dazu die Einwanderungswellen, der Islam: Was wohl noch alles zu Deutschland gehört?

Der Bürger büßt Gewissheiten ein. Auch in der Küche. Er orientiert sich mehr als bisher an dem, was Medien und Werbung vorgeben. Er studiert Bestsellerlisten, folgt Ratings. Ja, es wird heute alles geratet. Liest sich wie *raten* und ist auch nicht viel zuverlässiger. Wer sich an Ratings orientiert, muss sein eigenes Urteilsvermögen nicht strapazieren. Ratings sagen ihm, welches Buch er lesen, welches Hotel buchen, welches Restaurant besuchen, welche Tiefkühlpizza er aus dem Regal nehmen, was er im Restaurant bestellen soll. Sklavisch folgt der zum Verbraucher degenerierte Bürger dem Warentest.

»Die Vorstellung, was die anderen von einem denken und was sie denken, was man von ihnen denkt, wird so zu einer Quelle von sozialer Angst«, kommentiert der Soziologe Heinz Bude. Konformismus ist eine Ausweichbewegung aus der eigenen Identität, der man nicht mehr vertraut, eine Fluchtbewegung. Mit der Erosion des bürgerlichen Selbstbewusstseins wird, so Bude, ein Teufelskreis in Gang gesetzt. »Der Radarmensch folgt den Moden, den Vergnügungen, den Erregungen und den Ressentiments der Anderen mit jener Indifferenz, die nötig ist, um bei der nächsten Welle wieder mit dabei sein zu können.« Er mag »anything goes« für ein Zeichen seiner Fortschrittlichkeit halten. Aber er weiß nicht mehr, weshalb er sich wie verhalten soll. Der Verlust der eigenen Urteilsfähigkeit ist nicht weniger bedenklich als der Verlust der vielbeschworenen »deutschen« Werte. Was der Mehrheit gefällt, soll auch mir gefallen: Dieser Irrglaube ist das Gegenteil gutbürgerlichen Selbstvertrauens.

Sich immer nur auf das Urteil einer zufälligen, leicht manipulierbaren Masse von Menschen, der fragwürdigen »Intelligenz« eines Schwarms zu verlassen, hat Folgen. Auch bei Tisch. Gutbürgerliche Küche steht für Vernunft, für Genuss mit Verstand, nicht nur im Sinne irgendeiner Gesundheitswelle. Zum Gutbürgerlichen gehört auch das Bewusstsein für Qualität.

So setzt gutbürgerliches Essen durchaus bildungsbürgerliche Werte voraus. Erziehung wäre auch beim Essen hilfreich. Sie könnte kulinarische Prinzipien vermitteln, zu unterscheiden lehren. Die Masse verschlingt Tonnen von Currywürsten aus Billigfleisch und hält Schokoriegel für lecker. Mit der Bildung bei der Ernährung aber steht es nicht besser als mit der Bildung insgesamt.

Alles, so wird es uns beigebracht, ist gleich viel wert, das Triviale wie das Wertvolle, das Gelungene wie das Banale, Alltagskultur wie Hochkultur, U und E, dabei wird uns nur ein X für ein U vorgemacht. Es kommt nicht mehr auf den Wert der Dinge an, sondern allenfalls noch auf den

Preis. Denn günstig ist gut, und Geiz ist geil. Wenn alles gleichviel gilt, ist am Ende auch alles gleichgültig. Diesem Niedergang sollte sich die gutbürgerliche Küche widersetzen. Kampf dem Massenmampf! Anderswo, in Italien, in Frankreich, ist es auch möglich.

Leider kommt das ältliche Fräulein Hirschwitz aus Deutschland und ist mit dem österreichischen Tafelspitz noch immer nicht hinreichend vertraut. Der Bezirkshauptmann Trotta muss sie kritisieren. »Sehn Sie, meine Gnädige, es genügt nicht, beim Fleischer ein zartes Stück zu verlangen. Man muss darauf achten, in welcher Art es geschnitten ist. Ich meine, Querschnitt oder Längsschnitt. Die Fleischer verstehen heutzutage ihr Handwerk nicht mehr. Das feinste Fleisch ist verdorben, nur durch einen falschen Schnitt. Sehen Sie her, Gnädigste! Ich kann es kaum retten. Es zerfällt in Fasern, es zerflattert geradezu. Als Ganzes kann man's wohl ›mürbe‹ nennen. Aber die einzelnen Stückchen werden zäh sein, wie Sie bald selbst sehen werden. Was aber die Beilagen, wie es die Reichsdeutschen nennen, betrifft, so wünsche ich ein anderes Mal den Kren, genannt Meerrettich, etwas trockener. Er darf die Würze nicht in der Milch verlieren. Auch muss er knapp bevor er zum Tisch kommt angerichtet werden. Zu lange nass gewesen. Ein Fehler!« Das ist kulinarische Bildung.

Nein, dieser Tafelspitz, serviert kurz vor Ausbruch des Ersten Weltkriegs, ist nicht gelungen, trotz Radetzkymarsch. Aber wenigstens wird noch Wert gelegt auf seine Gediegenheit. Gottlob, die Nachspeise reißt alles heraus. »Herr von Trotta ging mit gemessenen Schritten zum Fenster, lüftete ein wenig die Gardine und kehrte an den Tisch zurück. In diesem Augenblick erschienen die Kirschknödel auf einem geräumigen Teller. Der Bezirkshauptmann nahm nur einen, zerschnitt ihn mit dem Löffel und sagte zu Fräulein Hirschwitz: ›Das, meine Gnädigste, ist ein Muster von einem Kirschknödel. Er besitzt die nötige Konsistenz, wenn er aufgeschnitten wird, und gibt auf der Zunge dennoch sofort nach.‹« Ohne Zweifel: In diesem Kirschknödel konzentriert sich Trottas ganzer gutbürgerlicher Stolz.

▶ **Bananenrepublik, Einbauküche, Fernsehköche, Gaststättenverordnung, Geschmackssache, Hausmannskost, Imbissbude, Kochkunst, Manieren und Sitten, Nationalgericht, Sättigungsbeilage, Sonntagsbraten, Suppenkaspar, Verbraucher**

Hausmannskost

Hausmannskost ist von der gutbürgerlichen Küche nicht klar zu unterscheiden. Sie ist alltagstauglicher, nicht so aufwendig, jedoch auch nicht armselig. Hausmannskost besteht in der Regel aus wenigen Zutaten, was nicht heißt, sie wäre ohne Sorgfalt zubereitet. So weit die Theorie.

In der Realität ist Hausmannskost jedoch häufig ein Armutszeugnis. Jürgen Dollase brachte dies mit der Frage zum Ausdruck: »Könnten Sie sich übrigens damit anfreunden, dass man den Rang der individuellen Esskultur so hoch ansetzt wie etwa regelmäßige Körperpflege, saubere Kleidung, zivile Umgangsformen, eine klare und verständliche Sprache oder auch ein gewisses Maß an Bildung?« Offenbar hat die Mehrheit der Deutschen sich damit nicht angefreundet.

Der Begriff Hausmannskost steht für die Stärken wie für die Schwächen der deutschen Küche. Carl Friedrich von Rumohr sah in der guten alten Hausmannskost sogar eine moralische Maxime, die, gut deutsch, der französischen Genusssucht gegenübersteht: »Eines guten und regelmäßigen Mahles gewiss, fällt es dem Hausvater nicht im Traum ein, seine Esslust durch eine gehaltlose Leckerei zu verderben.«

Freilich wusste schon Rumohr, was von deutscher Hausmannskost in aller Regel zu halten ist, und er kannte auch den Grund dafür. »Die ehr- und tugendsame Gattin richtet und ordnet ihre Mahlzeiten unverständig an, weil ihr keine nationale, auf eine vernünftige Verwendung und Zurichtung der Landesprodukte gerichtete Kochkunst überliefert worden ist.« Demnach leidet deutsche Hausmannskost an einem Mangel an Knowhow.

Rumohr kritisiert aber auch einen Mangel an Vernunft. Er führt ihn auf das Fehlen einer entsprechenden Tradition zurück. Der deutsche Hausmann und seine Frau haben wenig Interesse an »Kochkunst« – worunter hier handwerkliche Fertigkeiten zu verstehen sind. Die Deutschen lassen vermissen, was Franzosen und Italienern in Fleisch und Blut sitzt. Hausmannskost, wie Rumohr sie beschreibt, steht im Gegensatz zu professionell zubereitetem Essen.

Dennoch werben Restaurants mit dem Prädikat Hausmannskost. Der

Begriff verheißt Tradition, ehrliches Handwerk, herzhaft wie nahrhaft zu vernünftigen Preisen. Wolfram Siebecks Urteil aber steht fest. Hausmannskost »ist immer primitiv. Wer bewusst damit wirbt, spekuliert entweder mit dem Masochismus der Gesellschaft oder mit ihrer Dekadenz.«

Tatsächlich schwingt in dem Begriff Hausmannskost ein ideologischer Unterton mit: Überdruss an Aufwand, Vielfalt, Anspruch. Er steht für ein geerdetes Verhältnis zum Genuss, für Tugendhaftigkeit statt Anspruch. Die Nazis schon hatten Hausmannskost zum Leitbild deutscher Esskultur erklärt. Die Herrenrasse verschmähte welsche Dekadenz. Hausmannskost war im Krieg und in anderen kargen Zeiten ein beschönigender Ausdruck dafür, den Mangel zu bewältigen. Später, als es keinen Mangel mehr gab, verriet Hausmannskost oft einen Mangel an Kochkultur, Mangel am Genießenwollen.

Hausmannskost findet in Deutschland breiten Konsens. Nichts schätzen die Deutschen mehr als Konsens, in der Politik wie auf dem Teller. Hausmannskost überfordert niemanden, weder den Geldbeutel noch die Geschmacksnerven, keinen Mann beziehungsweise keine Frau in der Küche.

Hausmannskost, wörtlich genommen, hat in Deutschland einen durchaus höheren Stellenwert als in anderen Ländern. Denn der Deutsche nimmt sein eher schlichtes Abendbrot am liebsten in den eigenen vier Wänden zu sich, geht nicht so häufig »auswärts« essen wie der Franzose, sei es aus Sparsamkeit oder aus Häuslichkeit. In der ehemaligen DDR war das noch viel deutlicher.

Drei Viertel aller Erwachsenen kochen angeblich gern (Ernährungsbericht der Bundesregierung), aber nur zwei von fünf tun es täglich. Zunehmend werden Pizzas aufgebacken, Tiefkühlgerichte in die Mikrowelle gestellt. Und jeder kann kommen und gehen, wann er will. Berufstätige bevorzugen Fertiggerichte. Vor allem junge Leute und Frauen möchten, dass es schnell und einfach geht. Seit Jahren werden immer weniger Mahlzeiten zu Hause zubereitet. Die Gesellschaft für Konsumforschung (GfK) meldete, zwischen 2005 und 2015 seien in Deutschland mehr als eine Milliarde Mahlzeiten zu Hause weggefallen.

Eigentlich ist der Begriff Hausmannskost alles andere als gendermäßig korrekt. Darüber beschwert sich seltsamerweise niemand. Wahrscheinlich weil der Begriff Hausfrauenkost kein Gewinn wäre. Tatsächlich wurde Hausmannskost jahrhundertelang überwiegend von Frauen zubereitet. Dem Hausmann wurde sie bloß aufgetischt, wie es bereits das Deutsche Wörterbuch der Gebrüder Grimm festhält. Hausmannskost ist »Nahrung wie sie ein hausvater gewöhnlich für sich und die seinigen bereiten läszt«.

Essenmachen ist Frauenarbeit. Diese Denkweise »verweigert daher dem, was in der Küche passiert, jede gesellschaftliche Anerkennung und verbannt kulinarische Tätigkeiten als niedrige Dinge der alltäglichen Lebensnotwendigkeit und biologischen Reproduktion in die ›Privatsphäre‹ einer weiblichen Häuslichkeit«, konstatierte der Kulturwissenschaftler Harald Lemke.

Der deutsche Mann, so er denn kocht, fühlt sich für Hausmannskost gar nicht zuständig, vielmehr für das Außergewöhnliche. Er tritt mit Vorliebe am Wochenende in Erscheinung, versetzt die Küche in ein Schlachtfeld (zu dessen Räumung und Säuberung die Hausfrau helfend zur Seite springt) und zeigt, wozu er küchentechnisch in der Lage ist.

Statistisch gesehen verbringen deutsche Frauen immer noch mehr als doppelt so viel Zeit im Haushalt wie Männer. Die Männer holen auf, in den Sechzigerjahren des letzten Jahrhunderts lag das Verhältnis noch bei vier Stunden zu siebzehn Minuten. Dabei sind die Deutschen im Mittelfeld zwischen Nord- und Südeuropa zu finden. Interessant wäre es zu erfahren, wie die islamische Zuwanderung das Geschlechterverhältnis in den Küchen verändert.

Zweifellos gibt es Perlen traditioneller deutscher Hausmannskost. Ob sie funkeln, liegt allein an der Qualität der Zutaten und der Sorgfalt der Zubereitung. Pichelsteiner, Leipziger Allerlei, Linseneintopf, Erbsensuppe, Himmel un Äd, Maultaschen, Schweinsbraten, Schäufele und Sauerbraten, Saumagen, Forelle Müllerin und Hechtklößchen zählen dazu. Es kommt ganz darauf an: Hausmannskost kann das Ideal deutscher Küche sein – oft genug ist sie aber nur Ausdruck ihres Elends.

Gelungene Hausmannskost ist nicht unbedingt das Gegenteil der Feinschmeckerküche. Denn kulinarische Qualität ist keineswegs immer nur Resultat zeitlichen und technischen Aufwands. Gewiss schaden Hast und Bequemlichkeit jedem Essen, doch auch in wenigen Minuten lassen sich mit qualitativ erstklassigen Zutaten hochwertige Gerichte zubereiten.

Erwin Seitz hat recht, wenn er in der FAZ für »aufgeklärte Hausmannskost« plädiert, die keinen anderen Maximen folgt als die Hochküche: Frische, Leichtigkeit, Naturnähe, Abwechslung. Auch gute Hausmannskost überzeugt mit gelungenen Geschmacksakkorden, Texturkontrasten, Farbzusammenstellungen, überwürzt, übersüßt und übertreibt nicht. Doch unterwirft sie sich auch nicht den lästigen Routinen üblicher Hausarbeit. Kochen sollte auch im Alltag sorgfältig und einfallsreich sein.

Deutsche Klassiker der Hausmannskost sind Schwarzbrot mit Griebenschmalz, Kartoffelsuppe, Pellkartoffeln mit Quark. Sie erfreuen sich allgemeiner Beliebtheit, obwohl sie eindeutig zur Kategorie des Arme-Leute-Essens zählen. Arme-Leute-Küche war durch die Jahrhunderte die Küche

Auch die Omas ändern sich

der Mehrheit der Deutschen. Viel mehr konnten sie sich nicht leisten. Gerade auch die Arme-Leute-Küche erfordert Qualitätsbewusstsein, wenn sie gut sein will. Ein Grund zum Romantisieren aber besteht nicht.

Eisernes Gesetz der Arme-Leute-Küche: Hauptsache viel. Oft genug ist es viel von nichts, was der Rede wert wäre. Heute besitzt der Begriff »Arme-Leute-Essen« einen leicht snobistischen Unterton. Zu hören sind Sätze wie: »Das war früher ein Arme-Leute-Essen.« Hering zum Beispiel. »Was man sich oftmals wünscht, ist, dass Armeleuteessen den armen Leuten erhalten bleiben, sich nicht die reichen Leute noch der letzten billigen Kost armer Leute bemächtigen«, so der Schriftsteller Peter Wawerzinek, auf dessen Roman »Schluckspecht« ich an gegebener Stelle ausführlich zurückkomme. Wie der Hering ist manche alte Arme-Leute-Kost teuer geworden, ehemals Unerschwingliches dagegen spottbillig, meist auch billig im Sinne von kulinarisch wertlos: der Vogel aus dem Hühner-KZ zu 1,99 Euro, der zum Weizenbrötchen aufgebackene chinesische Rohling und so weiter.

Hausmannskost sollte auch nicht mit Omas Küche verwechselt werden. Schon der Begriff lässt nostalgische Düfte in die Nase steigen. Omas Küche hört sich wie Heimat an. Heimat ist, wo Oma kochte, ist doch kaum etwas mit dem Gefühl von Heimat enger verbunden als die Küche. Nicht nur die Liebe, auch Heimatliebe geht durch den Magen.

Doch Vorsicht! Großmütter, die heute noch kochen, kochen nicht wie Großmütter, von denen die Rede ist, wenn *Omas Küche* beschworen wird. Omas Küche stirbt mit den Omas und verändert sich mit jeder Oma-Generation.

Omas Küche kann nicht so großartig gewesen sein, wie wir uns das einbilden. Denn Omas Küche ist von gestern – leider im doppelten Sinne. Oft ist die Sehnsucht nach Großmutters Küche nur Ausfluss schlechten Erinnerungsvermögens. »Wie bei Oma« drückt oftmals nur die Enttäuschungen über die Gegenwart aus. »Ist die Großmutterküche vielleicht nur eine Erfindung von Journalisten, die täglich bei McDonald's essen, weil ihre Mütter, die inzwischen Großmütter sind, sie mit Fastfood großgezogen haben«, mutmaßte Siebeck. Omas Küche ist eher ein Gefühl als ein Qualitätsmaßstab. Jedenfalls taugt es auch zum Geschäftsmodell. Es machen Restaurants und Lieferservices auf, die echte Omas reaktivieren, zum Kuchenbacken und Kochen, und die auch als Gastgeber auftreten.

Der »Mangel an Vernunft«, den schon Friedrich Nietzsche in der deutschen Küche beklagte, geht auf Großmütter und Urgroßmütter und Ururgroßmütter zurück. All »die ausgekochten Fleische, die fett und mehlig gemachten Gemüse, die Entartung der Mehlspeise zum Briefbeschwerer! Rechnet man gar noch die geradezu viehischen Nachguß-Bedürfnisse dazu, so versteht man auch die Herkunft des deutschen Geistes – aus betrübten Eingeweiden.«

Omas Küche war einst auch verkochtes Gemüse und die deutsche Unart, niemals mit Senf zu sparen. Und mit billigen Zutaten: Oma kochte mit Palmin, Kondensmilch und machte aus Mehlschwitze pampige Soßen. Damit prägte sie die Geschmacksvorstellungen nachfolgender Generationen. Sie sind, wie geschildert, Produkt anerzogener Vorurteile. Kinder sind der Oma-Küche schutzlos ausgeliefert. »Deshalb schwärmen sie oft ein ganzes Leben lang von den Kochkünsten ihrer Mütter und Großmütter, obwohl diese nachweislich zu einem Tiefstand deutscher Esskultur beigetragen haben.« Ein typischer Siebeck-Satz.

Manche Gerichte sind mit den Omas verloschen. Königinpastetchen mit Ragout fin, aber leider auch die Schwarzwälder Kirschtorte mit echter Buttercreme hat seit dem Ableben der Omas des zwanzigsten Jahrhunderts nicht mehr wirklich geschmeckt, weil sie nicht mehr so mächtig sein darf. Oma kochte nach heutigen Maßstäben selten gesund.

Aber sie machte sich noch Arbeit, kochte Marmelade, weckte Obst ein, trocknete selbst gesammelte Pilze, braute Holunderwein. Und Oma ging mit der Zeit. Sie machte Urlaub an der Adria. Danach zauberte sie Miracoli, und ihr gefiel alles, was in Tomatensoße baden konnte.

▶ **Bio, Butterbrot, Currywurst, Einbauküche, Extrawurst, Feinkost für Feinschmecker, Geschmackssache, Goldbroiler, Gutbürgerlich, Imbissbude, Kochkunst, Lecker, Maultasche, Nationalgericht, Pfeffersack, Sonntagsbraten, Soße und Sauce, Suppenkaspar, Vorwiegend festkochend, Weißwurstäquator**

Hopfen und Malz

Der Mythos vom deutschen Bier reicht so tief, dass ein Teil des Landes, Bayern, mit Bier schlichtweg identifiziert wird. »Bayern, des samma mir, Bayern und des bayerische Bier!«, tönt Haindling, die niederbayerische Kultband. Die längst nicht mehr bayerische Löwen-Brauerei warb jahrelang mit dem legendären Spruch: »Ein Bier wie Bayern.«

Mythen entpuppen sich meist als ziemlich frei erfunden. So verhält es sich auch mit den Mythen der Nationen. Keine einzige Nation wuchs schon im Dunkel der Vorvergangenheit heran, und ihre Helden, von Hermann, dem Cherusker, bis Vercingetorix, dem Gallier, entsprangen mehr Dichtung als der historischen Wahrheit. Als im neunzehnten Jahrhundert Deutschland Nationalstaat wurde, benötigte es eine Begründung, weshalb von Danzig bis Dachau schon immer alles zu einer Nation gehört haben soll. So kamen die Germanen zu ihrem großen Auftritt, was ursprünglich bloß eine vereinfachende Bezeichnung der Römer war.

Auf die Germanen wiederum geht der Mythos vom Bier als Urgetränk der Deutschen zurück. Tatsächlich stammt dieser Mythos nicht aus der Tiefe der Geschichte, sondern ist wie der Nationalmythos auch eine Errungenschaft des neunzehnten Jahrhunderts.

Die Geschichte von den Germanen und dem Bier war eine hocherfolgreiche Marketingstrategie zu einer Zeit, als es den Begriff Marketing noch gar nicht gab.

Mit Brauchtumspflege hat das Bierbrauen ziemlich wenig zu tun. Es verhält sich umgekehrt. Das Brauchtum liefert die Accessoires eines Bildes, das die bayerischen Bierhersteller malen ließen und das Saiten auf der Sehnsuchtsharfe der Nostalgie zum Klingen brachte. Vor noch nicht zweihundert Jahren war nicht etwa München Europas Bierstadt Nummer eins, sondern Englands Brauwesen um Jahrzehnte voraus. Von dort bezogen die Gründer der Münchener Großbrauereien auch ihre Ideen. Erst mit der Industrialisierung wurde das bayerische Bier ein Begriff und München eine Biermetropole. Bier und Bayern gehören seitdem erst zusammen wie später »Laptop und Lederhose«, ein von Bundespräsident Roman Herzog, einem Niederbayern, geprägtes und von CSU-Politikern mantramäßig benutztes Begriffspaar.

Bier in großen Mengen herzustellen, setzt seine Haltbarkeit voraus. Umso hochwertiger muss es sein und gut gelagert werden. Als professionelle Bierbrauer das Gewerbe übernahmen, war die Brauzeit noch auf die kühlen Monate beschränkt. Das Bier, das über den Sommer halten sollte, enthielt deshalb mehr Alkohol: das Märzenbier. Am besten lagerte das »Lagerbier« in den Kellern der Brauereien. Der bayerische Brauunternehmer Gabriel Sedlmayr begann mit der Einlagerung von Eis in speziell isolierten Kellern. Er finanzierte auch die Entwicklung der von Carl Linde erfundenen Kältemaschine; die erste wurde 1875 in der Spatenbrauerei installiert.

1870 wurde das Flaschenbier eingeführt, mit Bügelverschluss (eine Berliner Erfindung) oder Kronkorken (eine amerikanische). Nun konnte auch zu Hause Bier gelagert und damit bequemer konsumiert werden. Nimmt man noch die Eisenbahn dazu, sind alle Komponenten beisammen, um aus dem Bier auch ein Exportgut zu machen. 1913 kamen zehn Prozent der weltweiten Bierproduktion allein aus Bayern.

Zur Technik kam nun die Legende. Sie verknüpfte die Maschinen mit einer Tradition, die es gar nicht gab. Auf den damals bedeutenden Weltausstellungen wurde sie wirkungsvoll propagiert. Pschorr-Bräu etwa präsentierte in London 1891 Tiroler Musikanten und Sänger. Tirol oder Bayern – was machte schon den Unterschied. Bayern oder Deutschland – in Amerika wird es bis heute für dasselbe gehalten. Bald war das Marketing der Bierindustrie vom Bild, das sich die Welt von Bayern machte, nicht mehr zu trennen. In München aber entstanden Ende des neunzehnten Jahrhunderts Bierpaläste mit Tausenden von Plätzen, elektrisch illuminiert. Und über den Kellern lockten die großen Biergärten.

Die wirkungsvollste Legende ist die vom bayerischen Reinheitsgebot. Der im Deutschen nahezu heilige Begriff klingt nach Reinlichkeit im Gegensatz zur bloß oberflächlichen Sauberkeit. »Sie entspringt dem Herzen des Protestantismus.« Man mag im Reinlichkeitsfimmel mit Thea Dorn ein deutsches Ideal erkennen, dabei nicht bloß mit Luther, sondern auch mit Kant und mit dessen »Purismen der Vernunft« argumentieren, sich dem Thema über Erlösungsfantasien in Wagners »Parsifal«

Oktoberfest

und »Tannhäuser« nähern, um schließlich beim Bier zu landen. Aber genau besehen erweist sich der Mythos eher als ein Geniestreich des deutschen Marketings denn als Ausbund der deutschen Seele. Er entfaltet seine segensreiche Wirkung auf dem Weltmarkt und dient inzwischen mehr dem Schutz der deutschen Brauereien als dem der Verbraucher.

Es gibt noch ältere, wenn auch nur lokal gültige Bierbrauregeln als das berühmte Reinheitsgebot der bayerischen Herzöge Wilhelm IV. und Ludwig X. vom 23. April 1516. Allein Gerste, Hopfen, Wasser dürfen verwendet werden. Na ja, Hefe ist auch im Bier, wird nur nicht eigens erwähnt. Das Gebot gilt entsprechend auch für Weizen- und andere obergärige Biere, ist inzwischen Bundesrecht und somit das älteste noch gültige Lebensmittelgesetz.

Damals brauten die Deutschen ihr Bier noch überwiegend selbst zu Hause. Die Frauen erledigten das. Sie verstanden im Mittelalter mehr vom Brauen als Männer. »Die Ehefrau fertigt das Malz«, heißt es im Kapitular Karls des Großen. Die klostereigenen Tavernen und damit die Bierproduktion der Klöster blühten im hohen Mittelalter auf, als das Volk Geld in die Hände bekam und der Tauschhandel zurückging. Erst jetzt waren für das professionelle Brauen Männer zuständig.

Der Hopfen im Bier ist eine Errungenschaft des Mittelalters. Es war nicht der Spezialhopfen, der heute in Hopfenanbaugebieten wie der Hallertau, dem größten der Welt, oder in der Tettnanger Gegend am Bodensee wächst. Zuvor gab es überall wilden Hopfen. Im Mittelalter begann der systematische Anbau. Hopfen macht das Bier haltbarer. Deutsches Bier wurde erst dank Hopfen zum Exportgut, etwa per Schiff über die Ostsee. Doch erst einmal musste dafür gesorgt werden, dass das Bier tatsächlich mit Hopfen gebraut wird. Und eben dazu bedurfte es des Reinheitsgebots.

Erlassen wurde es, weil Bier bis dahin mit Zusatzstoffen versehen war, die es in sich hatten. Meist war das Bier mit diversen Kräutermischungen, dem sogenannten Grut, »gehopft«, es verdarb schnell. Verbreitet waren Sumpfporst als Hopfenersatz mit halluzinogenen Wirkungen, das Schmerzmittel Bilsenkraut, Eisenhut, Wermut, Beifuß, die giftige Nieswurz, Rauschbeere, Pilze, Tabak, Galgant, Mohnsaft, Ochsengalle und anderes, was dafür sorgte, dass Bier wahrhaft berauschend war. Es wird berichtet, dass sogar die Geschlechtsteile Gehängter ins Bier getaucht wurden. Bier macht in jeder Hinsicht stark, glaubt von jeher der deutsche Mann. Früher machte es gelegentlich auch blind. Abgesehen davon war Bier nicht selten durch giftige Verunreinigungen des Getreides, etwa durch Mutterkorn, ein gefährliches Getränk.

Das Reinheitsgebot hatte es lange nicht leicht. Noch hundert Jahre nach seinem Erlass wurde es vom Herzog selbst verwässert, der Kümmel, Salz sowie Wacholder im Bier zuließ. Verbotene Zusätze waren weiterhin gang und gäbe. Wirte und Fuhrleute hantierten mit Wasser und Dünnbier. Bierpanschern drohten vier bis acht Jahre Arbeitshaus, selbst wenn niemand zu Schaden kam. Ein Abgrund an Landes- und Bierverrat tat sich noch Ende des neunzehnten Jahrhunderts auf, als in Bayern mehrere Hundert Fälschungsprozesse gegen kriminelle Bierbrauer geführt wurden. Die kleinen Leute schimpften über das dünne Bier. »[…] niderst is mehr a Kraft drinna […] Lauter purs Wassa und a bißl Farb«, wie Oskar Maria Graf erzählt.

In wesentlich schlechterem Ruf stand allerdings das norddeutsche Bier. Ihm mithilfe des bayerischen Reinheitsgebots aufzuhelfen, lag nach der Reichsgründung nahe. In ein Reichsgesetz fand es allerdings erst 1906. Und auch danach war für obergäriges Bier Zucker als Zusatz noch immer erlaubt.

Dem Staat war der steuerliche Aspekt wenigstens so wichtig wie der Schutz der Konsumenten. Das Reinheitsgebot wurde nachgebessert, als 1868 Steuern auf Malz aufgeschlagen wurden. Der Anteil der Biersteuer in Bayern machte noch 1913 mehr als ein Drittel des Staatshaushalts aus.

Bier ist keine Erfindung, sondern eine Entdeckung. Die zur Fermentation notwendigen Miniorganismen (Hefen, Milchsäurebakterien) geraten ganz von allein ins aufgeweichte Getreide. Zunächst berauschten sich die Germanen nicht mit Bier, sondern mit Getränken, die dem Met und dem Wein nicht weniger verwandt waren als dem Bier und die sie mit Früchten und Honig versetzten.

Bier ist überdies keine deutsche Entdeckung, sondern eine Errungenschaft der Sumerer im Zweistromland. Im Gilgamesch-Epos kommt Bier ebenso vor wie im Talmud. Die jüdische Biertradition ist älter als die germanische.

Zunächst wurde Bier aus Wildgetreide hergestellt, dann aus den frühen Züchtungen. Gerste ist seit Jahrtausenden bekannt. Auch andere Getreidesorten wurden verwendet, auf die man heute in Biobäckereien wieder stößt, Emmer und Dinkel, auch Hafer. Nach Deutschland kam das Bier vermutlich erst in der mittleren Steinzeit; in der Eisenzeit ist es erstmals nachgewiesen. Es dürfte säuerlich, ähnlich wie Berliner Weiße geschmeckt haben, und dünn war es auch. Antike Autoren wie Dionysios von Halikarnassos wunderten sich, die Kelten tränken ein Gesöff aus in Wasser verfaulter Gerste. Die Römer bevorzugten Wein und Met, brauten Bier aber zur Verpflegung ihrer Truppen.

In manchen Gegenden erlangte schon in der Antike der Bierkult eine ähnliche Bedeutung wie der Weinkult bei den frühen Christen im Römerreich. Bier wurde Wotan geopfert, berichtete der heilige Columban aus dem Schwaben des siebten Jahrhunderts, dessen Heiligenlegende auch von einer wundersamen Biervermehrung kündet. Hildegard von Bingen lobte das Bier dafür, dass es Muskeln wachsen ließe und eine schöne Gesichtsfarbe gebe. Anders als Wein ist Bier seines hohen Nährwertes wegen auch als Fastennahrung erlaubt.

Seit dem frühen Mittelalter war die deutsche Bierkultur untrennbar mit den Klöstern verbunden. Die besaßen zwar in der Regel Weingüter. Bier aber wurde als flüssige Nahrung der Bediensteten gebraucht, nicht bloß in der Fastenzeit. Bier ist nicht nur flüssiges Brot, sondern als Reallohn auch flüssiges Geld. Drischelbier gab es für die Drescher, Heubier für die Mäher, Holzbier für die Holzknechte.

Gutes Bier ist teuer. Billig ist nur selbst gebrautes Dünnbier, dafür schlecht, und es hält nicht lange. Gutes Bier braucht einen Anlass. Es gibt Hochzeitsbier, Leichenbier, Osterbier, Kirchweihbier, Weihnachtsbock, Fastenbier. In Bayern wird nicht mehr Bier getrunken als in anderen deutschen Gegenden. Rund zwanzig Liter Bier pro Kopf pro Jahr um 1800 sind nicht die Welt. Denn die Bauern können es sich nicht leisten. Sie leben unter der Woche mäßig und trinken eher Wasser, Milch und weit mehr Most als Bier. Auch wird fast überall in Deutschland Wein angebaut, bis der Klimawandel der Kleinen Eiszeit damit Schluss macht. Gerste und Hopfen vertragen ein raueres Klima als Trauben. Erst Ende des sechzehnten Jahrhunderts wandelt sich das Wein- in ein Bierland.

Nicht ohne Nachhilfe des Fiskus. Herzog Maximilian erhöht in Bayern 1605 die Steuer auf Wein um fünfzig Prozent. Jetzt füllt obergäriges Weißbier die Keller. Die Wittelsbacher besitzen das Weißbiermonopol. Mit dem Gewinn bestreiten sie maßgeblich den Dreißigjährigen Krieg. Die meisten anderen Landesherren, zumal im Süden, schließen sich ihnen an und gründen Brauereien. Der Bierkonsum nimmt nun stetig zu, steigt auf fast dreihundert Liter im Jahr. Heute liegt er bundesweit bei wieder deutlich unter hundert Litern. Nur die Tschechen trinken mehr Bier als die Deutschen. Immer noch die höchste Brauereidichte der Welt besitzt Oberfranken, eine Braustätte kommt auf gut fünftausend Trinker.

Ähnlich wie früher der Brotpreis ist der Bierpreis in Deutschland von jeher ein Politikum. Als die Bierpreise 1844 in den Münchner Biergärten um zwanzig Prozent stiegen, kam es zu Krawallen. Alkoholisierte Soldaten, Arbeiter und Studenten stürmten Wirtschaften und Brauereien. Tote und Schwerverletzte waren zu beklagen. Die Unruhen breiteten sich aus und endeten erst, als das Bier wieder zum alten Preis verkauft wurde.

Der Bierpreis wurde zum Ventil für generelle Unzufriedenheit. Bierkrawalle sind nicht nur aus Bayern überliefert. Der Berliner Bierboykott von 1894 war ein Arbeitskampf der Mälzer, Böttcher, Brauergesellen. »Arbeiter, Parteigenossen! Trinkt kein boykottiertes Bier«, lautete die Losung.

Das untergärige Bier kam erst im fünfzehnten Jahrhundert auf – gebraut mit neuen Hefekulturen (Saccharomyces pastorianus), die vermutlich auf den Schiffen der ersten Weltumsegler nach Europa gekommen waren. Sie sind die Basis der hellen, herben Biere, für die deutsche Brauereien heute berühmt sind. Die geschmackliche Vielfalt der Lager- und Pilsbiere ist jedoch verhältnismäßig gering.

Das könnte sich ändern mit der Entdeckung neuer und der Wiederentdeckung alter Hefestämme. Genetiker am Forschungszentrum Weihenstephan der TU München, einer Art Harvard der Braukunst, sind älteren Hefestämmen auf der Spur, um mit deren Hilfe neue Hefen zu züchten. In den Kellern steinalter, stillgelegter Brauereien, an halb vermodertem Gerümpel, in Ritzen haben Sporen der mikroskopisch kleinen Lebewesen Jahrhunderte überlebt. Die Hefe bringt achtzig Prozent der Aromen ins Bier. Hefepilze verwandeln Zucker in Alkohol. Ältere obergärige Stämme (Saccharomyces cerevisiae) kreuzten sich mit wilder Hefe (Saccharomyces eubayanus).

Vorwärts in die Vergangenheit könnte eine Losung sein. Denn so, wie es ist, kann es nicht erfolgreich weitergehen. Die größten deutschen Brauereien gehören längst zu internationalen Braukonzernen, wie Anheuser-Busch InBev (Beck, Diebels, Hasseröder, Spaten-Franziskaner-Löwenbräu und so weiter) oder der zur Hälfte deutschen Brau Holding International (Hacker-Pschorr und andere) oder der Radeberger Gruppe (zum Beispiel Binding, Berliner Kindl, Köstritzer, Dortmunder Brauereien). Die Marketingstrategen der Brauereien halten zwar ihren traditionellen Bierstil in Ehren und setzen auf dessen »typischen« Geschmack. Kein Segen für die deutsche Bierkultur sind aber dem Massengeschmack verpflichtete Marken, als »Fernsehplörre« verschrien, der unübersehbaren Reklamekampagnen wegen.

Das Billigpils steht bei weniger als zehn Euro pro Kasten. In diesem Zusammenhang ist das deutsche Reinheitsgebot keineswegs nur ein Segen. Es steht auch für Rückständigkeit und Mittelmaß und wird als Vorwand für Fantasielosigkeit benutzt.

Das Problem ist aber nicht der Purismus des Reinheitsgebots, sondern die Verwechselbarkeit. Verbraucher greifen zur billigsten Kiste, wenn sie den Unterschied nicht schmecken und nicht schätzen. Der Massenmarkt wird nach wie vor vom Preis bestimmt. Aber die Richtung, die der Markt nimmt, ist klar. Über Jahre hinweg geben insgesamt Ausstoß, Absatz und Umsatz nach, dennoch steigt die Zahl der Braustätten. Die Kleinen kommen. Sechstausend Marken gibt es inzwischen, tausend mehr als noch vor zehn Jahren.

Eine Bewegung hat auch Deutschland längst erfasst: Craft Beer aus kleinen Manufakturen ursprünglich in den USA reizt die Grenzen des Reinheitsgebotes aus. Um neue Aromen ins Bier zu bekommen, ohne gegen das Reinheitsgebot zu verstoßen, setzen handwerklich orientierte, experimentierfreudige Kleinbrauer neue Hopfenzüchtungen ein, Aromahopfen. Sie hopfen auch stärker. Im traditionellen deutschen Bier werden dreißig bis vierzig IBU (internationale Bittereinheit) gemessen, in Craftbieren bis zu über hundert IBU. Edelbiere, oft zu Preisen wie Wein, enthalten auch ungewöhnliche, seltene Hefestämme.

Die neuen Geschmacksnuancen werden mit der Poesie von Weinsommeliers beschrieben. Ob erfrischend im Antrunk, vollmundig im Haupttrunk oder hopfenbetont im Nachtrunk, mit Aromen von getrockneten Aprikosen, Karamelltönen, Bananen- und Bitterschokoladenoten: Da wird auch manches maßlos übertrieben und passt nicht zum Bier als Volksgetränk.

Es braut sich einiges zusammen in deutschen Landen, was mit der vermeintlichen Tradition bricht. Im Schnitt kommt jede Woche eine Neuheit auf den Markt, registriert der Deutsche Brauer-Bund. Dass dabei manches Kellerbier von Großbrauereien auf den Markt geworfen wird und mehr Qualität verspricht, als es halten kann, darf auch nicht übersehen werden.

Das Wachstum von Starkbieren ist ein gutes Beispiel für die Renaissance. Das urkundlich seit 1378 im niedersächsischen Einbeck gebraute Ainpokhisch Bier – wovon der Name Bockbier kommt – war alkoholstark, weil es von der Hanse lange transportiert und in ganz Nordeuropa verkauft wurde. Heute trumpfen zahllose kleinere Brauereien, die sich gern Braumanufaktur nennen, mit Bockbieren, hellen wie dunklen, auf, konkurrieren aber gegen die IPAs (alkoholstarkes Indian Pale Ale) der Craftbierproduzenten. Auf der anderen Seite des Spektrums sind alkoholarme oder nahezu alkoholfreie Biere weiter auf dem Vormarsch, denen entweder der Alkohol entzogen oder wo der Brauvorgang gestoppt wird, ehe Alkohol entsteht. Ein großer Teil der Biertrinker ist wählerischer, genusssüchtiger, experimentierfreudiger geworden.

Zwar ist noch immer Pils mit vierundfünfzig Prozent die meistverkaufte Biersorte. Aber sie lässt nach, alte Sorten dagegen legen zu, naturtrübe Keller- und Zwicklbiere, Bockbiere. Leider halten Wertschätzung und Kompetenz im Handel und am Tresen nicht immer Schritt mit der neuen Vielfalt. Deutsches Bier muss sich im Getränkesortiment mit belgischen, tschechischen, amerikanischen Craftbieren messen. Das deutsche Bier kämpft insgesamt um seinen Ruf, seinen Erfolg und seine Stellung in der Welt.

► **Bio, Fleischeslust, Geschmackssache, Oans, zwoa, gsuffa!, Verbraucher, Weißwurstäquator**

Hungersnot

Deutschland war nicht durchgehend von Hunger geplagt, doch immer von Angst vor dem Hunger. Die hungerfreie Zeit, die wir seit fast siebzig Jahren in Deutschland für selbstverständlich halten, ist historisch gesehen eine glückliche Ausnahme. Neben Pest, Krieg und Tod war Hunger einer der vier apokalyptischen Reiter. An Hunger infolge von Kriegen mangelte es in Deutschland so wenig wie an wetterbedingten Hungerkatastrophen. Hunger, nicht Überfluss, prägte jahrhundertelang das Leben der meisten Deutschen. Sie kannten fette und magere Jahre, lebten von Ernte zu Ernte, von der Hand in den Mund.

Eine Missernte war kaum zu verkraften. Zwei fehlgeschlagene Ernten hintereinander führten unweigerlich zur Hungersnot. Sie dauerte meist zwei, drei Jahre lang. Manche Hungersnot war auf Regionen beschränkt, andere breiteten sich flächendeckend über weite Teile Europas aus. Frostige Winter, verregnete Sommer, Dürren, Seuchen. Der Mangelernährung folgten Krankheiten, Epidemien wie die Pest, die zwar nicht vom Hunger ausgelöst wurden, denen die vom Hunger Geschwächten aber wenig entgegenzusetzen hatten. Hunger war so normal wie Überfluss, sie wechselten einander ab. Auch im Rhythmus der Jahreszeiten. Oft waren die letzten Wochen vor der neuen Ernte Hungerzeiten. Schuld am Hunger war auch die Monokultur des Brotgetreides. Missernten wirkten sich dadurch besonders verheerend aus.

Wenn der Hunger das Land knechtet und peinigt, ist selbst das Unvorstellbare nicht mehr zu verhindern. Der Europäer des fünften und sechsten Jahrhunderts »wurde in Notzeiten zum grausamen Kannibalen«, erzählt der Historiker Rodulfus Glaber im zehnten Jahrhundert. Die hungernden Täter lockten mit einer Frucht oder einem Ei kleine Kinder an, verleiteten sie, ihnen zu folgen, metzelten sie nieder und fraßen sie auf. Hänsel und Gretel werden im Märchen von ihren hungernden Eltern in den Wald geschickt, wo sie in die Hände einer kannibalischen Hexe fallen. Es wurden auch Leichname ausgegraben und gegessen. »So sehr griff diese wahnsinnige Raserei um sich, dass das herumstreunende Vieh vor dem Risiko der Verfolgung sicherer war als der Mensch«, so der Historiker Massimo Montanari.

Hauptbahnhof Berlin

In einem anderen Grimm'schen Märchen, »Der süße Brei«, schenkt eine alte Frau dem bettelnden Kind einen Topf. Der Zauberspruch lautet »Töpfchen koch«. Jetzt produziert der Topf Hirsebrei so lange, bis das Kommando »Töpfchen steh« die Produktion stoppt. Hirsebrei: jahrhundertelang Grundnahrungsmittel der armen Leute. Hirse bedeutete, frei von Hunger zu sein. Auch außerhalb der Hungersnot waren die Tische nicht immer ausreichend gedeckt. Armut und Hunger gingen Hand in Hand. Die normale Armenkost bestand neben Hirse aus Brot und Käse, Hülsenfrüchten, wenig Gemüse, allenfalls an Festtagen ergänzt durch Fleisch.

Für die zahllosen Bettler blieb nur, was von den Tischen der Wohlhabenden abfiel.

Im zwölften Jahrhundert wurde Deutschland von mindestens sechs mehrjährigen Hungerzeiten geplagt. Hungernde rotteten sich zu Banden zusammen. Sie raubten aus Not, plünderten reiche Klöster wie 1145 in Fulda. In die Geschichtsbücher eingegangen ist der »Große Hunger« in Nordeuropa von 1315 bis 1320. In den zwei Jahrhunderten zwischen 1350 und 1550 ging es aufwärts, doch auch sie waren immer wieder unterbrochen von strengen Hungerwintern, etwa von 1432 bis 1440. Vor allem Europas Norden ist von Mitte des sechzehnten bis in die erste Hälfte des siebzehnten Jahrhunderts von der Kleinen Eiszeit betroffen. Die Durchschnittstemperatur sank gegenüber der mittelalterlichen Warmperiode so stark, dass die Vegetationsperioden sechs Wochen kürzer ausfielen. Bitteren Wintern folgten verregnete Sommer mit verdorbenen Ernten. Erst Mitte des achtzehnten Jahrhunderts wurde wieder so viel geerntet wie zweihundert Jahre zuvor. Die Not schürte die Angst, die Angst die Hysterie. Die Leute konnten sich den Klimawandel nicht anders erklären denn als Strafe Gottes – oder Hexerei. Die Zahl der Hexenverbrennungen stieg in den Hungerjahren signifikant an.

Dazu kam der Dreißigjährige Krieg (1618–1648). Ein Drittel der Bevölkerung verlor das Leben; die Bevölkerung der deutschen Länder schrumpfte von achtzehn auf zwölf Millionen. Die Menschen starben an der Barbarei marodierender, plündernder, brandschatzender Heere, an Seuchen (Typhus, Grippe, Ruhr), vor allem aber am Hunger beziehungsweise an den Folgen der Mangelernährung. Die Hungernden lebten wie Tiere und von Tieren. Ratten, Hunde, Pferdekadaver, Wurzeln, Gras und Eicheln standen auf dem Speiseplan.

Anschaulich schilderte Grimmelshausens Simplicissimus, was es bedeutet, von nichts als Brot zu leben. »Meine Kehle wurde von dem trockenen Schwarzbrot ganz rau, und ich magerte am ganzen Leib ab. Wollte ich besser essen, meinte mein Herr, so könnte ich ja stehlen, aber nur unter der Bedingung, dass er davon nichts mitbekäme.« Deshalb kroch er nachts in die Keller und Küchen und nahm mit, was er an Essbarem fand und tragen konnte.

Manchmal sind Mangel und Geiz kaum voneinander zu unterscheiden.

Dann ist Schmalhans Küchenmeister. Der Begriff ist seit 1663 belegt. Simplicissimus beklagte sich über eine Unterkunft, in der Fleisch auf den Tisch kam, »das acht Tage vorher schon abgenagt und abgeräumt worden war«. Es wurde mit einer »säuerlichen, schwarzen Brühe« übergossen und stark gepfeffert. Der Verwesungsgeschmack wurde überwürzt. »Da wurden die Knochen nun so sauber abgeschleckt, dass man gleich Schachfiguren daraus hätte drechseln können. [...] Wenn unser Geizhals dann eine gehörige Menge beisammen hatte, wurden sie kleingehackt und das restliche Fett bis auf den letzten Tropfen herausgesiedet. Ob das dann wieder in die Suppe kam oder als Schuhwichse verwendet wurde, entzieht sich meiner Kenntnis.« Besser war die Situation im »Paradies«, einem Kloster, in dem die »Jungfrauen« (Nonnen) nicht nur schön waren, sondern auch Essbares zu bieten hatten. Da »lebten Leib und Seele auf, und ich vergaß alles Leid, das ich ausgestanden hatte«.

Wie sich Hunger anfühlt und wie man mit ihm fertigwerden kann, beschreibt eindrucksvoll Daniel Kehlmann in »Tyll«, dem Roman, der im Dreißigjährigen Krieg spielt. Der Hunger ist so allgegenwärtig, dass er gar nicht mehr wahrgenommen wird. Als Claus sich erstmals sattessen darf – es ist seine Henkersmahlzeit –, »wird ihm plötzlich klar, dass er immer Hunger gehabt hat: Tag und Nacht, abends und morgens. Nur hat er nicht mehr gewusst, dass das Hunger ist – dieses Gefühl des Ungenügens, die Hohlheit in allem, die nie nachlassende Schwäche des Körpers, die die Knie und Hände schlaff macht und den Kopf verwirrt.« Der Heißhunger kann jetzt endlich gelöscht werden, so eine Mahlzeit ist »es im Grunde sogar wert [...] dafür zu sterben«. Wie wird man mit dem Hunger fertig? »Kennt man den Hunger wirklich, so weiß man auch, wie man es anstellt, ihn für eine Weile zu ersticken. Man muss jedes Bild von essbaren Dingen aus sich verbannen, muss die Fäuste ballen, sich zusammennehmen, es einfach nicht erlauben.«

Hungersnöte sind auch in späteren Jahrhunderten noch lange nicht gebannt. Der Historiker Montanari nimmt an, »dass der überwiegende Teil der europäischen Bevölkerung im 18. und weit ins 19. Jahrhundert hinein schlecht oder jedenfalls wesentlich schlechter gegessen hat als in früheren Zeiten«. Zu dieser Zeit aber war die Ursache vor allem das Wachstum der Bevölkerung.

Die vom Hunger bedrohten Europäer bemühten sich, die Nahrungsmittelproduktion zu verbessern. Die Einführung der Kartoffel in Preußen durch den Alten Fritz war eine Antwort auf mehrere Hungersnöte im Laufe seiner Regierungszeit (1740–1786). Die Französische Revolution wurde nicht zuletzt vom Hunger angefacht. »Esst Kuchen, wenn es euch an Brot fehlt«: Marie-Antoinettes vermutlich falsch kolportierter und propagandistisch missbrauchter Satz befeuerte den Aufstand. Hätte sie sagen sollen: Esst Kartoffeln?

In dieser Periode des Wandels von der ständischen zur kapitalistischen Gesellschaft kam es auch in Deutschland zu Protesten gegen den Hunger. 1830 plünderte die hungrige Menge in Braunschweig das Schloss des Herzogs, der durch die Hintertür floh. Unruhen gab es auch in Sachsen, Hannover, Kassel, des Brotpreises wegen wie der verweigerten politischen Reformen.

Die Industrialisierung verursachte zunächst Hunger. Massen von Tagelöhnern und Arbeitern verloren ihre angestammte Ernährungsbasis, die Selbstversorgung. Sie zogen in die Städte, es sind Jahre massiver Landflucht, in Paris nicht anders als in Berlin. Kantinen gab es noch nicht. Die Arbeiter mussten ihr Essen vom schmalen Lohn kaufen. Es bestand meist aus einem Zipfel Wurst, einem Kanten Brot, Kartoffeln, billigem Schnaps, der den Hunger abtötete, und schlechtem Kaffee.

Zu Beginn der 1840er-Jahre galt in Deutschland mehr als die Hälfte der Bevölkerung als notleidend. Die Lebensmittelpreise stiegen binnen weniger Jahre um fünfzig Prozent, die der Grundnahrungsmittel um noch mehr. In Berlin kam es zur »Kartoffelrevolution«. Am 21. April 1847 schlitzten auf dem Gendarmenmarkt und zwei anderen Märkten aufgebrachte Käuferinnen Kartoffelsäcke auf und bedienten sich. Am nächsten Tag blieben die Märkte geschlossen, nun wurden Bäckereien und Fleischereien geplündert, auch die Scheiben des Kronprinzenpalais Unter den Linden klirrten. Am dritten Tag beendete das Militär die kleine Revolte, die als Vorspiel der im Jahr darauf gescheiterten Märzevolution gelten darf. Ursache für die »Kartoffelrevolution« war die Kartoffelfäule. Sie vernichtete zwischen 1844 und 1849 nahezu die Hälfte der Ernte. Die Kartoffelpreise stiegen binnen eines Jahres auf das Fünffache. Eine Metze (gut zwei Kilo) verschlang den halben Tagesverdienst eines Arbeiters.

Die Energie der Klassenkämpfe im neunzehnten Jahrhundert führte Karl Marx auf Hunger zurück: »Die Kartoffelkrankheit und die Missernten um 1845 und 1846 steigerten die allgemeine Gärung im Volke«, schrieb er in den »Klassenkämpfen in Frankreich«. Die Hungeraufstände im Zeitalter der Industrialisierung sind ein europäisches Phänomen.

Der Erste Weltkrieg forderte rund achthunderttausend zivile Tote durch Hunger und Unterernährung. Zu spüren waren die Importabhängigkeit der Lebensmittelindustrie, Embargo und Blockade. Außerdem fehlten Arbeitskräfte in der Landwirtschaft. Sie standen jetzt in einem anderen »Feld«. So wie ihre Pferde. Chemikalien wie Ammoniak gingen statt in die Düngemittelindustrie in die Sprengstoffherstellung.

Trauriger Höhepunkt war der »Steckrübenwinter« 1916/17 in Deutschland. Zu Missernten (Kartoffelfäule) kamen die britische Seeblockade und das Ausbleiben der Lebensmittellieferungen aus Russland. Die bisher überwiegend als Schweinefutter angebaute Steckrübe stieg in der Not zum zentralen Überlebensmittel der Deutschen auf und wurde »Hindenburg-Knolle« genannt nach dem ranghöchsten Soldaten, dem »Sieger von Tannenberg«. Aus Steckrüben lassen sich Suppe, Koteletts, Brot und sogar Pudding sowie Marmelade machen.

Notzeiten sind Hochzeiten der Bürokratie. Das »Kriegsernährungsamt«, 1916 geschaffen, rationierte Lebensmittel. Die Getreideproduktion wurde als Erste verstaatlicht. Vom Ei bis zum Hering, vom Kraut bis zur Bohne wurde alles zu festgelegten Preisen zugeteilt. Brot enthielt auf Weisung Kartoffelmehl, aber bald wurden auch die Knollen knapp. Denn mangels Fleisch und Getreide stieg der Kartoffelverbrauch auf das Zweieinhalbfache, und die Knolle musste ebenfalls rationiert werden, als 1916 die Kartoffelfäule zuschlug. Eicheln, Bohnen, Kohlrüben, sogar Tierblut wanderten in den Brotteig. Die Brauereien verdünnten das Bier, viele mussten schließen. Konrad Adenauer, im Ersten Weltkrieg in Köln für die Versorgung zuständig, ehe er zum Oberbürgermeister gewählt wurde, erfand ein Brot aus Reis, Gerste, Mais und Topinambur, für das er sogar ein Patent anmeldete.

In Notzeiten wurde das Schwein zur Konkurrenz, denn es fraß zu viel. Der Bestand musste reduziert werden. Schweinefleisch war bald nur noch auf dem Schwarzmarkt zu finden. Selbst Kohlrüben, ein Kilo pro Woche und Kopf, eigentlich Viehfutter, gab es nur noch auf Lebensmittelkarten, eine Erfindung der aufgeblähten Mangelverwaltung. Tausend Kalorien galten als ausreichende tägliche Durchschnittsverpflegung. Elftausend verschiedene Ersatzprodukte für alles Mögliche sind im Umlauf.

Die Lebensmittelrationierung während des Ersten Weltkriegs verfehlte ihr Ziel weitgehend, trieb die Hungernden auf den Schwarzmarkt. Mit dem Kriegsende war der Hunger nicht besiegt. Fehlende Rohstoffe und Transportmittel, Arbeitslosigkeit, Inflation sorgten dafür, dass die Teller der Deutschen oft leer blieben. Noch 1922 galten in den Städten sechzig Prozent der Schulkinder als unterernährt. Erst mit der Währungsreform 1923 entspannte sich die Lage.

Sich strecken zu müssen, um den Magen vollzubekommen, hieß oftmals, die Suppe zu strecken, sie noch dünner zu machen, als sie ohnehin war. In Hans Falladas Erfolgsroman »Kleiner Mann – was nun?« versucht es Lämmchen mit einem halben Pfund Erbsen, einem halben Pfund Fleisch, einem ganzen Pfund Knochen. Aber ihre Suppe schmeckt nach nichts, denn Lämmchen hat fünf Liter Wasser genommen. Ihr liebevoller Mann Pinneberg kommentiert es mit Humor: Er glaube, sagt er, »es liegt am Wasser. Das Wasser ist zu dünn.« Antwort Lämmchen: »Es sollte aber für zwei Tage reichen.« Von den zweihundert Reichsmark, die den Pinnebergs im Monat zur Verfügung stehen, gehen allein zweiundsechzig für Lebensmittel drauf. Fallada listet es peinlich genau auf. Zwölf Mark für Fleisch und zehn für Brot sind die größten Posten. Zwölf Mark für Fleisch, sagt er, »kommt mir schrecklich viel vor«. Sie: »Das sind auf den Tag nur vierzig Pfennig Fleisch für uns beide zusammen.« Sie schlägt vor, zweimal in der Woche fleischfrei zu essen: »›Saure Linsen. Und Makkaroni. Und Pflaumen und Graupen.‹ ›O Gott!‹, sagt Herr Pinneberg.«

Mit Beginn des Zweiten Weltkriegs änderte sich die Versorgung der deutschen Bevölkerung erneut dramatisch. Wieder standen die meisten Bauern im Feld statt auf dem Feld. Bereits im September 1939 wurden Lebensmittelkarten eingeführt. Zunehmend kamen auch wieder Ersatzprodukte zum Einsatz: Marmelade aus Steckrüben, Kaffee aus Gerste und Eicheln, Kuchen aus Rüben und Kartoffeln.

Schon auf den Lebensmittelkarten 1939 waren täglich nur noch dreihundertvierzig Gramm Brot am Tag vorgesehen, siebenhundertvierzig

Gramm für Soldaten. Zuletzt wurde es mit Säge- und Rübenmehl gestreckt. Im letzten Kriegsjahr sanken die Rationen auf wöchentlich tausendsiebenhundert Gramm Brot, zweihundertfünfzig Gramm Fleisch, einhundertfünfundzwanzig Gramm Fett und Zucker. Und alle drei Wochen bekam jeder Deutsche hundert Gramm Muckefuck.

Längst hatte sich ein Schwarzmarkt gebildet. Die Deutschen tauschten ihr Hab und Gut gegen Essbares.

Zur Ideologie der Nazis gehörte die Selbstversorgung des Volkes. Dazu musste Lebensraum im Osten erobert werden. Der Angriffskrieg hatte auch das Ziel, die Versorgung der deutschen Bevölkerung auf Kosten der eroberten Gebiete zu sichern. Es kam im Osten, aber auch in Griechenland, zu Hungersnöten mit Todesraten wie seit dem Dreißigjährigen Krieg nicht mehr. Die deutschen Truppen hielten es wie einst die Landsknechte: Selbstversorgung durch Plünderung. Deutsche Soldaten schickten sogar noch Lebensmittel aus den eroberten Gebieten nach Hause.

Denn dort wurde Brot knapp und fast alles andere auch. Die Bürokratie funktionierte selbst nach den Erfahrungen aus dem Ersten Weltkrieg nicht wesentlich besser. Die Bevölkerung wurde gegängelt. Nicht nur, was sie denken, sondern auch, was sie essen sollten, wurde den Deutschen nun vorgeschrieben, zum Beispiel Pellkartoffeln mit Quark und Eintopf statt Braten, galt doch die Maxime »Kanonen statt Butter«.

In seinem Schelmenroman »Ich war Hitlers Trauzeuge« aus den letzten Tagen des tausendjährigen Reichs schildert Peter Keglevic den Unterschied zwischen den Hungernden in den Lazaretten und den Privilegierten wie die »Reichsgletscherspalte« Leni Riefenstahl. Zu wenig Kohl, Kartoffeln, Knorpel, Pansen, Kutteln für die einen, Backhähnchen, Petersilienkartoffeln, Preiselbeeren für die anderen.

Über Hunger in Deutschland lässt sich jedoch nicht schreiben, ohne an die Hungersnöte zu erinnern, die Deutschland anderswo verschuldet hat. Vor dem »Zusammenbruch der Ernährungswirtschaft im Laufe des zweiten Kriegsjahres« warnte der Staatssekretär im Reichsministerium für Ernährung und Landwirtschaft, Heinrich Backe, Anfang 1941. Sein Name ist erwähnenswert, nicht weil er die Lage realistisch sah, sondern weil er die mörderische Vernichtungsstrategie des Naziregimes entwarf. Backe propagierte den Überfall auf die Sowjetunion, um Lebensmittel aus dem

Land zu pressen. Er stellte unter anderem 8,7 Millionen Tonnen Getreide in Rede. »Hierbei werden zweifellos zig Millionen Menschen verhungern, wenn von uns das für uns Notwendige aus dem Lande herausgeholt wird.« So Backe im Protokoll einer Staatssekretärsbesprechung vom 2. Mai 1941, die der berüchtigten Wannseekonferenz zur logistischen »Endlösung der Judenfrage« nicht nachsteht. Göring, dem Backe unterstand, kommentierte: »In diesem Jahr werden in Russland zwischen zwanzig und dreißig Millionen Menschen verhungern. Und vielleicht ist das gut so, denn gewisse Völker müssen dezimiert werden.« Goebbels zur Versorgungslage in Deutschland wenige Tage nach der Besprechung: »Bekommen wir ein drittes Kriegsjahr, dann zehren wir vom Brot die letzten Reserven auf.«

Es kam nicht nur ein drittes, sondern es folgten drei weitere Kriegsjahre – und der Hungertod. Historiker Götz Aly beziffert die von den Nazis in der Sowjetunion geraubten Lebensmittel rein rechnerisch auf einen Nährwert, der 21,2 Millionen Menschen die Ernährungsgrundlage entzog.

Aly spricht von der »Hungerpolitik« Deutschlands. Sie bedeutet Völkermord durch Aushungern. Von 5,7 Millionen Rotarmisten in deutscher Gefangenschaft sterben rund 3,1 Millionen, davon 2,6 Millionen an Hunger. Etwa sieben Millionen Opfer fordert der Hunger in der Zivilbevölkerung, insgesamt kommen in der Sowjetunion etwa siebzehn Millionen Zivilisten um. Vom Holocaust, bei dem der Hungertod keine geringe Rolle spielt, ist hier noch gar nicht die Rede.

Ist es zynisch, wenn angesichts dieser Massenvernichtung durch Lebensmittelentzug das Leid der deutschen Soldaten erwähnt wird? In Stalingrad starben im Dezember 1942 vermutlich mehr Soldaten an Hunger und Kälte als an Verwundungen. Die Rationen waren auf ein Drittel gekürzt worden.

Im letzten Kriegsjahr waren die Städte und die Infrastruktur weitgehend zerstört, die Männer im Krieg, Millionen Deutsche auf der Flucht. An Hitlers letztem Geburtstag am 20. April 1945 wurde in den Führungsstäben noch immer vom Endsieg schwadroniert. In Walter Kempowskis kollektivem Tagebuch »Das Echolot« ist nachzulesen, was an diesem Tag zum Beispiel die Zwangsarbeiterin Nina Mursina in Namslau notierte: »Wir arbeiteten mit Kartoffeln und durften keine Kartoffeln für uns auf dem Feuer braten. Wenn die Aufsicht nur den Rauchgeruch spürte, hetzte sie bissige Hunde auf uns.«

Polina Moissejewa schrieb in Hamburg: »Wir hatten stets Hunger. Deshalb klauten wir Heringe am Arbeitsplatz, die wir in unseren Strümpfen versteckten oder sogar unter die Zöpfe auf dem Kopf einflochten.«

In russischer Gefangenschaft wurde der Arzt Hans Graf von Lehndorff in Königsberg von russischen Wachtposten versorgt. »Mittags kocht er uns im Vorraum auf einem Ziegelherd dicke Grütze in einem Eimer. Die hungrigen Augen machen ihm offensichtlich Vergnügen.« Während der Landwirtschaftslehrling Klaus Reinhardt in Prositten in sein Tagebuch eintrug: »Bei der Abfahrt warf uns eine alte Frau noch einen Beutel mit Lebensmitteln auf den Lastwagen, der, wie sich später herausstellte, uns vor großem Hunger bewahrte, denn wir haben drei Tage von den Russen nichts zu essen bekommen.«

Der britische Captain Maurice F. Jupp stellte fest: »Für sie alle scheint eine Armeeration eine große Menge zu sein.« In einem französischen Kriegsgefangenenlager wundert sich Ludwig Munzinger darüber, »wie wenig man eigentlich zum Leben braucht. Was haben wir früher schamlos gefressen.«

Für die Mehrheit der Bevölkerung endete das große Hungern nicht mit dem Krieg. Es setzte in den beiden Hungerwintern von 1946 bis 1948 erst richtig ein. Schon im November fielen die Temperaturen teilweise weit unter null Grad Celsius. Selbst die Kartoffeln erfroren. Bis Sommer 1948 starben in Europa rund zwei Millionen Menschen an Unterernährung, die meisten von ihnen in Russland, mehrere Hunderttausend aber auch in Deutschland, vor allem in den zerstörten Städten. Der Kölner Kardinal Joseph Frings rechtfertigte Mundraub, wenn der Hunger nicht durch »Arbeit und Bitten« besänftigt werden kann. »Fringsen« nannte man diese Form des Organisierens von Lebensmitteln.

Hunger nagt und nagt und macht den Menschen zum Tier. Als »Vieh in den Eingeweiden« kennt ihn Heinrich Böll. Das einfachste, schlichteste Sättigungsmittel will dem Hungernden nicht mehr aus dem Kopf: »Der Gedanke an frischgebackenes Brot machte mich ganz dumm im Kopf, und ich streifte oft abends stundenlang durch die Stadt und dachte nichts anderes als: Brot. Meine Augen brannten, meine Knie waren schwach, und ich spürte, daß etwas Wölfisches in mir war.«

»Der verkniffene, geschlechtslose Mund arbeitet gegen die Speichelflut«, heißt es in Uwe Timms Nachkriegsnovelle »Die Erfindung der Currywurst«. Und Peter Schneider berichtet in seinem autobiografischen Roman »Das Leben meiner Mutter« aus einem Dorf in Oberbayern, wohin er mit seiner Mutter geflüchtet ist. »Die Mutter hielt uns an, das Brot so lange zu kauen und im Mund zu behalten, bis es weich wie Spucke war [...] Kau dieses Stückchen, wies meine Mutter Ingrid an, und zähle bis dreißig, bevor du den Bissen schluckst. Und wenn du bis hundert zählst, versprach Hanna, wirst du schon vom Zählen satt.«

Der Hunger nach Brot wird zur Fresssucht, schon fast zu Völlerei, wenn Bölls hungernder Held, kaum hat er ein wenig Geld in der Hand, auf dem Schwarzmarkt viel zu viel Brot ersteht. »Irgendwo in den Trümmern« setzte er sich dann hin mit dem Zwei- oder Dreipfundbrot, stopfte mit schmutzigen Fingern die Stücke in den Mund, »und ich hatte für Augenblicke das Gefühl, ein lebendes Wesen in den Händen zu haben, es zu zerreißen.« Danach lag er »fast stumpfsinnig vor Sättigung« im Bett.

CARE-Pakete aus den USA halfen. Dennoch war Hunger bis 1949 in vielen Regionen der unterschiedlichen Besatzungszonen noch immer ein Problem. Die Rationierung endete im Westen 1950, in der DDR erst 1958.

Gibt es noch immer Hunger in Deutschland? Als arm gilt in der Bundesrepublik, wer mit weniger als sechzig Prozent des Durchschnittseinkommens auskommen muss, also mit deutlich weniger als tausend Euro (derzeit 930 Euro). Hunger wird sozialpolitisch korrekt definiert als ein Zustand, sich nicht »angemessen und in Würde« ernähren zu können. Mehr als neunhundert gemeinnützige Tafeln mit rund sechzigtausend Helfern verteilen in Deutschland von den Märkten ausgesonderte und unverkäufliche Lebensmittel an eineinhalb Millionen Hilfsbedürftige, ein Drittel davon Kinder und Jugendliche. Die wenigsten leiden tatsächlich Hunger, sind aber für das zusätzliche Angebot dankbar. Die Nachfrage steigt, was nicht zuletzt der Flüchtlingswelle geschuldet ist und zu Konflikten geführt hat wie in Essen, wo die Tafel vorübergehend nur noch Bundesbürger neu aufnahm.

»Es geht nicht darum, satt zu werden, sondern darum, gesund zu bleiben«, sagt der Ernährungswissenschaftler Hans Konrad Biesalski von der Universität Hohenheim. Mangelernährung ist hierzulande selten eine Folge materieller Not als armseliger Ernährungsgewohnheiten. Kinder gehen ohne Frühstück zur Schule, werden mit einseitigem Junkfood satt gemacht, essen zu wenig frisches Obst und Gemüse. Ernährungsarmut ist allzu oft auch mangelndes Interesse beziehungsweise Verwahrlosung.

Meine Söhne kennen Hunger nur aus den Medien. Hunger ist für sie ein Zustand in Afrika. Dort treibt er verzweifelte Menschen in die Flucht. Die Ursachen sind dieselben wie einst in Europa: Missernten als Folge klimatischer Ereignisse, Krieg, Flucht, Vertreibung, Misswirtschaft. Für die meisten Hungersnöte gilt und galt, dass sie weniger dem Mangel an Lebensmitteln als mangelhafter Verteilung geschuldet sind. Hunger müsste auch heute nicht sein. Die Versorgung von sieben Milliarden Menschen ist zu schaffen. Sie ist eine Frage der landwirtschaftlichen Technik und der Logistik.

▶ **Bauernopfer, Bohnenkaffee, Brotzeit, Brühwürfel, Butterbrot, Diätwahn, Feinkost für Feinschmecker, Gulaschkanone, Kraut und Rüben, Sättigungsbeilage, Verbraucher, Völlerei, Vorwiegend festkochend**

Imbissbude

Der Arbeitslose Dittsche betritt in Bademantel, Jogginghose und Badelatschen *(Schumiletten)* den Ort, an dem er aufblüht, wo er Ingo nervt, belustigt, verblüfft und zu Widerspruch reizt. Das zählt zur Dienstleistung des Imbisswirts. Sein Lokal ist ein Ort der Kommunikation, ja der Therapie.

Es kann kein Zufall sein, dass die vielfach preisgekrönte Kult-Comedysendung »Dittsche. Das wirklich wahre Leben« aus einem Imbiss übertragen wird. Das Wort »Mahlzeit!« auf den Lippen, eine Aldi-Tüte mit leeren Bierflaschen in der Hand, beginnt Dittsche zu räsonieren. »Das perlt aber heute wieder«, lobt der Alkoholiker sein Flaschenbier. Vor allem perlen seine Gedanken. Die Themen und das halb verdaute Halbwissen dazu hat er aus dem Fernsehen und der Boulevardpresse. Dumm ist er nicht, aber mit einer verzerrten Wahrnehmung der Welt, die permanent scheitert, so wie er selbst – bloß dramatischer.

Seine skurrilen Theorien über den großen Wahnsinn lassen die eigene Verwahrlosung als geradezu philosophische Haltung erscheinen. Er stochert im Diskursmüll und deckt unabsichtlich die Absurditäten der Gegenwart auf. Dittrich über Dittsche: »Ich sympathisiere mit diesen Leuten, die einfach sind und viel Quatsch reden, aber zwischendrin zwei, drei Sachen raushauen, die tausend Mal mehr Wahrheit haben, als die gesamte Runde bei Christiansen [ehemalige Talkshow mit Sabine Christiansen] zum gleichen Thema hat.« Im Imbiss finden wir die gesellschaftliche Realität unverstellter als irgendwo sonst im öffentlichen Raum. So ist die Imbissbude zwar noch immer Inbegriff proletarischer Esskultur, aber auch Ausdruck einer weitgehend klassenlosen Gesellschaft.

Ortswechsel: Vier mythengesättigte Opern lang gilt es auszuharren, bis die Geschichte ihr böses Ende nimmt und Germaniens gieriges Göttergesocks das Spiel um die Macht endgültig verliert, nämlich in der »Götterdämmerung«. Die Götter spiegeln die bürgerliche Gesellschaft. Die saß

Fortuna-Trinkhalle am
Düsseldorfer Rheinufer

2016 auf dem Grünen Hügel im Festspielhaus und wollte sich im »Ring des Nibelungen« an der Kapitalismuskritik des Dresdner Barrikadenstürmers Richard Wagner ergötzen. In der Inszenierung des Berliner Kultregisseurs Frank Castorf ist die Oper im schäbigsten Berlin der Gegenwart angesiedelt. Ein fahrbarer Imbissstand beherrschte die Szene, wo auf dem Grill »allerlei widerliche Speisen zubereitet« wurden, wie sich die FAZ-Kritikerin ekelte. Die Mächtigen als Proleten. Das bürgerliche Publikum buhte, so hatte es nicht gewettet, und stürzte wie gewohnt zur Pause selbst an den Bratwurststand. Er gehört zum Grünen Hügel wie die harten Klappsitze. Auch hier ein Imbiss im Stehen, proletarische Esskultur im Zeichen höchster Kunst.

In der DDR herrschte das Proletariat. In der Bundesrepublik schuf der Sozialstaat die klassenlose »nivellierte Mittelstandsgesellschaft«, wie sie der Soziologe Helmut Schelsky in den Fünfzigerjahren auf den Begriff brachte. Schelsky stellte die These auf, dass sich die soziale Schichtung in der Bundesrepublik durch soziale Mobilität von oben nach unten wie auch von unten nach oben ausgleiche, ein immer größerer Teil der Bevölkerung sich als Mittelschicht begreife. Es ist lange her. Inzwischen öffnet sich die soziale Schere wieder, und die Durchlässigkeit der Gesellschaft lässt zu wünschen übrig. Angehörige aller Schichten aber sehen sich bei Currywurst und Pommes am Imbissstand.

Vergessen wir nicht den Imbiss als soziale Anstalt! Mitte des neunzehnten Jahrhunderts, harte Arbeit unter rauchenden Schloten, Alkoholismus macht sich breit im neuen Industrieproletariat. Bier und Schnaps sind gesünder als Leitungswasser. Die Fabrikbetreiber reagieren, errichten Trinkhallen nahe der Werkstore. Es wird kein Alkohol angeboten, sondern Mineralwasser. Die Trinkhallen oder Wasserhäuschen genannten Büdchen sind an Rhein und Ruhr kaum weniger geworden, geschätzt fünfzehntausend gibt es noch. Sie sind, wie es im schönsten Kultursoziologendeutsch heißt, ein »Mikrokosmos lebendiger Industriekultur« mit stark regionalem Bezug. Also müssen sie bewahrt und gefeiert werden. Der 20. August ist der Tag der Trinkhalle. Trotz Tanke und Supermarkt versorgen die Büdchen die Bevölkerung mit fast allem Nötigsten. Schnaps und Bier gehören inzwischen dazu.

Nach dem Weltkrieg ist die Bude, wie Uwe Timm erzählt, auch »eine Art Börse unter freiem Himmel. Zum Beispiel 18 Platten Tabak aus Virginia wurden gegen 22 Kisten Bücklinge, einen Demijohn reinen Alkohol, vier stark abgefahrene Autoreifen oder zwanzig Kilo gesalzene dänische Butter getauscht. Die Kunst bestand darin, die Werte, also Angebot und Nachfrage [...] richtig einzuschätzen. Und diese Werte veränderten sich ja schon während der Schätzung.«

Ein bisschen über den Thekenrand des Büdchens hinweggeblickt, ist festzustellen, dass der Imbiss aus der Hand in weiten Teilen der Welt die dominante Form des Essens ist. Nach einer Studie der Welternährungsorganisation aus dem Jahr 2007 ernähren sich vor allem in den Megacitys Asiens und Südamerikas zweieinhalb Milliarden Menschen täglich von Street Food. Eine Papierserviette umhüllt das Gericht, bestenfalls wird es von einem Pappteller aufgenommen. Die Finger oder ein zweizackiges Plastik- oder Holzspießchen ersetzen das Besteck. Auch die deutsche Küche bietet eine Vielfalt traditioneller Speisen, die, hurtig serviert, weder nach Messer noch Gabel verlangen, die Leberkässemmel, das Fischbrötchen, die Bratwurst.

Auf Tischmanieren muss schon mangels Tisch verzichtet werden. Form und gepflegtes Ambiente sind an der Imbissbude suspendiert. Das mutet seltsam an, schätzen die Deutschen doch Gemütlichkeit, gerade beim Essen. »Windig, schmutzig, kopfsteingepflastert. Ein paar borstige Bäume stehen auf dem Platz, ein Pissoir und drei Verkaufsbuden, an denen sich die Penner treffen und aus Plastikkanistern algerischen Rotwein trinken«, fasst Uwe Timm eine typische Szene zusammen.

Die Imbissbude profitiert vom wachsenden Zeitdruck, vor allem mittags. Der Zeitgenosse füllt im Stehen seinen Magen. Schnell, schnell. Nicht ganz so schnell geht es, wenn der Imbissbürger Schlange stehen muss. Er steht gern Schlange, wenn die Bratstation zu den Angesagten ihrer Art zählt. Etwa an Mustafas Gemüse-Kebab-Stand am Mehringdamm. In Berlin führen die Zeitungen Rankinglisten der besten Imbissbuden. Es wäre allerdings verfehlt, von der Länge der Menschenschlange auf die Qualität zu schließen. Kann ein Döner so gut sein, um dafür eine halbe Stunde anzustehen?

Ein Mangel an Genussfähigkeit ist im gegenwärtigen Imbissbudenhype zu erkennen, aber auch ein Wunsch nach Zwanglosigkeit. Schärfer formuliert: Stilistische wie kulinarische Bedürfnislosigkeit macht sich breit. Fehlt, wem die Zeit zum Einkehren fehlt, auch die Zeit zur Einkehr? Der Imbissbudengast schenkt dem Essen wenig Beachtung. Er stopft, schlingt und schluckt, führt seinem Körper Kalorien und Flüssigkeit zu. Die aus den Mundwinkeln triefende Hamburgertunke, die fette Wurst, der fettige Gestank.

Doch wer im Gehen mampft, wird vom deutschen Steuerrecht begünstigt, zahlt bloß sieben Prozent Mehrwertsteuer. Die Bude dagegen, die ihren Kunden »behelfsmäßige Verzehrvorrichtungen« anbietet, ausgeklappte Bretter etwa oder Stehtische, hat neunzehn Prozent Mehrwertsteuer zu berechnen. So wird die Imbissbude auch zum Symbol des deutschen Steuerwahns. Man mag die Restaurantlobby dahinter vermuten. Denn die Gastronomie klagt über die wachsende Imbissbudenkonkurrenz.

Trotz vermeintlicher Klassenlosigkeit ist Imbissbude nicht gleich Imbissbude. Im Trend gehobenerer Kreise liegt es, den Food Truck aus poliertem Aluminium anrollen zu lassen, der, warum nicht, Burger mit Jakobsmuscheln anbietet. Dann verschmelzen Spitzengastronomie und Imbissbude, dann nimmt Fast Food Anleihen am Slow Food.

▶ **Bismarckhering, Bohnenkaffee, Currywurst, Extrawurst, Gehacktes, Hausmannskost, Hopfen und Malz, Hungersnot, Leitungswasser, Mahlzeit, Manieren und Sitten, Oans, zwoa, gsuffa!, Schnapsnase**

Käseigel

In den kulinarischen Abgründen der deutschen Seele haust ein Tier, das auf den Namen Käseigel hört. Es steht auf der Liste der vom Aussterben bedrohten Arten, und das ist ausnahmsweise gut so. Es bevölkerte in den Jahrzehnten des Wirtschaftswunders sogenannte Partybüfetts. Kein Schnittkäsewürfelchen ward alleingelassen, sondern jeweils gemeinsam mit einer Weintraube, einem Mandarinenschnitz oder einer Olive auf einen Zahnstocher gespießt und auf einer halben Melone, einem halben Kohlkopf oder einer mit Aluminiumfolie überzogenen Halbkugel zum Stachelpelz arrangiert.

Die Existenz des Käseigels beweist vor allem eins: Der Deutsche pflegt ein sehr spezielles, eher dekoratives Verhältnis zum Käse. Man könnte auch sagen: Er macht ihn sich schöner, als er schmeckt, was daran liegt, dass er zum wahren Wesen von Käse doch eher ein gefühlsarmes Verhältnis pflegt.

Schon die deutsche Sprache liefert dafür einen Beleg. So ein Käse!, sagt der Deutsche, nimmt Käse als Bild für Unsinniges, Dummes, Überflüssiges. Dem Franzosen würde das niemals einfallen. Er liebt seinen Käse über alles. »Un dessert sans fromage est une belle à qui il manque un œil«, schwärmte Küchenphilosoph Brillat-Savarin. Ein Essen ohne Käse danach ist wie eine Schöne, der ein Auge fehlt.

Da haben wir es: Das Verhältnis des Franzosen zum Käse ist ein geradezu erotisches. In Deutschland führt der Käse eine Existenz am Rande. Als eigener Gang beim Essen ist er nicht zwingend vorgesehen. Die Käseplatte steht eher im Ruf unnötiger Völlerei. Und der Käseigel ist ein überaus genügsames Tier.

Von General de Gaulle ist der nur scheinbar resignierte Ausruf überliefert, es sei »schwer, ein Volk zu regieren, das zweihundertsechsundvierzig Käsesorten« habe. Im Umkehrschluss zu behaupten, Deutschland sei leicht zu regieren, weil auf der Käseplatte Übersichtlichkeit herrsche, wäre jedoch voreilig. Die Käsevielfalt steht für den unbeherrschbaren Individualismus des Franzosen. Der deutsche Patriot könnte mit seinen Würsten kontern. Wie schwer ist es erst, ein Volk zu regieren, das tausendsechshundert Sorten Wurst kennt.

Der Käse, könnte man formulieren, ist dem Deutschen wurscht. Oder auch: Die Wurst ist der Käse der Deutschen. Doch ist es schwer zu verstehen, weshalb die Tradition der Käseherstellung in Deutschland nicht ebenso hingebungsvoll gepflegt wird wie in Frankreich.

Den ersten Käse fanden steinzeitliche Jäger vermutlich in den Mägen frisch getöteter Wiederkäuer. Im vierten der vier Mägen junger Kälber ist das Enzymgemisch aus Chymonin und Pepsin zu finden, das Milch dickt, ohne sie sauer werden zu lassen. Aus der Magenschleimhaut des Kalbes wird es bei der biologischen Käseherstellung noch immer gewonnen. Diese Nachricht müsste Vegetarier entsetzen. Zu ihrem Glück wissen es die wenigsten. Nichttierische mikrobakterielle Austauschstoffe gibt es, aber das ist dann ein anderer Käse.

Der erste von Menschen gemachte Käse dürfte einfach herzustellender Käse aus saurer Milch gewesen sein. Auch die für deutschen Käse typi-

Das Verhältnis der Deutschen zum Käse

schen Sorten sind überwiegend Sauermilchkäse. Es ist der einfachste, schlichteste Käse. Der schlechte Ruf des deutschen Käses rührt auch aus dieser Vorliebe.

Die Vielfalt meist regionaler Sauermilchkäsespezialitäten reicht vom Handkäse (von Hand geformt) aus der Mainzer Gegend über den Harzer Roller, den Harzer Korbkäse, den Nieheimer Käse bis zum Olmützer Quargel, der heute freilich nur noch in Tschechien produziert werden darf. Diese mal mit weißer Schimmelschicht, mal mit Gelb-, mal mit Rotschmiere behafteten kleinen zylindrischen Käse sind sehr fettarm. Nicht einmal der Rheinländer traut ihnen pur und nähert sich deshalb dem Handkäs am liebsten mit Musik, also in Marinade mit reichlich Zwiebeln. Deutscher Käse aus Quark unterscheidet sich von anderen Käsekulturen vor allem durch seinen ganz einzigartig gewöhnungsbedürftigen Geruch. Käseverächter sind damit leicht in die Flucht zu schlagen.

Es ist jedoch auch an Deutschlands Käsetheke Besonderes zu finden. Etwa Altenburger Ziegenkäse, eine mit Kümmel verfeinerte sächsisch-thüringische Spezialität seit 1897, was nicht alt ist, wenn man bedenkt, dass es Jahrhunderte dauert, bis eine Käsemarke Weltruhm erreicht und etwa mit dem Brie de Meaux mithalten kann. Der wurde schon auf dem Wiener Kongress 1814/15 gereicht und vom französischen Außenminister Talleyrand unwidersprochen als »König aller Käse« gerühmt.

In den niederen Adel der europäischen Käsearistokratie (also mit dem Prädikat einer geschützten Ursprungsbezeichnung versehen) hat es vor dem Altenburger Ziegenkäse schon der Weißlacker geschafft, der bereits 1874 patentiert wurde und auch als Allgäuer Bierkäse bekannt ist.

Oder der Original Würchwitzer Milbenkäse. Die Gerinnung der Milch ist hier dem Speichel von Milben des Stammes Tyrophagus casei zu verdanken. Er ist erst recht nichts für Vegetarier, weil auch die Milben verspeist werden, und zwar lebend, weshalb er als der »lebendigste Käse der Welt« vermarktet wird. Seit einem halben Jahrtausend ist er – buchstäblich – nicht ausgestorben. Der salmiakartig duftende Käse wird mithilfe von in den Teig eingearbeiteten Holunderdolden hergestellt, an deren Rispen sich die Milben voranarbeiten.

Warum auch immer: Die Deutschen bevorzugen Käse aus der Fremde. Holland (Gouda), Frankreich (Camembert), Italien (Parmesan), Schweiz

(Emmentaler). Wahrscheinlich tragen deshalb manche in Deutschland produzierte Käsesorten Namen, die eine fremde Herkunft vortäuschen. Das Selbstbewusstsein der deutschen Käseindustrie war zumindest in der Vergangenheit nicht auf der Höhe. Eine Käseschachtel, auf der Camembert steht, auch wenn sie aus deutscher Produktion stammt, ist nun einmal besser verkäuflich. Münsterkäse (ursprünglich aus den Vogesen), Romadur (ursprünglich belgisch), Allgäuer Emmentaler (ein Widerspruch in sich) bezeichnen deshalb auch in Deutschland hergestellte Käsesorten. Selbst der ein wenig großdeutsch klingende Tilsiter, der im achtzehnten Jahrhundert bereits das Zeug zu einer echten deutschen Käsemarke gehabt hätte, wurde den Ostpreußen von holländischen Mönchen und Einwanderern aus der Schweiz beigebracht.

Für die schlimmsten Vergehen am deutschen Käse ist inzwischen ausgerechnet ein französischer Konzern verantwortlich, nämlich für die unter dem Markennamen Milkana verbreiteten Schmelzkäsezubereitungen. Es handelt sich um jene streichfähigen Ecken, deren kulinarische Qualität allenfalls noch von jenen Scheibletten unterboten wird, die den Fleischfladen im Cheeseburger ruinieren. Wer Cheeseburger bestellt, muss wissen, was er tut. Wenn etwas meiner Meinung nach grundsätzlich nicht zusammenpasst, dann ist es mit Käse überbackenes Fleisch.

Nicht unerwähnt bleiben darf die Käsezubereitung, die vor allem in bayerischen Biergärten als Obazda oder Obatzter zu den Standards gehört. Typisch deutsch ist sie insofern, als sie der Sparsamkeit entsprang. Obatzter ist ursprünglich Resteverwertung. Weichkäsereste vom Camembert oder Brie, Limburger oder Romadur werden in Altbayern, Franken, aber auch in Südhessen mit Butter, Pfeffer, Salz, Paprika, Kümmel, Zwiebeln, auch mit Weißbier oder Wein verpanscht. Inzwischen ist »Obazda« sogar im Register der geschützten Ursprungsbezeichnungen und der geschützten geografischen Angaben der Europäischen Kommission aufgeführt, wobei der Käseanteil mindestens fünfzig Prozent betragen muss. Und längst kommt das Gericht aus industrieller Produktion fertig ins Kühlregal.

Eine hoch entwickelte Käsekultur benötigt außer Milch, Lab oder notfalls Milben vier Zutaten. Erstens: Eine große Auswahl. Zwar sind inzwischen an die einhundertsechzig deutsche Käsesorten auf dem Markt, aber mit dem Käseuniversum Frankreichs ist das Angebot nicht zu vergleichen.

Zweitens: Käse muss reifen. Seine Entwicklung ist sorgsam zu beobachten, mit viel Erfahrung zu beurteilen und zu steuern. Käse muss gewendet, gewaschen, gebürstet, mit Flüssigkeiten wie Bränden, Wein oder Bier beträufelt werden. Die Kunst des Käseaffinierens ist in Deutschland unterentwickelt, und die meisten der von deutschen Affineuren jahrelang betreuten Käse sind nicht deutscher Herkunft. Solch enormer Aufwand lohnt nur bei Käse, der aus der Rohmilch von Weidetieren stammt.

Drittens: Bewusstsein für Qualität. Guter Käse ist nichts für Geizkragen. Nicht nur der Affineur benötigt es, mehr noch der Verbraucher. Die deutschen Käseesser haben aber noch mehr Nachholbedarf als die deutschen Käseerzeuger. Und wenn sie sich für Käse interessieren, greifen sie meist zu Produkten der großen Käsenationen. Sagen wir es frei heraus: Deutscher Käse hat noch immer ein Imageproblem. Wo er sich durchsetzt, schafft er das bisher nur über den günstigen Preis.

Viertens: Reglementierung. Die Lebensmittelbürokratie kommt noch immer nicht klar mit der simplen Tatsache, dass die Verfallsprozesse der Natur beim Käse »Reifung« und »Veredelung« bedeuten. Rohmilchkäse (andere schätzt der Franzose nicht, in Deutschland ist er noch immer in der Minderheit) folgen in aller Regel nicht den Hygienevorstellungen und Vorschriften deutscher Lebensmittelkontrolleure. Kein Supermarkt hätte es gern, wenn schimmelnde, stark riechende Gebilde aus virtuos vergammelnder Milch auf einem Eigenleben bestehen und zu laufen beginnen.

Mittlerweile aber ist der deutsche Käse insgesamt in Bewegung. Der Wandel kommt vor allem aus der ökologischen Landwirtschaft. Nicht bloß wie früher im Allgäu (der Region der glücklichen Kühe), sondern auch an den Küsten und im Mittelgebirge werden in Kleinbetrieben auf regionalen Märkten Rohmilchkäse aus Kuh-, Schafs- und Ziegenmilch erzeugt. Der Deichkäse muss sich vor dem Bergkäse nicht mehr verstecken und der eine oder andere deutsche Käse nicht mehr vor dem französischen. Die neue Käsekultur in Deutschland profitiert von offenen europäischen Märkten. Konkurrenz spornt an.

▶ **Bio, Geschmackssache, Gutbürgerlich, Kochkunst, Mahlzeit, Milchmädchenrechnung, Schlaraffenland, Vegetarier und Veganer**

Kochkunst

Welchen Stellenwert genießt die Kochkunst in Deutschland? Und zwar abgesehen von den Sterneköchen, davon gibt es in Deutschland mehr als dreihundert, nur in Frankreich ist die Zahl der vom Restaurantführer Michelin, der Bibel der Spitzenküche, ausgezeichneten Restaurants höher. Es geht in diesem Kapitel vor allem um die Kochkunst im Selbstverständnis der Deutschen und um das Selbstbewusstsein der Spitzenköche. Es wird zwar unendlich viel geschrieben, geredet, gesendet über Köche und ihre Küchen – wo aber bleibt dabei die Kochkunst als Genre der Kultur? Wird sie als Kunst überhaupt ernst genommen?

In Frankreich ist das selbstverständlich der Fall, und auch, dass sich die Kunstkritik und die Kunstwissenschaft mit der Kochkunst auseinandersetzen, ist selbstverständlich. Zu den wenigen, die sich mit Kulinarik systematisch befassen, zählt Jürgen Dollase, der an einer Kunstakademie studiert hat und sich später als Rockmusiker Meriten erwarb. Er kam zu dem Schluss: »Die Köche verstehen zu wenig von der Kunst und die Künstler zu wenig vom Kochen.«

Die Beurteilung von Kunst ist immer subjektiv. Dollase bezeichnete zum Beispiel die vierundzwanziggängigen Degustationsmenüs von Joachim Wissler im Vendôme zu Bergisch Gladbach als das Highlight des Jahres 2009, Wolfram Siebeck dagegen »als die größte kulinarische Enttäuschung«. Was Siebeck als »quälend gleichförmige Abfolge von prätentiös originellen Kreationen« vorkam, galt Dollase als »richtig gut verstandene Moderne«. Wie allgemein in der Kunst gilt auch in der Kulinarik: Je mehr ein Künstler wagt, desto stärker polarisiert er. Beurteilungskriterien, die nichts mit Kochkunst zu tun haben, sondern mit Ambiente, Service, Küchentrends, spielen immer auch eine Rolle. Dollase taucht nie ohne seinen Terrier auf, Siebeck verlangte Hundeverbot und elegantere Gäste.

Wahre Kunst verlangt Theorie. Kunst, die sich von allein erklärt, ist vielleicht populär, doch je mehr von der Wissenschaft in sie hineininterpretiert werden kann, für desto großartiger wird sie gehalten. Der Nachteil der Kochkunst liegt auf der Hand, ihr fehlt offensichtlich dieser Überbau, die Metaebene der Theorie. Im Allgemeinen »hat die kulinarische Praxis und mithin der Kunstcharakter des Kochens keinen Eingang in die philosophische Ästhetik gefunden. Es existiert keine Ästhetik des kulinarischen Geschmacksurteils, keine Theorie der kreativen Küche als künstlerische Praxis, keine kunstwissenschaftliche Auseinandersetzung mit Speisekreationen als Kunstwerken«, urteilt Harald Lemke, einer der wenigen akademischen Philosophen, die sich in Deutschland mit Gastrosophie befassen. Er beklagt die »weltanschauliche Herabwürdigung des kulinarischen Selbstgenusses«. Deutsche Philosophie spalte den Menschen in ein »niedriges, sich ernährendes, sinnliches Wesen und in ein ›höheres‹ Wesen einer rein geistigen Vernunft«.

Kunst, so Immanuel Kant, dürfe keinen anderen Zweck verfolgen als einen rein ästhetischen. Diese Bedingung kann und will die beste Kochkunst nicht erfüllen – denn sie schmeckt nicht nur, ernährt nicht bloß geistig, sondern sättigt auch. Sie ist also niemals zweckfrei. Außerdem sieht sie sich der Umwelt und der Gesundheit verpflichtet, steht also der Kant'schen Ästhetik im Wege, wonach wahre Kunst weder etwas mit Politik noch mit Moral zu tun haben dürfe.

Kochkünstler gehören wie Architekten, was das Künstlerische ihres Berufes betrifft, zur angewandten Kunst. Köche setzen sich vehement für die Agrarwende ein, stehen ein für auch aus ökologischer Sicht erstklassige Produkte. Allerdings hat die Moral in der Küche Grenzen. Lebend gesottene Hummer, Gänsestopfleber: In Frankreich sind sie selbstverständlich in der Spitzengastronomie und auch in Deutschland (noch) nicht völlig verbannt.

Dass die Kochkunst in der Kunstwissenschaft kaum Beachtung findet, hat vielleicht auch damit zu tun, dass sich die meisten Geistesriesen im Zweifel lieber asketisch gaben und geben. Platons Symposien waren zwar Gastmähler; doch sorgte das Essen nur dafür, dass der hungrige Bauch nicht vom Denken ablenkte. Man aß mit Bedacht, stopfte sich nicht einfach voll. Essen und Trinken sei eines wahren Philosophen nicht würdig, mutmaßte Sokrates. Mit der Kochkunst könnten sich Dichter und Philosophen zwar genauso ernsthaft auseinandersetzen wie mit Literatur und Musik, doch scheint dies unter der Würde der meisten deutschen Geistesriesen zu sein.

Wozu überhaupt Theorie auf dem Teller? Ist nicht alles bloß Geschmackssache? Keineswegs, meint Dieter Froelich, einer der wenigen Künstler, die sich theoretisch auch mit der Kochkunst auseinandersetzen: »Kunst ist immer auch Gegenentwurf zur alltäglichen Welt, ein utopisches Moment, das für kurze Zeit über sich selbst hinausweist auf ein anderes – auf ein besseres. Bei Tisch kann diese Utopie für kurze Zeit reale Gegenwart werden. In diesem Sinne sollten Kochkünstler verstärkt an Gegenentwürfen zur schönen neuen Speisenwelt arbeiten, anstatt ihr hinterherzulaufen. Jenseits von Makrobiotik und schaumschlagendem Entertainment gibt es viel zu tun.« Kulturphilosophisch kann die Kochkunst also der Lebenskunst zugeordnet werden.

»Ernst ist das Leben, heiter die Kunst«, heißt es in Schillers »Wallenstein«-Prolog. Das hört sich nach einem typisch deutschen Gegensatz an. Freilich erklärt uns der Dichter an anderer Stelle: »Nur dem Ernst, den keine Mühe bleichet, rauscht der Wahrheit tief versteckter Born.« Schiller meint hier durchaus nicht den Gegensatz von heiter und ernst, sondern von oberflächlich und ernsthaft.

Dem Ansehen der Kochkunst hat es in Deutschland geschadet, dass sie den Bauch nicht weniger beschäftigt als den Kopf. Grob gesprochen sind beide in Frankreich nicht voneinander zu trennen, während die deutsche Philosophie von jeher am Leib-Seele-Problem knabbert. In der Theorie wie in der Praxis. Der Leib gehört zur Sphäre der Materie, die der Kopf überwindet. Der Bauch symbolisiert den Materialismus.

Aber auch Philosophen müssen essen. Weshalb Ludwig Feuerbach spottet: »Welcher Verstoß gegen die gute Sitte, auf dem Katheder der Philosophie über den Materialismus nach Leibeskräften zu schimpfen, dafür aber am table d'hotel von ganzem Herzen und von ganzer Seele dem Materialismus im gemeinsten Sinne zu huldigen.« Immerhin hat der Philosoph Helmuth Plessner erkannt: »Die Sinne sind Modi der Verbindungen von Geist und Körper« und haben deshalb eine »über die einfachsten biologischen Bedürfnisse hinausreichende Bedeutung«. Moralphilosophisch ist es durchaus umstritten, ob, um mit dem Materialisten Brecht zu sprechen, erstens das Fressen kommt und zweitens die Moral oder umgekehrt. Handelt es sich doch um einen künstlichen Gegensatz von Leib und Seele, von Materialismus und Idealismus. Aus diesem Gegensatz wächst auch der Moralismus, wie ihn der moderne Diätwahn und der Trend zum Veganismus offenbaren.

Sowohl Brillat-Savarin als auch Ludwig Feuerbach wird der berühmte Satz zugesprochen, dass der Mensch ist, was er isst. Wenigstens darin sind Deutsche und Franzosen sich einig. Wer nichts Ordentliches isst, kann auch nichts Ordentliches denken. Schopenhauer war der Meinung, wer viel denkt, muss auch viel essen. Selbst deutsche Denker sitzen bei Tisch nicht bloß zum Denken und Disputieren. Hegel, Schopenhauer aßen eher gern und viel als gut. Immerhin. Der Österreicher Wittgenstein allerdings war Kostverächter und bekannte, dass es ihm ziemlich gleichgültig sei, was er esse, »wenn es nur immer das Gleiche ist«.

Immanuel Kant dagegen war ein Schlemmer und Freund ausführlicher Tafelrunden. Wenn er die »reine Vernunft« kritisch hinterfragt, steht er der französischen Aufklärung näher als den deutschen Idealisten, auch wenn die sich gern auf Kant berufen. Ihm war daran gelegen, die platonische Trennung von Geist und Körper zu überwinden. Er hielt gut essen und trinken für die »wahre Metaphysik des Lebens«. Doch irrt Kant, wenn er glaubt, ein Geschmackserlebnis könne kein Erkenntnisgewinn sein. Es dürfte, wie gesagt, daran liegen, dass Sehen und Hören in der philosophischen Tradition Deutschlands für wertvoller gehalten werden als Schmecken und Riechen. Auch hat der Protestantismus seinen Teil dazu beigetragen, dass die idealistische Philosophie in kulinarischer Raffinesse keinen Wert entdecken mochte.

Man hat immer wieder boshaft darauf hingewiesen, dass die deutsche Philosophie der deutschen Küche in gewisser Hinsicht durchaus wesensverwandt sei. Hegel, Schelling, Heidegger zu lesen ist unendlich schwer. Ihre Werke sind dick, ihre Sätze lang, Gliederungen und Fußnoten ohne Maß, die Gedanken kompliziert, trockene Kost, schwer bekömmlich, schwer verdaulich.

Nietzsche ist eine Ausnahme, findet Harald Lemke. Er versuche, »den Mangel an Alltagsbezug, also den abstrakten Idealismus der traditionellen Philosophie, die den Blick von den vermeintlich kleinen und unwichtigen Alltagsdingen abwendet, zu überwinden«. In »Jenseits von Gut und Böse« betonte Nietzsche, dass »durch den vollkommnen Mangel an Vernunft in der Küche […] die Entwicklung des Menschen am längsten aufgehalten, am schlimmsten beeinträchtigt« worden ist.

Zwar bedienten sich auch deutsche Denker gelegentlich der Sprache der Ernährung, lobten Erkenntnis*hunger* und Wissens*durst*, sprachen von geistiger Nahrung und verschlangen Bücher. Aber das waren nur Metaphern und Sprachbilder. Schon das Adjektiv *kulinarisch* verheißt ihnen nichts Gutes. Musik etwa, die als *kulinarisch* bezeichnet wird, kann künstlerisch nicht großartig sein. Für Theodor Adorno hatte Musik Höherem zu dienen, selbst dann, wenn sie Genuss verschafft. »Musik ist insofern untilgbar geistig, als auch auf ihrer niedrigsten Stufe das sinnliche Element nicht derart buchstäblich sich genießen lässt wie eine Kalbshaxe. Gerade wo sie kulinarisch serviert wird, ist sie von vornherein ideologisch versetzt.« In der »Ästhetischen Theorie« legte Adorno nach: »Die Emanzipation der Kunst von den Erzeugnissen der Küche [...] ist irrevokabel«, weil so sehr mit dem genießenden Geschmack verbunden, dass keine künstlerischen Erfahrungen vermittelt werden könnten. Selbst der große Georg Simmel hält die Ernährung für eine »primitiv und niedrig gelegene Tatsächlichkeit«, die erst durch das gemeinsame Mahl »in die Sphäre des Geistigeren und Sinnvolleren« aufsteigt.

Genug der grauen Theorie, schnell zurück in die Küche. Und damit zurück zur Frage, was macht Kochkunst aus? Es genügt nicht, den neuesten Trends zu folgen und avantgardistisch zu kochen, was auch immer das heißen mag. Französische Küche mit mediterranem Einschlag galt in den Siebzigerjahren als aufregend, heute als gestrig. Der mediterranen Küche folgten Multikulti-Crossover, dann die Molekularküche, dann die minimalistische skandinavische Küche, dann die »neue« Regionalküche. Deutsche Spitzenköche haben all das erfolgreich mitgemacht. Sich einem Trend anzuschließen, ist aber keine Kunst. Echte Kochkünstler entwickeln einen eigenen Stil.

Hier ein anschauliches Beispiel: Eine einzige Olive sitzt auf dem Teller. Sie ist karamellisiert, außen von zarter Knusprigkeit, feinherb mit einem Hauch Süße. Die winzige Kostprobe erweitert zur Eröffnung des Mahls den Erfahrungsraum des Schmeckenden. Und jeder Teller, der folgt, erzählt eine Geschichte. Auch die Olive. Der Koch hat einige Jahre auf Kreta gelebt. Auch aus Japan hat er etwas mitgebracht. Fisch, nur mit kochender Brühe übergossen, wird so sanft gegart, dass er gerade nicht mehr roh ist. Die Methode adelt die heimische Makrele zu einer unerhörten Köstlichkeit; gefüllt ist sie mit von der japanischen Zitrusfrucht Yuzo und mit

Miso gewürztem Reis. Ein Dutzend Teller insgesamt, serviert in zügiger, nicht hastiger Folge, versetzen auch den erfahrenen Feinschmecker in einen unerhörten Geschmacksrausch. Aromen, die er nie zuvor wahrgenommen hat oder für verloren geglaubt hat unter den Würzattacken der Alltagskost. Nichts ist aufgedonnert, jede Nuance subtil und intelligent gesetzt. Fichtennadelpulver auf einem mit Walderdbeercreme gefüllten Mandelröllchen, Fenchelpollen auf einer gelierten Sphäre aus dem Saft der Johannisbeere, die Sud und Rinde vom Johannisbeerholz begleitet, neben der Burrata-Nocke auf einem Kartoffelcracker. Wir sind leider bereits beim Feuerwerk der Nachspeisen. Davor zwei frittierte Murmeln aus dem Bries vom Müritzer Lamm, zwei Stückchen von der Lammzunge, gefüllt mit einem Ragout, in dem die Seenlandschaft Mecklenburgs sich mit den Genüssen Umbriens (Fregola, Pancetta, Radicchio) vermählt.

Kochkunst ist in mancher Hinsicht mit Musik zu vergleichen. Komponist und Interpret (der Küchenchef ist beides in einem) erzeugen Klänge, Rhythmen und Melodien. Auf dem Teller sind es Aromen, Texturen, Kombinationen (Harmonien). Auch hier Konsonanzen, Dissonanzen, Themen und Variationen. Unterschiedliche Tonarten, Tempi, Crescendi, Rubati, dynamische Kontraste. Auf die Orchestrierung kommt es an, auf Klangfarben, Balance, Klarheit. Auch ein Essen ist wie ein Konzert. Es besteht aus mehreren Stücken, jedes Stück aus mehreren Sätzen.

Perfektion und Ungezwungenheit müssen kein Gegensatz sein. Es wird viel mit den Fingern gegessen in diesem Tempel, kein halber Besteckkasten ausgebreitet, sondern zu jedem Teller das Nötige neu gedeckt. Locker bleiben! Der Maître stellt seine Kenntnis mit freundlicher Gelassenheit zur Verfügung.

Wie auch sein Kollege, der Sommelier, der zu jedem Gang einen anderen Wein einschenkt. Von ihm erfährt der Gast etwa, dass das Kaseler Nies'chen, ein Riesling Spätlese von der Ruwer, aus einem Weingut stammt, das in elfter Generation der Familie des berühmten Theologen Nell-Breuning gehört. Na und! Aber auch Genuss hat mit Wissen zu tun. Auch der Beruf des Kellners hat in Deutschland nicht das Renommee, das er in Frankreich von jeher genießt. Der Deutsche wolle nicht dienen, heißt es. Aber hier dient er ja gar nicht. Er ist der Experte, eine freundliche Autorität.

Dreisternekoch Sven Elverfeld im Aqua, Wolfsburg

Wo sind wir? Wirklich in Deutschland? Und wie! Direkt gegenüber den vier hohen Schloten von Deutschlands größter Autofabrik, mitten in der Wolfsburger »Autostadt«. Dort drüben schwitzt gerade der Aufsichtsrat. Krisensitzung, Dieselskandal, Deutschlands ökonomisches Fundament wankt. Aber hier kocht einer der besten Köche der Welt, der Hesse Sven Elverfeld. Die »radikale Neuerschaffung der deutschen Küche«, rühmte die FAZ. In der Küche des Aqua stehen zehn Männer und eine Frau, im Lokal sitzen maximal vierzig Gäste, die meist von weither kommen. Im Service noch einmal sieben oder acht Leute. Drei Sterne: Das lohnt eine Reise, definiert der Guide Michelin doch den Gipfel der Kochkunst.

Doch was ist deutsch am Geschmacksimpressionismus dieser Küche, abgesehen von den Produkten aus der Region? Schließlich nennt Elverfeld Weltoffenheit als erstes Prinzip seiner Kochkunst. Man müsse herumgekommen sein, »aber verwurzelt mit Deutschland«. Der Kochkünstler überarbeitet, verändert, was die Tradition zur Verfügung stellt, er nimmt das Überlieferte nicht blind auf, sondern bindet es ein, hält es lebendig. Zu Elverfelds Klassikern zählt ein dekonstruierter und neu zusammengesetzter Tafelspitz vom Lamm mit Frankfurter Grüner Soße und Wachtelei. Deutscher geht es nicht. Die Grundprodukte sind klassisch, Optik, Textur, Anmutung hat er verbessert, gesteigert, vollendet.

Der Kochkünstler stellt das Althergebrachte infrage, setzt es in Beziehung zu anderen, fremden Traditionen. Deshalb reist er viel. Köche sind die letzten Handwerker, die noch, wie einst in Deutschland üblich, auf Wanderschaft gehen, in verschiedenen Küchen, möglichst auch im Ausland lernen. Die Besten finden dabei zu einer eigenen Sprache.

Aus Vertrautem macht ein guter Koch Außergewöhnliches. Er versteht es, den essbaren Dingen Aromen zu entlocken und diese zu steigern. Ohne technische Innovationen ist das nicht zu leisten. Aber sie sind nicht Selbstzweck. Wichtiger noch ist seine Ehrfurcht vor den Produkten. Er trägt auch gesellschaftliche Verantwortung. Deshalb widersetzt er sich den Missständen des Agrarbusiness. Weder ist er für Massentierhaltung zu haben noch serviert er Erdbeeren zu Weihnachten.

Kochkunst ist mehr als handwerkliche Meisterschaft, Technik, Präzision. Sorgfalt, Genauigkeit dienen vor allem der Entfaltung der Aromen, es sind Voraussetzungen der Kunst. Der Künstler kopiert nicht, er schafft Neues. In der Küche ist das schwerer als in anderen Künsten, neue Zutaten lassen sich nun einmal nicht leicht finden. Dabei gilt das zweite Prinzip von Sven Elverfeld: Es gibt keine Regel, probier es aus!

In der bildenden Kunst, Literatur und Musik der Moderne sind Schönheit und Schönklang kein Kriterium. Verstörendes, Provozierendes gehört dazu, Seh- und Hörgewohnheiten aufzubrechen ist Ziel wahrer Kunst. Geht das auch auf dem Teller? Eat-Art darf unappetitlich, sogar ekelerregend sein. Der Kochkünstler aber hat die Genussfreude der zahlenden Kunden zu respektieren. Sie setzt der künstlerischen Freiheit Grenzen.

Kunst gilt im Land der Dichter und Denker gern als das Gegenteil von

Unterhaltung. Reines Vergnügen könne keine große Kunst sein, lautet das bis heute unbezwingbare Missverständnis. Es führte in der Musik zur unseligen Trennung zwischen E und U. Wie die klassische Musik kennt auch die Hochküche das U-und-E-Problem. Kunst ist hierzulande mancherorts immer noch eine ernsthafte Angelegenheit. Es herrscht Ehrfurcht. Es soll nicht gelacht werden. So entsteht Schwellenangst.

Anders als Theater und Musik wird in Deutschland die Esskultur auch nicht gefördert, schon gar nicht von Politikern, die sich allenfalls mit einer Currywurst in der Hand fotografieren lassen, aber sich bloß nicht in einem Sternerestaurant erwischen lassen sollten. »Wenn man in der Politik unpopulär werden will, muss man nur sagen, man esse gern Austern oder Gänseleber. Tiefer kann man nur noch fallen, wenn man einen Schäferhund vor laufender Kamera erschlägt.« Ein Satz von Wolfram Siebeck, so treffend wie ungeniert snobistisch zugleich. Sahra Wagenknecht hat es erfahren, als sie beim Hummeressen fotografiert worden war.

In Frankreich, Italien, Österreich und Spanien ist das anders. In diesen klassischen Agrarländern wird auch die positive Ausstrahlung der Spitzenküche auf Tourismus und Landwirtschaft erkannt. Kein Wunder, dass Dreisternekoch Elverfeld feststellt: »Das Kulturgut Essen ist in Deutschland ganz weit unten angesiedelt.«

Der Stellenwert der Kochkunst ist auch am Stellenwert der Kochkünstler abzulesen. Selbstverständlich wurde Paul Bocuse, der legendäre Protagonist der Nouvelle Cuisine, in die französische Ehrenlegion, den Orden der Besten seines Landes, aufgenommen. Die Nation war stolz auf ihn. In Deutschland gibt es keinen Koch von der Reputation eines Bocuse – der in Frankreich durchaus nicht einzigartig gewesen ist. Jedem halbwegs gebildeten Franzosen sind Namen berühmter Kochkünstler von gestern und heute geläufig, von Marie-Antoine Carême, Fernand Point, Michel Guérard bis Alain Ducasse. Dort ist die Kochkunst Inbegriff der nationalen Kultur. Geschmacksbildung gilt als selbstverständliche Aufgabe von Bildung, also als kulturelle Leistung.

Die Deutschen ehren zwar das Handwerk, neigen aber auch dazu, ihm eher Sekundärtugenden zuzuordnen. »Wer nur der Kochkunst sich widmen soll, der werde frühzeitig an Ordnung, Reinlichkeit und Pünktlichkeit gewöhnt. Man verbiete ihm, Romane zu lesen«, schrieb Carl Friedrich von Rumohr.

Was bei uns landläufig als französische Kochkunst verstanden wird, ist die *Grande Cuisine*. Die wiederum hat sich aus der *Haute Cuisine* entwickelt. Haute Cuisine war die höchst aufwendige, repräsentative Küche des Adels im absolutistischen Frankreich. Dabei kam es darauf an, den Tisch selbst zum opulenten Kunstwerk zu machen, die Tafel zu schmücken, die Lebensmittel möglichst zu verkünsteln, ihren Eigengeschmack zu überlagern.

Die Französische Revolution beendete den Küchenprunk in den Schlössern. Die Köche machten sich selbstständig, gründeten Restaurants für das aufstrebende Bürgertum. Aus der Hochküche der Aristokratie wurde die große Küche des Bürgertums. Die Köche strebten nun danach, als Künstler anerkannt zu werden. Die Revolution demokratisierte die Hochküche. Das Volk adaptierte die Kochkunst des Hofes, machte sie zur Nationalkultur.

Anderswo geschah das Gegenteil, vor allem unter der Knute der Religion, die bei der französischen Revolution keine Rolle spielte, es sei denn als Feind. Bestes Beispiel ist England, wo die puritanische Revolution Cromwells die Hochküche verfemte und vernichtete, wovon sich Englands Küche jahrhundertelang nicht erholte. Deutschland hat weder Revolutionen noch Kulturrevolutionen dieser Art zustande gebracht. Das Bürgertum ideologisierte und positionierte seine Küche gegen den Erzfeind Frankreich. Auch deshalb, aus politischen Gründen, wurde die Kochkunst niemals so wertgeschätzt. Das änderte sich in der Bundesrepublik. Westbindung, Freundschaft mit Frankreich, die Vision eines gemeinsamen Europas verhalfen der Kochkunst in Deutschland zu einem ungeheuren Aufschwung.

Aber es dauerte. Und mancher Pionier erfuhr: Wer zu früh kommt, den bestraft das Leben. Franz Keller, der bei Paul Bocuse gelernt und im *Schwarzen Adler* am Kaiserstuhl aus einer Dorfwirtschaft einen Fresstempel gemacht hat, erinnert sich: »Aber nicht alles ging. Ich wollte Steinbutt zubereiten, den gab es in Deutschland nicht. Als ich dort meine zwei Sterne erkocht habe, kamen bis auf einen Schinken alle Produkte aus Frankreich. Irgendwann ging mir das auf den Nerv! Und das Problem war, dass alles Importierte doppelt so viel gekostet hat. Da kam irgendwann kein Mensch mehr.«

Der »Guide Michelin« erschien nach fünfzigjähriger Unterbrechung seit 1964 wieder in Deutschland. Und der Österreicher Eckart Witzigmann schaffte es 1980 als erster in Deutschland arbeitender Koch mit drei Sternen in diesen Olymp der Kochkunst. Er kochte konsequent nach den Regeln seiner Meister Paul Bocuse und Paul Haeberlin. Doch es dauerte achtzehn Jahre, ehe das *Tantris* in München schwarze Zahlen schrieb. Sein Besitzer, ein leidenschaftlicher Bauunternehmer, hatte ihn den Kennedys abgeworben.

Es ist wiederum sehr deutsch, dass viele Bewunderer die neue Küchenphilosophie besonders radikal befolgten und nahezu eine Ideologie daraus machten. Das Gemüse lag halbroh, die Ente blutig auf höchst übersichtlichen Tellern.

Paul Bocuse veröffentlichte 1976 seine »Cuisine de Marché« in deutscher Ausgabe. »Die neue Küche«: Es war mehr als ein neuer Trend, es war eine Zeitenwende. Vor allem in Deutschland. Bocuse (und andere französische Kochkünstler wie Michel Guérard, Pierre Troisgros, Paul Haeberlin, Alain Chapel) verschlankten die *Grande Cuisine.* Sauerampfersauce zum Lachs, Huhn aus der Schweinsblase. Weniger Butter und Sahne, übersichtliche Portionen, kürzere Garzeiten, nie mehr als drei Aromen auf einem Teller. Fettarme Suppen, Gemüse mit Biss, der Fisch noch glasig, unkomplizierte Rezepte: wie geschaffen für den deutschen Hobbykoch und Feinschmecker, der nun mit wenig Aufwand mit der Zeit gehen und dabei noch an seine Gesundheit denken konnte.

»Im Grunde genommen ist diese Neue Küche allein die echte, wahre Küche«, jubelte Bocuse. Er definierte den Sinn der Kochkunst neu: »Man soll als Koch nichts anderes tun, als den ursprünglichen Geschmack der Gerichte vollendet zur Geltung zu bringen.

In der alten Küche lag das Hauptaugenmerk der Zubereitungen mehr in der Auffälligkeit als im kulinarischen Wert.« Das Dekor, die Verfremdung, die handwerkliche Virtuosität spielten jetzt nicht mehr die Hauptrolle. Diese Küche ist das, was das Bauhaus für die Architektur gewesen ist, das Fundament der Moderne. Doch die Zeit ist auch über diese »Neue Küche« hinweggegangen.

Ist Frankreich das ewige Vorbild? Nein, aber die Verbraucher sind dort anspruchsvoller. Dreisternekoch Alain Ducasse meinte erst 2016: »Deutschland hat seine wahre kulinarische Identität noch nicht ganz gefunden.« Es sollte sich »ganz auf seine kulinarischen Wurzeln besinnen [...] Vielleicht müsst ihr euch entschlossener auf eure Identität, eure herausragenden landwirtschaftlichen Traditionen und den Reichtum eurer Regionen besinnen, um einen echten deutschen Weg zu finden, statt immer nur italienischen oder französischen Vorbildern zu folgen.«

Gelegentlich, viel seltener als in Frankreich, schaffen Köche es in die Literatur. Fragt sich bloß, wie und womit. In Martin Walsers Roman »Angstblüte« investiert die Hauptfigur Karl von Kahn, Anlageberater und Geldvermehrer von Beruf, auch in die Kochkunst. Walser schildert vor allem das finanzielle Scheitern des Kochkünstlers und die komplizierten Finanztransaktionen seines neuen Sponsors. Die Pleite eines Sternekochs erregt die Fantasie des Autors mehr als dessen Kochkünste.

So ist es ja auch: Kochkunst rentiert sich selten. Es ist riskant, ein Sternerestaurant zu betreiben, das nicht von einem Hotel quersubventioniert wird. Enormer Personalaufwand verursacht bis zu fünfzig Prozent der Kosten. Bei den Zutaten dürfen keine Kompromisse gemacht werden, sie verschlingen weitere vierzig Prozent der Kosten. Die letzten zehn Prozent teilen sich Miete, Energie, Ausstattung, Versicherung, Marketing und so weiter. Soll für den Koch noch etwas übrig bleiben, wäre es nicht verkehrt, er würde auch Kochkurse veranstalten, Catering anbieten, preiswertere Zweitlokale (Bistros) und Feinkostläden (am besten mit Onlineversand) betreiben und im Fernsehen auftreten, um für sich und seine Kochbücher zu werben. Der reine Kochkünstler wird in Deutschland schnell zur prekären Figur. Denn im Grunde widersetzt er sich den Spielregeln der Konsumgesellschaft. Bietet er doch, gemessen an Qualität und Aufwand, ein günstiges Preis-Leistungs-Verhältnis.

Tatsächlich gehen nicht wenige Sterneköche pleite. Die Gewinnspannen sind in jeder Frittenbude höher. In der Spitzengastronomie sind Waren- und Personaleinsatz extrem hoch. Teurer Wein muss das Essen quersubventionieren. Dazu kommt, dass das deutsche Publikum nicht bereit ist, für Kochkunst so viel Geld auszugeben wie etwa die Franzosen. Dort ist ein Menü unter dreihundert Euro nicht außergewöhnlich, hierzulande fast unverkäuflich. Wie in der bildenden Kunst herrscht auch in manchem Sternerestaurant ein beträchtlicher Unterschied zwischen dem künstlerischen Wert und dem Preis der Ware. Der Anteil der Gäste, die sich das selbstverständlich gönnen, ist in Deutschland geringer.

Benedikt Loibl erkocht sich in Walsers Roman in den *Kronprinz-Stuben* in Herrsching am Ammersee binnen dreier Jahre fünfzehn Punkte im Gault Millau. Er hat bei lebenden Legenden gelernt, Harald Wohlfahrt in Baiersbronn etwa, dem Doyen der deutschen Spitzenküche, dreifach besternt im Guide Michelin. Baiersbronn ist für Loibl der »Vatikan der Kochkunst«. Nachdem Karl von Kahn sich um Loibls Finanzen gekümmert hat und dieser die Vollmacht unterschrieben, folgt endlich das Essen. »Weil jeder Sturz ein Start ist, sagt Loibl, gibt es, was es heute gibt, zum ersten Mal.« Was es gibt, ist ein Gedicht, man muss es noch nicht einmal probiert haben. Allein die Sprache enthebt es der Sphäre des Gewöhnlichen und Gewohnten. Pochiertes Ei mit Karamellkruste, Kürbisblüte im Fenchelsud, Involtini von der Äsche mit Pata Negra, Lammcarré an Rosmarinjus mit Thymianpolenta und schließlich Tarte Tatin mit Sauerrahmschnee à la Pierre Lingelser, mit Calvadosbonbon und zweierlei Apfelsorten. »Wenn Sie's vorlesen, schmeckt es noch mal so gut«, lobt der Koch seinen Finanzjongleur. Walser schmeckt Sterneküchensprache mit Ironie ab, und auch damit verrät er einiges über den Stellenwert der Kochkunst in Deutschland.

Die Ignoranz des breiten Publikums mischt sich mit dem Verdacht auf Dekadenz. Kochkunst wird in Deutschland noch immer gern für überflüssigen Luxus gehalten. Ein Missverständnis. Meistens. Luxus nämlich wäre das Unnötige, Überflüssige, sinnlos Übertriebene. Wahre Kochkunst kennt nichts Überflüssiges auf dem Teller. Jede Zutat hat ihre Berechtigung. Bei Mozart kann man auch nicht einfach Noten weglassen, obwohl der karge Kaiser Joseph II. nach der Uraufführung der »Entführung aus dem Serail« über die »zu vielen Noten« spöttelte. Was ein erstklassiger Küchenkompositeur anbietet, ist aufwendig und teuer, aber nicht verschwenderisch.

Es sei denn, man hielte die Oper generell für Luxus. Welch Wahnsinnsaufwand für ein paar Liebhaber! Wenn Oper Luxus ist, dann ist es Küchenkunst auch. Allerdings nicht so hochsubventioniert. Also etwas für Wohlhabende. Ohne rücksichtslosen Aufwand gibt es auch keine Kochkunst. Zu den Salzburger Festspielen kommt ein Teil der Besucher aus Statusgründen. Sie führen Geschäftspartner und/oder Gattinnen aus. Wahre Afficionados haben sich die Karte vom Mund abgespart, und es reicht nach der Vorstellung nur noch zu Würstl mit Saft statt zum Menü im Haubenrestaurant.

Die Kochkunst hat eine Kaviar-, Hummer-, Trüffelküche nicht nötig. Es gibt sündteure Restaurants, die all das bieten. Aus Hummern lassen sich zweifellos Kunstwerke kreieren, aus Zwiebeln aber auch. Dekadent ist es, aus Kaviar einen Kult zu machen. Es lassen sich aber, nicht weniger dekadent, auch vulgäre Dinge übertreiben. Currywurst mit Schampus ist eindeutig so ein Fall. Der durch äußerste Qualitätsansprüche bezeugte Respekt vor den Gaben der Natur ist weder vulgär noch dekadent. Dennoch wird die Spitzengastronomie, die Normalverdienern weitgehend verschlossen bleiben muss, »als überfeinert und dekadent und damit als gesellschaftlich und politisch nicht zukunftsfähig kritisiert«, schimpfte Siebeck.

Franz Keller, der kein Sternekoch mehr ist, sondern Ökobauer, kritisiert in der »Frankfurter Allgemeinen Zeitung«: »Es geht dort immer mehr um Oberflächliches, Tellertätowierung und so. Wir haben früher zwölf Gänge gekocht, total bescheuert. Das kann kein Mensch essen. Heute ist es so, dass es weniger Gänge gibt, aber auf den Tellern liegen lauter verschiedene Sachen, die alle toll klingende Namen haben. Aber die meisten Gäste können sich darunter nichts vorstellen. Das sind Ablenkungsmanöver der Sterneküche. Die Sterneküche verkauft Illusionen.«

Aber, wie gesagt, Sterneküche ist nicht unbedingt gleichzusetzen mit Kochkunst. Wer will, kann in ihr auch eine Klassenfrage sehen. Geschmack ist nun einmal auch ein »bevorzugtes Merkmal von Klasse«, bemerkte Pierre Bourdieu. Auch dies ist in der eher auf Klassenlosigkeit eingestimmten deutschen Gesellschaft von Nachteil. Die gegenwärtige Beliebtheit der Regionalküche in der Spitzengastronomie entlastet in dieser Hinsicht, versöhnt den linksökologischen wie auch den konservativen Mainstream mit der Kochkunst.

Zweifellos sind in der Spitzengastronomie Anzeichen von Dekadenz zu erkennen. Dies ist der Fall, wenn zum Beispiel »von einem Kalb nur zwei oder drei der besten Stücke verwendet werden oder eine unterschwellige Verachtung für die regionale, bodenständige Küche gepflegt wird«.

Jürgen Dollase sieht auch in dieser Hinsicht einen Hauptunterschied zwischen Deutschland und Frankreich, wo das Regionale von jeher die besten Küchen bestimmt.

Noch einmal also die Frage: Was ist typisch deutsch in der aktuellen Kochkunst? Eine Antwort gibt einer der talentiertesten deutschen Kochkünstler, Erik Arnecke, ein Ostdeutscher, der an einer Autobahnraststätte die ersten beruflichen Schritte machte und heute mit einem Michelin-Stern im nordhessischen Frankenberg kocht. Auf der Karte: »Marinierter Somplarer Saibling, Apfel, Radieschen, Bachkresse, Buttermilch, Saiblingskaviar.« Alle Komponenten stammen aus der unmittelbaren Umgebung der Küche, die Brunnenkresse ist selbst gezogen. Die wichtigste Zutat steht nicht auf der Karte: eine japanische Quitte, deren Früchte Arnecke in einem Garten der Gegend entdeckt hat. Der Teller ist die Übertragung eines portugiesischen Seefahreressens ins Deutsche.

Ceviche ist ursprünglich mit Limettensaft marinierter Seefisch, mit der Schärfe von Chili und Koriander gewürzt. Arnecke nimmt stattdessen bodenständige Zutaten, gart heimischen Süßwasserfisch kalt mithilfe der Oxalsäure der Quitte, die Schärfe kommt von Kresse und Radieschen.

Er dekonstruiert traditionelle Gerichte. Deftige Matjes, Pumpernickel, Apfel, Schmand, Zwiebeln – aber nicht wie gewohnt, sondern Schnittlauchblüten, frittierte Perlzwiebelringe, geröstete Pumpernickelbrösel, marinierte Apfelstücke. Der vertraute Geschmack der Matjes bleibt, aber die vertraute Katerfrühstücksschlichtheit ist verschwunden. Um das Wildschweinsülzchen wirbelt ein Frühlingskräuterwalzer aus Waldsauerklee und anderen Wildkräutern der verwunschenen Gegend am Rande des Nationalparks Kellerwald-Edersee.

Auch die Kohlroulade verliert jede Provinzialität. Kalb, in Wirsing gehüllt, mit Morcheln gefüllt, kommt mit Rotkraut in einer Rotweinreduktion, die ich am liebsten vom Teller lecken würde. Solche Kunstwerke lassen sich aus deutscher Hausmannskost entwickeln, wenn Können und Kreativität dem Stilwillen des Kochs folgen.

▶ **Bauernopfer, Bio, Diätwahn, Eat-Art, Feinkost für Feinschmecker, Fernsehköche, Fleischeslust, Gaststättenverordnung, Geschmackssache, Gutbürgerlich, Nationalgericht, Schlaraffenland**

Kraut und Rüben

»Sei mir gegrüßt, mein Sauerkraut, holdselig sind deine Gerüche!«, schwärmte Heinrich Heine in »Deutschland. Ein Wintermärchen«. Und bei Wilhelm Busch heißt es:

> »Eben geht mit einem Teller
> Witwe Bolte in den Keller
> Dass sie von dem Sauerkohle
> Eine Portion sich hole,
> Wovon sie besonders schwärmt,
> Wenn es wieder aufgewärmt.«

Die beiden Zitate führen mit romantischer Ironie schnurstracks in den Vorratskeller der deutschen Seele. Der durch Milchsäurefermentierung in Salzlake konservierte Weiß- oder Spitzkohl gab den »Krauts« sogar ihren Spitznamen. Zu Recht?

Sauerkraut als Symbol des deutschen Spießers – das war einmal. Der deutsche Foodie sitzt im Schoß der Popkultur und weiß Kimchi zu schätzen. Es ist ebenfalls fermentiertes Kraut, aber irgendwie cooler, weil die Milchsäuregärung hier auf den koreanischen Namen hört. Im fernen Osten gehört Kimchi zur täglichen Mahlzeit. Dass fast alle Gemüsesorten fermentiert werden können, gehört fast schon zum Standardwissen der ernährungsbewussten jungen Generation.

Es ist uraltes Menschheitswissen. Die antike griechische Küche kannte vergorenes Kraut ebenso wie die chinesische. Auch die Amerikaner schätzen es. Weil es 0,5 Prozent Alkohol enthält, unterlag es einst sogar der Prohibition. Die Franzosen, genauer die Elsässer, Nachfahren der Alemannen, lieben es als *choucroute garnie* mit fetten Würsten. Immerhin gehörte das Elsass von 1871 bis 1918 zum Deutschen Reich. Weshalb aber heißen nur die Deutschen Krauts, nicht auch die Franzosen? Weil Sauerkraut zu Unrecht als »Zeichen höchst primitiver Kochkunst« gilt, wie bereits 1941 der Pharmakologe Fritz Eichholtz in seinem Standardwerk »Sauerkraut und ähnliche Gärerzeugnisse« vermutete?

Eine Antwort könnte sein, dass die Deutschen jahrhundertelang in endlosen, einstmals kalten Wintern kaum ein anderes Gemüse zu Gesicht bekamen – wie Seefahrer im Kampf gegen Skorbut. Captain Cook, der mit Sauerkrautfässern im Laderaum die Welt umsegelte, soll den Rat aus Deutschland bekommen haben. Die Vermutung, der Spitzname Krauts sei ein Produkt der englischen Soldatensprache aus dem Ersten Weltkrieg, weil Sauerkraut zur Marschverpflegung der Deutschen gehörte, geht fehl. Bereits 1879 bezeichnete Jules Verne in seinem Roman »Die 500 Millionen der Begum« einen widerlichen deutschen Industriellen namens Schultz als Kraut. Inzwischen gibt es auch Krautrock und Krautwestern, und die Bezeichnung ist fast schon ein Prädikat.

Dem Sauerkraut entweichen Gase bei der Herstellung wie auch noch nach dem Verzehr, aber das ändert nichts daran, dass es gut gekocht eine Delikatesse sein kann, wenn beim Kochen zuckerhaltige Früchte wie Äpfel oder Trauben, Wein oder Schaumwein sowie Kümmel, Wacholderbeeren, Lorbeer, Senf, am besten auch Geräuchertes hinzugefügt werden.

Nicht allein dem Sauerkohle sind die Deutschen zugetan. Wie schon den alten Griechen gilt ihnen Kraut als Mittel gegen die Folgen von Alkoholgenuss. Deshalb wird etwa in der Gegend um Hannover eine *Lüttje Lage* (obergäriges Bier und Kornbrand) gern mit Grünkohl eingenommen. Grünkohl wird in Norddeutschland verehrt wie Sauerkraut im Süden. Er trägt poetische Namen wie *Friesische Palme* oder *Lerchenzunge.* Wolfram Siebeck galt Grünkohl als nahezu ungenießbar. »Ich behaupte, es bedarf eines extravaganten Geschmacks, um diesen grausigen Strunk als Lebensmittel zu akzeptieren, wie Kenner behaupten.« Sie behaupten auch, er schmecke aufgewärmt am besten.

In derselben Ausgabe des »Feinschmecker« wird Grünkohl dennoch über den grünen Klee gepriesen und zum Beispiel auf die *Vermarktungsgemeinschaft Dreschflegel* verwiesen, die zahlreiche Sorten als Saatgut anbietet. In Oldenburg wird Jahr für Jahr der Grünkohlkönig gekürt und geehrt. Der Niedersachse, sturmfest und erdverwachsen, unternimmt Grünkohlfahrten. Und seit 1545 versammelt sich Bremens Kaufmannschaft zum Schaffermahl mit Grünkohl und Pinkel, einer Grützwurst aus Speck, Grütze aus Hafer oder Gerste, Schweineschmalz, Rindertalg sowie Zwiebeln.

Grünkohl, Rosenkohl, Blumenkohl, Kohlrabi, Wirsing, Rotkraut, Weißkraut: Die deutsche Gemüseküche kreist unerbittlich um Kohl. Neuerdings werden sogar klein gehackte Blumenkohlkrümel als Diätalternative für kohlenhydratreiche Semmelbrösel empfohlen, auch eine Art Teigersatz lässt sich daraus basteln.

Kohl vom indogermanischen *kaul* (Stängel) und vom lateinischen *caulis* für Strunk ist zur Familie der Kreuzblütengewächse (Brassicaceae) zu zählen. Zu ihr gehören auch der braune, rote und schwarze Senf, der Raps, die Steckrübe sowie das Teltower Rübchen – welches in Frankreich zu größerem Ansehen kam als im Heimatland.

Die Krauts machen ihrem Namen alle Ehre. Ihre alte Liebe zum Kohl ist bezeichnend für die klimatisch bedingte Armut der deutschen Gemüseküche in früheren Zeiten. Außer Kohl konsumierten die Deutschen überwiegend lichtscheue Wurzeln, die im Winter gut in Sand zu lagern waren.

Germanen galten als Wurzelfresser. Die Pastinake war auch unter dem Namen Germanenwurzel bekannt. Sie war ein Grundnahrungsmittel der Römer in Deutschland, geriet aber nach der Einwanderung der Kartoffel fast in Vergessenheit. Inzwischen sind Pastinaken in fast jedem Supermarkt wieder zu finden und werden gelegentlich mit der weniger süßen Petersilienwurzel verwechselt, die sich nicht nur in der Suppe unentbehrlich macht, sondern auch als Püree in der Feinschmeckerküche beste Dienste leistet.

Zur Gattung der Doldenblütler zählen die beliebtesten Wurzeln der Deutschen. Gelbe Rüben werden sie im Süden genannt, Möhren eher im Norden, oder auch Karotten, ursprünglich ein Ausdruck für junge Möhren. Inzwischen gibt es sie wieder in vielen Farben, von hellgelb bis dunkelviolett. Die immer noch vorherrschenden orangeroten Möhren stammen aus Holland und tragen nicht zufällig, sondern züchtungsbedingt die Farbe Oraniens. Hätte man über die Jahrhunderte Rüben so kultiviert wie Weinreben, was gäbe es für ungeheure Vielfalt!

Noch heute bietet so manches mittelmäßige Gasthaus Salat nicht überwiegend aus frischem Grün und Kräutern an, sondern aus gekochter Roter Bete, Kartoffeln, Gurken und – natürlich – Krautsalat, rot oder weiß. Ein Land mit langen Wintern benötigte Konservierungstechniken. Milchsauer vergorener Spargel zum Beispiel stand das ganze Jahr über zur Verfügung. Es ist noch nicht so lange her, da bevorzugten die Deutschen Gemüse aus der Dose oder eingeweckt, bestenfalls eingefroren, einschließlich zermatschtem Spinat – mit dem Plopp Sahne ein beliebter Kinderschreck.

Viele Gemüsesorten haben den Weg in den Norden erst spät gefunden. Rettiche, die als kleine rote Radieschen oder als ausgewachsene weiße bayerische Bierrettiche in keinem Biergarten fehlen, stammen aus dem alten Ägypten. Wie auch die Zwiebel, die mit den Römern als Cepula nach Germanien kam, wo Zwibolle auch als Amulett gegen die Pest Verwendung fanden. Der Lauch wanderte von den Sumerern über den Mittelmeerraum nach Germanien. Die vom Spreewald bis Sibirien beliebten Gurken stammen aus Indien. Sie zählen zu den Kürbisgewächsen. Kürbisse kamen wie die Kartoffeln mit den Seefahrern aus Amerika. Salat ist erst seit Karl dem Großen in unseren Breiten heimisch.

Auch der Spargel, den die Deutschen über alles lieben, ist ein Immigrant. Asparagus officinalis kam mit den Römern über die Alpen. In Trier wurde ein bleiernes Preisschild aus dem zweiten Jahrhundert ausgegraben. Zum Dank wurde die eine Schwetzinger Hybridsorte 1975 Lucullus genannt, das ostdeutsche Konkurrenzprodukt dagegen Eros. Doch ehe es so weit kam, verschwand der Spargel mit den Römern für ein gutes Jahrtausend wieder, bis er im sechzehnten Jahrhundert aus der Haute Cuisine Frankreichs zurückfand auf deutsche Fürstentische. Drossel auf Spargel galt damals als Delikatesse.

Etwa zur selben Zeit kam aus Spanien die Schwarzwurzel nach Deutschland, als Spargel des kleinen Mannes gepriesen. Heute ist Spargel kein Luxus mehr. Die Deutschen, nur die Deutschen, bevorzugen ihn weiß wie ein Brautkleid. Leider wird er hierzulande meist in kochendem Wasser gequält, statt schonend gedünstet oder gebraten. Der Spargel ist das einzige Gemüse, dessen kurze Saison der Deutsche respektiert. Nach dem 24. Juni verzichtet er auf Importware, doch wird die Saison erfolgreich nach vorn verlängert. Der Klimawandel stellt sich hier als günstig heraus, mehr noch schaffen schwarze Folien über den sandigen Wällen, die die Temperatur im Boden erhöhen und das Wachstum beschleunigen. Die Grünen Brandenburgs forderten bereits, die Spargelfelder auf zehn Prozent der Fläche zu beschränken, weil sie um die Artenvielfalt und um das Landschaftsbild fürchten. Die meisten Spargelfreunde fürchten dagegen eher um den Verstand der Grünen, die gegen die Verschandelung der Landschaft mit Windrädern nie etwas unternommen haben.

Die Nachfrage steigt, die Anbaufläche wuchs seit der Jahrtausendwende von fünfzehntausend auf fünfundzwanzigtausend Hektar, kein Gemüse beansprucht mehr deutschen Boden, Tendenz steigend, und das nicht mehr nur in den traditionellen Spargelanbaugebieten wie Schrobenhausen (Bayern), Schwetzingen (Baden) und Beelitz (Brandenburg).

Viele Deutsche halten Spargel auch für einen medizinischen Alleskönner. Nicht bloß, dass sie ihm andichten, der Potenz des Mannes aufzuhelfen. Er soll auch die Folgen des Alkoholgenusses nach der Orgie mildern. Er entschlackt und entgiftet, beugt Alzheimer vor und auch Hautpilzen; seine Saponine haben angeblich etwas gegen Leukämiezellen, sein Inulin nährt die guten Darmbakterien, während ein Abbauprodukt der Asparagusinsäure, eine Schwefelverbindung, die mit dem Sekret des Stinktieres verwandt ist, lediglich beim Wasserlassen für einen unverkennbaren, doch unschädlichen Duft sorgt.

Die Wiederentdeckung Hildegards von Bingen als Ernährungsratgeberin passt zum ökologischen Trend. Von Hildegard-Medizin ist gar die Rede, mit der sich gute Geschäfte machen lassen. Nach 1150 verfasste die Mystikerin das »Liber subtilitatum diversarum naturarum creaturarum«. Sie schuf damit die Brücke zwischen der antiken Heil- und Ernährungskunde und der mittelalterlichen Volksmedizin, verbunden mit theologischen und moralischen Vorstellungen. Neben den heimischen Gewächsen benutzte sie bereits mediterrane Heilkräuter, aber auch exotische Gewürze aus Asien. Sie verordnete zum Beispiel Quendel bei Durchblutungsstörungen, Kopfschmerzen, Husten und Hautkrankheiten, Bertram bei Magenproblemen, Herzerkrankungen und Verstopfung, Galgant bei Fieber, Husten, schwachem Kreislauf und Lungenproblemen.

Heute haben Bioversandhändler das wachsende Geschäft in der Hand, bieten Samen und Pflanzen von Arnika, Glockenwinde, Anisgoldrute, Kampfer, Mariengras, vietnamesischem Koriander, Hirschhornwegerich, wilder Rauke, vielerlei Minze, Ringelblumen und so weiter und so fort. Denn kaum etwas hat sich gründlicher verändert als der Beziehungswandel zwischen den Deutschen und ihrem Gemüse. Grünzeug war einmal das Stiefkind ihrer Küche.

Im Supermarkt ist das kaum noch zu ahnen, obwohl der Eindruck täuscht, den das Frischeparadies aus Früchten und Gemüsen rund ums Jahr erweckt. Ob abgepackt, küchenfertig geschält oder püriert zu Smoothies, des deutschen Pazifisten liebste Bombe auf der Jagd nach freien Radikalen. Welches Gemüse gegessen wird, entscheiden jedoch weder Verbraucher noch Bauern, sondern Saatguthersteller wie Monsanto. Sie bestimmen über die den Handel beherrschenden Sorten und Typen von Melonen und Gurken und Standardtomaten. Der Konzentrationsprozess der Saatgutindustrie verarmt die biologische Vielfalt.

Die Industrie arbeitet an Verbesserungen. An noch süßeren Melonen, an Zwiebeln, die beim Schneiden nicht mehr in den Augen brennen, oder an Salatzüchtungen, die mehr Vitamin C enthalten. Diese Vorteile gehen meist auf Kosten der kulinarischen Qualität. Die Hauptsorten sind Hybride. Sie verlieren ihre Wunscheigenschaften bereits in der zweiten Generation oder sind nicht fortpflanzungsfähig. Außerdem sind sie patentiert. Der Bauer ist dadurch gezwungen, sein Saatgut jedes Jahr aufs Neue zu kaufen, bei mittlerweile immer weniger Anbietern. Eine neu gezüchtete Tomatensorte mit kleinen gelben Früchten, nicht von Monsanto, heißt Sunviva und ist die erste, deren Samen jedermann kostenlos nutzen darf, sogar Geld damit verdienen. Nur patentiert werden darf Sunviva nicht.

Heute ist die Tomate das beliebteste Gemüse der Deutschen. Fünfundzwanzig Kilo verzehren sie pro Kopf und Jahr, allerdings nur ein Drittel davon frisch. Das aus Amerika eingewanderte Nachtschattengewächs wurde erst im zwanzigsten Jahrhundert populär. Im Supermarkt rot, prall und makellos, das ganze Jahr über, in riesigen spanischen oder holländischen Gewächshäusern in Nährlösung gezogen und unreif geerntet, garantiert schnittfest. Geschmackvollere Vielfalt steht zum Selberziehen im Biogartenversand zur Auswahl, solche Sorten tragen Namen wie German Gold, Ochsenherz orange, Green Zebra oder Black Cherry.

»Sie tragen ihre uhren
tief in sich selber, jene feinmechanik
aus kernen. werden reif, indem sie ruhen.«

So dichtete Jan Wagner, einer der meistgelesenen Lyriker, der in der Tradition der Naturlyrik steht, dem alles zum Gedicht gerät, erst recht so etwas Köstliches wie eine Tomate.

Urban Gardening in Berlin, Flughafen Tempelhof

Der hippe Städter gärtnert heute selbst. Erfolgreiche Start-ups vermieten Kleinparzellen inklusive Saatgut, am besten in biozertifizierter Erde und mit Beziehungsberatung. »Du und dein Gemüse«, so könnte die Parole des *Urban Farming* lauten. Ob auf eigener Parzelle, ob in Hinterhof-Gemeinschaftsgärten: Kleinste Randstreifen reichen aus, um Gemüse in Säcken anzubauen. *Urban Gardening* ist auch eine neue politische Aktions-

Indoorfarming

form. Die ökologisch einwandfreie Kleingärtner*in zelebriert die Selbstversorgung als Protest gegen den globalisierten Markt. Die Graswurzelbewegung wuchert und schießt ins Kraut.

Neue Techniken setzen sich auch im professionellen Gartenbau durch. Pflanzen wachsen nicht nur in Erde, sondern in Nährlösungen, auf Blähton, Vulkangestein oder gepressten Kokosfasern. Zudem hält die Digitalisierung Einzug im Gartenbau. Sensoren senden regelmäßig Luft- und Wasserdaten.

Dazu kommt *Vertical Farming:* Die hängenden Gärten von Babylon sind Vorläufer der großflächigen Bepflanzung von Gebäuden. Ökologen rechnen hoch: Diese städtische Anbaumethode reduziert den Landschaftsverbrauch und wird die von Pessimisten errechnete Lebensmittellücke minimieren.

Gemüse muss nicht mehr vom Feld kommen – es reicht sogar ein kleines Zimmer. In einer Welt, in der mehr Menschen in Städten als auf dem Land leben, ist das nur vernünftig. In renovierten Fabriketagen wachsen Kräuter, Salat, Gemüse in Metallregalen über- statt nebeneinander. Die Pflanzen stehen unter violett schimmerndem LED-Licht in weißen Plastikboxen. Die Wurzeln stecken nicht in der Erde, sondern tauchen ihre Spitzen in Wasser und speziellen Dünger. Hydrokultur spart bis zu neunzig Prozent Wasser und Dünger, weil nichts im Erdboden versickert. Lufttemperatur, Luftfeuchtigkeit müssen exakt stimmen. Schon gibt es kühlschrankgroße Gewächsboxen aus deutscher Produktion für die Einbauküche mit LED-Lampe und Zeitschaltuhr.

Der Traum von der Selbstversorgung, vom autarken Leben reift selbst im Mietquartier. Ab hundertfünfzig Euro ist ein kleines Gewächshaus mit der von der NASA entwickelten Technologie zu kriegen, auch IKEA bietet es bereits an. Wurzelkissen, Keimer, Pflanztöpfe und Bimsstein, Dünger und die Pflanzenlampe, Samen von Endivie, Mangold, Brunnenkresse, Koriander. Pflanzen ist das neue Stricken.

Weil *Indoor-Farming* Teil der Popkultur geworden ist, machen sich die Freaks auf die Suche nach exotischen Samen und alten Sorten, pflanzen seltene Kräuter, Salate und Gemüse wie die Chinesische Keule, Echten Erdbeerspinat und Gemüsemalve. Nun also zieht sich der Pflanzenfreund ins Private zurück.

Inzwischen rollt die nächste Welle, die *New-Green-Cooking*-Bewegung. Der Trend lautet: Nichts wegwerfen! Alles sei genießbar (was natürlich nicht stimmt, manches ist sogar giftig), Blätter, Wurzeln, Häute, Triebe, die Schale der Wassermelone, der Strunk des Blumenkohlkopfes, Karottenkraut, Tomatengrün. Köche am Puls der Zeit verarbeiten all das zu Suppe, Pesto, Salat. Es ist das Gegenstück zur *Nose-to-Tail*-Bewegung beim Tier, das ebenfalls ganz und gar verzehrt und genutzt werden soll, wenn man es schon unbedingt schlachten will. *Foodsharing* ist der nächste Schritt: Der Tausch selbst erzeugter Naturalien. Floskeln wie *Teilhabe, Selbstbegrenzung, Konsum als Sinnstiftung, Erweiterung des Selbst* schwirren durch die Luft.

Auch eine gesteigerte Aufmerksamkeit für die wilde Natur liegt im Trend. Mitglieder der neuen städtischen Landlustbewegung sammeln mitten in Berlin hinter Bauzäunen wilden Hopfen. Lindenblätter, Eberesche, Weißdorn und Tannennadeln: Zutaten für Berliner Baumsalat. Brennnesseln, Löwenzahn, Spitzwegerich, Schafgarbe, Sauerampfer gab es früher auf jeder Wiese. Jetzt sind Wildkräuterkurse schwer in Mode.

Farm to table heißt eine Strömung, die wie die anderen hier erwähnten nicht originär aus Deutschland stammt, aber hierzulande ohne Zeitverzug mit Inbrunst aufgegriffen wird. Durch Produktion des Gemüses im eigenen Restaurant soll der Verschwendung Einhalt geboten werden. Es wird nur so viel geerntet, wie tatsächlich verbraucht wird. Die Gerichte sind des hohen Aufwands wegen kaum billiger als die mit Fleisch.

Es wäre gut, wenn sich allgemein herumspräche, dass der Genuss von Gemüse erheblich zu steigern wäre, wenn das Rohmaterial nicht bloß gekocht oder roh, sondern auch gegrillt, geschmort, mariniert, kandiert, confiert, geräuchert angeboten würde. Das Klima allein kann es nicht gewesen sein, das den Deutschen das Gemüseessen verleidet hat. Es lag auch an ihren bescheidenen Kochkünsten.

Was ist da geschehen? Galt der Kleingärtner nicht gerade noch als Inbegriff des Spießers? Der Laubenpieper pflanzt sein deutsches Fähnchen zwischen die Stauden und Gartenzwerge, verbannt Unkraut radikal, kompostiert und düngt nach Herzenslust. Er gehört meist einem der rund fünfzehntausend Kleingartenvereinen an und unterwirft sich der Kleingartenordnung.

Auch der dunkeldeutsche Herr Schreber träumte bereits von einem moralisch einwandfreien Leben, von einem neuen Menschen, körperlich wie emotional gesundet, segensreich unterwegs als Missionar des deutschen Wesens. Der Leipziger Arzt Daniel Gottlob Schreber (1808–1861) wird bis heute verehrt. Zu den Werken dieses schrecklichen Moralisten zählen Werke wie »Der Hausfreund als Erzieher und Führer zu Familienglück und Menschenveredelung«. Nicht weniger als einen neuen

Menschen strebte er an. Sittlich einwandfrei sollte er sein, der deutsche Mensch.

Schreber steht für ein autoritäres Erziehungsideal, das die Seelen vieler Deutscher nachhaltig verkrümmt und ihnen den Drang nach Freiheit gründlich ausgetrieben hat. Unter anderem mittels eines mechanischen Apparats zur Verhinderung der Masturbation. Schreber war ein schwarzer Pädagoge. Gewisse Zuchterfolge lassen sich nicht abstreiten, wie die Geschichte zeigt.

Der deutsche Kleingärtner züchtet dagegen heute lieber Riesenzucchini und Monstererdbeeren. Schrebergärten haben mit Daniel Gottlob Schreber weniger zu tun als etwa der Dieselmotor mir Rudolf Diesel. Der erste Schreberverein entstand in Leipzig erst einige Jahre nach dessen Tod. Der wahre Gründer, der Leipziger Schuldirektor Ernst Innozenz Hauschild, benannte seine Bewegung lediglich nach Schreber. In Leipzig erschien zu dieser Zeit (1863) auch »Die Gartenlaube – Illustrirtes Famlienblatt«, die erste deutsche Massenillustrierte, eine moralische Wochenschrift zwischen Belehrung und Unterhaltung, reichlich nationalistisch und immer auf der Seite Preußens.

Der alte Schrebergarten hat mit dem neuen Urban Farming wenig gemein. Nur der moralische Rigorismus der ergrünten Deutschen erinnert noch an Schreber. Es ist kein neues Biedermeier, schon eher der Vorbote einer Revolution in der Küche.

▶ **Bauernopfer, Bio, Fleischeslust, Hausmannskost, Kochkunst, Nationalgericht, Oans, zwoa, gsuffa!, Rülpset und furzet!, Vegetarier und Veganer, Verbraucher, Vorwiegend festkochend**

Lecker

In Deutschland wird Kohldampf geschoben und gegessen, was auf den Tisch kommt. Wir kriegen unser Fett ab, hauen einander in die Pfanne, finden in jeder Suppe ein Haar und sind auch mal beleidigte Leberwurst. Wir blasen einander Zucker in den Allerwertesten, obwohl der Zucker das neue Nikotin ist. Wir riechen den Braten und reden um den heißen Brei herum. Dumm wie Brot sind wir auch und zählen Erbsen. Andererseits ist Essen das, was Leib und Seele zusammenhält, und unsere Liebe geht durch den Magen, das ist klar wie Kloßbrühe. Was das Kraut aber auch nicht fett macht. Dann haben wir den Salat. Aber den Löffel geben wir noch lange nicht ab, denn alles hat ein Ende, nur die Wurst hat zwei.

Nur wenn es ums Essen selbst geht, verödet die deutsche Sprache und schrumpft zu einem einzigen Wort: Lecker! Was heißt lecker? Leckeres Essen ist gelungen, schmackhaft, vorzüglich, köstlich, appetitlich, wohlschmeckend und mundet ausgezeichnet. Aber die meisten Deutschen gebrauchen kein anderes Wort als das eine. Lecker. Es wird für ausnahmslos alle Geschmackseindrücke benutzt. Lecker ist würzig, knackig, knusprig, cremig, herzhaft, scharf, süß. Eis ist lecker. Die Soße (Sauce) ist es, die Sahne auf dem Kuchen auch. Zum Ablecken lecker, die reinste Leckerei. Ein Leckermaul nascht gern Leckerbissen. Eine reichlich banale Kochsendung im ZDF hieß »Lafer. Lichter. Lecker«. In der ARD lautete ein Sponsorenspruch jahrelang »Lecker – unterstützt von Seitenbacher«. Eine Bioladenkette heißt *LPG: Lecker – Preiswert – Gesund. Leckerback* ist eine Aufbackladenkette. »Frittiert ist einfach lecker«, findet Nelson Müller, wenn er im Fernsehen über Pommes spricht.

Was für ein schrecklich einfallsloses, unspezifisches, ungenaues, ärmliches Wort! Genießen heißt doch auch, das Erlebnis angemessen zum Ausdruck bringen zu können. Wer etwas *lecker* findet, trägt ein fades Wort gedankenlos auf der Zunge, schmeckt zumindest sprachlich nichts heraus. Oder gibt sich bloß keine Mühe, vollmundiger zu formulieren. Wer lecker auf der Zunge trägt, behandelt die deutsche Sprache wie Fast Food. Wenn das Wort *lecker* fällt, besteht der Verdacht, dass es egal ist,

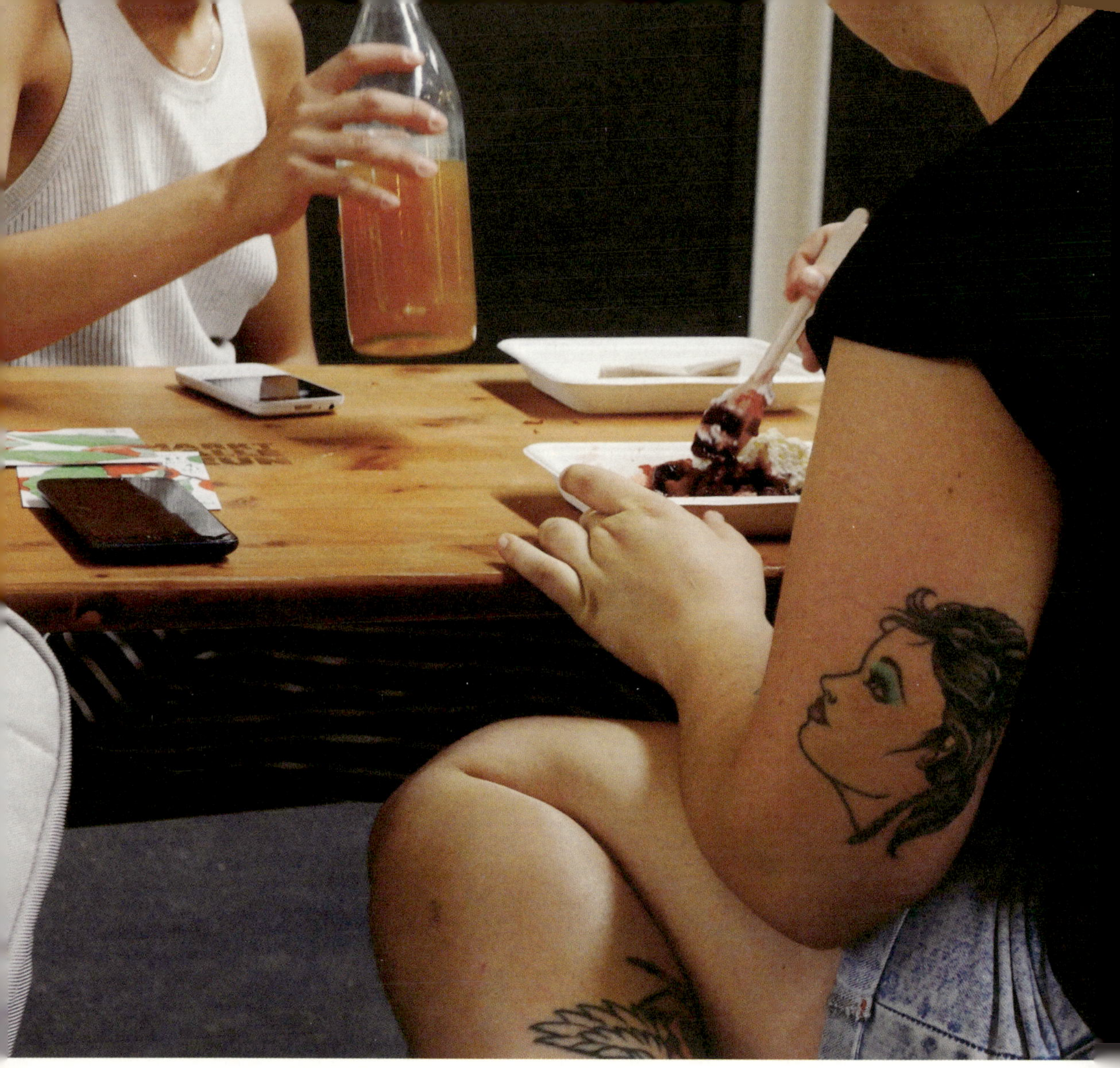

Lecker. Wirklich?

wie das Leckere schmeckt. Lecker ist das Gewohnte, Gewöhnliche, selbst die überwürzte Fertigsoße ist lecker. Der undefinierbare Mischgeschmack von Hamburgern: lecker.

Eine Speise aber ist nicht einfach lecker. Sie schmeckt so oder so. Wer schmeckt, nimmt wahr, erkennt, vergleicht – nicht bloß mit der Zunge. Er schmeckt eine Vielfalt von Geschmacksnoten, es sei denn, das Vorgesetzte ist gar nicht lecker. Zwischen lecker und nicht lecker scheint es nichts zu geben. Es ist binäre Stammelei.

Wer wirklich schmeckt, muss kosten und auskosten. Köstlich ist ein schönes Wort. Eine Vielzahl von Bedeutungen ist daran geknüpft. Köstliches kann kostbar sein im Sinne von wertvoll. Köstlich ist, was gut unterhält, anregt, amüsiert. Köstliches lassen wir uns gerne etwas kosten. Ob mit leichter Kost oder mit schwerer, der Wirt sollte seine Gäste so verköstigen, dass sie auf ihre Kosten kommen. Es kostet Zeit, Köstliches zu kochen. Dabei sollte man immer wieder kosten und schmecken – abschmecken.

Das bayerische Adjektiv *gschmackig* bedeutet interessant, intensiv, charakteristisch. Etwas *schmeckt*, kann in süddeutschen Mundarten auch bedeuten, dass es riecht. Wer Schnupfen hat, schmeckt ja auch kaum noch etwas. Die Nase schmeckt mit. Es schmeckt mir nicht, dass ich in der Kantine essen soll. Vielleicht würde es mir sogar schmecken, würden die Kolleginnen und Kollegen, meine Mitesser, nicht dauernd das Wörtchen *lecker* im Munde führen.

► **Feinkost für Feinschmecker, Geschmackssache, Grillgut, Kochkunst, Mahlzeit, Soße und Sauce**

Leitungswasser

Die Geschichte vom Weltuntergang beginnt auf dem Grunde des Rheins. Die Rheintöchter hüten das Gold, das die Götter um Wotan wenig später um den Verstand bringt. Ja, wenn sie es nur sorgsamer gehütet hätten! Stattdessen – so die Regieanweisung – munteres Gekreisch im köstlichen Nass. »Weia! Waga! Woge du Welle, walle zur Wiege! Wagalaweia! Wallala weiala weia!« Gaga? Nein, bloß Wagners Woglinde.

Ein paar Tausend Jahre nach den Rheintöchtern, im Mai 1988, sprang ein Minister der Bonner Republik, ein furchtloser Mann namens Klaus Töpfer, im schwarzen Ganzkörperneoprenanzug und roter Badekappe in den Rhein, um zu beweisen, dass das Wasser des deutschen Stroms zu überleben sei. Falsch. Töpfer selbst hat es zwei Jahrzehnte später dementiert. Es hatte nur eine Wettschuld eingelöst.

So ist das mit Legenden. Einst hatten sich Chemieabwässer von Basel, Ludwigshafen und Leverkusen flussabwärts gewälzt, der Lachs sich auf und davon gemacht. Doch seit drei Jahrzehnten gilt der Rhein größtenteils nur noch als mäßig belastet, der Quecksilbergehalt ging gegenüber dem Jahr 1985 um etwa siebzig Prozent zurück. In den Uferbereichen wird von einigen Wasserwerken sogar wieder Trinkwasser entnommen.

Deutsches Leitungswasser ist gut. Die Bemühungen, es gut zu halten, nehmen zu, das müssen sie auch. Denn die Landwirtschaft hat es übertrieben. Bestandteile von Putenkot und Schweineschiss, Bullenpisse und Kunstdünger finden sich auch noch zwölf Meter unter der Erdoberfläche im Wasser, und der exzellente Ruf des deutschen Leitungswassers leidet an immer mehr Orten. Laut Umweltbundesamt hält ein knappes Fünftel des Grundwassers in Deutschland den Schwellenwert von fünfzig Milligramm Nitrat je Liter nicht ein.

Aus der Leitung kommt noch immer vielerorts exzellentes, fast überall annehmbares Trinkwasser aus dem Hahn. Die deutschen Wasserversorger, meist in kommunaler Hand, sind zu Recht stolz. Ein ums andere Mal beweisen Tests, dass deutsches Leitungswasser oft auch dem teuren Mineralwasser in nichts nachsteht. Das war nicht immer so, es war stark mit Chlor versetzt, schlecht gereinigt oder floss durch Kanäle, die auch fürs

Abwasser da waren. Leitungswasser schmeckt neutraler, milder, weniger sauer, weil die Mineralstoffe fehlen.

Doch ausgerechnet bei den sparsamen Deutschen gilt Leitungswasser nichts, vermutlich gerade weil es quasi umsonst ist. Sie verwechseln Wert und Preis. Der Volksmund weiß: »Valeri und valera, Wasser ist zum Waschen da. Auch zum Zähneputzen kann man es benutzen.«

Einfach mit Wasser aus der Leitung den Durst zu löschen, ist in Deutschland nicht üblich. Wenn es den Deutschen in ihrem regnerischen Land

Trinkwasserwerbung in Düsseldorf

an etwas nie gefehlt hat, dann doch an Wasser! Wie fast immer, wenn jemand von etwas zu viel hat, achtet er es nicht. Der Deutsche wäscht sein Auto aus demselben kostbaren Quell, mit dem er auch das Klo spült und den Rasen sprengt. Aber er trinkt davon nicht gern.

Als es noch nicht aus der Leitung kam, stand Wasser keineswegs immer und überall in hinreichender Qualität zur Verfügung. Brunnen, Zisternen, ein Heer von Wasserträgern versorgte die wachsende städtische Bevölkerung. Wasserleitungen, die Wasser aus Flüssen herbeitransportierten, gab es selbst im reichen Augsburg erst 1548.

Unrat und Kadaver wurden bedenkenlos im Rinnstein entsorgt, Schadstoffe sickerten ins Grundwasser. Nur an den Tagen, an denen in München gebraut wurde, durften Färber und Kürschner ihre Laugen und Säuren nicht in die Isar kippen. Wer mochte schon vergiftetes Bier trinken! Auf den Schutz des Trinkwassers wurde weniger Rücksicht genommen. Wasser ist fürs Vieh, glaubte der Bayer. Gegen Pest und Cholera half, wie jedes Kind wusste, Schnaps. Kein Zufall war es, dass die Pioniere der Hygiene aus Deutschland kamen. Es tat not. Der Münchner Mediziner Max Josef von Pettenkofer gründete nicht bloß das erste Hygiene-Institut Deutschlands (1865) und schuf eine neue Wissenschaft, sondern sorgte auch dafür, dass die bayerische Residenzstadt eine zentrale Trinkwasserversorgung und Kanalisation bekam, zu ihrer Zeit vorbildlich in Europa.

Der Deutsche, vor allem jüngeren Semesters, ob auf ärztliches Anraten oder aus Lifestylegründen, schluckt heute Wasser wie ein Loch. Er führt großkalibrige Flaschen mit sich, gefüllt mit teuer erstandenem Mineralwasser. Seltsam bei einem Volk, das so sehr auf den Cent achtet. Prokopfverbrauch Mineralwasser 1970: 14,5 Liter. Heute: hundertfünfundsiebzig Liter. Was ist geschehen? Würde der Durchschnittsdeutsche immer nur Leitungswasser trinken, würde er zweihundert Euro im Jahr sparen. Dafür muss eine schwäbische Hausfrau lange stricken. Stattdessen sparen wir lieber beim Spülen der Toilette.

Anders als die Franzosen haben Durchschnittsdeutsche die kulinarische Bedeutung des Leitungswassers nicht erkannt. Das ist auch daran zu erkennen, dass fünfundachtzig Prozent des hierzulande verkauften Mineralwassers sprudeln. Der Kenner weiß, dass Kohlensäure das Geschmacksempfinden beim Wein beeinträchtigt. Wassersommeliers, die es inzwischen auch in der deutschen Edelgastronomie gibt, empfehlen, mit den Weinen auch das Wasser – besser still – zu wechseln.

Doch ein Wandel zeichnet sich ab. Es wäre ja auch gelacht, sollten die Deutschen ausgerechnet beim Wassertrinken den Anschluss verpassen. Inzwischen sprudelt es tendenziell mehr medium, sanft oder mild wie in Frankreich oder Italien. Auch haben die meisten Deutschen inzwischen mitgekriegt, dass es mehr und weniger lebhafte Wasser gibt, nicht bloß mit und ohne, wie früher beim Wein lieblich und herb. Die feinen Geschmacksunterschiede sind dem Durchschnittstrinker oft nicht geläufig, dafür weiß er, worauf zu achten ist beim Studium der amtlichen Analysen auf den Mineralwasserflaschen. Hydrogencarbonat, Calcium, Natrium, Magnesium, Kalium. Nicht alle Mineralien sind wertvoll, nicht alle gut fürs Kind.

Es besteht Aussicht, dass sich der Wassergeschmack in Deutschland weiter ausdifferenziert. Die Supermärkte bieten schon mehr Wassersorten an als Kartoffelsorten. Manche kommen aus den entferntesten Weltgegenden und erzielen absurde Preise. Edelwässerchen zu dreißig Euro pro stylisch designtem Fläschchen sind keine Rarität. Dekadenz macht vor Wasser nicht halt. Die besten Wasser aus deutschen Brunnen, etwa der Vulkaneifel, sind qualitativ mindestens ebenbürtig.

Auf Mineralwasser setzt die Gastronomie absurderweise größere Gewinnspannen als auf Bier. In Österreich steht selbstverständlich ein Glas Wasser unaufgefordert neben dem Großen Braunen. In Frankreich gibt das Gesetz dem Gast das Recht auf einen Krug Wasser. Nobelhart und Schmutzig, ein Sternelokal in Berlin, ist vielleicht Trendsetter in Deutschland. Es bietet gar kein Mineralwasser mehr an. Wer Wasser trinken will, bekommt es aus der Leitung umsonst. So selbstverständlich ist das nicht. In Erinnerung ist das Geschrei, das der Schauspieler Till Schweiger veranstaltete, als eine Zeitung geschrieben hatte, in seinem Lokal werde für einen Liter Leitungswasser 4,20 Euro in Rechnung gestellt. Er setzte sich mit der »Gegendarstellung« zur Wehr, es handle sich nicht um Leitungswasser, sondern um »fein gefiltertes Hamburger Trinkwasser«. Na dann.

► **Bauernopfer, Gaststättenverordnung, Hopfen und Malz, Imbissbude, Kochkunst, Oans, zwoa, gsuffa!, Schnapsnase, Spätlese**

Mahlzeit

»Mahlzeit!« »Mahlzeit!« »Mahlzeit!«, schallt es durch alle Flure, wenn die Mittagspause anbricht. Der Angestellte schlurft zur Kantine. Der obligatorische Wunsch ist eine Verkürzung. In voller Länge müsste es *Gesegnete Mahlzeit* heißen, wie es im Wörterbuch der Gebrüder Grimm steht. Es handelt sich mithin um einen frommen Wunsch. Und der ist auch nötig. Anders als das, was er nahelegt, ist eine Mahlzeit weit mehr als einfach nur Essen.

Besonders anschaulich wird dies in Mozarts Oper »Don Giovanni«. Der Steinerne Gast, die Statue des getöteten Komturs, erscheint zum Mahl und stürzt seinen Gastgeber in die Hölle. Am schlechten Essen liegt es nicht. Ein Mahl ist Höhepunkt, mal ausgelassen, mal feierlich, mal hochdramatisch. In dem Theaterstück »Don Juan oder die Liebe zur Geometrie« von Max Frisch wird die Höllenfahrt nur vorgespielt. In Wahrheit landet der Held in der schlimmsten Hölle von allen, der Ehehölle. Und so sitzt er am Ende nicht mit dem Steinernen Gast, sondern mit Miranda am Tisch.

Don Juan: Mahlzeit.
Miranda: Mahlzeit.
Sie beginnen schweigsam zu essen, langsam fällt der Vorhang.

Das schöne deutsche Wort »Mahlzeit«. Hier ist es wieder, hier muss es wieder sein, besser hat es nie gepasst. Don Juan ist noch am Leben, aber ist es so noch lebenswert? Mahlzeit wird zum Synonym für Hölle.

Das Wort Mahlzeit hat noch nie bloß Gutes versprochen. »Prost Mahlzeit!«, kommentiert der Wachtmeister in Schillers »Wallensteins Lager« die schwierige Lage des kaiserlichen Heeres. »Na Mahlzeit, und viel Vergnügen«, lamentiert der Journalist Kaflisch in Heinrich Manns Roman »Schlaraffenland« über das Elend, mit zehn Pfennigen brutto pro Zeile auskommen zu müssen.

Mahlzeiten gliedern den Tag, geben ihm Struktur, ordnen den Alltag. Am strengsten sind Mahlzeiten einzuhalten, wenn große Gruppen verpflegt werden müssen, die in einen genauen Tagesablauf eingespannt

Schnelle Mahlzeit

sind, etwa in Klöstern, Kasernen, Internaten, Gefängnissen und Krankenhäusern. Das Davoser Lungensanatorium in Thomas Manns »Zauberberg« schreibt vor: Erstes Frühstück, Liegekur, zweites Frühstück, Liegekur, Mittagessen, Liegekur, Abendessen, Liegekur. Das unerbittliche Regelmaß der jahrelangen Aufenthalte machen das Essen zur einzigen Unterbrechung und Abwechslung, obwohl es selbst Teil des ermüdenden Gleichmaßes ist.

Mahl und Zeit! Die Zeit ist so wichtig wie das Mahl. Deutsche Pünktlichkeit ist angesagt, ob der Mensch mittags um zwölf zur Mahlzeit schreitet oder erst am frühen Nachmittag, ob er das Abendbrot zum Sonnenuntergang zu sich nimmt oder ein späteres Nachtmahl vorzieht. Vom Frühstück war bereits die Rede, einem Opfer der Zeitnot.

Das Mittagessen steht besonders unter der Diktatur der Arbeitswelt. Seit der Mensch zur Arbeit das Haus verlassen muss, regelt sein Arbeitgeber, wann und wie lange er essen darf. Pausenzeiten sind Paragrafen in Tarifverträgen. Das Reglement sieht vor, dass die Mittagspause der Stärkung und damit Wiederherstellung des Arbeitnehmers zu dienen hat. Der Mitarbeiter betritt die Kantine so pünktlich, wie er sie wieder verlässt. Eine halbe Stunde Zeit. In dieser Frist kann ein Mensch sich sättigen, aber nicht speisen, also kein Mahl zu sich nehmen, das den Namen verdient. Auch das, was der deutsche Angestellte auf sein sand- bis senffarbenes Kunststofftablett lädt, hat das Wort *Mahl* selten verdient. In Frankreich käme niemand mit so einer kurzen Mittagspause aus. Weiße Tischdecken, Servietten, drei Gänge, ein vernünftiges Glas Wein sind auch in Betriebsrestaurants üblich. Vielleicht ist deshalb das deutsche Wort *Mahlzeit* nicht wirklich ins Französische übersetzbar.

In den frühen Fabriken schufteten die Arbeiter elf oder zwölf Stunden lang. Die erste Pause gab es um acht (zwanzig Minuten), mittags (eine Stunde) gingen die Malocher nach Hause. Allerdings wohnten immer weniger Arbeiter in der Nähe der Fabriken. Sie aßen am Arbeitsplatz aus dem Henkelmann, als es noch keine Kantinen gab.

Je höhergestellt der Mensch war, desto später aß er zu Mittag. In früheren Zeiten *dinierte* er. Heute ist aus dem Diner das Abendessen geworden. Der französische Adel hatte noch am Nachmittag diniert und viel später *soupiert*. Der Philosoph Immanuel Kant (Leibspeise Kabeljau in Senfsauce) lud jeden Mittag zu ausgedehnten, drei- bis vierstündigen Tischrunden mit bis zu sechs Gästen. Er aß allerdings nur einmal am Tag.

Wer mittags tafelt wie Kant oder ausführlich brunchst, braucht zu Kaffee und Kuchen nicht gleich wieder anzutreten. Nach einem hastigen *Business-Lunch* jedoch ist die deutsche Variante der Tea-Time verlockend, die Kaffeepause. Es folgt das Abendessen, die Mahlzeit, die endlich genug Zeit ließe zu kochen, sich mit Freunden zu treffen, die Familie um den Tisch zu versammeln. Doch besteht das klassisch-karge deutsche Abendbrot nur aus Aufschnitt und allenfalls Käse zum Brot.

Mahlzeiten sind nicht nur Ereignisse, die den Tag gliedern. Sie besitzen auch eine Form. So ist die Folge der Speisen selbst in der Spitzenküche außerordentlich stabil: Dem appetitanregenden Gruß aus der Küche (auch im Deutschen Amuse-Bouche – Mundfreude – oder Amuse-Gueule – Gaumenfreude – genannt) folgen kalte und warme Vorspeise (Suppe), Fischgang, Fleischgang, Käse, Dessert, Petit Fours zum Kaffee. In der gutbürgerlichen Küche sind es nur drei Gänge: Suppe, Hauptgang, Dessert. Weshalb immer so und nicht anders? Hinter der hartnäckigen Konvention ist die alte Ordnung zu erkennen, mit der sich feudale Standesgesellschaften bei Tisch präsentierten.

Genaue Vorschriften legten fest, wer wie vielen Gästen was auftischen durfte. In Herford etwa trat 1670 folgende Ordnung in Kraft: »Den beiden höheren Ständen sind Potthast, Schweinefleisch oder Wildbret, Reis, Speck und Würste, Senffleisch, frische Fische und Braten erlaubt; der dritte und vierte Stand habe sich mit Potthast, Reis, Senffleisch mit Butter und Käse zu begnügen.« Die Mahlzeit bildet die soziale Ordnung ab. Potthast ist übrigens ein traditionelles westfälisches Gericht aus angebratenem und dann lange in einem Zwiebelsud mit reichlich Pfeffer geköcheltem Rindfleisch.

Diese Bedeutung der Mahlzeit hat sich weitgehend verloren, zumindest im privaten Rahmen. Dort wird sie zunehmend zur Nebenbeschäftigung. Vor laufendem Fernsehapparat, neben Laptop und Smartphone werden Wurststulle und Pizzaecke aus der Hand gefuttert. Wann immer es sie überkommt, essen die Leute, am Schreibtisch, im Fahren, im Gehen und Stehen. Der Alltag verliert seine Struktur. Der Trend heißt *Snacking* – das kleine Essen zwischendurch.

Was geht dabei verloren? Nicht zuletzt das Ritual des gemeinsamen Mahls. Vorbei sind die Zeiten, in denen es wie in der »Deutschstunde« von Siegfried Lenz hieß: »Wenn gegessen wurde bei uns, dann wurde gegessen, und zwar schon deshalb, weil, wie mein Großvater sagte, beim Essen die Zeit gleichmäßig vergeht.«

Der Soziologe Georg Simmel stellte fest: »Von allem nun, was den Menschen gemeinsam ist, ist das Gemeinsamste, dass sie essen und trinken müssen.« Man könnte ergänzen: Und miteinander sprechen. Dazu versammeln sie sich um den Tisch. Essen, Trinken, Sprechen. Das Mahl wirkt gemeinschaftsbildend. Wiederum mit Simmels Worten: »Personen, die keinerlei spezielles Interesse teilen, können sich bei dem gemeinsamen Mahle finden – in dieser Möglichkeit, angeknüpft an die Primitivität und deswegen Durchgängigkeit des stofflichen Interesses, liegt die unermessliche soziologische Bedeutung der Mahlzeit.« Und sei es, dass man bloß über das gemeinsam Verzehrte spricht. »Auch die Tischunterhaltung darf sich, wenn sie im Stil bleiben will, nicht über die allgemeinen, typischen Gegenstände und Behandlungen in individuelle Tiefen begeben.« Ist das ein Widerspruch? Nein, es ist die Natur der gemeinsamen Mahlzeit. Sie »fordert Unabgelenktheit und Unaufgeregtheit beim Essen [...] Über die Banalität der gewöhnlichen Tischgespräche zu klagen, ist deshalb ganz missverständlich.« Das allzu Bedeutsame wird beim Essen gemildert, relativiert, ins Gesellige transformiert, und umgekehrt wird bei Tisch das Unbedeutsame bedeutend.

Das gemeinsame Mahl ist allen Kulturen wichtig (gewesen). Es »baut also eine Brücke von der Natur zur Kultur, indem sie den physischen Essvorgang in eine kulturelle Angelegenheit umwandelt«, konstatiert die Ernährungssoziologin Eva Barlösius. Damit verlangt das Mahl nach einer Form, nach Regeln. Diese Struktur spielt eine immer geringere Rolle. Wenn vom Verfall der Familie als Gemeinschaft die Rede ist, darf der Wegfall der gemeinsamen Mahlzeiten als Ursache nicht unterschätzt werden. Weil nicht mehr gemeinsam gegessen wird, wird auch auf die Zubereitung weniger Wert gelegt.

Die Argumente für das gemeinsame Mahl sind bekannt. Trotzdem werden sie zunehmend ignoriert. Kinder, die regelmäßig mit ihren Eltern essen, entwickeln bessere Sprachfertigkeiten. Die gemeinsame Mahlzeit verbessert das Familienklima, dient der Konfliktbewältigung. Allerdings haben Geldsorgen oder schlechte Noten nach Ansicht der Fachleute nichts am Esstisch zu suchen. Immer weniger Familien jedoch versammeln sich unter der Woche gemeinsam am Tisch. Am ehesten noch zum Abendbrot. Dieser Trend hält seit Jahrzehnten an.

▶ **Brotzeit, Frühstücksei, Gutbürgerlich, Hausmannskost, Imbissbude, Kochkunst, Manieren und Sitten, Nationalgericht, Sonntagsbraten, Staatsbankett**

Manieren und Sitten

Wenn man dann am Tisch sitzt, sollte man mit dem Essen warten, bis alle da sind. Und man sollte sich nicht so viel nehmen, dass den anderen weniger bleibt. Und, und, und. Sonst hat man keine Manieren. »Jede Prüfung einer Speise durch direktes Beriechen mittels unzweideutiger Annäherung der Nase an den Gegenstand ist unschicklich, roh, und andere im höchsten Grade störend auf das Bestimmteste zu missbilligen.« So Gustav B. Blumröder, Arzt, Psychiater und Abgeordneter in der Frankfurter Paulskirche, in seinen berühmten, unter dem Pseudonym Antonius Anthus 1828 veröffentlichten »Vorlesungen über die Eßkunst«. Auch Rumohrs »Geist der Kochkunst« kommt nicht ohne Benimmregeln aus. »Sitze aufrecht, und sei nicht der erste, in die Schüssel zu langen. Schlürfe die Speise, etwa die Suppe, nicht hinein wie ein Schwein; blase die Kost auch nicht, dass es allenthalben umherspritze. Merke dir außerdem: Du sollst auch nicht zugleich essen und reden, denn solches ist bäurisch.« Die Begründung ist entlarvend: Manieren unterscheiden. Sie sind ein Erkennungsmerkmal des Bürgers, eine Art Ersatz für Standesdünkel.

Aber auch ein Mittel autoritären Verhaltens. Kafkas autobiografische Erzählung »Brief an den Vater« belegt es. Der Briefschreiber erinnert sich: »Da ich als Kind hauptsächlich beim Essen mit Dir zusammen war, war Dein Unterricht zum großen Teil Unterricht im richtigen Benehmen bei Tisch. Was auf den Tisch kam, mußte aufgegessen, über die Güte des Essens durfte nicht gesprochen werden.« Tischmanieren regeln das Mahl in Gemeinschaft. Hier spiegelt es die Herrschaftsverhältnisse in der Familie. Das Mahl dient der Erziehung. Es wird angerichtet, um das Kind zuzurichten. »Düstere Stille war bei Tisch, unterbrochen von Ermahnungen: ›Zuerst iß, dann sprich‹ oder ›schneller, schneller, schneller‹ oder ›siehst Du, ich habe schon längst aufgegessen‹.« Es gilt das Grundgesetz jeder Machtausübung: Quod licet Iovi, non licet bovi. Der Vater erscheint als erbarmungsloser Ersatzgott, der sich an seine eigenen Regeln nicht halten mag. »Die Hauptsache war, daß man das Brot gerade schnitt; daß du das aber mit einem von Sauce triefenden Messer tatest, war gleichgültig. Man musste achtgeben, daß keine Speisereste auf den Boden fielen, unter Dir lag schließlich am meisten.«

Tischordnung

Machtmissbrauch, Unterordnung, Überordnung: Da bleibt der Esslust wenig Raum. Kafkas Erzähler erlebt am Familientisch die Welt dreigeteilt. »In der einen, wo ich, der Sklave, lebte, unter Gesetzen, die nur für mich erfunden waren und denen ich überdies, ich wußte nicht warum, niemals völlig entsprechen konnte, dann in eine zweite Welt, die unendlich von meiner entfernt war, in der Du lebtest, beschäftigt mit der Regierung, mit dem Ausgeben der Befehle und mit dem Ärger wegen deren Nichtbefolgung«, und schließlich in den Weltteil der Demütigung: »Ich war immerfort in Schande, entweder ich befolgte Deine Befehle, das war Schande, denn sie galten ja nur für mich; oder ich war trotzig, das war auch Schande, denn wie dürfte ich Dir gegenüber trotzig sein.«

So lange ist es noch nicht her, da Kinder bei Tisch zu schweigen hatten, aufzuessen hatten, was auch immer auf den Tisch kam. Ständig wurden sie ermahnt, nicht zu lümmeln, nicht zu kleckern, nicht zu kippeln. Mit Tischmanieren wurden Mädchen und Knaben traktiert. Heute sind Erziehungsberechtigte toleranter, nachgiebiger, lässiger. Vielleicht haben sie auch einfach nur resigniert. Ihre Kinder dürfen kleckern, müssen nicht aufessen, müssen überhaupt nicht essen, schon gar nicht, was sie nicht mögen. Bloß kein Zwang! Heute wissen wir: Manieren sind weniger das Resultat von Ermahnungen oder gar Bestrafungen, sondern vor allem von Vorleben und Nachahmung.

An Manieren mangelt es oft genug auch Erwachsenen, wie der scharfzüngige Feuilletonist Fritz J. Raddatz in seinen Tagebüchern spottet. Sogar »auf Häppchen-und-Champagner-Ebene – die meine Herren Literatenfreunde nicht mal genießen. Sie sehen kein Bild, sie mampfen das Essen rein, sie stellen die Stühle um.«

Zu unterscheiden ist zwischen Tischmanieren und Tischsitten, die Ausdruck von Tischkultur sind. Selbst in der Oberschicht geht es nicht unbedingt kultiviert zu. Raddatz hat sich auch darüber immer wieder ausgiebig beklagt. »Sonst alles furchtbar: billige Tische, keine Servietten, Essen musste man sich selber holen. Ohrenbetäubende Musik« – und das bei einer Geburtstagsfeier des Industriellen Konrad Henkel.

Das Tier reißt sich um die Beute. Der Mensch verteilt sie gesittet. Der bis heute gültige Klassiker des deutschen Soziologen Norbert Elias »Über den Prozess der Zivilisation im Abendland« von 1939 nimmt sich deshalb ganz besonders der Tischsitten an. Es ist ein steter Prozess der Verfeinerung und zugleich ein Prozess der Angleichung von oben nach unten. Die Bürger übernehmen nach und nach die Gewohnheiten des Adels. Unterschiede schwinden, Normen werden gelockert. Heute kann eher von einer Angleichung von unten nach oben die Rede sein. Currywurst-Deutschland isst oben wie unten im Stehen und Gehen, ohne Besteck, ohne Serviette.

Am Anfang waren die Tische kaum gedeckt, in Deutschland länger als anderswo. Selbst der Löffel war zunächst ein persönlicher, kostbarer Besitz. Er steckte am Gürtel, deshalb heißt es *Besteck,* und man gab ihn erst ab, wenn man starb. Noch im Mittelalter waren weder Besteck auf dem Tisch noch Teller Standard. Man aß mit den Fingern aus einer Schüssel pro Tisch. Flüssige Speisen, Suppen, wurden aus einer gemeinsamen

Kelle oder einem Napf getrunken. Statt Tellern kamen Holzbrettchen auf den Tisch, bis heute vielfach im Gebrauch beim deutschen Abendbrot. Auch altbackene Brotscheiben waren als saugfähige Unterlage üblich, die nicht gegessen wurden. Sie landeten dennoch nicht im Müll, sondern in den Mägen der Armen oder im Schweinestall.

Im zwölften Jahrhundert führte der englische König Heinrich II. Gabeln ein. Sie dienten der Vorlage der Speisen aus der gemeinsamen Schüssel auf die individuellen Teller aus Holz oder Zinn. Doch war die Tischgesellschaft damit zunächst überfordert, hielt das Werkzeug für eine Waffe und begann aufeinander einzustechen. Der von Martin Luther überlieferte Satz, er möge vor Gabelstichen bewahrt bleiben, bezieht sich allerdings nicht aufs Essbesteck, sondern auf die Mistgabel als Waffe in den Bauernkriegen. In Deutschland ließ man sich mit dem Gabeln bei Tisch noch einige Jahrhunderte länger Zeit. In England, Frankreich, Italien waren die höfischen Gesellschaften weiter. Als »welsche Manier« wird etwa das Gabeln von Salat im deutschen Barockroman »Philander« von Johann Michael Moscherosch abgelehnt. Die Deutschen nahmen sich noch immer lieber mit den Fingern. Erst mit der Industrialisierung wurde Besteck zur erschwinglichen Massenware.

Damit sich Oben vom Unten bei Tisch gebührend unterschied, wurde zunehmend ein enormer Aufwand betrieben. Was Oben geschah, konnte sich auch nur Oben leisten. Der Aufwand galt nicht nur der Qualität der Speisen, sondern allem, was sonst noch zur Tafel gehört. Wurde zunächst noch das Besteck zwischen den Gängen gesäubert, ging man bald dazu über, den Tisch von Beginn an mit Batterien von Geräten und Gläsern zu decken. Suppenlöffel, Kaffeelöffel, Kuchengabeln, Fischgabeln, Vorlegegabeln, Salatgabeln, Cocktailgabeln, Zuckerzangen, tiefe Teller, flache Teller, kleine Teller, Untertassen, unterschiedliche Gläser für jedes Getränk, Weißwein, Rotwein, Süßwein, Schaumwein, Wasser.

Die Ausstattung aus teurem Material wird zum Statussymbol. In Fontanes Roman »Effie Briest« beklagt sich eine Adlige über das Silbergeschirr auf dem Tisch eines Oberförsters. Noch heute sind versilbertes oder gar silbernes Besteck in bürgerlichen Kreisen klassische Hochzeitsgeschenke. Das »gute« Geschirr wurde bei Muttern nur sonntags und an Feiertagen aufgetragen, ansonsten zur Schonung im Geschirrschrank verstaut.

Gerade wer das Essen mit den Händen anfasst, benötigt Manieren. Händewaschen, am besten für alle sichtbar, gehört dazu, da doch alle in dieselbe Schüssel greifen. Im »Nibelungenlied« ist zu lesen, dass der König nicht nur als Erster in die Essschüssel langte, sondern auch seine Hände als Erster ins Waschbecken tauchte. An der gemeinsamen Schüssel galt Rücksicht. Niemand sollte sich die besten Stücke herausfischen, nicht Abgebissenes in die Tunke tauchen, keiner schneller essen als die anderen, also zum Beispiel pausieren, während der Nachbar trank. Die Löffel wurden geteilt, doch immer wieder abgewischt, wenn sie von Hand zu Hand gingen. Dazu brauchte man eine Serviette. Die ersten Servietten wurden im Mittelalter über die linke Schulter gelegt. Wer sich in sie schnäuzte, besaß keine Manieren.

Keine Norm ist von Beginn an selbstverständlich. Ein guter Teil der Tischmanieren ist mit Hygiene oder Höflichkeit begründbar. Aber andere haben mit Hygiene, so Norbert Elias, »nicht das mindeste zu tun [...] sondern auch heute noch lediglich mit dem ›peinlichen Gefühl‹«. Sie werden lediglich mit Hygiene gerechtfertigt. Die zahllosen Tabus und Verbote beim Gebrauch des Messers werden mit der Gefährlichkeit des Instruments begründet, sind tatsächlich aber nicht bloß zweckmäßig, sondern »primär emotionaler Natur«. Reinige dir nicht die Zähne mit dem Messer, heißt es schon im Mittelalter, führe es nicht zum Munde, nicht, weil man sich schneiden könnte, sondern wegen der »Emotionen, die der Anblick oder die Vorstellung des gegen das eigene Gesicht gerichteten Messers erweckt«.

Warum sollte man Fisch nicht mit dem Messer zerteilen dürfen? Weil er sich mit dem Fischmesser besser zerlegen lässt als mit der scharfen Klinge. Ja, das auch. Aber vor allem, weil solche Sitten soziale Distinktionsmittel sind. Deshalb heißt es: So etwas tut man nicht! Nicht in unseren Kreisen. Lange vor Elias hat der Soziologe Georg Simmel in einem so kurzen wie gehaltvollen Aufsatz zur »Soziologie der Mahlzeit« die Bedeutung von Manieren und Sitten beschrieben. Essen soll mehr sein als Essen. Das Essen mit der Hand »verknüpft den Einzelnen unmittelbar mit der Materie und ist die Äußerung der reservelosen Begierde«. Messer und Gabel dagegen steigerten das Essen zur »Sozialform«. Dazu bedürfe es verschiedener Regeln. Messer und Gabel etwa »mit der ganzen Faust zu umschließen, ist hässlich, weil dies die Freiheit der Bewegung hindert«.

Im Aufkommen des individuellen Geschirrs und Bestecks sieht Simmel aber auch ein »individualistisches Gebilde«. Der Teller zeigt an, dass die Essportion einer Person zugeteilt ist. Zugleich hebt der Teller »diesen symbolischen Individualismus doch wieder in einer höheren formalen Gemeinsamkeit auf«. Das Separieren der Esser durch eigene Teller und Besteck bedeutet: Territorien sind markiert, Körper isoliert. Die Gänge werden serviert, Portionen zugemessen. Es herrscht nun weniger Unruhe am Tisch, aber auch weniger Kommunikation.

Die allmähliche Befreiung des Individuums ist bei Tisch zu erkennen. Die Tischkultur hat sich zwischen Renaissance und Barock, dem Zeitalter der Aufklärung, entscheidend weiterentwickelt. Eine »Fülle von nationalen und sozialen Variationen der Tafelsitten« entsteht nun, bemerkt Elias. Die gesellschaftlichen Unterschiede sind größer als die nationalen, dennoch gibt es sie, gerade zwischen Deutschen und Franzosen. »Ähnlich wie in Deutschland, wenn auch bei weitem nicht in dem gleichen Ausmaß, spricht auch in Frankreich die höfische Gesellschaft eine andere Sprache als die Bourgeoisie.« In adligen deutschen Kreisen wird beim Essen möglichst nicht über das Essen geredet. Ganz anders in Frankreich.

Es geht immer um die Balance von Freiheit und gesellschaftlicher Norm. In Deutschland zählt das Kollektiv sehr lange mehr als das Individuum, Sekundärtugenden wie Disziplin werden besonders hochgehalten, der getreue Untertan ist bürgerliches Leitbild, auch die politische Freiheit kommt später als anderswo. Es geht streng zu bei Tisch im wilhelminischen Kaiserreich und auch danach. Anstandsbücher überschwemmen den Markt.

Die Weltkriege waren große Gleichmacher. In den Kriegswirren verlor die Etikette ihre Bedeutung. Die Nazis vertraten ohnehin das kleinbürgerliche Milieu als Leitbild. »Die deutsche Revolution von 1918«, schrieb Hitler in »Mein Kampf«, »wäre nicht möglich gewesen, wenn die geistige Oberschicht statt guten Benehmens das Boxen gelernt hätte.«

Die Studentenbewegung der Sechzigerjahre war Auflehnung gegen Konventionen jeder Art. Benehmen galt als »bürgerliche Scheiße«. Und heute? Zwanglosigkeit ist ein Dogma unserer Zeit. Die Situation bestimmt das Verhalten. Im Schnellrestaurant isst man mit den Fingern aus Pappschachteln. Wer beim Chinesen nicht mit Stäbchen hantieren kann, blamiert sich zwar. Aber im Großen und Ganzen gelten Tischmanieren als überbewertet. Tischkultur tendenziell als dekadent.

Ein Trend der klassenlosen Gesellschaft ist die Reduktion von Aufwand. Die Zahl der Gänge selbst bei »offiziellen« Abendessen sinkt auf drei bis vier. Alles wird schlichter und informeller. Wegwerfgeschirr aus Plastik

Die Schlacht ist geschlagen

galt so lange als praktisch, bis die Vermüllung der Weltmeere das kollektive Bewusstsein veränderte.

Gibt es überhaupt noch Regeln? Wer Fischstäbchen mit dem Messer schneiden möchte, kann es tun. Wozu überhaupt noch Messer und Gabel? Vom viel zu dicken, triefenden Burger beißt jedermann ab, und selbst auf edlen Partys wird Fingerfood herumgereicht. Der Satz von Norbert Elias: »Die Gabel ist nichts anderes als die Inkarnation eines bestimmten Affekt- und Peinlichkeitsstandards« klingt heute absurd.

Verfallen die Manieren? Und wenn sie verfallen, weshalb? Weil es keine Standesunterschiede mehr gibt? Oder weil man sie nur nicht mehr zeigt. Heute trägt auch die Millionärstochter Hosen mit Löchern, womöglich haben sie dreihundert Euro gekostet. Und wenn Raddatz sich beschwert, dann doch wohl vor allem über den Mangel an Großzügigkeit. »Geradezu ostentativ gähnte das Schloß ohne Blumenschmuck, die Häppchen zu dem EINEN Glas Sekt (es wurde nicht nachgeschenkt) waren die kleinsten, die ich je sah, wie der Fingernagel des kleinen Fingers, dann gab es an einer ZU langen Tafel (so daß man sich außer mit der unmittelbaren Tischdame mit niemandem unterhalten konnte) EINE Scheibe Pastete, weißen Landwein aus Karaffen, die aber nicht auf dem Tisch standen, so daß die Gläser ewig leer blieben, dann ein dünnes Süppchen, dann Reh mit Pfifferlingen, aber so ungeschickt serviert, dass stets entweder die Pilze oder das Fleisch oder der Rotwein fehlten (oder alles wie bei mir und meinen Damen), dann KEINEN Käse […]«

Geiz ist niemals geil. Bei Tisch ist er das Ende.

▸ **Brotzeit, Gutbürgerlich, Hungersnot, Imbissbude, Mahlzeit, Staatsbankett**

Maultasche

Die schwäbische Maultasche, vor allem in ihren mit Fleisch gefüllten Spielarten, zeigt die Dialektik aus Verstecken und Vergnügen. Versteckt werden kann in der Maultasche viel. Zum Beispiel Reste übrig gebliebener Mahlzeiten. Sei es aus Sparsamkeit oder Armut, geben Maultaschen oft mehr vor, als sie halten.

Hausgemachte Maultaschen unterm Zwiebelberg im Soßensee

Sogar den Augen des Herrn verbergen die Maultaschen manches, weshalb sie der Volksmund auch *Herrgottsbscheißerle* nennt. Dem Herrn soll der Bruch der Fastenregel verheimlicht werden. Doch der Herr sieht alles. Auch, falls die Legende stimmt, dass Protestanten den Katholiken heimlich Brät in die Gemüsefüllung gemogelt haben. So erlaubt die Maultasche tiefe Einblicke in die Mentalität der Schwaben.

Oberflächlich betrachtet sind Maultaschen nicht mehr und nicht weniger als die regionale Variante einer weltweit verbreiteten Speise. Gefüllten Nudelteig gibt es in Italien (Ravioli, Tortellini), Russland (Pelmeni), Polen (Piroggen) oder China (Wan Tan).

Das bedeutende Zisterzienserkloster Maulbronn gilt als Geburtsort der schwäbischen Maultasche. Verbrieft ist es nicht. Dafür spricht, dass in der Nähe Maulbronns protestantische Flüchtlinge aus Italien siedelten, die auch Maulbeerbäume anpflanzten und Spinat, der sich in Maultaschen ausgesprochen wohlfühlt.

Die Maultasche, eine von der EU geschützte Herkunftsbezeichnung, war einst ein Klassiker der Hausmannskost. Die schwäbische Hausfrau bewies mit ihrer jeweils ganz persönlichen Rezeptur der Füllung Findigkeit, Geschick und Geschmacksverständnis. Es ist Ehrensache, die Maultasche selbst zu fertigen, in Schwaben auch heute noch.

Heute jedoch ist die Maultasche bundesweit aus keinem Supermarktregal wegzudenken, auch in der Abteilung für Vegetarier. Sie spielt eine Hauptrolle unter den Fertiggerichten. Wer jedoch in einem Gasthaus, zumal einem schwäbischen, keine hausgemachten Maultaschen angeboten bekommt, sollte das Etablissement schleunigst verlassen.

▶ **Hausmannskost, Saumagen, Vegetarier und Veganer, Weißwurstäquator**

Milchmädchenrechnung

Was eine Milchmädchenrechnung ist, erklärte bereits der deutsche Aufklärer Johann Wilhelm Ludwig Gleim in seiner Fabel »Die Milchfrau«, die er dem Franzosen Jean de La Fontaine nachdichtet. Sie handelt von einem »artig Bauernweib«, das mit einem Topf zum Markt läuft und sich ausmalt, was sich aus dem Erlös alles machen ließe. Es ist ein Hirngespinst, eine Art umgekehrte Hans-im-Glück-Fantasie. Und nach der Milchmädchenrechnung passiert es auch noch. Die Scherben bringen kein Glück.

»Der Topf; das baare Geld,
Und Kalb und Kuh und Reichthum und Vergnügen
Sieht nun das arme Weib vor sich in Scherben liegen!
Erschrocken bleibt sie stehn und sieht die Scherben an;
›Die schöne weiße Milch‹, sagt sie, ›auf schwarzer Erde!‹
Weint, geht nach Haus', erzählt's dem lieben Mann,
Der ihr entgegen kommt, mit ernstlicher Gebehrde;
›Kind‹, sagt der Mann, ›schon gut! Bau' nur ein ander Mal
Nicht Schlösser in die Luft!‹«

Nein, es liegt kein Segen in der Vorstellung, mit Milch wohlhabend zu werden. Im Grunde ist die ganze Milchwirtschaft eine einzige riesige Milchmädchenrechnung, nicht zuletzt auf Kosten des Milchviehs.

Milchkühe sind klapperdürr, die Knochen schauen heraus. Fleischansatz ist unerwünscht, denn alle Körperaktivitäten dienen der Milchproduktion. Die ausgemergelten Tiere hungern vor vollem Futtertrog. Der Energiebedarf der Milchfabriken auf Beinen ist mit gewöhnlicher Fütterung nicht mehr zu decken. Die Mägen der Kuh wären von der notwendigen Menge konventionellen Futters überfordert. Also wird Getreide gefüttert, ja sogar Fett. Anders sind fünfzigtausend Kalorien täglich nicht in die Kuh hineinzukriegen. Dafür gibt sie fünfzig Liter Milch am Tag. Für jeden Liter werden fünfhundert Liter Blut durch die kabeldicken Adern der Euter gepumpt. Diese Kühe sind Hochleistungsmaschinen. Roboterarme docken sich automatisch an die Zitzen der Euter an. Drei- bis vier-

Hochleistungskühe

mal täglich werden sie leergepumpt. Zehntausend Liter Milch im Jahr pro Kuh. Vor zwanzig Jahren war es noch fast die Hälfte, siebenhundert Liter Milch pro Jahr im neunzehnten Jahrhundert. Fortschritt?

Eher eine klassische Milchmädchenrechnung. Die Turbokuh verputzt eineinhalb Tonnen Kraftfutter pro Jahr. Von der Qual der Überforderung gar nicht zu reden. Die Lebenserwartung der Hochleistungskuh ist auf fünf bis sechs Jahre gesunken, ein Viertel der Lebenserwartung, die vor noch zwanzig Jahren normal gewesen ist. Die Bauern sind nicht glücklich, wenn die Überproduktion die Preise fallen lässt. Der ungeheure technische und pharmazeutische Aufwand wird betrieben, um am Ende zwanzig Cent pro Liter zu erlösen!

Es wäre vernünftiger, den Kühen Stress zu ersparen, auf alte Nutztierrassen zu setzen, auf glücklichere Kühe – und damit auch auf bessere Milch. So wie die Kühe der Heumilchbauern. Sie stehen die meiste Zeit auf der Weide, fressen ausschließlich Gras und Heu. Der Bauer spart sich das Kraftfutter. Dafür geben seine Kühe nur fünftausend Liter im Jahr, die aber für neunzig Cent verkauft werden können. Sie leben zwanzig Jahre lang. Aber nur zehn Prozent der Verbraucher wollen lieber Heumilch. Wohin man auch blickt, sieht man Milchmädchen rechnen.

Ist Biomilch gesünder? Sieht man davon ab, dass in ihr weniger häufig Wachstumshormone und Antibiotikarückstände entdeckt wurden, lässt sich darüber streiten, weil ungeklärt ist, wie gesund Milch generell ist. Es tobt ein endloser Streit darum.

Die Milch-ist-gesund-Fraktion argumentiert mit dem hohen Gehalt an Eiweiß, Vitamin B, Jod, Kalzium und Zink. Wer seine Knochen liebe und Osteoporose vermeiden wolle, solle täglich ein Glas Milch zu sich nehmen. Soweit wissenschaftlichen Studien überhaupt zu trauen ist: Das Risiko für Dickdarmkrebs wird durch Milch eher gesenkt, während es bei Prostata- und Eierstockkrebs eher steigt. Und wie steht es beim Risiko für Diabetes und der Erkrankung von Herzkranzgefäßen? Der Streit ist längst zur Ideologie entartet. Abgesehen davon sind fünfzehn Prozent der Deutschen laktoseintolerant. Ihnen fehlt das Enzym Laktase, das nötig ist, um die Laktose, den Milchzucker, zu spalten und verdaubar zu machen.

Natürlich steht die Milch nicht so im Supermarktregal, wie sie aus der Kuh kommt. Das gibt es kaum noch. Milch wird fast immer pasteurisiert, das heißt, dreißig Sekunden lang auf siebzig Grad erhitzt. Sie hält dann zehn Tage lang. Erhitzt man sie nur zwei Sekunden lang auf über hundert Grad und kühlt sie sofort wieder ab, heißt sie »länger frische Milch« und hält gekühlt zwanzig Tage lang. H-Milch wird ultrahoch auf hundertvierzig Grad erhitzt. In der Regel ist Milch auch homogenisiert, die Fettkügelchen werden unter hohem Druck verkleinert. Fest steht: Die Milch kommt aus der Kuh. Vorläufig noch.

Insgesamt lieben die Deutschen Milch. Mit einem Verbrauch von etwas mehr als fünfzig Liter im Jahr liegen sie weltweit mit in der Spitze. Der »Die-Milch-macht's-Slogan« aber macht es schon lange nicht mehr. Es wäre ja auch nicht mit rechten Dingen zugegangen, wenn ausgerechnet die Milch als tierisches Produkt ihr Image hätte bewahren können. Der alte Ruhm kommt nicht zurück, er ist vergossene Milch. Milch macht mobil, versuchte man uns einzureden. Auf Plakatwänden strahlten uns Milchbärte entgegen. Glückliche Kindergesichter. Aber es stimmt nicht. Milch macht nicht groß und stark und schon gar nicht »müde Männer munter«, wie ein anderer Slogan behauptet hat.

Pur schmeckt Milch gewöhnungsbedürftig. Viele Kinder bringen sie nur mit Zucker und Kakao hinunter, früher einmal jeden Tag einen Viertelliter in der großen Pause. So war es üblich. Mit Mariacron-Weinbrand und Maracujasaft gemischt tauchte die Schulmilch 2003 in einem Roman von Stefanie de Velasco sowie im Kino unter dem Namen *Tigermilch* auf. Die Marke Kinderschokolade wirbt bis heute mit dem »einzigartigen Milchgeschmack« der Füllung. Welcher Erziehungsberechtigte fiele darauf noch herein? Jedes Kind weiß heute, dass dunkle Schokolade gehaltvoller schmeckt, nicht so süß wie stark gezuckerte Milchschokolade.

Die Milch an sich bleibt ein ganz besonderer, mythischer Saft. Mild, nahrhaft, ursprünglich. Die schöne Formulierung »Die Milch der frommen Denkart« zeigt es. Sie ist Friedrich Schillers »Wilhelm Tell« zu verdanken. Ehe Tell in der hohlen Gasse die Armbrust auf den verhassten Landvogt anlegt, erinnert er sich an den verlorenen Frieden in seinem Herzen. »Ich lebte still und harmlos – Das Geschoss / War auf des Waldes Tiere nur gerichtet, / Meine Gedanken waren rein von Mord – / Du hast aus meinem Frieden mich heraus / Geschreckt, in gärend Drachengift hast du / Die Milch der frommen Denkart mir verwandelt.« Milch ist das Milde, Reine, Nährende, Mütterliche, Fromme, Lebensspendende.

Es sei denn, sie ist schwarz. Dann bringt sie den Tod. Paul Celans »Todesfuge«, eines der meistinterpretierten deutschen Gedichte, beginnt so: »Schwarze Milch der Frühe wir trinken sie abends / wir trinken sie mittags und morgens / wir trinken sie nachts / wir trinken und trinken / wir schaufeln ein Grab in den Lüften, da liegt man nicht eng.« Verbrannte Milch ist schwarz. Von den Krematorien der Vernichtungslager ist hier die Rede. »Der Tod ist ein Meister aus Deutschland« heißt es wenig später. Die schwarze Milch der Frühe ist ein Getränk aus Deutschland.

► Bauernopfer, Bio, Butterbrot, Schlachtschüssel

Nationalgericht

»Das Schicksal der Völker wird von der Art ihrer Ernährung bestimmt«, meinte Brillat-Savarin 1826 – ein Franzose, na klar. Dann wäre die deutsche Geschichte Folge mangelnder Ernährung und fragwürdiger Esskultur? Geht's nicht eine Nummer kleiner? Das Ansehen der Völker wird auch von ihrer Esskultur bestimmt, könnte man sagen, das schon. Und was als landestypisch auf den Teller kommt, beschreibt Mentalität, Kultur, Tradition eines Landes. Davon handelt dieses Buch.

In Deutschland nimmt die Debatte um die *Leitkultur* zuweilen schrille Töne an. Gibt es sie überhaupt? Gibt es sie nicht mehr? Kann sie sich ändern, oder ist Leitkultur der unveränderbare Traditionsbestand der Nation, das, was gern auch als Identität bezeichnet wird? Ist sie nötig oder kann sie weg?

Ich will es hier damit nicht übertreiben, sondern bloß fragen, ob die deutsche Leitkultur, das, was noch von ihr übrig ist, wenigstens auf dem Teller zu finden ist. Döner und Pizza gehören unbestreitbar ebenso zu Deutschland wie Butterbrot und Bratwurst. Aber Esskultur ist mehr als das. Das gemeinschaftsstiftende Abendbrot zum Beispiel gehört dazu.

Aus Rücksicht auf Muslime, ist zu hören, wird Schweinefleisch nicht mehr in allen Kitas und Schulkantinen serviert. »Dass unsere Kinder kein Schweinefleisch mehr bekommen, ist völlig unakzeptabel«, wetterte Bundesernährungsminister Christian Schmidt im Dezember 2016. Zählt Schweinefleisch zur deutschen Leitkultur? Offene Grenzen hier, Grenzen der Toleranz dort – spielt das bei Tisch eine Rolle? Wer Essen als Teil unserer Kultur versteht, kann diese Fragen nicht einfach verneinen.

Nationen lassen sich in der Küche meist mühelos identifizieren. Niemand wird bezweifeln, dass die französische Küche ein tragender Pfeiler dessen ist, was die ganze Welt für französisch hält. Aber Deutschland?

Einerseits teilte das Bürgertum nicht die exzessive Leidenschaft der Franzosen für große Küche, andererseits hatte es ihr lange nichts Gleichwertiges entgegenzusetzen. In Deutschland orientierten sich die besten Restaurants an der französischen Küche. Und überdies ging von Berlin niemals eine kulturelle Hegemonie aus wie in Frankreich von Paris.

Deutschland ist kulinarisch ein Land ganz unterschiedlicher regionaler Prägungen. Es gibt kein Nationalgericht, mit dem sich alle Deutschen gleichermaßen identifizieren könnten. Favoriten der Regionalküchen werden allenfalls zu Nationalgerichten stilisiert: der bayerische Schweinsbraten, der pfälzische Saumagen, der rheinische Sauerbraten, die schwäbische Maultasche, die Berliner Currywurst.

Wie jede Küche dieser Welt profitiert auch die deutsche von Eroberern und Einwanderern. Die Römer zivilisierten Germanien, brachten Wein und Spargel mit. Bis heute ist (außerhalb der Metropolen) das kulinarische Gefälle zwischen dem römisch besiedelten Süden und dem germanischen Norden nicht zu übersehen. Die Kreuzritter importierten Köstlichkeiten des Orients.

Handel bringt Wandel – meist zuerst auf dem Teller. Esskultur ist immer auch Bändigung und Adaption des Fremden. In der Küche lernen wir vom anderen und verwandeln es zu Eigenem. Deshalb ist Essen meist dort am vielfältigsten, wo Kulturen und Traditionen aufeinanderstoßen. Es gibt keine Küche, und hielte sie sich für noch so traditionell und bodenständig, die nicht ständig »fremde« Zutaten integriert.

In Deutschland war dies von der Kartoffel bis zum Kaffee, vom Blumenkohl bis zum Spargel der Fall. Die Mehrzahl der Lebensmittel ist eingewandert. Meist war es die Küche der Oberschicht, die sich das Neue zuerst leisten konnte. Es ist niemals eine Einbahnstraße. Das Teltower Rübchen schaffte es bis in die französische Enzyklopädie als »nevet de Berlin petit de Teltau«. Der deutsche Apfelkuchen, mitgebracht von den Einwanderern, wurde in Amerika zum Apple Pie und damit zur amerikanischen Nationalspeise. Der Hamburger kam als Burger nach Deutschland zurück. Die deutsche Küche bleibt nicht stehen. Sie verleibt sich Errungenschaften der asiatischen Küchen ein. Sie ist selbstbewusst genug, eigene Klassiker zu modernisieren und zu veredeln.

Deutschland hat sich auf dem Teller mindestens so sehr verändert wie die CDU unter Angela Merkel. Niemand erhebt einen Anspruch auf kulturelle Hegemonie. Vom Essen lässt sich nicht auf die Gesinnung schließen. Selbst die rechtsnationale Frontfrau der AfD, Beatrix von Storch, ist in Brüssel beim Döneressen fotografiert worden. Dem Tagesspiegel sagte sie: »Ich hab nichts gegen Döner, sondern gegen Scharia.«

Premierenpublikum am Bratwurststand, Festspielhaus Bayreuth

Die meisten Grundnahrungsmittel – Getreide, Kartoffeln, Fleisch – sind reich an Nährstoffen, doch arm an Eigengeschmack. Sie bekömmlicher und schmackhafter zu machen, ist die zentrale Aufgabe der Köche, wo auch immer. Deshalb macht die unterschiedliche Aromatisierung die Hauptunterschiede zwischen den Küchen der Welt aus. Mit den vertrauten Geschmacksmustern identifizieren sich die Esser. »Die Würzung, die den Geschmack einer Küche prägt, ist wortwörtlich die Trägersubstanz, auf die sich das Gemeinschaftsbewusstsein bezieht«, so die Soziologin Barlösius. Das sind große Worte. Doch die Neugier auf das Fremde, die Lust auf neue Reize, auf eine andere Schärfe und Süße, verlockte und verband Kreuzfahrer und Seefahrer, Feinschmecker und Touristen, damals wie heute.

Vom hohen Ross ihrer Zivilisation herab mokierten sich bereits die Römer über die Fress- und Saufgelage der Germanen. Die tafelten schwer und ungehobelt. Schon damals fehlte es an Raffinesse, das wollten sie so, waren stolz darauf. Schon damals definierte sich das Essen dieses Landes im Gegensatz zur romanischen Küche.

Bereits eines der ältesten deutschen Kochbücher, die »Deutsche Speisekammer« des lutherischen Predigers, Botanikers und Arztes Hieronymus Bock, propagierte 1539 eine Küche ohne viele Gewürze, ohne fremde Zutaten, ohne Raffiniertheit. Pädagogisch, puritanisch, protestantisch ist die deutsche Küche schon damals.

Als sich im neunzehnten Jahrhundert die deutschen Duodezfürsten zur »verspäteten Nation« zusammenfanden und Frankreich besiegten, wurde das Kräftige, Schlichte, Grobe der deutschen Küche dann auch politisch-ideologisch opportun. Es galt als kultureller Widerstand. Deutsche Küche war eine Antwort auf die vermeintliche Dekadenz des Erbfeinds.

Die deutsche Esskultur ist immer im Gegensatz zur französischen beschrieben worden. Den hohen Küchenton gab Carl Friedrich Rumohrs »Geist der Kochkunst« an, das 1823 erstmals erschien. Rumohr stand dem Idealismus nahe, der Philosophie der deutschen Romantik. Wie Kant ging es ihm darum, Seele und Leib zu vereinen. Daher hat sich die Kochkunst für ihn nicht allein mit den essbaren Dingen zu befassen. Sie kehrt in seinen Augen zurück zum Ursprung des Menschseins vor der Trennung von Leib und Seele. Rumohr schwärmte von der Ursuppe der Vorfahren. Das Ursprüngliche, Bescheidene, Einfache, Reine, Ungekünstelte war für ihn das Ideal.

Er wusste aber auch: »Stumpfsinnige, für sich hinbrütende Völker lieben mit schwer verdaulicher, häufiger Nahrung gleich den Masttieren sich anzustopfen. Geistreiche, aufsprudelnde Nationen lieben Nahrungsmittel, welche die Geschmacksnerven reizen, ohne den Unterleib zu beschweren.« Die Mahnung ans eigene Volk ist unüberhörbar. Als guter Deutscher glaubte Rumohr an die Kraft seiner Pädagogik. Er wollte seine Landsleute durchaus auch kulinarisch zu besseren Essern erziehen, glaubte – so der Kulturphilosoph Harald Lemke über ihn –, sie »von seiner preußischen Obrigkeitsmentalität und alltäglichen Bereitschaft, die Vorherrschaft von geistloser Stärke zu verinnerlichen«, zu befreien.

Der Schriftsteller Wolfgang Koeppen kommentierte in seinem Vorwort zur Neuausgabe von Rumohrs »Geist der Kochkunst«: »Nie hätte Rumohr wie Maupassant behauptet, dass nur Dummköpfe keine Feinschmecker seien. Rumohr war deutsch, recht und redlich, was ihn bei den Hausfrauen störte, die deutsch, recht und unredlich waren. Das Gewissen des Moralisten hinderte Rumohr, seiner Zunge Ausschweifungen zu gestatten.« Diese patriotische deutsche Küchenideologie wurde aus »höchst sittlichen, philanthropischen und patriotischen Beweggründen« verfasst, keineswegs aus bloßer Leidenschaft für kulinarische Genüsse. Ausgehend davon, dass »die Kochkunst mit dem Nationalcharakter« der Völker in engster Verbindung stehe, stellte Rumohr fest, dass die Qualität der Küche ein Maßstab für die »Bildungsstufe eines Volkes« sei.

Darin würde ihm zweifellos jeder Franzose zustimmen. Es ist nicht die mangelnde Wertschätzung für das Essen an sich, sondern es sind die Maßstäbe, die den Unterschied ausmachen. Die lasterhaften Franzosen seien Epikureer und frönten der »Überfeinerung«. Ihre Kochkunst galt Rumohr als überladen, »maniert« (sic!), ja lasterhaft, weil der »Schlemmerei« und der »noch ungleich verderblicheren Schleckerei« verfallen. Schleckerei? Gemeint »ist eine unregelmäßige Begierde nach allerlei zufälligen Reizen des Gaumens«. Soll heißen: Der Franzose hält es für den Gipfel der Kochkunst, »den Charakter jeglicher Speise durch Mischung und Verarbeitung zu vernichten«.

Dieses Charakteristikum führte der deutsche Küchenphilosoph genealogisch bis auf Marcus Gavius Apicius zurück – das älteste erhaltene römische Kochbuch »De re coquinaria« trägt seinen Autorennamen, aber es gab noch andere, ältere römische Feinschmecker dieses Namens –, der wie Jesus unter Kaiser Tiberius lebte und zum Beispiel Flamingozungen auf dem Teller liebte. Von der »Apicischen Verderbtheit« ist die Rede und davon, dass auch die deutschen Kochbücher »leider meist bloße Nachäffungen der französischen« seien, wo doch die »stumpfsinnige Nachahmung gerade die Schiefheit ihres Vorbildes zu übertreiben strebt«. Stattdessen postulierte Rumohr für die deutsche Kulinarik die Maxime: »Entwickle aus jedem essbaren Dinge, was dessen natürlicher Beschaffenheit am meisten angemessen ist.«

Jean-Anthelme Brillat-Savarin ist Rumohrs Gegenspieler. Seine »Physiologie du goût« erschien nur zwei Jahre nach Rumohrs Werk. Physiologie ist für den Franzosen das Zusammenwirken aller fünf Sinne. Der Mensch lebt nicht von Gesinnung und Liebe wie der deutsche Idealist, sondern von Nahrung und Liebe. Beide zusammen produzieren *élan vital*, die Lebenskraft. Essen ist für ihn mehr als Nahrung, es ist auch ein sozialer Akt, Konversation, Geselligkeit.

Es war nie leicht in Deutschland, für kulinarische Werte Verständnis zu finden. Antonius Anthus alias Gustav B. Blumröder versuchte in seinen »Vorlesungen über Eßkunst« einen gemeinsamen Nenner zu finden »durch Verbindung eines spießbürgerlichen Materialismus mit dem Anspruch höherer Bildung nach dem Motto: Idealist, bekenne dich zu deiner Körperlichkeit«. Zwölf Vorlesungen, zwölf Gänge von der Vorspeise bis zur Nachspeise: Der Arzt und Psychiater unterschied zwischen dem Essnaturalisten und dem Esskünstler, zwischen Gourmand und Gourmet, Feinschmecker und Vielfraß. Dazu kamen die grundlegenden Dimensionen auf den Achsen zwischen Gebratenem und Frischem, Animalischem und Vegetarischem. Sein geistiger Anspruch war höher als das, was in der Küche einlösbar ist. Typisch deutsch: das Primat der Theorie über die Praxis.

Nationalgerichte sind »idealisierte Selbstbilder, die geeignet sind, Gefühle kultureller Überlegenheit gegenüber anderen Nationen zu fördern«, definiert die Soziologin Eva Barlösius. Deutsche Kost als Antithese der französischen zu begreifen, bedeutete also auch, sie als Munition in einem Kulturkampf zu begreifen. Selbst das Essen wurde vom deutschen Nationalismus instrumentalisiert und missbraucht. Eintopf und Vollkornbrot galten als rechtschaffen deutsch.

Der Ethnologe Claude Lévi-Strauss sah in der Küche ein »organisches Modell der Kultur« einer Gesellschaft, ja eine Sprache, »in der sie unbewusst ihre Struktur zum Ausdruck bringt«. Er sah Natur und Kultur in seinem Buch »Das Rohe und das Gekochte« als fundamentales Gegenüber und beschrieb, wie unterschiedlich die verschiedenen Küchen diesen Gegensatz zum Ausdruck brächten. Wie das eine ins andere verwandelt wird, sei kennzeichnend für die jeweilige Kultur.

Erst als der deutsche Nationalismus in Sack und Asche gewirtschaftet war und keine Bedeutung mehr spielte, erlebte die deutsche Küche einen tiefgreifenden Wandel. Von einem Küchenwunder, gar von Revolution war nun die Rede.

Wie war das möglich? Zunächst einmal leistete die karge Tradition geringen Widerstand. Die Feinschmecker, von denen es im Wirtschaftswunderland immer mehr gab, hatten nicht vor, die alte Beschränktheit der deutschen Küche zu respektieren oder gar zu verteidigen. Was geschah, wurde als Befreiung empfunden, als überfällige Öffnung, als Anschluss an ein Niveau, welches in anderen Weltgegenden selbstverständlich war. Frankreich und Italien, um nur die beiden europäischen Feinschmeckermächte zu nennen, waren nun Partner. Deutschland gehörte zum Westen, bald auch auf dem Teller. Adenauerland wurde zwar zunächst von einer eher plumpen Fresswelle überrollt, aber der Hunger nach allen Köstlichkeiten der Welt nahm überhand. Toast Hawaii konnte noch nicht das Ziel gewesen sein.

Die Achtundsechziger bekriegten später nicht bloß den Muff von tausend Jahren. Was als Studentenrevolte begann und als sexuelle Befreiungsbewegung noch nicht zu Ende war, durchlüftete und liberalisierte die deutsche Gesellschaft. Braten und Knödel, Rollmops und Eisbein standen für das alte, enge, verzopfte, kleingeistige und spießige Nachkriegsdeutschland.

Die Olympischen Spiele in München 1972 waren das Ereignis, mit dem sich ein junges, weltoffenes und selbstkritisches Land präsentierte. Kein Zufall, dass kurz vor den Spielen in München zweierlei geschah: Die erste deutsche McDonald's-Filiale machte auf, und der Münchner Bauunternehmer Fritz Eichbauer betraute den in Frankreich ausgebildeten Österreicher Eckart Witzigmann mit der Küche seines neuen avantgardistischen Restaurants Tantris, der erste deutsche, Schule machende Brückenkopf der aus Frankreich anstürmenden *Nouvelle Cuisine*.

Bald war eine Fernsehreihe mit dem Titel »Essen wie Gott in Deutschland« kein unfreiwilliger Witz mehr. Die Kochbücher zur Reihe verkauften sich wie warme Semmeln. Nur in der DDR blieb sozialistisch-deutsche Biederkeit Maßstab der Zurückgebliebenen.

In diesen Jahren entstand zugleich die Umweltbewegung. Das passte zu Bocuse, dessen französisches Standardkochbuch »Die neue Küche« sich auch als Bekenntnis zu Natürlichkeit verstand. Die *Nouvelle Cuisine* veränderte in diesem Sinne auch die französische Küche.

Die normale deutsche Gastronomie wurde zugleich von der neuen Welle amerikanischer Selbstbedienungsrestaurants erfasst. Und außerdem eroberten die Küchen der Gastarbeiter die deutsche Hausmannskost.

In den Siebzigerjahren war es zunächst die jugoslawische. Jugoslawien ist als Staat verschwunden, und Gaststätten mit Namen wie *Dalmatien-Grill* fristen nur noch am Rand der kulinarischen Landkarte ihr Dasein. Marktführer der eingewanderten Küchen ist die italienische. Pizza und Pasta setzen sich gegen Buletten und Würste durch.

Dazu gesellt sich das Angebot der großen weiten Welt: China, Thailand, Vietnam, Indonesien, Japan, Indien, Mexiko, Argentinien. Gerade beeinflusst auch die Küche des Nahen und Mittleren Ostens die Küche der Deutschen. Die Kultur der Migranten schlägt sich auch auf deutschen Tellern nieder.

Wer gern »ausländisch« isst, ist nicht verloren für die heimische Küche. Er isst heute Pizza, morgen wieder Maultaschen, übermorgen Döner. Aber vielleicht anders als in der Türkei Döner gegessen wird, nämlich im Fladenbrot statt zu Reis und Salat. Der deutsche Esser vereinnahmt das Fremde, verändert es aber zugleich, benutzt es für die eigene Küche nach eigenem Gusto. Als Tourist verändert er auch das Essen in der Fremde. Pizza gab es früher nur in Neapel, heute überall in Italien.

Was also ist »typisch deutsche« Küche? Im Schaufenster eines Berliner Restaurants hing ein T-Shirt mit der Parole »Who the fuck is Paul Bocuse«. Was die französische Institution Michelin nicht daran hinderte, *Nobelhart und Schmutzig* einen Stern zu verleihen. Noch bevor er den Laden betritt, wird der Gast mit einer Reihe von Verboten konfrontiert. Verboten sind nicht nur Handys und Kameras, man soll schließlich mit Andacht essen, sondern auch ausländisches Gemüse und Kräuter wie Basilikum und Pfeffer, aber auch die Mitgliedschaft in der AfD, obwohl die doch mit dem Küchennationalismus der Kreuzberger Gastronomen gut harmonieren müsste.

Schon der seltsame Name des Lokals spricht für den Geist des Hauses: Mit *nobel* und *hart* stoßen Gegensätze aufeinander, die manchen an »hart wie Kruppstahl« erinnern könnten, stünde dahinter nicht das szenemäßig coole Adjektiv *schmutzig*. Das Feine und das Antibürgerliche treffen hier aufeinander. Das Restaurant ist nicht gerade preiswert, gönnt seinen Gästen jedoch keine Auswahl. Gegessen wird, was im Laufe von zehn Gängen auf den Tisch kommt. Intimität ist gleichfalls nicht erwünscht, das zahlende Publikum sitzt am langen Tresen aus deutscher Eiche um den Koch herum und bekommt ausschließlich deutsche Zutaten serviert. Eisenkraut, Brust vom Broiler, abgelöscht mit Berliner Weiße, oder Rohmilchbutter aus der Morgensahne. Typisch deutsch auch: Alles wird oberlehrerhaft erklärt. Dafür sind gehobene Tischmanieren suspendiert. Der Gast soll das Essen anfassen. Wir legen keinen Wert auf Luxus, lautet die Botschaft. Man i(s)st kernig deutsch, jedoch mit links-alternativem Anstrich. Obwohl doch diese Küche durchaus im Mainstream der regionalen Küche schwimmt.

Ob man so etwas gleich zu einer »neuen Esskultur« hinaufpsalmodieren muss, wie es »Der Feinschmecker« getan hat, ist zu bezweifeln. Aber auch das Adjektiv *radikal* kommt fast immer gut an bei der neuen deutschen Essschickeria.

Wenn Nationalstolz die Küche erfasst, wird es überall ernst. Als der britische Starkoch Jamie Oliver ein Paellarezept erfand, in dem die spanische Nationalwurst Chorizo eine Rolle spielte, kochte die spanische Volksseele auf. Oliver habe das »Nationalrezept« vernichtet, die Kochbücher des populären Löffelschwingers wurden verbrannt, ein Aufgebrachter twitterte: »Entferne die Chorizo. Wir verhandeln nicht mit Terroristen. Ernste Warnung.«

Frankreichs Nationalspeisen, denkt man, sind vermutlich Rohmilchkäse, Froschschenkel und Gänsestopfleber. Falsch gedacht. Der französische Soziologe Roland Barthes beförderte in seinen »Mythen des Alltags« ausgerechnet ein Gericht mit der englischen Bezeichnung *Beefsteak* zur Nationalspeise. »Als Nationalspeise folgt es dem Kurs der patriotischen Werte: Es beflügelt sie in Kriegszeiten, es ist Fleisch vom Fleische des französischen Soldaten, das unveräußerliche Gut, das nur durch Verrat an den Feind übergehen kann.« Gelten lässt Barthes am »nationalen Glanz« des gebratenen Fleisches nur noch Pommes frites, auch sie »Sehnsuchtsobjekte und patriotisch wie das Beefsteak«.

Was ist *das* deutsche Nationalgericht, auf das sich die regional zersplitterten Deutschen am ehesten einigen können? Heinrich Heine hat in »Deutschland, ein Wintermärchen« die »altgermanische Küche« ironisch-romantisch besungen. Im Essen erkennt der Heimkehrer die Heimat wieder, Sauerkraut und Grünkohl, die »heimischen Stockfische«: »Seid mir gegrüßt, wie schwimmt ihr klug in der Butter, jedem fühlenden Herz bleibt das Vaterland ewig teuer, ich liebe auch recht braungeschmort die Bücklinge und Eier, die jauchzenden Würste im spritzenden Fett, die Grammesvögel, die frommen, gebratenen Englein mit Apfelmus, sie zwitscherten mir: Willkommen! ›Willkommen Landsmann!‹ zwitscherten sie, ›bist lange aus geblieben, hast dich mit fremdem Gevögel so lang in der Fremde herumgetrieben [...]‹«

Und das deutsche Gegenstück zum »französischen« Beefsteak? Schnitzel mit Pommes stehen auf Platz eins des größten deutschen Caterers, der Compass-Group, die siebzig Millionen Essen pro Jahr ausgibt. Für den offiziellen Ernährungsreport des einschlägigen Bundesministeriums ergab eine repräsentative Umfrage, dass mehr als die Hälfte der Befragten schlicht Fleisch als Lieblingsessen angaben (dreiundfünfzig Prozent), gefolgt von den Nudelliebhabern (achtunddreißig Prozent) und den Kraut- und Rübenjüngern (zwanzig Prozent). Fisch kam auf sechzehn, Pizza auf dreizehn Prozent. Ein Stück Fleisch mit Pommes ist also Favorit sowohl in Frankreich wie in Deutschland, aber auch in den USA.

Der deutsche Soziologe Norbert Elias hat in seinen soziogenetischen Untersuchungen »Über den Prozeß der Zivilisation« gezeigt, dass trotz aller Unterschiede die Esskultur Europa eher verbindet als trennt. Viel mehr als nach Ländern unterscheiden sich Essgebräuche zwischen Oben und Unten, Land und Stadt innerhalb der europäischen Gesellschaften.

Der Appetit der Deutschen auf Pizza, Döner und Burger steht dem nach fetten Würsten nicht nach. Es zeigt sich, dass die Deutschen, was ihre Essgewohnheiten angeht, wandlungsfähiger sind als bei ihren politischen Einstellungen. Vielleicht ist das so, weil sich ihre Nation kulturell weniger durch Einheit auszeichnet, wie die Hymne (»Einigkeit und Recht und Freiheit«) es suggeriert, als durch Vielfalt.

Die Sehnsucht nach dem Fremden, nach dem »Land, wo die Zitronen blühn«, wird in der Küche ausgelebt. Das Fremde ist nicht mehr fremd und behauptet sich gegen Aufschnitt und saure Gurke, Currywurst und Sauerbraten. Weltoffenheit und Neugier schließen Heimatstolz und Bodenständigkeit nicht aus. Womöglich ist es gerade »typisch deutsch«, das Fremde am liebsten auf dem Teller zu suchen.

► **Currywurst, Extrawurst, Feinkost für Feinschmecker, Geschmackssache, Gutbürgerlich, Hausmannskost, Kochkunst, Kraut und Rüben, Mahlzeit, Manieren und Sitten, Pfeffersack, Soße und Sauce, Sonntagsbraten, Suppenkaspar, Völlerei, Weißwurstäquator**

Oans, zwoa, gsuffa!

Als bayerischer Nationalrausch ist das Münchner Oktoberfest sozusagen ein unantastbares Kulturgut, einschließlich aller Exzesse. Das gilt mehr oder weniger auch für all die anderen Volksfeste im Land. Übermäßiger Alkoholkonsum ist akzeptiert, es braucht dazu nur einen angemessenen Anlass. Im Bierzelt wird der Rausch zum Kult.

Eine Maß, ein ganzer Liter Bier, wäre genug. Süffig wie kein anderes ist das Wiesnbier. Eine zweite Maß wird gestemmt. Weil auch die Stimmung so berauschend ist, geht vielleicht noch eine dritte. Nach einer Maß sind die Durstigen bereits leicht sediert. In aller Regel wird das Gute im Menschen nach oben gespült. Die fröhlichen Zecher neigen zum Verbrüdern und Verschwestern. Sie ergeben sich jenem Wohlgefühl, das die Deutschen unübersetzbar besingen: »Ein Prosit der Gemütlichkeit!« Die Blaskapellen in den Zelten stimmen das Lied immer wieder an, gefolgt von der Aufforderung »Oans, zwoa, gsuffa!«. Das Klacken der aneinanderstoßenden Krüge übertönt den ohnehin hohen Geräuschpegel. Die Trinker stehen mittlerweile auf den Bänken, Alkohol löst ihre Zungen und fördert die Sangeskraft: »Bier her, Bier her oder i fall um.«

Spätestens nach der zweiten Maß sind alle Männer lustig, alle Frauen schön. Viele tragen kurze Lederhosen, Männer wie Frauen, sado-maso-bayerisch kostümiert, ob sie aus dem Alpenvorland kommen oder aus Italien, Neuseeland, Japan.

Auf dem Oktoberfest ist die Welt einmal so vereint, wie sich das viele wünschen. »Auf eine friedliche Wiesn!«, ruft der Oberbürgermeister, nachdem er das erste Holzfass mit nicht mehr als drei Schlägen, besser bloß zwei, angestochen hat. Sieht man von einer geringen Zahl von Schlägereien ab, bleibt es ein friedliches Fest. Erstaunlich friedlich angesichts der in die Zelte gestopften Massen.

Es ist alles nur eine Frage der Organisation. Was hineinwill, muss auch wieder hinaus. Die Toiletten haben Eingänge und Ausgänge, damit es nicht zu Blockaden kommt. Nicht wenige Trinker schlafen ihre Räusche bereits auf der Wiesn aus. Dort nämlich, wo sie tatsächlich noch eine Wiese ist, zu Füßen der Schutzpatronin Bavaria, vulgo Kotzwiese genannt.

Oktoberfest

Wenn um elf Uhr nachts die Zelte schließen, muss zum Trinken der Ort gewechselt werden. Nicht so weit ist es etwa zur *Milchbar* am Stachus, in der es vieles zum Trinken gibt, bloß keine Milch.

Der Volksfestrausch ist nur das eine. Die Akzeptanz des Suffs etwa beim Fußball das andere. Kann man sich Fankurven überhaupt noch anders vorstellen als unter schwerem Promilleeinfluss? Hier jedoch befeuert der Alkohol Aggressionen auf die gegnerische Mannschaft und deren Anhängerschaft.

Aus kulinarischer Sicht ist der Rausch ein Bruder der Völlerei, aber ein Feind des Genusses. »Denn ein bestialisches Saufen verdirbt den Magen«, wusste Rumohr. Es ist eine alte Erkenntnis. Simplicius Simplicissimus beobachtet, »dass die Gäste die aufgetragenen Speisen fraßen wie die Säue, dann soffen wie die Kühe, sich dabei benahmen wie Esel und schließlich kotzten wie die Gerberhunde«.

Natürlich muss streng unterschieden werden zwischen alkoholisierter Geselligkeit, kollektiver Enthemmung und individueller Alkoholsucht, zwischen Mal-die-Sau-Rauslassen, Kummer oder gar Krankheit.

Die kulinarischen Aspekte von Bier, Wein und Schnaps kommen an anderer Stelle zu ihrem Recht. In diesem Kapitel soll nichts verharmlost werden. Schon gar nicht die gute, alte Tradition. Trinklieder, Sauflieder füllen die Archive vom Mittelalter bis in die popkulturelle Gegenwart. Die schönste aller Operetten, »Die Fledermaus«, empfiehlt: »Trink, trink, Brüderlein trink, lass doch die Sorgen zu Haus«. Von den *Toten Hosen* ist ein »Altbierlied« überliefert, die *Böhsen Onkelz* lallen nach »Terpentin«, Karl Dall schmettert »Heute schütte ich mich zu«. Und selbst *Die Ärzte* empfehlen: »Saufen.« Das deutsche Liedgut ist hochprozentig.

Selbst im zweiten Aufzug von Richard Wagners »Götterdämmerung« ist das nicht anders, wenn die arglistig getäuschte Brünnhilde Gunther heiraten soll. Der verschlagene Hagen fordert seine Mannen auf, zum Trinkhorn zu greifen, mit Met und Wein »wonnig gefüllt«.

»Rüstig gezecht,
bis der Rausch euch zähmt:
das alles den Göttern zu Ehren,
dass gute Ehe sie geben.«

Das ist so perfide wie entlarvend. Der Rausch als Dienst an der vermeintlich guten Sache – und zugleich als eine Form der Entmachtung, der Unterwerfung. Die Enthemmung schaltet Wille und Verstand aus.

Warum saufen die Deutschen so gern und sind auch noch stolz darauf? Schon Simplicius Simplicissimus wusste es: »Und nachdem schließlich auch die Köpfe toll wurden, half dem einen die Courage weiter, die er sich mit dem Wein angetrunken hatte, dem anderen die Herzlichkeit, mit der er einem Freund zuprosten wollte, dem dritten die deutsche Redlichkeit, mit der er jedes Prosit ritterlich erwiderte. Nachdem aber auch das auf die Dauer nichts mehr nützte, beschworen sie einander, auf das Wohl großer Herren oder lieber Freunde oder die Gesundheit ihrer Liebsten den Wein maßweise in sich hineinzuschütten, wobei manchem die Augen übergingen und der Angstschweiß ausbrach. Doch gesoffen musste es sein. Zuletzt lärmten sie mit Trommeln, Pfeifen und Saitenspiel und schossen ihre Pistolen dazu ab, ohne Zweifel deshalb, weil sie den Wein nur noch mit Gewalt in ihre Mägen zwängen konnten. Ich fragte mich, wohin sie all den Wein schütteten, weil ich noch nicht wusste, dass sie ihn, bevor er bei ihnen recht warm wurde, unter großen Schmerzen durch jene Öffnung wieder von sich gaben, durch die sie ihn kurz zuvor unter höchster Gefahr für ihre Gesundheit hineingegossen hatten.«

Das Saufen gehört seit jeher zur deutschen Leitkultur. Von den Räuschen der Germanen berichtete selbst Tacitus, obwohl er nie in Germanien war. »Wollte man ihnen, ihrer Trunksucht nachgebend, verschaffen, so viel sie wollten, so könnte man sie leichter durch ihre Laster als mit Waffen besiegen.« Die Germanen schütten Apfelwein, Met und ein Gebräu aus vergorener Gerste oder Weizen in sich hinein.

Auch tausend Jahre später sind die Deutschen für ihre Trinkfestigkeit berühmt. Ein Deutscher trinke mehr als zwei Südländer, kolportierte der weit gereiste mittelalterliche Arzt Konrad von Eichstätt. Erasmus von Rotterdam berichtete, dass der Wein in den Wirtsstuben pauschal berechnet worden sei. All inclusive auf gut deutsch. »So gibt es manchmal solche, die für mehr als den doppelten Betrag ihres Essens Wein trinken.« Vor Geschrei, Gegröle und Lärmen verstehe man sein eigenes Wort nicht mehr, »wenn erst alle einmal vom Trinken allmählich warm geworden sind«. Martin Luther wird in dem von seinen Schülern aufgezeichneten Tischgesprächen der Satz zugeschrieben: »Man muss ja einem jeden Land seine Gebrechen zugutehalten. Die Böhmen fressen, die Wenden stehlen, die Deutschen saufen getrost.«

Das Stereotyp wird gern auch von Nachbarn verbreitet, die sich selbst nicht zurückhalten. »Die Deutschen waren als wüste Säufer [...] bewundert und berüchtigt, aber auch die Franzosen und Engländer standen nicht erheblich hinter ihnen zurück«, resümierte Egon Friedell.

Lag es am rauen Klima? An der Kargheit der Tafel, die den Energiebedarf durch flüssige Nahrungsmittel zu decken empfiehlt? Je eintöniger und ärmer die Nahrung, desto wichtiger ist der Anteil alkoholischer Getränke.

Es gibt objektive Gründe, weshalb in alten Zeiten mehr getrunken wurde. Einer ist der übermäßige Verzehr von Salz als Konservierungsmittel. Arbeitern, Soldaten, Dienstpersonal stand vertraglich ein tägliches Quantum Alkohol zu, das die heutigen Trinkmengen weit überstieg. Und wenn schon Wasser, dann mischte man es mit Wein. Den Tag nüchtern zu beginnen, war keineswegs allgemein üblich, selbst Kindern wurde Wein oder Bier ins Wasser gemischt, weil sauberes Trinkwasser in den Städten nicht verfügbar war. Aber letztlich gibt es keine Ausreden. Alkohol war und ist eine deutsche Volksdroge.

Saufen diente jahrhundertelang auch zur Unterhaltung. »Es begleitete nicht nur die Spiele, sondern wurde selbst zum Spiel und Wettkampf. Vor allem war es das Zutrinken, das immer wieder Anlass zur Kritik gab, weil es zumeist zur Volltrunkenheit führte«, berichtete der Historiker Richard van Dülmen. Einander Zutrinken verlangte, so viel nachzutrinken, wie einem vorgetrunken wurde. Der englische Reisende Fynes Moryson wunderte sich 1617 über die (Un)sitte: »Wann sie beim Trunk sitzen und es kommt jemand ins Zimmer [...] so begrüßt jeder am Tisch ihn mit einem Becher, die er alle bis zur Neige leeren muss, bevor er zu ihrer Gesellschaft zugelassen wird.«

Vertrugen die trinkfreudigen Deutschen auch überdurchschnittlich viel? Da Bier lange teuer und deshalb Sonn- und Festtagen vorbehalten war, wohl eher nicht. Das Landvolk war bescheidene Mengen gewohnt, also verträgt es auch nicht viel.

Der Rausch wurde zum Problem des industriellen Proletariats. Am Arbeitsplatz wurde gesoffen. Vor allem Bier, aber auch Schnaps, seit dem Kartoffelanbau billig und leicht verfügbar. Zahlen belegen es: Die durchschnittliche Menge reinen Alkohols pro Person lag 1850 noch bei 6,4 Liter, 1874 schon bei 10,5 Liter. Vorsprung durch Technik. Das Flaschenbier, das Dosenbier sind Errungenschaften, die den Rausch aus der Wirtschaft preiswert ins traute Heim verlagerten.

Heute sind es 11,4 Liter pro Einwohner im Jahr in Deutschland, mehr als im Durchschnitt der europäischen Staaten, mehr als die Skandinavier (deren Alkohol unerschwinglich ist), doch weniger als die Russen – und der Alkoholkonsum sinkt langsamer als in vielen Nachbarländern. Der Nationalrausch ist stabil. Acht Millionen Deutsche trinken zu viel, gemessen an dem, was die meisten Ärzte für angemessen erachten (ein Glas Wein pro Tag). 1,8 Millionen Deutsche sind alkoholabhängig.

Die Deutschen trinken. Selbstverständlich leistet sich das moderne Deutschland ein *Zentralinstitut für Seelische Gesundheit,* dessen Direktor Rainer Spanagel Alkoholmissbrauch zur »Volkskrankheit« erklärt. Eine Volkskrankheit vereint alle Klassen und Schichten. Es kommt nicht bloß auf das Wieviel, sondern auch auf das Wie an. Spanagel sagt den Briten und ihrer wachsenden Neigung zum Komasaufen binnen zehn Jahren einen um zehn Punkte fallenden durchschnittlichen IQ voraus. Auch bei jüngeren Deutschen sind die Folgen des Suffs für das Gehirn festzustellen.

Dennoch wird der Rausch literarisch überhöht. Selbst Goethe dichtete:

»Ob's nachtet oder tagt,
Die göttlichste Betrunkenheit,
Die mich entzückt und plagt.«

Franz Biberkopf, Alfred Döblins Berliner Musterproletarier, »zieht von Kneipe zu Kneipe«. Dort fangen die gefüllten Mollen zu sprechen an. »Ja, ich kühl dich«, sagt die Molle zu Franz, »ich kühle die Männer, dann mach ich ihnen warm, und dann nehme ich ihnen die überflüssigen Gedanken weg.« Schnaps wärmt selbst die Penner. »Inzwischen süffeln sie die doppelte Ration Schnaps, aber was für welchen, man möchte nicht als Leiche drin schwimmen.«

In unserer Zeit hat kaum jemand eine Säuferkarriere so lebensnah beschrieben wie Peter Wawerzinek in seinem ziemlich autobiografischen Roman »Schluckspecht«. Zu Beginn wird nur genascht, von allem, was da ist, Rumtopf, Eierlikör, Bowle. Der Onkel, die Tante machen es vor. Solange man keine Säufernase bekommt, hat man keine Angst. Aber wenn es so weit ist, ist es zu spät. Trunkenheit beginnt als »fröhliche Reise«.

Der Betrunkene findet immer Ausreden: Das letzte Bier muss schlecht gewesen sein, jemand etwas ins Bier getan haben. Der Trinker geniert sich, trinkt erst heimlich. Allmählich wird ihm auch der Unterschied zwischen Trinker und Säufer klar. »Der Säufer säuft und befriedigt nur die Kehle. Der Trinker besänftigt trinkend den Schmerz seiner Seele«, schreibt Wawerzinek weiter. Damit tröstet er sich.

Was rein soll, muss auch wieder raus

Aber die Reise ist noch nicht zu Ende, fröhlich ist sie schon lange nicht mehr. Nach der Kneipe, nach vier, fünf Absackern, geht es zu Hause weiter. Man kommt nicht mehr los, obwohl das Saufen nicht mehr befriedigt. Jetzt ist der Suff zur Sucht geworden. »Suff nimmt das Leid anderer Menschen nicht wahr. Suff erzeugt Wut auf sich […], der innere Frieden ist hin, ist der Durst nicht befriedigt. Man unterschreibt alles, begehrt nicht auf, sieht sich ständig bedroht und ist unentwegt bereit, dem Suff zu dienen.« Bis zum Absturz ist es nicht mehr weit. »Ich trinke und gaukle mir vor, zu beherrschen, was mich beherrscht. Ich sitze meinen Lügen auf, je länger ich trinke.« So bleibt nur das bittere Fazit: »Das Gefährlichste am Alkohol ist der Alkohol.«

Saufen heißt vergessen, Saufen nimmt Angst, Saufen gibt Mut. Saufen macht gefügig. Der stocknüchterne Don Giovanni macht sich das zunutze. Seine hochprozentige Champagnerarie: »Fin ch'han dal vino / Calda la testa / Una gran festa / Fa'preparar«, ist die Anweisung an seinen Diener Leporello: »Auf dass ihnen der Wein zu Kopfe steigt, lass ein großes Fest bereiten.« Don Giovanni weiß: Alkohol enthemmt, ist, richtig dosiert, das wirkungsvollste Aphrodisiakum. Alkohol entblößt, noch ehe die Hüllen fallen.

In vino veritas ist als Sprichwort in die deutsche Sprache integriert. Wie auch immer das in der Praxis dann ausfällt. Der eine brüstet sich damit, wie viel er verträgt, der andere kann nur noch lallen. Der Redeschwall des einen ist nicht mehr zu stoppen, während der andere verstummt. Der eine protzt mit seinen Heldentaten, der andere politisiert sich um Kopf und Kragen. Der eine droht Prügel an, der andere wird ganz zahm. Der eine ist komisch, der andere traurig. Zum Narren machen sich alle.

Der Alkohol ist ein Teufel. Aber ein Sorgenbrecher und Seelentröster ist er eben auch. »Wer Sorgen hat, hat auch Likör«, dichtete Wilhelm Busch. Oft ist der das einzige Mittel, dem Alltag zu entfliehen – und der Furcht vor dem Tod. Bei Oskar Maria Graf klingt das so: »Lustig, spaßig und zufrieden soff sich der alte Kastenberger ins Grab hinein.«

▶ **Bohnenkaffee, Fleischeslust, Hopfen und Malz, Leitungswasser, Schnapsnase, Spätlese, Völlerei**

Pfeffersack

Als der Kaufmann Anton Fugger, der reichste Deutsche, wenn nicht sogar der reichste Mensch seiner Zeit, 1530 die Schuldscheine des Kaisers Karl V. verbrannte, entfachte er ein Feuer aus Zimtstangen. Es ging Fugger nicht um den betörenden Duft des Gewürzes. Geld stinkt nicht, aber Zimt war stinkteuer. Fugger demonstrierte seinen Reichtum.

Ein Pfund Ingwer kostete damals den Gegenwert eines Schafes, und für ein Pfund Muskatnüsse hätte man im vierzehnten Jahrhundert mehrere Ochsen bekommen. Besonders auf Pfeffer waren die Betuchten scharf. Dreihundertsechsundachtzig Pfund sollen allein bei der Hochzeit von Georg, Herzog von Bayern, 1457 verbraucht worden sein, neben fünfundachtzig Pfund Muskatnüssen und zweihundertfünf Pfund Zimt. Ein geschmackvolles Mitbringsel für jemanden, der schon alles hatte, war ein Säckchen Pfeffer. Selbst der Papst (Johannes XII.) verschenkte an seine Kleriker zu Weihnachten pfundweise Pfeffer, Nelken und Ingwer. Der Gewürzhandel schuf steinreiche *Pfeffersäcke.* Es gab sie nicht nur in den Städten der Hanse, wo heute noch reiche Geschäftsleute *Pfeffersäcke* geschimpft werden – nicht immer ohne Neid –, sondern zum Beispiel auch in Nürnberg.

Es müssen Gewürzorgien gewesen sein, jenseits unserer Geschmacksvorstellungen. Starkes Würzen bedeutete nicht nur Wohlstand, sondern verfolgte auch den Zweck, Geschmack und Geruch von Fäulnis in den Fleischspeisen zu überdecken. Man war sich der Nebenwirkungen mancher Gewürze bewusst. Eine Überdosis Muskat etwa berauschte, galt auch als heilend, sogar gegen Pest. Hildegard von Bingen schrieb der Muskatnuss geistige Leistungssteigerungen zu. Ihre pharmakologische Wirkung, ihre Unersetzlichkeit bei Tisch machten Gewürze begehrt.

Die Kreuzritter hatten die Gewürze des Orients im Gepäck. Damals bestanden schon Handelsrouten, auf denen Nelken, Muskat und Pfeffer über Indien in den Mittelmeerraum kamen. Der Glanz Venedigs ist nicht zuletzt auf Gewürzhandel gebaut.

Doch dann segelte Vasco da Gama ums Kap der Guten Hoffnung, was die Fugger dazu veranlasste, Magellans Weltumseglung, die sogenannte

Westroute, zu finanzieren, auf der neben Indien auch die Philippinen und Südamerika angelaufen wurden. Erst das machte Gewürze in Deutschland zum Massengeschäft, es erhöhte die Mengen, senkte die Preise und steigerte die Gewinne, weil die Zölle und Handelsspannen von Venezianern, Türken und Arabern wegfielen.

Der Handel mit exotischen Gewürzen war eine frühe Form des Welthandels. Er hatte kulturelle und damit auch kulinarische Folgen. Zunächst waren exotische Gewürze ein exklusiver Genuss für die Profiteure der Globalisierung.

Der deutsche Bauer würzte sein Essen derweil noch mit Senf, Knoblauch, Kümmel und Zwiebeln. Kümmel, der Samen eines Doldenblütlers, ist bis heute aus der deutschen Hausmannskost nicht wegzudenken. Kümmel steckt in Brot und Käse. Er macht den Schweinebraten leichter verdaulich und auch das Kraut, löst Krämpfe im Gedärm. Im Mittelalter waren Gewürzdragees zur Verdauungsförderung nach dem Essen gebräuchlich, ehe der Zucker aufkam und zum Abschluss des Mahls süße Nachspeisen obligatorisch wurden.

Mit Gewürzen lassen sich auch heute noch fette Geschäfte machen. Der deutsche Gewürzimport, überwiegend aus Indien, Sri Lanka, aber auch aus China, Vietnam, Brasilien, Ägypten, hat sich in den letzten zwanzig Jahren mehr als verdoppelt auf hunderttausend Tonnen im Jahr.

In manchem Feinkostgeschäft von Berlin-Kreuzberg bis München-Bogenhausen sind heute gut und gern zwei Dutzend Pfeffersorten vorrätig. Die Auswahl umfasst Banasura-Pfeffer aus dem indischen Kerala, Schokoladenpfeffer aus Assam, roten Pfeffer aus Indonesien, Pfeffer aus Chile oder Tasmanien oder Voatsiperifery-Bourbon-Pfeffer aus Madagaskar. Das Gewürzregal des anspruchsvollen Hobbykochs ist eine Demonstration seiner Ambitionen – und Ausdruck seiner Weltoffenheit. Er begnügt sich schon lange nicht mehr mit dem traurig-grauen Pulver, das in vielen bundesdeutschen Haushalten aus dem Streuer kommt. Er weiß genau, wo der Pfeffer wächst und wohin er der schönen deutschen Redewendung gemäß so manchen Zeitgenossen gern schicken würde. Aus Sumatra kommt der schwarze Lampong, aus Südindien der orangefarbene Tellicherry, aus Kambodscha der rote Kampot.

Es sind die getrockneten Früchte von Pflanzen der großen Piperaceae-Familie. Aber auch in der botanischen Gruppe der sogenannten »falschen Pfeffer« sind ebenbürtige Köstlichkeiten zu entdecken, die nicht wie echter Pfeffer mit Piperin schärfen, sondern mit Stoffen wie Cubebin, Gingerol oder Cineol. Etwa der schrumplige zitronige, auf der Zungenspitze bitzelnde Pfeffer aus Szechuan, der an Süßholz erinnernde Langpfeffer, der nach Nelke und Piment schmeckende Kubeben-Pfeffer aus Java.

Gewürze kosten kein Vermögen mehr, aber hundert Gramm wilder Andamilen-Hochlandpfeffer aus Sumatra kommen auf vierzig Euro, den gibt es nicht im Supermarktregal. Grundsätzlich gilt die Regel, dass gute Gewürze nicht billig sein können. Je billiger sie sind, desto feiner, schneller, maschineller sind sie vermahlen, und desto geringer ist in aller Regel

Orientalischer Gewürzbasar
von Alfons Schuhbeck in München

ihre Intensität. Man muss also mehr davon nehmen. Es ist so ähnlich wie mit teuren Schuhen: Billige Schuhe kann sich nicht jeder leisten, weil sie nicht lange halten.

Gewürzmischungen gehen in Deutschland besonders gut. Im übrigen Europa überlässt man das nicht den Konfektionierungen der Industrie. Das *Pastagewürz* oder die *Erotische Gewürzmischung* sind kulinarischer Unsinn, so etwas stellt jeder mittelmäßige Koch besser selbst zusammen. Orientalische Gewürzmischungen wie Curry allerdings sind in der Küche unverzichtbar. Von einem Tütchen Curry für achtzig Cent ist jedoch nichts zu erwarten. Billige Currymischungen enthalten hohe Anteile billiger Zutaten. Es lohnt der Blick aufs Kleingedruckte. In der Zutatenliste steht die mit dem höchsten Gewichtsanteil an erster Stelle. Oft ist es Kurkuma – das mehr der gelben Färbung als dem Geschmack dient. Ein gutes indisches Curry enthält wertvollere Bestandteile: Kardamom, Sternanis, Kreuzkümmel, Muskatblüten, Zimt, Pfeffer, Koriander, Ingwer, Bockshornklee, Nelken und mehr. Manchmal sind billige Gewürzmischungen mit Salz oder anderen Geschmacksverstärkern gestreckt. Schadstoffe sind nicht auszuschließen, denn die Kontrolle ist mangelhaft.

Auf Gewürz kann notfalls verzichtet werden. Auf Salz nicht. Ohne Salz ist alles fade. Salz war einst ein Wirtschaftsfaktor sondergleichen in Mitteleuropa – auch als Währung. Schon Rom bezahlte seine Soldaten teilweise mit Salz. Das Salarium ist noch heute im Wort Salär zu finden. Dem lebhaften Salzhandel sind Straßennetze zu verdanken. Meersalz kam von den Küsten, Steinsalz aus den Bergen, oder es wurde aus Solequellen gesiedet. Ortsnamen wie Salzburg, Hallstadt (Hall – ein alter Name für Salz), Halle, Schwäbisch Hall, Bad Sooden bezeugen es. Die jeweiligen Landesherrscher versuchten über Monopole und Steuern vom *weißen Gold* abzuschöpfen, was abzuschöpfen war.

Das meiste Salz wurde zur Konservierung von Lebensmitteln benötigt, nicht zum Essen. Wobei Pökelsalz nicht nur aus Speisesalz (Natriumchlorid), sondern auch aus Salpetersalzen bestand. Man salzte ein: Fisch, Fleisch, Butter. Im späten Mittelalter stieg der Verbrauch pro Kopf auf sechzehn Kilo im Jahr, das Vierfache des heutigen Bedarfs.

Selbst Salz hat es zum Lifestyle-Artikel gebracht. Der gehobene Konsument weiß nicht bloß zwischen Stein- und Meersalz zu unterscheiden. Er nimmt grobes Salz zum Fleisch, naturbelassenes Fleur de Sel etwa aus den Salzgärten der Camargue oder der Bretagne. Er gönnt sich lachsfarbenes Himalajasalz aus Pakistan oder mit Aktivkohle geschwärztes Hawaiisalz, Inkasalz aus den Anden, mit blauen Sylvinkristallen durchsetztes Salz aus Persien oder rötlich-violettes Bambussalz buddhistischer Mönche. Schon die Wikinger salzten raffiniert mit geräuchertem Salz, das Grillmeister noch immer schätzen.

Es ist noch nicht lange her, da standen auf den Tischen selbst gutbürgerlicher Restaurants neben Salz- und Pfefferstreuern kleine, eckige Fläschchen mit Maggi-Würze. Der Deutsche würzte gern nach, nicht nur in der Küche, sondern bei Tisch. Und zwar kräftig. Noch immer sind sie zu beobachten, die Esser, die noch keinen Löffel von der Suppe probiert haben, aber schon prophylaktisch zu Pfeffer und Salz greifen.

Der Pfeffer kommt in anständigen Restaurants aus der Mühle. Nur in der Sterneküche nicht. Dort ist die Bitte des Gastes nach Pfeffer oder Salz für den Künstler am Herd ein Affront. Nachwürzen im Feinschmeckerlokal geht gar nicht. Die Speisen werden nach den Vorstellungen des Kochs in vollendeter Würzung serviert. In einem Konzert kann der Zuhörer ja auch nicht die Lautstärke eines Instruments nachregulieren. Feinschmecker würzen nicht bloß aus Respekt vor der Kochkunst nicht nach, sie haben sich auch einen feinen Geschmackssinn bewahrt.

Für richtig gewürzt halten die meisten Esser das, was sie von Kindheit an für »normal« halten, weil sie auf Geschmacksbilder geprägt sind. Deshalb überwürzen viele ihr Essen. Sie sind es so gewohnt, sind so abgerichtet. Der gewöhnliche Hausmann glaubt auch beim Würzen: Viel hilft viel. Er würzt meistens zu früh, ehe sich die übrigen Aromen in Topf und Rohr entfaltet und konzentriert haben.

Das perfekte Würzen kann auch von guten Kochbüchern nicht exakt vorgegeben werden. Wie auch? Wie viel ist eine Messerspitze? Was eine Prise? Es kommt buchstäblich auf das Fingerspitzengefühl an. Angaben zu Mengen sind deshalb Unfug. In der Kürze liegt die Würze.

▶ **Bio, Brühwürfel, Currywurst, Feinkost für Feinschmecker, Fleischeslust, Geschmackssache, Grillgut, Kochkunst, Kraut und Rüben, Nationalgericht, Soße und Sauce, Zuckerbrot, Verbraucher**

Rülpset und furzet!

Zu den populärsten Worten Martin Luthers zählen diese beiden: »Warum rülpset und furzet ihr nicht? Hat es euch nicht geschmacket?« Und: »Aus einem verzagten Arsch kommt kein fröhlicher Furz.« Die Zuschreibung wurde niemals nachgewiesen. Luther hilft also nicht unbedingt weiter. Aber Goethe schon, wie fast immer. »Du danke Gott, wenn er dich presst, / Und dank ihm, wenn er dich wieder verlässt.«

Vor einem halben Jahrtausend waren weder das geräuschvolle Aufstoßen noch das Freisetzen des Leibwindes Verstöße gegen das gute Benehmen. Erasmus von Rotterdam bestätigt es. Er erzählt vom »Knoblauchrülpsen, von den Winden des Leibes und den pestilenzialischen Atemwolken« in deutschen Gaststuben.

Furzen und Rülpsen: Beide sind akustische wie olfaktorische Phänomene. Rülpsen (Efflation) kommt vom zu schnellen Schlucken, dabei wird auch Luft verschluckt. Bei Flatulenz handelt es sich um eine Vibration der Analöffnung, wenn dem Leib eine Mischung aus Kohlendioxid, Methan, Schwefelwasserstoff, Stickstoff und Wasserstoff entweicht. Auf gut Bayerisch ist dies ein Schoaß, im Norddeutschen ein Pups.

Bestimmte Lebensmittel fördern die Flatulenz. Zwiebeln zum Beispiel. Sie enthalten keine Stärke, sondern Fruktane. Das menschliche Verdauungssystem ist nicht in der Lage, Fruktane enzymatisch zu spalten und im Dünndarm zu resorbieren. Sie gelangen also unverdaut in den Dickdarm und werden dort von Bakterien mit eindrucksvollen Namen wie Escherichia coli und Methanobrevibacter smithii verstoffwechselt. Dabei entsteht Gas, für dessen Geruch neben den Abbauprodukten der Fruktane schwefelhaltige Inhaltsstoffe verantwortlich sind. Auch Hülsenfrüchte und Kohl enthalten Zuckermoleküle, die nicht vom Darm verwertet werden. Zu den weit verbreiteten Irrtümern »gesunder« Küche zählt die Verwendung des Einweichwassers von Bohnen, weil es angeblich wichtige Stoffe enthält. Vor allem sind jedoch Gifte drin, die für Blähungen sorgen.

Die Ursachen sind das eine, die Anlässe oder Auslöser das andere. Günter Grass erzählt davon im »Butt«: »Als die dicke Gret einen Furz fahren ließ, weil ich sie zu spitzfindig geleckt hatte, nahmen wir beide das bißchen Gegenwind hin. Schließlich hatten wir, regelmäßig am Mittwoch, zu Rübchen und gepfefferten Schweinerippen dicke Bohnen gegessen; und wer den Furz seiner Liebsten nicht riechen kann, der soll nicht von Liebe reden.« Nicht immer hat Grass, der sich dem Thema in der deutschen Hochliteratur am hingebungsvollsten widmet, recht. »Die kochende Nonne glaubte an die befreiende Kraft des Furzes. Das Wort Nonnenfurz leitet sich von ihrem unbekümmerten Mut her, die Darmwinde streichen zu lassen«, behauptet er. Wäre Grass Schwabe gewesen, hätte er gewusst, dass Nonnenfürzle süße Köstlichkeiten sind, dem Krapfen verwandtes Schmalzgebäck, das vor allem zur Fastnacht verspeist wird, jener Jahreszeit, in der der Katholik satirisch auf die Kirche pfeift.

In der Tat genießt der Furz hierzulande keinen schlechten Ruf. Ob es daran liegt, dass der Deutsche analfixiert ist? So ist er oft beschrieben worden. »Fuck« schimpft der Angelsachse am liebsten, »Scheiße« der Deutsche. »Arschloch« nennt er den Idioten und haut gern mal auf die »Kacke«.

Womöglich hat sogar des Deutschen Liebe zur Blasmusik damit zu tun, der er besonders gern im Wirtsgarten als Begleitung zu Würsten und gut gefüllten Krügen frönt. Dem US-amerikanischen Autor Michael Lewis jedenfalls genügt des Deutschen Hinwendung zu Blechbläsern als Beleg für seine anale Fixierung. Sein 2011 erschienenes Buch »Boomerang«, in dem das steht, ist übrigens ein Buch über die Schuldenkrise. Die Inflationsängste der Deutschen, ihre Sparsamkeit halten ebenfalls als fragwürdige Beweise für ihre anale Fixierung her.

Da hat Freud etwas angerichtet. Eignet sich doch nichts besser zur Küchenpsychologie als seine unbeweisbare Theorie, wonach in der analen Phase (der zweiten von fünf Phasen gleich nach der oralen, noch vor der phallischen) stecken gebliebene Menschen zwanghaft pünktlich, ordentlich, penibel und starrsinnig seien. Es sind bekanntlich Eigenschaften des deutschen Charakters. Sauberkeit als Spätfolge analer Fixierung? Die Gründe liegen angeblich in der überzogenen Reinlichkeitserziehung, im Verbot, die anale Phase auszuleben. Grundsätzlich ist nicht auszuschließen, dass falsche Erziehungsideale zu psychischen Verkrümmungen führen. Militarismus und Untertanengeist sind Folgen wilhelminischer Zucht und Ordnung. Ist die anale Fixierung der Deutschen also ein kollektives Leiden mit schlimmen Folgen für die ganze Welt?

Peter Sloterdijk spottet über das »kulturgeschichtliche Eulenspiegelstück« Freuds. »Das Mirakel der Psychoanalyse ist, wie sie alle ihre Gegenstände – dieses Orale, Anale, Genitale – so seriös verzaubert. Es ist, als ob in einer feinen Gesellschaft bei Tisch gerülpst würde, und niemand findet mehr etwas dabei.«

Was der Berkeley-Professor Alan Dundes an »Beweisen« zusammentrug, scheint allzu simpel. Luther, führte er an, im »Spiegel« 10/1985 war es nachzulesen, der dem Teufel ein Arschgesicht zuschreibt. Er zitierte Goethes Götz von Berlichingen: »Er möge mich am Arsche lecken.« Er erwähnte schließlich Hitler, der aus Furcht vor Blähungen nicht ohne Dr. Kösters Anti-Gas-Pillen ausgekommen sein soll. Und so resümierte er: »Diese Mischung – außen sauber, innen schmutzig – gehört zum nationalen Charakter der Deutschen.«

Nun ist jedoch die Erziehung in Deutschland seit den Achtundsechzigern so ziemlich ins Gegenteil gekippt. Heute wird Analverkehr in der Schule durchgenommen, und die Schilderung von Analfissuren verhalf der Autorin Charlotte Roche zum Bestseller »Feuchtgebiete«.

► **Fleischeslust, Manieren und Sitten, Oans, zwoa, gsuffa!**

Sättigungsbeilage

Sättigungsbeilage: wie viele Stichworte dieses Buchs ein zusammengesetztes Hauptwort, auch darin typisch deutsch. Es klingt alles andere als appetitanregend, eher spröde, ja störrisch. Verköstigung als Verwaltungsakt. Ursprünglich stammt die Sättigungsbeilage aus der DDR-Gastronomie. Da man nicht genau wusste, was gerade da war, Kartoffeln, Reis, Klöße oder Nudeln, stand die Sammelbezeichnung »Sättigungsbeilage« auf der Speisekarte. Der Begriff verknüpft das bürokratische mit dem genussfeindlichen Erbe des sozialistischen Teilstaats – und hat doch die Wende überlebt, was nichts Gutes bezeugt für die Einstellung der Deutschen zum Essen.

Der Begriff Sättigungsbeilage weist darauf hin, dass auf deutschen Tellern Ordnung herrscht. Die Aufgaben sind klar verteilt. Oben der Geschmack, unten der Füllstoff. An der Spitze der Hierarchie steht, was nicht in ausreichender Menge zur Verfügung steht: die meist überschaubare Portion Fleisch oder Fisch, die dem Gericht den Namen verleiht. Darunter die Gemüsebeilage beziehungsweise der Salat. Auch sie haben eine klare Funktion, sind sozusagen der Geschäftsbereich Gesundheit auf dem Teller. Und dann kommt das, was schnell sattmacht: Kartoffeln, Nudeln, Klöße, Reis. Die Sättigungsbeilage liefert Kohlehydrate. Mithin ist die Sättigungsbeilage in der schlichten Hausmannskost eben nicht überflüssige Beilage, sondern zentrales Ernährungsgut. Sie allein schon macht satt. Auf alles andere könnte notfalls verzichtet werden.

Dennoch widmet ihr die Küche die geringste Aufmerksamkeit. Auch das kündigt der Begriff bereits an. Die Sättigungsbeilage ist unspezifisch, es lohnt nicht, sich näher mit ihr zur befassen, was leider auch zu schmecken ist. Oft ist sie vernachlässigt, halb verkocht und plump.

Diese Geringschätzung hat sie nicht verdient. Nur in der Feinschmeckerküche wird sie ebenso sorgfältig behandelt wie alles andere auf dem Teller und ist fein auf die anderen Komponenten abgestimmt. Es ist bezeichnend, dass Sättigungsbeilagen zur Signatur der deutschen Küche geworden sind. Allem voran die Kartoffel, die es deshalb mit »Vorwiegend festkochend« sowohl zum Buchtitel als auch zu einem eigenen Kapitel gebracht hat.

Auch der Knödel oder Kloß steht für deutsches Essen wie kaum etwas anderes. Seine unterschiedlichen Bezeichnungen markieren eine Kulturgrenze. Der Knödel ist sprachlich vom lateinischen *nodus* (Knoten) abzuleiten, der Kloß vom althochdeutschen *kloz* (Klumpen). Wie kompliziert Sprache in diesem Fall ist, hat Karl Valentin vorgeführt. Bei ihm wird der Semmelknödel zum Stolperstein, wenn er zur Erkenntnis kommt: »Solang die Semmelnknödeln aus mehreren Semmeln gemacht werden, sagt man unerbitterlich Semmel*n*knöd*eln*.« Dialogpartnerin Liesl Karlstadt will es genauer wissen. »Ja, wie heißt es dann bei den Kartoffelknödeln?«

Valentin: »Dasselbe n, Kartoffel*n*knödeln.«

Karlstadt: »Und bei den Schinkenknödeln?«

Valentin: »Da ist's genauso – da ist das n schon zwischendrin, es gibt keine Knödeln ohne n.«

Karlstadt: »Doch, die Leberknödeln.«

Valentin: »Ja, stimmt! – Leber*n*knödeln kann man nicht sagen!«

Der Leberknödel ist auch keine Sättigungsbeilage, sondern eine Suppeneinlage.

Die kompliziert verlaufenden Dialektgrenzen im thüringisch-sächsisch-fränkischen Raum betreffen Kartoffelklöße (Hütes, Hebes, Knölla, Gleeß) und verleiten zur falschen Annahme, es handle sich um steinalte Traditionen. Dieses Arme-Leute-Gericht aus geriebenen rohen sowie gekocht gestampften Kartoffeln in unterschiedlichen Anteilen kann nicht älter sein als der Kartoffelanbau. Die Herstellung ist kompliziert, hat exakten Vorschriften zu folgen und zeitigt unterschiedliche Qualitäten zwischen weich und fest, gummiartig und flauschig, flach und rund. Das Qualitätssiegel »Original Thüringer Kloß« hilft der Vermarktung und dem Schutz der regionalen Sättigungsbeilage.

Alles klar wie Kloßbrühe? Ja, abgesehen davon, dass das stärkehaltige Knödelwasser nicht klar sein kann. Der Begriff stammt von der Klosterbrühe aus Fleisch und Gemüse, einer klaren Bouillon.

Hinreichend kompliziert ist auch die Herstellung schwäbischer Spätzle. Anders als bei Nudeln wird der Teig nicht geknetet, sondern gerührt. Er bleibt zähflüssig und wird von einem Brett direkt ins Kochwasser geschabt oder durch Lochbleche gedrückt (gehobelt). In der kurzen, tropfenförmigen Version werden aus Spätzle Knöpfle. Der Schwabe isst die in der EU

Sattmacher

als regionale Spezialität geschützte Nudelvariante am liebsten mit Linsen und Saitenwürstle. Der Allgäuer mag sie lieber mit geriebenem Käse und gerösteten Zwiebeln. Es ist ein klassisches Arme-Leute-Essen, das sich zu Recht behaupten kann gegen die Pizza- und Burgerküche.

Als kulinarisches Kulturgut haben Klöße und Spätzle dennoch zu kämpfen. Denn sie machen Arbeit. Die aber machen sich immer weniger Köche. Auch nicht in der Gastronomie. Es dominieren dort Fertigprodukte, meist nicht annähernd so gut wie Selbstgemachtes.

Die Sättigungsbeilage hat es schwer, wenn sie mehr sein will als ein Sattmacher. Eine wichtige Eigenschaft der Sättigungsbeilage neben dem Kaloriengehalt nämlich ist ihre Saugfähigkeit. Erst die Soße verleiht ihr Geschmack – wenn sie es denn tut. Die Soße aber ist ein eigenes, in Düsternis gehülltes Kapitel der deutschen Küche.

► Feinkost für Feinschmecker, Goldbroiler, Hausmannskost, Soße und Sauce, Vorwiegend festkochend, Weißwurstäquator

Saumagen

Keiner deutschen Spezialität wird mehr Unrecht angetan als dem Pfälzer Saumagen. Kurioserweise ist beides, Bekanntheit wie Ruf, einem Politiker zu verdanken, der ihn nach Kräften promotet hat. Helmut Kohls Image hat auf das Image seiner Leibspeise abgefärbt.

Die meisten Deutschen außerhalb von Rheinland-Pfalz halten den Saumagen für eine ziemlich unappetitliche Angelegenheit, denn sie verwechseln Verpackung und Inhalt. Der eigentliche Saumagen ist der einzige Bestandteil, der nicht gegessen wird, er ist Hülle, nicht Fülle. Abgesehen von Helmut Kohls Rolle ist der Saumagen also eine schöne Metapher für das politische Geschäft, wo ja auch die äußere Form meist über den Inhalt dominiert. Mit dem Unterschied, dass in der Politik die Verpackung in aller Regel bekömmlicher ist als das Verpackte. Beim Saumagen ist es umgekehrt.

Die Geschichte ist noch nicht ganz so alt wie die Nibelungensage, aber fast schon so oft erzählt worden. Kohl ließ sich öfter von seinem Fahrer, dem getreuen »Ecki«, von seinem Haus in Oggersheim ins nur zwanzig Minuten entfernte Wachenheim an der Weinstraße chauffieren, blieb, so die Legende, im Wagen sitzen, während Ecki im Laden von Metzgermeister Klaus Hambel die bestellte Ware abholte. Der Hambel-Saumagen wurde auch im Deidesheimer Hof serviert, wenn Kohl dort Michail Gorbatschow, Boris Jelzin, Margret Thatcher, König Juan Carlos, George Bush senior oder den Feinschmecker François Mitterrand bewirtete. Es soll sich keiner über die Zumutung beschwert haben.

Was genau sich im Saumagen befindet, ist stark abhängig vom Qualitätsbewusstsein und vom Geschmack des Metzgers, der ihn herstellt. Es gibt vulgäre Saumägen und köstliche, plumpe und feine, selten fette, sondern meistens erstaunlich magere. Schweinefleisch muss darin sein, aber der Saumagen darf auch einen Anteil Rindfleisch enthalten. Wichtig sind Kartoffeln und Gewürze. Es handelt sich also um ein Fertiggericht, das älter ist als der Begriff Fertiggericht. Der Saumagen ist eine Wurst mit integrierter Beilage. Wobei die Umverpackung sehr belastbar, wasserundurchlässig, geruchsneutral und natürlich ist. Er ist in der Südpfalz, aber

Meister Hambel und sein Saumagen

auch im Elsass zu Hause. Gern wird er zur Rieslingschorle in den bewirtschafteten Wanderhütten des Pfälzer Waldes angeboten.

Metzgermeister Hambels Saumägen zählen mit nur fünf Prozent Fett zu den mageren ihrer Art. Das Fleisch aus der filetzarten Nuss Odenwälder Schweine wird zu je einem Drittel gewürfelt, durch die grobe Scheibe des Fleischwolfs und durch die ganz feine Scheibe gedreht. Dazu kommen blanchierte Kartoffelwürfel, etwas Kartoffelmehl zur besseren Bindung und eine Gewürzmischung aus Pfeffer und Salz, Majoran, Muskatnuss, Nelke und Koriander. Das namengebende Verpackungsmaterial stammt aus dem Schlachthof in Mannheim und wird über Nacht eingeweicht. Die fertigen Saumägen werden in Scheiben geschnitten, ehe sie auf einem Sauerkrautbett auf den Tisch kommen.

Vom Glauben fällt womöglich ab, wer erfährt, dass Meister Hambel moderne Saumagenvarianten herstellt, in denen Schafskäse, Chili, Äpfel, Pflaumen und sogar Rum vorkommen. In jedem Fall passt dazu ein Pfälzer Riesling. Warum nicht ein Kallstadter Saumagen. Er kommt von einer der besten Lagen, die ihren Namen der Form des Hügels verdankt, auf dem er wächst.

▶ **Extrawurst, Hausmannskost, Nationalgericht, Spätlese, Staatsbankett, Weißwurstäquator**

Schlachtschüssel

Wer Schwein hat, hat Glück. Die meisten Schweine in Deutschland aber haben kein Glück. Es sind arme Schweine, was damit zu tun hat, dass die Deutschen ihr Sparschwein besser behandeln.

Das Schwein ist das wichtigste Tier der Kelten und Germanen und neben Grütze Grundlage seiner Ernährung. Vor neuntausend Jahren sind es noch domestizierte Wildschweine. Aber auch die frühen Hausschweine werden im Wald gehalten, wo sie sich mit Wildschweinen paaren, noch im Mittelalter ähneln sie eher den Wildschweinen als den heutigen Rassen. Der Wald wird umso mehr geschätzt, je mehr Schweine seine Eicheln und Bucheckern ernähren. Die frühen Schweinemäster beurteilen Wälder deshalb ähnlich wie Kornfelder. Für sie ist der Wald weder wild noch gar wildromantisch.

Im goldenen Zeitalter der Mythen lebten die mediterranen Völker vegetarisch; auch im christlichen Paradies wurde nicht geschlachtet. Der germanische Mythos dagegen verköstigt die gefallenen Helden vom unerschöpflichen Fleisch des großen Schweins Sährimnir. Dieser Eber wird täglich von Neuem gekocht und verspeist und ist abends wieder komplett, wie die Snorra-Edda erzählt. Für die Vorfahren der Deutschen war Fleisch vom Schwein also der Lieferant von Kraft und Kampfesmut, »Eigenschaften, die die erste wirkliche Legitimation der Macht begründen«, folgert der Historiker Massimo Montanari.

Dabei widmeten die alten Germanen dem Speck mehr Aufmerksamkeit als dem Bratenstück. Nördlich der Alpen war das Schwein der Hauptlieferant von Fett. Es war fetter als heute. Fettes Fleisch schmeckt auch besser als mageres, denn Fett ist ein Geschmacksträger. Der Magerkult ist noch in weiter Ferne, die fette Sau keine Beleidigung, sondern ein Prädikat, denn auch der fette Mensch wird nicht bemitleidet, sondern beneidet. Eine gewisse Körperfülle schwebte noch dem Menschen des Barock als Schönheitsideal vor.

Deutschland ist immer noch Schweineland Nummer eins, produziert fünfeinhalb Millionen Tonnen Schweinefleisch, China achtmal so viel, allerdings bei einer sechzehnmal größeren Bevölkerung. Rund achtzig Mil-

Artgerechter Sauhaufen

lionen Deutsche konsumieren gut vier Millionen Tonnen Schweinefleisch. Alle einschlägigen Zahlen sinken: die Einfuhrmenge von Schweinen, die Anzahl der Schweinehalter, die Zahl der Schweine, der Pro-Kopf-Verzehr.

Andere Nationen verstehen mehr vom Schwein. Deutsche Feinschmecker blicken sehnsüchtig nach Spanien. Das schwarze iberische Schwein läuft in großzügig bemessenen Gehegen herum, ernährt sich von Knollen und Kräutern, ehe es in der Eichelmast sein Gewicht verdoppelt. Das spanische Schwein hat es besser, vor allem das der höchsten und teuersten Güteklasse Montanaro. Siebzig Prozent seines Futters bestehen nur aus Eicheln. Spanischer Schinken, Jamón Ibérico, ist dank der Eicheln unvergleichlich zart und nussig im Geschmack, aber auch Lomo, Pluma, Presa und Secreto aus Lende, Rücken, Schulter, ganz zu schweigen vom Unterkiefermuskel Carrillera, sind ein Gedicht und auch der deutschen Spitzengastronomie vertraut.

Ist nicht die Eiche der Baum der Deutschen? Von Eicheln kann das deutsche Stallschwein nur träumen. Dennoch bessert sich die Lage auch für das deutsche Schwein allmählich. Die meisten Schweinerassen sind Kreuzungen (Hybride). Da regionale Küche angesagt ist, kommen gute alte deutsche Schweinerassen zurück in den Stall und auf den Teller. Das Schwäbisch-Hällische Landschwein etwa, das Bunte Bentheimer Schwein, das Havelländer Apfelschwein oder das ursprünglich aus Ungarn stammende Mangalitza-Wollschwein.

Das Leben der deutschen Industriesau beginnt mit Quälerei. Meist wird dem Schweinderl noch immer das süße Ringelschwänzchen kupiert. Es ist noch nicht lange her, da war es auch üblich, Ferkeln die Eckzähne abzuschleifen, eine schmerzhafte Prozedur – und gegen das Tierschutzgesetz. Eberferkel wurden dazu noch ohne Narkose kastriert, was mittlerweile auch verboten ist. Ein Sexualhormon lässt nicht kastrierte Eber sprichwörtlich wie Eber stinken. Doch gibt es Alternativen: Männliche Ferkel können auch unter Betäubung kastriert oder mit Improvac geimpft werden, das verhindert, dass sie geschlechtsreif werden.

Zur Geburt haben die Ferkel bereits fünfzehn Wochen mit sieben bis vierzehn Geschwistern im Mutterleib hinter sich. Nur drei bis vier Wochen währt die Säugezeit. Ein kurzes Glück. Dann geht es ganz schnell. Sechs bis sieben Wochen Aufzucht folgen achtzehn Wochen Mast.

Das entscheidende ökonomische Kriterium für ein Mastschwein ist die tägliche Gewichtszunahme – bis zu achthundertfünfzig Gramm. Im Trog findet es eiweißreiche Nahrung aus Sojaschrot und Tiermehl. Getreide, Kartoffeln, Rüben liefern Kalorien. Die schlachtreife Sau ist hundertzehn bis hundertfünfundzwanzig Kilo schwer, dann steht ihr ein Quadratmeter Wohnraum zu. Eine gewisse Enge im Stall müsse sein, heißt es, da sonst Rangkämpfe nicht zu vermeiden seien. Schweine sind nicht dumm. Also wollen sie sich nicht langweilen. Sie benötigen »Beschäftigungsmaterial«, wie der Bauer weiß, Seile, Jutesäcke. Besser wäre eine Wiese.

Hat das Schwein Glück, bleiben ihm quälende Transporte erspart. Seine erste Reise ist meist nicht die ins Schlachthaus, sondern die von der Ferkelzucht in den Mastbetrieb. Freundlicher wäre die Aufzucht an ein und demselben Ort, am besten im Familienverbund, noch schöner, wenn die Sau auch ihr Ende am vertrauten Ort fände, frei vom Transportstress.

Hausschlachtung, selbst in Städten noch bis Mitte des achtzehnten Jahrhunderts üblich, ist heute die Ausnahme. Noch im zwanzigsten Jahrhundert wurde in Hinterhöfen von selbstständigen Metzgern geschlachtet. Ein solcher war auch der Vater des Saumagenmeisters Hambel. Walter Hambel war dreißig Jahre ein sogenannter Adventsmetzger. Er ging überwiegend im Winter auf Bauernhöfe und machte aus Schweinen Wurst.

»Nur das leise, stoßweise Grunzen der Sau, die nichts weiß und alles ahnt, ist zu hören und dringt wie ängstliches Fragen an die Ohren der Männer.« Diese eindrucksvolle Schlachtszene liefert Josef Bierbichler in seinem Roman »Mittelreich«. Als Gastwirtssohn am Starnberger See aufgewachsen, kennt er, was er beschreibt. Mit der stumpfen Seite saust das Schlachtbeil auf den Kopf der Sau, nach dem Stich mit dem Messer schießt das Blut aus dem betäubten Tier. Nackt rasiert wird die Sau an den Hinterläufen zur Decke gezogen, die Schwarte, die Fettschicht geritzt, der Bauch geöffnet. »Wie endlos lange Würste voller Scheiße quoll Gedärm hervor und hin an seine Brust«, die des Metzgers, der mit einem Arm »im offenen Hohlraum des Kadavers wühlte und immer mehr und mehr von den warmen dampfen prallen Scheißeschläuchen aus dem Inneren grub, Bauch an Bauch mit der gehängten Sau. […] Warm riecht das Gemenge und vertraut, wie nach eigenen, allein genossenen, angenehm duftenden Fürzen. Appetit stellte sich ein.« Der Kopf der Sau wird abgetrennt, zerstückelt, die Haxen abgetrennt, Leber und Herz bearbeitet, die Därme sorgfältig mit Salz und Essig gereinigt.

Mindestens jedes vierte tierische Produkt stamme von einem kranken Nutztier, behauptete der stellvertretende Geschäftsführer von Foodwatch, Matthias Wolfschmidt. Etwa jedes zweite Schwein habe schon eine Lungenerkrankung durchlebt. Auch Schlachthöfe haben ein massives Problem mit dem Tierschutz: 2016 kam eine Studie im Auftrag des bayerischen Landesamtes für Lebensmittel und Gesundheit zu dem Ergebnis, dass ein Viertel der Schweine nicht ausreichend elektrisch betäubt werde. In anderen Schlachthöfen werden sie durch Bolzenschüsse betäubt oder mit Kohlendioxid, Methoden, die das industrielle Töten erleichtern, aber auf die Psyche der Schweine keine Rücksicht nehmen. Danach folgt der Stich ins Herz. Die toten Körper werden gebrüht, enthaart, ausgeweidet, ausgespült, entlang der Wirbelsäule gespalten und dann auf mindestens sieben Grad abgekühlt. Zerlegt werden sie erst später.

Dem Feinschmecker kann das nicht gefallen. Den Würsten muss zwingend Phosphat zugesetzt werden. Noch schlachtwarmes Fleisch dagegen enthält Adenosintriphosphat und bindet Wasser und Fett besser. Warmmetzgern hat in Deutschland Tradition, ist jedoch selten geworden.

Ob Hausschlachtung oder Tötungsfabrik: Der Metzger unterscheidet sich vom Bauern dadurch, dass er dem Tier immer erst kurz vor dem Tod begegnet. Liebt er es weniger als der, der es aufzieht und schlachten lässt? »Er spürte jedes Mal, bevor er sie tötete, eine zärtliche Nähe zu ihnen. […] Nur eine Beziehung zu ihnen hatte er nicht. Kaum waren sie tot, waren sie für ihn nur noch Material«, schreibt Bierbichler, und zwar für Leber- und Blutwürste und Kesselfleisch – für alles, was auf eine ordentliche Schlachtplatte oder in eine Schlachtschüssel gehört.

Der Lyriker Jan Wagner hört zwar »die spitzen schreie, das gequälte tier«, übersieht aber auch nicht »an der decke das gespreizte / schwein, sein rätselhaftes ideogramm«. Gibt es gar eine Poesie des Schlachtens? Unmenschlich findet der Mensch das Schlachten auch deshalb, weil es ihn an den eigenen Tod erinnert. »Denn es geht dem Menschen wie dem Vieh; wie dies stirbt, so stirbt er auch.« Mit diesem fundamentalen Satz beginnt Alfred Döblin, in allen Einzelheiten den Berliner Schlachthof zu schildern, seine Organisation, die Schlachthofbediensteten und die

Schlachthofopfer. Eine Reportage im Roman »Berlin Alexanderplatz«, die auch den Augenblick des Tötens wie in Zeitlupe schildert. »[…] schubb schubb in den Hals gestoßen, ritsch ein langer Schnitt, ein sehr langer in den Hals, das Tier wird wie ein Sack geöffnet, tiefe tauchende Schnitte, das Tier zuckt, strampelt, schlägt, es ist bewußtlos, jetzt nur bewußtlos, bald mehr, es quiekt, und nun die Halsadern geöffnet.«

Nach den Schweinen werden die Rinder geschlachtet und auch das wird von Döblin in expressionistischer Manier beschrieben: »Jetzt wird das Messer angesetzt werden, und das Blut wird herausstürzen, ich kann es mir schon denken, armdick der Strahl, schwarzes, schönes, jubelndes Blut.« Das Schlachten und das Sterben. »Das Röcheln wird stärker, es ist ein sehr hingezogenes Keuchen, Verkeuchen […] das Leben röchelt sich nun aus.« Da ist dann doch ein Unterschied. Die Sau, »bevor sie was merkt – und was merkt son Vieh – ist sie schon hin. Ein Mensch aber, der hat Ihnen Augen, in dem steckt viel drin und alles durcheinander; der kann den Deibel denken und muß denken […] was ihm passieren wird.«

Neue Schlachtmethoden sind in Erprobung. Wie früher kommt in Hessen der Metzger mit einem speziellen Schlachtanhänger auf den Hof. Eigentlich müssen laut EU-Hygieneverordnung Rinder lebend in die Schlachthöfe gebracht werden. Nun wird das Tier mit einem Bolzenschussgerät auf dem Hof betäubt und mit einer Seilwinde in den Anhänger gezogen und dort getötet. Zur Verarbeitung muss es innerhalb einer Stunde in den Schlachthof gebracht werden. Das Verfahren ist nur zulässig, weil der Anhänger als Teil des Schlachtbetriebs gilt.

Das industrielle Töten setzte logistische Errungenschaften voraus, Eisenbahn und Kühlwaggons. Mangelnde Hygiene motivierte die Behörden deutscher Großstädte zur Gründung kommunaler Schlachthöfe. In Berlin regte der Mediziner Rudolf Virchow 1864 zur besseren Überwachung und Abwehr der Trichinose die Nachbarschaft von Viehmarkt und Schlachthof an. In München forderte nach der Choleraepidemie 1866 der Hygienepionier Max von Pettenkofer die Einrichtung kommunaler Schlachthöfe.

Während in Deutschland der Wunsch nach besserer Fleischqualität die Entwicklung antrieb, befand sich die Fleischindustrie in den USA voll im Griff des Großkapitals. Zunächst wurde 1845 Cincinnati, dann Chicago das Zentrum der Fleischproduktion mit zwölf Millionen Tieren pro Jahr. Fünfzehn Minuten dauerte es vom Töten des Rinds, bis es zerlegt war. Das Fließband wurde nicht in Fords Autofabriken, sondern in den Schlachthöfen Chicagos perfektioniert. Unhaltbare hygienische Zustände führten 1906 zum *Meat Inspection Act,* einem frühen Verbraucherschutzgesetz.

In Chicago entstand auch die erste Warenterminbörse der Welt, auf der mit Schweinehälften, Rindern und Getreide spekuliert wurde. Bertolt Brechts Stück »Die heilige Johanna der Schlachthöfe«, 1931 veröffentlicht, doch erst 1959 von Gustaf Gründgens in Hamburg uraufgeführt, handelt nicht vom Leiden der Tiere, sondern von dem der Arbeiter in den »Knochenmühlen«. Sie sind Opfer des erbitterten Konkurrenzkampfes zweier Fleischmoguln.

Tatsächlich bestimmte der Konkurrenzkampf der *Big Five* in Chicago das Geschehen. Die Arbeiter werden in Brechts Stück und wohl auch in Wirklichkeit schlechter ernährt als das Vieh. »Menschenmetzger« nennen die mit Magersuppen traktierten Arbeiter ihre kapitalistischen Herren. Der zynische Kapitalist Pierpont Mauler begründet eine Fabrikschließung damit, dass sein »Herz vor dem Gebrüll der Kreatur sich aufbäumt«. In Wahrheit spielen nur Profit und Zinsen eine Rolle. Mauler bekennt: »Mit Ochsen hab ich Mitleid, der Mensch ist schlecht.« Manch militanter deutscher Tierschützer würde diesen Satz bedenkenlos übernehmen – wenn auch aus anderen Motiven.

Der Fleischkonsument will an den Tod im Schlachthof nicht erinnert werden. Seine zunehmende Distanz zum Töten der Tiere ist auch bei Tisch zu beobachten. Im Mittelalter kamen die getöteten Tiere noch häufig im Ganzen auf den Tisch, Hasen, Lämmer, Schweine. Geflügel wurde nach der Zubereitung sogar mit Federn geschmückt; möglichst lebensecht sollten die Speisen aussehen. Die am Spieß im Ganzen gebratenen Tiere wurden erst am Tisch zerlegt. Die Bedeutung dieses Rituals reicht weit zurück in die Ursippen der Jäger. »Das Zerlegen und Teilen des erjagten Tieres ist geradezu ein Sinnbild dafür, dass die Verfügung über Nahrung einem sozialen Verhältnis entspricht. Im Teilen des Fleisches verbinden sich zwei zentrale, sich tendenziell widersprechende gesellschaftliche Grundmechanismen: die Stärkung des Gruppenzusammenhalts und die Schaffung sozialer Differenzen«, schreibt die Ernährungssoziologin Eva Barlösius.

Es ist eine Kunst für sich. Das Zerlegen erfordert besondere Fähigkeiten, die für den Mann von Welt so unverzichtbar waren wie Jagen, Fechten, Tanzen. Das Zerlegen und das Austeilen bei Tisch sind eine Ehre und meist dem Gastgeber vorbehalten. Nicht jeder beherrscht das Handwerk. So entsteht, Frankreich geht voran, der Beruf des Trancheurs, des Vorschneiders. Es gab Spezialisten, die »Aufschneider«, die daraus eine Zirkusnummer machen konnten.

Auch im Haus der Buddenbrooks übernimmt einer das Tranchieren. »Die Ellenbogen in legerer Weise erhoben, die langen Zeigefinger gerade auf den Rücken von Messer und Gabel ausgestreckt, schnitt er mit Bedacht die saftigen Stücke hinunter.« Erst mit der Verkleinerung der Haushalte wurden auch die Fleischstücke kleiner. Heute würden ganze Schweinsköpfe auf dem Tisch peinlich und auf empfindsame Esser abschreckend wirken.

Der Mensch der Moderne bemüht sich, möglichst vergessen zu lassen, dass Fleisch von einem Tier stammt, das geschlachtet worden ist. Sein Ursprung wird schon im Metzgerladen, spätestens in der Küche versteckt.

Der deutsche Verbraucher trägt ein Kilo Schweinefleisch für 3,99 Euro nach Hause. Für ein Kilo Schweinekotelett musste ein deutscher Arbeiter 1950 noch fast dreieinhalb Stunden arbeiten. Heute schafft er das in etwa zwanzig Minuten. Ist das Fortschritt? Siebenundachtzig Prozent der Deutschen wünschen sich bessere Bedingungen in der Tierhaltung. Nur ist am Supermarktregal davon wenig zu spüren.

Bauern und Lebensmittelindustrie verstehen sich verständlicherweise nicht als Weltverbesserer. Sie schauen auf den Markt. Er ist in Deutschland gespalten. Die Bundesregierung hat den Mund voll genommen und versprochen, die Fleischproduktion in Deutschland zu halbieren. Allerdings nicht der lieben Tiere wegen, sondern weil alle Kraft dem Klimaschutz gilt. Der Klimaschutzplan 2050 des Bundesumweltministeriums will die Deutschen, wenn schon nicht zu Vegetariern, so doch wenigstens zu Flexitariern umerziehen.

Mit gutem Gewissen lassen sich gute Geschäfte machen, ohne die Lage der Schweine wirklich zu verbessern. Verschiedene Tierwohllabels, von der Industrie oder vom Staat initiiert, versprechen mehr, als sie halten können.

Hilft nur noch eine Radikalkur, um die Verbraucher zur Besinnung zu bringen? Jürgen Dollase forderte, jeder, der ein Tier esse, solle auch in der Lage sein, es selbst zu töten. Ich meine, es genügt, wenn jedes Kind einmal einen Schlachthof besucht und erlebt, was dort geschieht. Vielleicht würde dies den Anteil der Vegetarier sprunghaft erhöhen. Es geht aber nicht um Abschreckung, sondern darum, das Tier zu würdigen. Nur wer sich bewusst macht, was mit Tieren geschieht, kann das Fleisch auf seinem Teller würdigen.

Billiges Fleisch kann nur auf Kosten des Tierwohls produziert werden. Dennoch ist es ein Irrtum zu glauben, allein aus dem Umgang mit dem Schlachttier lasse sich auf die kulinarische Qualität schließen. Auch aus misshandelten Tieren kann leider brauchbares Essen werden. Für einen lausigen Hamburger oder eine miese Bratwurst aber sollte kein Tier mehr sterben müssen. Doch die Mir-egal-Haltung deutscher Konsumenten zeigt sich nicht allein darin, dass vor allem zu billigem Fleisch gegriffen wird. Auch die Konzentration der Nachfrage auf wenige ausgewählte Stücke zeugt von einer Geringschätzung des Tiers. Früher wurde alles gegessen und gekocht, auch die Innereien, die vermeintlich zweitklassigen Stücke. Es landet zu viel im Abfall. Die *Nose-to-Tail-Bewegung* hält dagegen. Wenn Tiere schon für uns getötet werden müssen, sagen deren Vertreter, dann verlangt es der Respekt vor dem Lebewesen, alles zu schätzen.

Sülze ist ein Produkt, das diesem Gedanken entgegenkommt. Sie ist ein eher seltsames Element deutscher Esskultur – ein Beispiel für den Erfindungsreichtum aus Armut. Was da im durchsichtigen Gewabbel, gewonnen aus dem Bindegewebe von Schweinen und Rindern, undurchschaubar ausgestellt wird, ist nicht jedermanns Sache, wie Kalbskopfsülze etwa. Vegetarier und Veganer schütteln sich vor Ekel. Doch plötzlich erlebt Aspik eine Wiedergutmachung. Er macht vermeintlich Minderwertiges, Übriggebliebenes genießbar.

Viele Verbraucher ekeln sich vor Innereien. Das hat nichts mit ihrer Qualität zu tun, sondern mit Gefühlen und Gewohnheiten. Auch Innereien, Lunge, Kutteln, Herz, Hirn, Nieren, Milz, Zwerchfell (in Bayern Kronfleisch genannt) waren einmal Alltagskost. Im »Butt« wird eine Reihe von ihnen aufgeführt. »Wenn es dich inwendig friert: Kutteln vom vierten Magen der Kuh. Wenn du traurig, bodenlos aller Natur entfallen, todtraurig bist: Kuttelfleck, die uns lustig machen und dem Leben Sinn geben. Oder mit Freunden, die Witz haben und gottlos genug sind, um auf der Spötterbank zu sitzen: aus tiefen Tellern Kutteln löffeln, die mit Kümmel abgeschmeckt worden sind.« Die Äbtissin liebt »Rinderherz mit Backpflaumen gefüllt in Biersoße«. Der Grobschmied Rusch wünscht sich gar sein Leibgericht Kutteln als Henkersmahlzeit.

Nicht zu verachten sind Lungenflügel und Herzen von Lämmern, mit Anis und Pfeffer gekocht, zu Haschee verschnitten. Innereien waren früher begehrt und wurden mit Heißhunger verzehrt. Simplicius Simplicissimus berichtet von sechs Pfund Kaldaunen oder Rinderkutteln, verschlossen in einem Vorratskeller. Aber Kinder angelten sie mit einem Stock durchs Kellerfenster heraus, »verschlangen sie halbgekocht, wie sie waren«.

Regelmäßig auf den Tellern zu finden sind fast nur noch Leber und Wurst aus Blut. Aber Blut ist auch ein guter Soßenbinder (der Franzose liebt Sauce rouennaise aus Entenblut), Blut kann Eier in Backwaren ersetzen, ist in dieser Hinsicht allerdings gründlich aus der Mode.

In wenigen Lokalen wird traditionelle Innereienküche angeboten. Zwerchfell von Kalb, Rind und Schwein wissen Kenner zu schätzen. In auf Tradition bedachten bayerischen Gasthöfen ist das wieder zu finden. Das *Münchner Voressen,* ein Ragout aus Kalbs- und Schweinslunge, Kutteln und Kalbsbries, galt einmal als Inbegriff gutbürgerlicher Kost.

Mehr als die Hälfte der Deutschen lehnen Innereien ab. Ihr Ekel macht Innereien billig. Vielleicht führt die Maxime, aus Respekt vor dem Tier auch das ganze Tier zu verwerten, zu einer Renaissance von Schweinsnierchen in Senfsauce und gebackenem Hirn.

► **Diätwahn, Geschmackssache, Hausmannskost, Kochkunst, Manieren und Sitten, Saumagen, Schlaraffenland, Sonntagsbraten, Vegetarier und Veganer, Waldpilze, Zukunft auf dem Teller**

Schlaraffenland

»Hört zu, ich will euch von einem guten Land sagen, dahin würde mancher auswandern«, beginnt Ludwig Bechsteins Version des »Märchens vom Schlaraffenland«. Wo einem gebratene Vögel in den Mund fliegen, die gesottenen Fische in die Hand springen und dem gebratenen und doch noch quicklebendigen Spanferkel Messer im Rücken stecken, wo Steine Pasteten sind, Häuser aus Lebkuchen, mit Eierfladen gedeckt und von Balken aus Schweinebraten gestützt, wo die Brunnen mit Malvasier und Champagner gefüllt sind, wo es Honig regnet und die Rosse Eier legen statt Rossäpfel, dort liegt die »schöne Gegend […] Schlauraffenland«.

Wo soll das sein? Nicht in Deutschland, noch nicht einmal in seiner Nähe. Hans Sachs, Schuhmacher und Poet dazu, Wagners Nürnberger Meistersinger, deutet an, wo es zu finden sein könnte, nämlich »drei Meilen hinter Weihnachten«. Also noch weiter weg als der Weihnachtsmann.

Das Schlaraffenland war, ist und bleibt ein Traumziel der Deutschen. An ihrer Fantasie sind sie zu erkennen. Hans Sachs, der Lutheraner, der Volkspädagoge, sagt es 1530 am Ende seines Gedichts geradeheraus: »Wer also lebt wie obgenannt, / der ist gut im Schlaraffenland, / in einem anderen aber nicht. / Darum ist ein Spiegel dies Gedicht, / darin du sehest dein Angesicht.«

Das Märchen vom Schlaraffenland stammt aus dunklen Zeiten der Sorge ums tägliche Brot. Sein Grundmotiv kommt schon in der Antike vor, unter anderem bei Vergil, Lukan, Herodot, später in Frankreich und Italien (Boccaccios »Dekameron«), und wird 1494 im »Narrenschiff« des deutschen Humanisten Sebastian Brant populär. Das Schlaraffenland ist eine Parodie des Paradieses. In Deutschland und Flandern war es besonders beliebt. Auch die Gebrüder Grimm nahmen es in ihre Märchensammlung auf.

E. T. A. Hoffmann baute es 1816 in sein romantisches Kunstmärchen »Nussknacker und Mäusekönig« ein. Es führt uns durchs Studentenfuttertor ins Puppenreich, wo der Limonadenstrom in den Mandelmilchsee mündet, wo Pfefferkuchenheim und Bonbonshausen liegen und Marie schließlich mit dem in einen schönen jungen Mann verwandelten Nussknacker in einem Marzipanschloss regiert. Ein Happy End? Ja, aber nur für den, der den Zauber in den Dingen erkennen kann. Die Romantiker sind süchtig nach Märchen. Denn die Märchenwelt ist eine Gegenwelt. An der Realität ändert sie nichts.

Die Fassung der Gebrüder Grimm macht klar, dass es sich beim Schlaraffenland keineswegs bloß um ein Schlemmerparadies handelt, sondern mehr noch um eine Sozialutopie. »Schlaraffenland«, eine Verballhornung aus Faulenzer (Schlafmütze) und Affe, ist im Grimm'schen Märchen das Land, in dem ein nicht näher beschriebener Erzähler beobachtet, wie zwei Mäuse einen Bischof weihen, zwei Katzen einem Bären die Zunge auskratzen, eine Schnecke herbeigerannt kommt und zwei Löwen erschlägt. Die Machtverhältnisse haben sich absurd verkehrt, und zwar gegen die natürliche Ordnung. Was die Frage nahelegt, ob Adel, Klerus und rechtloses Volk natürlich und gottgewollt sind. Ist es nicht vielmehr eine Frage, in wessen Händen die Gewalt liegt? Im Schlaraffenland hat sich das geändert. Dort wohnt, wenngleich in parodistischem Gewand, ein revolutionärer Geist.

In Bechsteins Schlaraffenlandmärchen gibt es zwar noch immer Knechte und Mägde, aber wer gern arbeitet, wird des Landes verwiesen. Wer dagegen nichts kann als schlafen, essen, trinken, tanzen und spielen, wird zum Grafen ernannt, und der Faulste wird König. Insofern herrscht im Schlaraffenreich absolute Chancengleichheit oder – wie wir es heute ausdrücken würden – soziale Gerechtigkeit.

Auch die ökonomischen Grundlagen haben sich in der Schlaraffengesellschaft grundlegend gewandelt. »Was man bei uns für einen Dukaten kauft, kostet dort nur einen Pfennig, jede Stunde Schlaf bringt einen Gulden ein.« Das Geld kann man auch vom Baum schütteln. Nicht zuletzt haben sich die Maßstäbe der Moral verkehrt. Lügen gilt für die beste Kunst. Und wer eine alte Frau hat, die er nicht mehr mag, weil sie nicht mehr jung und schön ist, kann sie gegen eine junge und schöne eintauschen. Irgendwo muss es aber doch eine Administration, eine Regierung geben, die diese Ordnung garantiert. Herrscht im Schlaraffenland des deutschen Märchens Anarchie oder bloß Vollversorgung? Dass diese Frage ungeklärt bleibt, ist vielleicht so beabsichtigt.

Immer alles. Flugware auf dem Viktualienmarkt

Das Schlaraffenland ist der Urtyp einer Sozialutopie. Freibier für alle. Es herrscht »Reichtum ohne Gier«, wie Sahra Wagenknecht ihr programmatisches Buch betitelte, weil niemand mehr gierig sein muss. Es ist die Illusion von einer Welt ohne Macht. Der Wirtschaftsjournalist Rainer Hank schrieb dazu: »Macht kippt dann von alleine um in das Schlaraffenland, in dem jeder nach seinen Bedürfnissen leben kann, um – mit der berühmten Formulierung des jungen Marx aus den Feuerbach-Thesen –

›morgens zu jagen, nachmittags zu fischen, abends Viehzucht zu treiben, nach dem Essen zu kritisieren, wie ich gerade Lust habe, ohne je Jäger, Fischer, Hirt oder Kritiker zu werden‹. Das Paradies der Machtlosigkeit ist auch das Ende der Arbeitsteilung als eine Form der Entfremdung.« Mit der Arbeitsteilung kamen aber nicht bloß Ausbeutung und Entfremdung in die Welt, sondern auch Fortschritt und Reichtum. Das Schlaraffenland ist die Utopie von Reichtum ohne Ausbeutung.

Heinrich Manns erster großer, satirischer Gesellschaftsroman heißt »Im Schlaraffenland. Ein Roman unter feinen Leuten«. Auch in diesem Schlaraffenland muss niemand für Geld arbeiten. »Das Geld rollte hier unter den Möbeln herum. Gewiß tat keiner etwas anderes, als sich die Taschen zu füllen.« Allerdings steht es nur einer schmalen Schicht des gehobenen Bürgertums offen. Die Herren der Tafelrunde versammeln sich im »Café Hurra«. Hurrapatriotismus ist im wilhelminischen Deutschland vom Klassendünkel nicht zu trennen. »Gutes Essen, feine Weine, Weiber, Witze, Kunst und Vergnügen, es ist alles da. Man langt eben zu, wie im Schlaraffenland.« Hier ist der Bürger informiert und interessiert am Lauf der Welt. Allerdings macht er sich von ihr seine eigene Version, »sieht ein, dass der jetzt so beliebte Kommunismus tatsächlich einem Bedürfnis der Neuzeit entspricht. Natürlich bloß der gesunde Kommunismus, der sich in seinen berechtigten Grenzen hält.«

Die meisten Deutschen haben das alles nicht im Kopf, wenn sie ans Schlaraffenland denken. Sie setzen es einfach nur gleich mit kostenloser Völlerei, obwohl man in ihm doch leicht auch eine Satire auf den idealisierten Sozialstaat erkennen könnte. Bedingungslose Rundumversorgung. Niemand muss um irgendetwas kämpfen, niemand braucht Parteien oder gar kritische Medien. Es genügt, den Mund aufzumachen, um zu bekommen, was man mag.

Wie man ins Schlaraffenland einreist, ist bekannt und doch umstritten. Man müsse sich durch Hirsebrei fressen, drei Meilen dick, weiß Hans Sachs, durch eine »berghohe Mauer aus Reisbrei«, meint dagegen Ludwig Bechstein. Die beschwerliche Anreise ist eine Probe. Der Hirsebrei ist nichts, was schmeckt, sondern etwas, womit sich – zumal im Mittelalter – der einfache Mensch zu begnügen hat. Der Hunger zwingt ihn hinein. Von zerlaufener Butter, von Zimt und Zucker dazu ist noch keine

Rede. Diese Völlerei macht keinen Spaß, es ist Verdauungsarbeit in einem Bergwerk aus Brei. Nur wer standhaft durchhält, wird im kulinarischen Paradies belohnt.

Kein deutsches Märchen ohne Mühsal und Moral. Durch die Hintertür kommt selbst im Schlaraffenland das Gespenst vor, das auf den Namen »protestantisches Arbeitsethos« hört. Und natürlich lässt sich das Märchen aus heutiger Sicht als Parabel auf die Konsumgesellschaft lesen, auf das Überangebot, die Schnäppchenjagd auf Kosten der Natur. Ist bei Aldi und Lidl das Schlaraffenland nicht schon zu ahnen?

Dieses Wohlstandsdeutschland sieht Hans Magnus Enzensberger in seiner Gedichtsammlung »Landessprache« kritisch. »[...] was habe ich hier zu suchen, in dieser Schlachtschüssel, diesem Schlaraffenland, / wo es aufwärts geht, aber nicht vorwärts, / wo der Überdruß ins bestickte Hungertuch beißt«. Es hungert ihn nach mehr als nach selbstzufriedener Sattheit »im gemütlichem Elend«.

► **Bio, Feinkost für Feinschmecker, Hungersnot, Schlachtschüssel, Verbraucher, Völlerei, Weihnachtsessen, Zuckerbrot**

Schnapsnase

Nach dem reichlichen Mahl tut ein Verdauungsschnaps gut. Umgangssprachlich steht Schnaps für jede Art von Spirituose. Man kippt den Schnaps hinunter, schnappt ihn sich. Egal, was für ein Zeug es ist. *Schnapps* wanderte als Lehnwort ins Englische, der Franzose kennt keinen Sammelbegriff, er weiß zu unterscheiden, spricht zum Beispiel vom *l'eau-de-vie,* dem Lebenswasser. Da klingt die Wertschätzung an, die dem deutschen Schnaps verweigert wird.

Spirituosen sind etwas, was Deutschland mit Europa verbindet. Dieser europäische Geist trübt Europas Gehirne seit Jahrhunderten. »So hat sich der Alkohol ganz Europa unterworfen. Er ist – und die grausamen Folgen lassen nicht lange auf sich warten – tägliches Anregungsmittel, billiger Kalorienträger und für jedermann erschwinglicher Luxusartikel. Auch der Staat, der ständig auf der Lauer liegt, fackelt nicht lang, seinen Schnitt zu machen«, so der große französische Historiker Fernand Braudel. Damit ist fast alles gesagt.

Bis ins fünfzehnte Jahrhundert hinein galt Schnaps als Arzneimittel – als eine Art Allheilmittel. Die Destillateure mit ihren Brennblasen hatten einen ähnlich geheimnisumwitterten Ruf wie Alchemisten. Vom Heilmittel zum Betäubungsmittel gegen die Verzweiflung ist es ein weiter, doch folgerichtiger Weg.

Der Verzehr von billigem Schnaps ist ein sicheres Anzeichen ökonomischer Deklassierung. Fusel, überwiegend aus Kartoffeln, gehörte in den Jahrzehnten der Industrialisierung zum Alltagstrank des Lumpenproletariats. Heinrich Mann schildert es im »Schlaraffenland«: »Der träge Zug der Proletarier quoll durch die weit offenen Tore der Kneipen aus und ein. Sechs Gläser des Spezialfusels genügten, um den Stumpfsten in das Reich seiner Ideale zu versetzen. Die Seligsten träumten in den Rinnsteinen. Ein giftiger Duft zog durch die Stadt, die in einem Meer von Schnaps zu ertrinken trachtete.« Doch »begreiflicherweise verachtete« der Schnapsfabrikant Pimpusch »das Volk, das seinen Schnaps trank«. Das Bürgertum durfte sich mokieren. Es griff zur feinen Spirituose, zum Destillat.

Das ist bis heute so. Die einen saufen flaschenweise, was sie beim Discounter finden, die anderen pflegen ihre Barkultur wie die Geschäftsleute in Martin Walsers Roman »Angstblüte«. »Ihr Parterre schwamm im blauen Dämmer, die Bar in Orange. Karl trank sofort mehrere Schnäpse hintereinander. Quitten. Das war Diegos Entdeckung. Flaschen, die so bucklig und unsymmetrisch waren, als kämen sie aus dem abgelegensten Schottland. [...] Karl sagte, er kenne immer noch keinen Schnaps, der sich mit diesem Quittenschnaps messen könne.« Es ist eine Frage des Stils und damit des Preises.

Auf einen gewissen Zusammenhang von Geist und Schnaps war auch Kurt Tucholsky gekommen. Er gründete 1912, als gerade sein Roman »Rheinsberg« erschienen war, gemeinsam mit einem Freund auf dem Kurfürstendamm die Bücherbar. Wer ein Buch erwarb, bekam ein Glas obendrauf. Allerdings wurde der Versuch nach wenigen Wochen aufgegeben. Tucholsky: »Wir tranken selber. Und verkauften schrecklich viele Rheinsbergs.«

In Deutschland werden pro Kopf fünfeinhalb Liter Spirituosen verzehrt. Der Konsum lässt bei alkoholischen Getränken generell leicht nach, der Umsatz dagegen bleibt stabil. In Mecklenburg-Vorpommern und in Brandenburg wird mit zehneinhalb Litern fast dreimal so viel Schnaps gekippt wie in Bayern (dreieinhalb Liter). Dafür werden im Süden mehr Bier und Wein getrunken.

Die in Deutschland konsumierten Spirituosen stammen nur zu einem Viertel aus heimischer Produktion. Den Hauptanteil macht Importware aus – Whiskey, Cognac, Gin, Wodka, Grappa und so weiter. Der Trend aber geht zur internationalen Spirituose – Made in Germany. Die Barszene bevölkert eine neue Generation junger, leidenschaftlicher Brenner, getrieben vom Ehrgeiz, deutschen Gin, deutschen Whiskey, deutschen Wodka oder deutschen Rum zu destillieren, der konkurrenzfähig ist mit den Weltmarken.

Enzian, Bärwurz oder Blutwurz werden nur noch von hartgesottenen altbayerischen Traditionalisten gekippt. Dafür reift in deutschen Kellern bernsteinfarbener Whiskey, der nach Vanille und Karamell, Honig und Blüten duftet. Deutsche Pioniere investieren in Dry Gin, in dem nicht unbedingt Wacholdernoten den Abgang dominieren, sondern zum Beispiel Kaffir-Limette-Ingwer-Koriander. Sie experimentieren mit Melasse

»Stoffbesitzer«: Erich Behr, ein ehemalige Polizist, verkauft Selbstgebranntes an der Saarschleife.

aus der Karibik, die in Fässern aus Spessart-Eiche zu Rum reift. In der Berliner Stein-Bar gibt es gar keinen Gin mehr, sondern nur noch urigdeutschen Doppelwacholder.

Gibt es ein deutscheres Gesöff als Korn? Der Weg führt unvermeidbar nach Nordhausen, der Hauptstadt des deutschen Korns im nördlichen Thüringen. Dort wurde schon vor einem halben Jahrtausend so viel Korn gebrannt, dass das Getreide teuer wurde, worüber sich die Bierbrauer beschwerten und 1545 ein Brennverbot bewirkten.

Das erste Reinheitsgebot für Korn stammt vom Magistrat der Stadt Nordhausen. Korn muss danach zu mindestens zwei Dritteln aus Roggen gebrannt werden, mit höchstens einem Drittel Malz zur Zuckerung. Alkohol (Ethanol) bildet sich bereits vor dem Brennen in der mit Hefe vergorenen Maische. Das fünfundachtzigprozentige Destillat wird auf Trinkstärke mit Wasser verdünnt. Ab achtunddreißig Prozent steht es als Doppelkorn in den Regalen. Den Namen Korn dürfen nur Erzeugnisse aus Ländern tragen, deren Amtssprache deutsch ist.

Korn ist ein enger Verwandter des »Wässerchens« (Wodka), um dessen Erfindung sich Polen und Russen zanken. Seit dem neunzehnten Jahrhundert ist darunter überwiegend Kartoffelschnaps zu verstehen. Deutscher Korn muss dagegen bis heute aus Roggen mit Zugaben von Weizen, Gerste, Hafer oder Buchweizen bestehen.

Nicht bloß US-amerikanische, auch russische Regierungen machten Erfahrungen mit der Prohibition. Zar Nikolaus II. verbot Wodka im Ersten Weltkrieg, die Bolschewiki blieben zunächst dabei, hoben das Verbot nach wachsenden Protesten jedoch 1925 auf. Weshalb wurde ausgerechnet im obrigkeitsstaatlichen Deutschland niemals ein Verbot erlassen? Die Antwort liegt auf der Hand: Prohibition stoppt das Brennen nicht, sondern fördert nur das Schwarzbrennen. Der Markt entzieht sich damit der Kontrolle. Die Deutschen gingen den umgekehrten Weg, sie versuchten, den Alkoholismus zu verstaatlichen. Davon künden Behörden wie die Reichsmonopolverwaltung und die Reichsbranntweinstelle.

Hinzuzufügen wäre, dass die deutsche Mentalität sich beim Schnaps ganz besonders in den Brennsteuergesetzgebungsvorschriften zeigt, sie sind so kompliziert wie nirgendwo sonst. Die Besoffenheit, mit der sich der deutsche Fiskus regulierend dem an und für sich Klaren widmet, ist nicht zu übertreffen. Streng unterscheidet er zwischen Schwarzbrennern und Geheimbrennern. Schwarzbrenner haben ihre Geräte und Anlagen nicht ordnungsgemäß angemeldet. Geheimbrenner hingegen haben sich ordnungsgemäß angemeldet, vermeiden jedoch die ordnungsgemäße steuerliche Erfassung des Ertrags.

Begriffliche Genauigkeit ist das A und O des deutschen Steuerstaats. Fiskalisch zu unterscheiden ist zwischen Verschlussbrennereien, Abfindungsbrennereien und Stoffbesitzerbrennern. In Verschlussbrennereien wird die erzeugte Alkoholmenge genau gemessen. Sie sind in diesem Sinne Steuerlager; die Steuer fällt erst dann an, wenn der gebrannte Stoff aus dem Steuerlager entfernt wird. Der Steuersatz differiert zwischen großen und kleinen Verschlussbrennereien. Bei Abfindungsbrennereien versteuert der Fiskus einen angenommenen Ertrag von 3,6 Litern reinen Alkohol pro hundert Liter Obstmaische. Die durchschnittlich vierzig Prozent Überbrand bleiben steuerfrei. Der Brenner kann selbst entscheiden, ob er Steuern zahlen und seine Erzeugnisse vermarkten oder aber bei der Bundesmonopolverwaltung abliefern und dafür einen deutlich über dem Marktpreis liegenden subventionierten Preis kassieren möchte. Warum viele Schnapsbrenner als Stoffbesitzer bezeichnet werden? Weil es kleine Fische sind. Aus ihrer Ernte dürfen sie in einer Abfindungsbrennerei bis zu fünfzig Liter reinen Alkohol brennen lassen. Es sei denn, die Brennrechte stammen von vor 1926. Dann gelten dreihundert Liter als Obergrenze.

Bevor wir unsere Nase noch tiefer in diesen Stoff versenken, sollten wir berücksichtigen, dass das Branntweinmonopol 2018 abgeschafft, die einschlägigen Regeln jedoch ziemlich schadlos in das Alkoholsteuergesetz gewandert sind. Von einer Steuerkultur auf Bierdeckelbasis kann beim Schnaps wie auch sonst keine Rede sein.

Deutschland ist unangefochten und uneinholbar Weltmeister in der Produktion von Steuervorschriften. Das Brennereiordnungsdickicht gibt davon einen guten Eindruck. Dazu kommen noch regional unterschiedlichen Traditionen und Regeln. Denn das Brennrecht will auch den rund zweihunderttausend süddeutschen Obstbrennern gerecht werden. Sie sind im Unterschied zu den Kornbrennern keine Fabrikanten und wollen nicht einheitlich, sondern möglichst einzelfallgerecht behandelt werden.

Sie produzieren ja auch ein ganz besonderes Stöffle. Bis zu hundert Birnen oder fünf Kilogramm Kirschen stecken in einer einzigen Flasche Obstbrand. Und am köstlichsten sind Früchte aus wurzelechten, also nicht durch Aufpfropfen »veredelten« Bäumen. Streuobstwiesen sind die beste Quelle. Die Schnapsnase von Welt weiß auch, wodurch sich Obstbrände aus Apfel, Birne, Aprikose, Zwetschge, Kirsche, Mirabelle vom Obstgeist unterscheiden. Ihr muss man nicht erklären, dass der Zuckergehalt von Beerenfrüchten nicht zum Brennen ausreicht. Die Aromen etwa von Himbeeren lösen sich in neutralem Alkohol, eine Mazeration genannte Prozedur, die Himbeergeist schafft, der danach noch zum Destillat gebrannt und damit veredelt werden kann. Hochprozentige Destillate werden vor der Abfüllung mit Quellwasser auf Trinkstärke herabgesetzt.

Völlerei verlangt nach Linderung. Wer viel verdaut, braucht Schnaps oder Magenbitter – eine weit verbreitete Ansicht, medizinisch freilich umstritten. Der Magenbitter, mit Kräuterextrakten und Zucker aromatisierter Alkohol, also Likör, regt die Gallen- und Magensekretion an. Magenbitter ist keine deutsche Errungenschaft. Klöster produzierten ihn, etwa die französischen Kartäuser (Chartreuse) oder Apotheker wie der böhmische Josef Becher (Becherovka). Magenbitter hat überall in Europa Tradition.

Ein Rachenputzer namens Ratzeputz aber kann nur deutschen Geblüts sein. Er enthält achtundfünfzig Prozent Alkohol, das härteste Gesöff seiner Art. Es nimmt nicht wunder, dass der Ratzeputz (»Einfach härter«) in der Heavy-Metal-Szene zum Kultgetränk avanciert ist. Die Herstellerfirma sponsert die für ihren Titel »Slaughter Race« bekannte Death-Metal-Band *Damnation Deface.* Was das Festival in Wacken für die Musik darstellt, ist Ratzeputz für den Magen. Der Ingwerschnaps wurde 1877, damals noch sechzigprozentig, in Celle erfunden. Es gab zwar noch keine Death-Metal-Band, dafür aber den klappernden Werbespruch: »Ratzeputz werd ich genannt, hab Heimatrecht in Celle, und wer mich trinkt, der fürchtet nicht den Teufel und die Hölle.« Es ist nur ein Gerücht, das Celler Loch sei 1978 mit Ratzeputz ins Gefängnis gesprengt worden. Wahr ist jedoch, dass im Celler Knast die charakteristischen Bastverschnürungen der Flaschen produziert worden sind.

Zu einem bundesrepublikanischen Kultgetränk wurde in den Siebzigerjahren die Marke Jägermeister. Daran ist seine berühmte Werbekampagne schuld.

»Ich trinke Jägermeister, weil er ein Schlückchen deutsche Wertarbeit ist.«

»Ich trinke Jägermeister, weil ich in Frankreich die Nouvelle Cousine kennengelernt habe.«

»Ich trinke Jägermeister, weil es heute Mittag in der Kantine Betriebsnudeln zu essen gibt.«

So kalauerte sich die Kampagne, mal schlüpfrig, mal dusselig, mal spießig, immer wieder selbstironisch durch die Alltagskatastrophen der Deutschen. Mehr als dreitausendfünfhundert Werbesprüche hat die Agentur GGK zwischen 1973 und 1986 und zehn Jahre später noch einmal für kurze Zeit jeweils nur ein einziges Mal veröffentlicht. Fünfzig Mark zahlte die Agentur für jeden Spruch.

»Ich trinke Jägermeister, weil er erfrischend deutsch ist.«

»Ich trinke Jägermeister, weil mir der Chef zum Geburtstag eine Flasche Tipp-Ex geschenkt hat.«

»Ich trinke Jägermeister, weil man den ja offenbar nur unter Angaben von Gründen zu sich nehmen darf.«

Abgesehen von Alkoholsüchtigen trinkt der Deutsche eben niemals ohne Grund. Es könnte sich ja sonst amoralisch und schwach vorkommen. Die Jägermeister-Kampagne ist also auch ein Kompendium deutschen Humors und deutscher Mentalität.

In der fünften Generation verkauft die Familie Underberg ihren Magenbitter, in dem Rohstoffe aus dreiundvierzig Ländern stecken, weshalb es 1939 zu Lieferengpässen kam. Underberg klingt nach deutschem Mythos. Die Werbung unterstützt diesen Irrtum: »Komm doch mit auf den Underberg.« Der »Underberg« erinnert an den Untersberg in den Berchtesgadener Kalkalpen, in dem unterschiedlichen Sagen nach entweder Karl der Große oder Kaiser Barbarossa haust. Den schönsten Blick auf den Untersberg hatte durch das versenkbare Panoramafenster seines Berghofs der Schöpfer des »Tausendjährigen Reichs«, Adolf Hitler. Der allerdings war für Alkohol nicht zu haben.

Noch ein Wort zu den heißen Spirituosen der Deutschen. Einmal im Jahr kam in meinem Elternhaus Hochwürden zu Besuch, ein Höhepunkt der stillen Vorweihnachtszeit. Diesem Anlass war Mutters Feuerzangenbowle vorbehalten. Der Zuckerhut, an dem blau und gelb die Flamme leckte, tropfte und löste sich im Wein. So wie sich Brot und Wein in den Leib des Herrn verwandeln, wandelten sich nun Zucker und Alkohol in Geist, beziehungsweise in das, was davon noch übrig blieb, wenn man drei bis vier Gläser davon intus hatte. Der schmelzende Zuckerzapfen war stets von außerordentlicher Wirkung, nicht zuletzt auf den Geistlichen Rat. Sein barockes Gesicht unterm weißen Haarkranz leuchtete. Von Glas zu Glas nahm der Zaubertrank an Süße zu. Teuflisch süß und teuflisch stark – wer würde da nicht schwach.

Nach dem gleichnamigen Roman von Heinrich Spoerl kam 1944 der deutsche Kultfilm »Die Feuerzangenbowle« in die Kinos, Regie Helmut Weiss und in der Hauptrolle Heinz Rühmann. Darin spielt das himmlisch-höllische Getränk nur eine Statistenrolle in der Eingangsszene. Allerdings liefert der Film eine treffende Definition des Elixiers: »Eine Feuerzangenbowle hat es in sich! Nicht wegen des Katers, das ist eine Sache für sich.« Bier sackt in die Beine, Wein legt sich auf die Zunge, Schnaps kriecht ins Gehirn. Eine Feuerzangenbowle aber geht ans Gemüt. »Weich und warm hüllt sie die Seele ein, nimmt die Erdenschwere hinweg und löst alles auf in Dunst und Nebel.« Nicht die Feuerzangenbowle, sondern die alkoholische Gärung im Chemieunterricht Professor Creys (verkörpert vom grandiosen Erich Ponto) – »Nor ein wenziger Schlock« – steht im Zentrum der Geschichte.

Der Begriff Feuerzangenbowle stammt aus der Zeit, als die Feuerzange des Kaminbestecks als Halterung für den Zuckerhut quer über den Topf gelegt wurde. Doch ist die Feuerzangenbowle gar keine Bowle, sondern ein Punsch, eines von zahllosen heißen alkoholischen Mischgetränken, die alle ihren Beitrag zur Verbreitung des Alkoholismus in Deutschland geleistet haben. Der Weihnachtspunsch gehört dazu, der Glühwein, der Grog. Wenn der Deutsche einen im Tee hat, dann ist es meistens Rum. Der Rum im Tee muss nicht von höchster Qualität sein, oft begnügte man sich mit Rumverschnitt (mindestens fünf Prozent Rumanteil). An der Küste gibt es Rum mit Wasser verdünnt (meist eins zu vier) als Grog oder in den Bergen als Jagertee.

Die Feuerzangenbowle besteht aus heißem, mit Zimt, Nelken, Sternanis, Zitrusschalen und Saft gewürztem Rotwein. Auf drei Flaschen Wein kommen eine Flasche Rum und mindestens zwei Zuckerhüte. Immer wieder muss der flammenzüngelnde Zuckerhut vorsichtig mit Rum übergossen und getränkt werden. Meine Mutter nahm aus Sparsamkeit den achtzigprozentigen Kunstrum aus Österreich, den berüchtigten *Inländerrum*, kein Destillat aus Zuckerrohr, sondern ein Likör, der so ähnlich wie Rum schmeckt. Dank der EU muss der Ethylalkohol der Spirituose seit 1999 aus Zuckerrohr stammen (Hochwürdens Besuche lagen davor).

Auch der kalte Rumtopf erfreut sich in Deutschland einiger Beliebtheit. Erdbeeren, Himbeeren, Johannisbeeren (vor allem schwarze), Kirschen, Brombeeren sowie Pflaumen wandern im Laufe des Gartenjahrs, gezuckert und mit hochprozentigem Alkohol übergossen, nach und nach in einem Tontopf mit Deckel.

Früchte und Schnaps sind immer eine gefährliche Kombination. Apfelkorn hieß ein Laster meiner Jugend. Die Kids bevorzugen heute Alkopops. Der Trick bei solchen Mischgetränken ist, dass der Alkohol beim Trinken kaum zu schmecken ist, umso schneller und erbarmungsloser seine Wirkung.

Die Feuerzangenbowle jedenfalls löste die Zunge des Stadtpfarrers. Seine dogmatischen Ansichten wurden immer verwegener und immer liberaler, und er stellte die steile These auf, zwischen Ehelosigkeit und Keuschheit im Priesteramt sei scharf zu unterscheiden. Der Abend mündete überhaupt in die tiefere Erkenntnis, dass ein Leben ohne Sünde kein Leben sei. Vater chauffierte den Stadtpfarrer nach Hause. Das war fahrlässig. Aber ein ganzer Schwarm beschwipster Schutzengel fuhr mit.

▶ **Apfelbaum, Oans, zwoa, gsuffa!, Völlerei, Weihnachtsessen, Zuckerbrot**

Sonntagsbraten

Pünktlich zum Zwölfuhrläuten wurde am Sonntag die obligatorische Grießnockerlsuppe aufgetragen – ein festes Ritual in meinem Elternhaus. Die Sitzordnung bei Tisch repräsentierte Hierarchie und Ordnung. Das Familienoberhaupt am schmalen Kopf des Tisches bekam das schönste Stück Fleisch, und zwar als Erster. Mutter legte es ihm auf den Teller. »Komm, Herr Jesus, sei unser Gast, segne, was du uns bescheret hast«, wurde gebetet, genau wie bei den Buddenbrooks im neunzehnten Jahrhundert. Bis die Eltern es aufgaben, weil die Söhne dabei herumalberten. Das Gebet war zum leeren Ritual verkommen. Auch das Sonntagsgeschirr mit dem versilberten Besteck, sorgfältig gedeckt nach dem Kirchgang, ist längst verschwunden.

Ein Braten ist nichts für den Alltag. Er benötigt viel Zeit, die es nur am Sonntag gibt. Und viel zu kostbar ist er auch. Man kann ihn sich nicht täglich leisten. Schon vor dem Kirchgang schiebt ihn die Hausfrau ins Rohr. Die zentrale Zutat des Bratens, das Bratenstück, zunächst kurz angebraten, schmort stundenlang, bis es so mürbe ist, wie es sein soll. Das ist mehr eine Frage der Zeit als der Zartheit des rohen Fleisches. Es muss deshalb nicht das allerbeste Teil vom Tier sein. Selbst auf ihn fällt so der Schatten des Mangels.

Der Sonntagsbraten will sorgfältig und geduldig behandelt sein, um seine Vorzüge zu entfalten. Der rheinische Sauerbraten etwa ruht drei Wochen lang in Marinade, in kühlschrankfreien Zeiten konserviert und mürbe gemacht von der Säure des Essigs. In die Soße kommen dann auch noch Printen oder Lebkuchen, Zuckerrübensirup, Sultaninen, um die Säure wieder zu bändigen und dem Eigengeschmack des alten Fleisches nicht allzu große Wirkung zu gestatten.

Carl Friedrich von Rumohr war der Ansicht, »dass der Braten höchstwahrscheinlich unter dem Gekochten die Urspeise der Menschheit ist«. Große Bratenstücke, über offener Glut gegart. Die Deutschen schätzen den Sonntagsbraten noch immer als Krönung ihrer Küche. Darin unterscheiden sie sich fundamental von Italienern und Franzosen. Der Fleischgang ist dort den anderen Tellern nicht übergeordnet.

Es liegt am wachsenden Wohlstand und an der Beschleunigung der Küchenarbeit, dass die Sympathie heute in Deutschland zunehmend dem Kurzgebratenen gilt. An der Spitze der Hitparade der beliebtesten Fleischspeisen steht das panierte Wiener Schnitzel vom Kalb, das die deutsche Hausmannskost aber auch als Schnitzel »Wiener Art«, also vom Schwein, nicht verachtet. Das Rindersteak, ob aus der Hüfte oder Lende, ist ebenfalls in den finanziellen Breitengraden von Otto Normalverbraucher angesiedelt. Der gute, alte, nicht ganz so üppige schwäbische Rostbraten unter einem Berg von Zwiebeln weist mit ihm eine gewisse Verwandtschaft auf. Der Schweinsbraten ist in Bayern beliebter als der Braten vom Rind. Ein Wirtshaus, das auf sich hält, wird an der Qualität seines stets »ofenfrischen« Nationalgerichts keine Zweifel aufkommen lassen wollen. Von allen anderen Braten unterscheidet den vom Schwein die knusprige Schwarte, die unvollkommen zubereitet gummiartige Zähigkeit aufweist.

Weniger Fleisch sollen wir essen, ist ständig zu hören, weil doch unsere Fleischeslust Ressourcen verschlingt. Für die Herstellung von tausend Kalorien in Form von Rindfleisch werden etwa dreißig Quadratmeter Fläche benötigt, während dieselbe Kalorienanzahl in Form von Gemüse nur 1,7 Quadratmeter in Anspruch nimmt, erklären uns Ökologen wie der Ernährungswissenschaftler Karl von Koerber, der sein Kochbuch zusammen mit dem Leiter einer Fastenklinik am Bodensee verfasst hat. Wahrlich eine Empfehlung. Fünfzehntausend Liter Wasser seien für die Produktion von nur einem Kilogramm Rindfleisch vonnöten. Auf etwa einem Drittel der weltweit vorhandenen Ackerflächen werden ausschließlich Futtermittel angebaut. »Würden Getreide, Kartoffeln und Hülsenfrüchte direkt für die menschliche Ernährung genutzt, stünde für die Sicherung der Welternährung erheblich mehr Nahrung zur Verfügung«, schreibt Koerber. Und dazu auch noch die Sache mit dem Klima!

Im Trend: Sous-vide-Garen bei sechzig Grad im Vakuumbeutel in der Badewanne

HIPPIES
USE
BACKDOOR
Steba
Steba

Die politisch korrekte Nachricht wäre, dass wir deshalb nicht gleich Vegetarier werden müssen. Es reichte schon die Rückbesinnung auf den Sonntagsbraten, einmal Fleisch pro Woche, montags die Reste aufgewärmt im Bauerngröstl, mit Liebe und Sorgfalt zubereitet und andächtig gegessen. Der gute, alte Sonntagsbraten erhält unerwartet Schützenhilfe vom Zeitgeist.

Die Gegenbewegung rollt auch. Ein unglaublicher Kult wird ums Fleisch gemacht. Erfolgreiche Zeitschriften wie »Beef« handeln von nichts anderem und sprechen wohl hauptsächlich Männer an. Der Fleischschmecker schwärmt vom Sous-vide-Garen in Vakuum und bei niedrigen Temperaturen, manchmal sogar in der Badewanne. Er liebt monatelang abgehangene, gereifte, wie mumifiziert anmutende Teile vom Rind und Schwein. Er achtet auf die Rasse. Wenigstens Angus aus dem schottischen Hochland sollte es sein. Oder Fleisch vom Charolais-Rind, einem elfenbeinfarbenen Edelvieh aus Frankreich.

Wagyu, ein schwarzes, womöglich noch edleres aus Japan, steht an der Spitze der Wertschätzung. Seine Liebhaber schwören darauf, da es sogar ungesättigte Fettsäuren enthalte, also fast so gesund sei wie Olivenöl. Es gibt inzwischen auch Wagyu Made in Germany. Warum nicht. Wa – japanisch, gyu – Rind: Es gibt vier Rassen. Nur das Kobe-Rind muss der Rasse Tajima angehören, in der Region von Kobe aufgewachsen sein und erlöst sechshundert Euro pro Kilo. Dafür lebt es mehr als doppelt so lange wie ein gewöhnliches Fleischrind und wird nicht erst in der Pfanne verwöhnt, sondern schon zu Lebzeiten mit Massage, Fußbodenheizung, Musik und einer Mast mit Delikatessen wie Biertreber aus der Ökobrauerei, Weizen, Gras und Mais. Wenn wir uns glückliche Rinder vorstellen wollen, hier sind sie. Ihr Fleisch hätte die deutsche Oma allenfalls zu Hackfleisch durchgedreht, so stark marmoriert, so fett ist es.

Der Schriftsteller Simon Strauß hat in seinem Roman »Sieben Nächte« über die sieben Todsünden im Kapitel über die Völlerei den Kult ums Fleisch aufgespießt. »Das friesische Rind – drei Wochen trockengereift am Fleischerhaken bei zwei Grad Celsius – ist am feinsten. Oli kann wunderbar von irischen Salzwiesen an der Atlantikküste schwärmen, von mineraliengesättigtem Gras und dem besonderen Geschmack, den das Fleisch dadurch bekommt. Genauso wie von einem vakuumierten Lamm, das vier Monate im Kühlraum hing und dann so zart war, dass man es mit der Zunge durchlöchern konnte. Dass Fleischessen nur Männersache sei, hält er für schlimmen Chauvinismus. Handarbeit und Ballett machten ja auch nicht nur Frauen.« Das ist die eine Position. Es gibt immer auch die andere. »Fleischessen ist böse geworden. Wer darauf verzichtet, rettet die Welt. Wer es verachtet, der isst auf der richtigen Seite. Dem quillt die Bravheit aus allen Poren. Wer es aber salzt und pfeffert, der gilt als unverbesserlicher Reaktionär. [...] Wer Filetstücke liebt, fleischige, sehnige, fettdurchzogene Stücke vom besten europäischen Rind, das am Atlantik gemästet wird mit geräuchertem Heu und warmem Bier, ist sicher auch gegen die Homo-Ehe und für Videoüberwachung.« Der Ich-Erzähler muss sich entscheiden und tut es dann auch. »Ich esse Fleisch, um mir und meiner Zeit zu widersprechen. Jeder Biss in die rohe Faser ist ein Biss zurück zur reinen Natur. Zum Mythos, dessen Erzählung besser ist als die der Psychologie.«

Im späten Mittelalter war der Fleischkonsum in Deutschland erstmals in allen Schichten erheblich angestiegen, vor allem die Städter verbrauchten enorme Mengen. Bauern hielten zwar Vieh, aßen aber wenig Fleisch. Es war zum Verkauf bestimmt. Die Städter erwarben nicht mehr ganze Tiere, sondern nur noch Stücke vom Rind, Kalb oder Ochsen. Auf den Bauernhöfen setzte sich die Stallhaltung durch. Der Reisende Michel de Montaigne beklagt sich 1581 in Italien: »Das Fleisch bekommt man nicht halb so reichlich wie in Deutschland vorgesetzt, und es ist auch nicht so gut zubereitet.«

Gebremst wurde der Heißhunger der Deutschen auf Fleisch nur von der katholischen Kirche und ihren Fastenregeln. Die Protestanten verwarfen den Verzicht auf Fleisch, deshalb hob auch die Reformation den Fleischkonsum.

Er war immer auch abhängig von der generellen Ernährungslage. Die Viehzucht nahm zu, wenn genügend Getreide und Gemüse produziert wurde. Nach dem Dreißigjährigen Krieg hatte die Bevölkerung stark abgenommen, die Hungerzeiten waren zu Ende, also gab es auch wieder mehr Fleisch auf dem Teller. Noch im achtzehnten Jahrhundert war in gehobenen Kreisen der Fleischverbrauch beträchtlich höher als heute, zwei Pfund pro Tag und Kopf in Norddeutschland, wie Norbert Elias angibt.

Heute hat die allmähliche Abkehr vom Fleisch andere, politische wie diätetische Gründe. Der Verzehr von Fleisch sank im Verlauf der vergangenen zehn Jahre um fast drei auf unter sechzig Kilogramm pro Person, und zwar ganz zulasten – oder sollte man sagen: zum Vorteil – des Schweins. Es deckt zwar etwa sechzig Prozent der deutschen Fleischeslust, doch innerhalb von zehn Jahren aßen die Deutschen fast fünf Kilo weniger im Jahr. Die Lücke füllte vor allem Geflügelfleisch, das für gesünder gehalten wird, und weil man dank der Liebe zum Huhn, wie schon Witwe Bolte wusste, »dann und wann einen Braten essen kann«.

Das Brathähnchen ist der sparsamste Sonntagsbraten. Ein Tiefkühlhuhn beim Discounter ist für drei fünfzig zu haben. Was Vermarkter nicht daran hindert, ihr Produkt als »Deutsches Fleischhähnchen« anzupreisen. Gibt es auch Hähnchen ohne Fleisch? Und ist es dann weniger deutsch? Nur mal zum Vergleich: Ein original französisches Bresse-Huhn kostet etwa zehnmal so viel, wächst im Freien auf mindestens zehn Quadratmetern pro Tier auf, wird ausschließlich mit Mais oder Buchweizen gefüttert und frühestens nach vier Monaten direkt beim Züchter geschlachtet. Wer wird denn gleich übertreiben wollen? Der Gummiadler bleibt das Wappentier der deutschen Hausmannskost.

► **Bio, Extrawurst, Frühstücksei, Grillgut, Gutbürgerlich, Hausmannskost, Hungersnot, Schlachtschüssel, Soße und Sauce, Vegetarier und Veganer, Völlerei**

Soße und Sauce

Monaco Franze brachte es in der Münchner Polizeikantine unvergleichlich auf den Punkt: »Jeden Tag was anderes, bloß die Soß' jeden Tag dieselbe. [...] Ohne eine sämige Kantinensoße ist ein Beamtenleben nicht denkbar.« So ist es, und so soll es sein und wird so bleiben. Die Soße zählt zum Verlässlichsten auf dem deutschen Teller. Nur, wie kommt es, dass die Soße jeden Tag die gleiche sein kann?

So gern deutsche Kost in Soße schwimmt, so wenig wird diese geachtet. Es gilt die verhängnisvolle Regel: Es kann nicht genug Soße sein. Soße aber, das liegt in der Natur der Sache, macht sich umso rarer, je besser sie ist. Die Klage über den Mangel an Soße ist so alt wie die Klage über den Mangel an Soßenqualität. »Nur müsste man sich eine Köchin auf anständige Saucen dressieren«, schimpft schon Konsulin Buddenbrook auf Besuch in München.

Die Definition des Küchenphilosophen Rumohr ist an Präzision nicht zu übertreffen: »Tunken oder Soßen nennt man die flüssigen Zugaben zu festen, nicht auflösbaren Nahrungsmitteln. Es haben diese Zugaben mehr als einen Zweck. Zuerst sollen sie dem Festen das Flüssige zugesellen, oder die Speisen schlüpfriger machen, damit sie umso bequemer die Kehle hinabgehen. Dann dienen sie auch, den Geschmack einer feinen Speise zu verfeinern oder durch Gegensätze zu heben.«

Die Soße dient mithin nicht einem einzigen Zweck. Je nachdem, welchem die Küche den Vorzug gibt, wird der Kompromiss zwischen Verfeinerung und Verflüssigung ausfallen. Rumohr betont zuerst die Schmierstofffunktion der Sauce, dann erst den Zweck der Verfeinerung. Einem Franzosen käme das nicht in den Sinn. Für ihn ist Sauce stets Ausdruck höchster Kultivierung.

Wollen wir uns dem Problem genauer widmen, müssen wir uns zunächst verständigen: Sprechen wir von Soße oder Sauce? Beide Schreibweisen sind im Deutschen geläufig und bedeuten dasselbe. Im kulinarischen Sinne aber wird die deutsche Soße nicht nur anders geschrieben, sondern auch anders gekocht. Im Gegensatz zur französischen Sauce ist die deutsche Standardsoße leider meist ein fettig-salziges Trauerspiel, das tatsächlich besser Tunke genannt zu werden verdient und ihrer Konsis-

Vom Teller gekratzte Essenz

tenz nach gelegentlich an Glibber erinnert. Carl Friedrich von Rumohr lobt das Einfache, Ungekünstelte der deutschen Küche. Manche Soße aber ist nicht bloß einfach, sie ist einfach schlecht gemacht und nahezu ungenießbar.

Brillat-Savarin bevorzugt die Bratenessenz, die Verdichtung der Aromen zur Lebenssubstanz. Die Zubereitung einer französischen Sauce bedarf auch eines Saucenfonds. Rumohr erkennt die Verdienste der französischen Saucenküche durchaus an. »So bleibt den Franzosen doch das Verdienst, die Fleischbrühe zur Grundlage aller nassen Bereitungen erhoben und gerade hierdurch eine Unendlichkeit von Speisen gesunder und schmackhafter gemacht zu haben.«

Es muss immer genug Soße da sein. Mit Sauce lässt sich das nicht machen. Denn Sauce ist ihrem Wesen nach Reduktion und Konzentration der Aromen. Und genau das ist das Problem. Der in Flüssigkeit gelöschte Bratensatz ist die Basis. Soll es mehr sein, wird zusätzliches Fleisch benötigt, das mit Knochen und Gemüse zu Fond verkocht wird. Wer viel Soße haben will, muss enorm viel Aufwand betreiben. Saucenfonds lassen sich aus hochwertigen Zutaten herstellen. Soße dagegen wird mit billigen Mitteln (Brühwürfel, Mehlschwitze) verlängert. Je mehr Sättigungsbeilage bewältigt werden muss, wie es auf deutschen Tellern der Fall ist, desto mehr Soße ist nötig. Also wird gestreckt.

Vom Schweinsbraten war bereits dir Rede. Das Wichtigste an ihm ist ebenfalls die Soße, die keine Soße sein darf, sondern lediglich, um es französisch auszudrücken, der natürliche Jus des Bratenstücks, reiner Bratensaft, ungebunden, lediglich aromatisiert vom Bier, mit dem der Braten im Rohr begossen wird.

Zuerst in den USA und nun auch bei uns wird Knochenbrühe als neuer Wundertrank propagiert. Freilich ist er keine neue Erfindung: Es ist der klassische Saucenfond aus Knochen, Fleisch, Gemüse, stundenlang bei sanfter Hitze geköchelt und gezogen. Das Marketing verspricht schöne Haut, Stärkung des Immunsystems und aller Lebensgeister. Omas Küche wusste es längst. Fleischbrühe war immer schon ideale Krankenkost, nur noch kein Lifestyle-Element. Und früher haben wir sie selbst gemacht, nicht überteuert gekauft in schicken Gläsern von *Bone Brox*.

Fertigfonds sparen Zeit. Fonds aus kleinen Manufakturen sind teuer. Billige Fonds aus der Fabrik meist zu salzig, mit zu viel Wasser verdünnt, voller Hefeextrakt und künstlichen Geschmacksverstärkern, oft auch mit Gelatine oder anderen Verdickungsmitteln. Sie täuschen bloß vor, was ein Fond aus natürlichen Zutaten zu bieten hätte. Aus sechzig Kilo Kalbsknochen sind nicht mehr als fünf Liter guten Fonds herauszuholen. Der Feinschmecker kocht seinen Fond selbst auf Vorrat, friert ihn in kleinen Portionen ein.

Ob selbst gemacht oder aus dem Glas, Fonds sind in deutschen Küchen leider nicht die Regel. Dort führt industriell hergestelltes Soßenpulver sein trauriges Regiment. In Kantinen wie in Haushalten kommt es tonnenweise zum Einsatz. Es enthält eine Überdosis geschmacksverstärkender Mittel, zu denen auch Hefe und Zucker gezählt werden müssen, sowie Bindemittel, die der fertigen Soße nicht selten eine schleimige Konsistenz verleihen. An Aromen herrscht Mangel, an Salz Überfluss. Vor einem Lieblingsessen vieler Kinder – Knödel mit Soße – muss schon deshalb abgeraten werden. Überwürzte Soßen wie überhaupt fertige Industriekost verderben durch Gewöhnung das Geschmacksempfinden.

Die Rede ist bis hierher von Hausmannskost, von bürgerlicher Durchschnittsküche. Aber auch in der Hochküche steht es derzeit nicht zum Besten. Im Trend der Zeit liegt die Unart, Sauce nur noch als Zitat auf den Teller zu applizieren. Als feine Linie, als Tüpfelchen, als Andeutung, unerfülltes Versprechen. Es weckt Begehren, deren Erfüllung ausbleibt. Wie enttäuschend, wenn der Künstler am Herd mit Sauce nur noch malerische Akzente setzt. Sauce droht in der Zeitgeistküche zu verschwinden, beklagt Andreas Kolik vom Frankfurter *Lafleur,* Koch des Jahres im »Gault Millau 2017«. Sauce muss mehr sein als ein Detail.

Sie lässt den Feinschmecker schwelgen, darf bis zum letzten Tröpfchen aufgelöffelt, vom Teller gekratzt werden, ja das Verlangen wecken, den Teller abzulecken, um bloß kein Molekül der Köstlichkeit verkommen zu lassen. Sauce ist das Kostbarste, was Essen zu bieten hat. Sie ist die Essenz des ganzen Gerichts. Lieber kein Fleisch als keine Sauce, auch wenn das eine nicht ohne das andere zu haben ist.

Auch Sauce lebt vom Geschmacksträger Fett. Deshalb werden klassische Saucen mit Butter und/oder Sahne gebunden. Fette Buttersaucen setzten sich im siebzehnten Jahrhundert nicht nur in Frankreich in der feineren Küche durch. In den Jahrhunderten zuvor enthielten die meisten Saucen kaum Fett, man verwendete Wein, Essig, Kräuter, Traubensaft, dickte sie mit Brotkrumen an, auch mit Eigelb, Leber oder Blut. Oder mit Senf. Die Senfsoße zum gedünsteten Fisch hat in der deutschen Hausmannskost überlebt.

Das hat leider auch die Mehlschwitze aus in Margarine oder Schmalz oder Butter angeschwitztem Mehl. Sie macht die Soße dick, gibt ihr jene schleimige Konsistenz, die in der feinen Küche unter allen Umständen vermieden wird, doch in Omas Küche grundlos verehrt.

Wenn unbedingt Mehl in der Soße sein soll, empfiehlt sich eine Anleihe in der französischen Klassik. Die nach einem Bankier von Ludwig XIV. benannte Sauce Béchamel besteht neben in Butter angeschwitztem Mehl aus Milch, gern auch Sahne, Fleischbrühe, Wein und Eigelb, das am Ende vorsichtig dazugegeben wird. Auch Zitronensaft und Parmesankäse sind zulässig, was darauf verweist, dass diese reiche Sauce bereits mit Katharina von Medici aus Italien nach Frankreich kam. Mit der gleichnamigen Fertig-Mehlschmiere auf deutschem Gemüse hat diese Soße allenfalls dem Namen nach zu tun.

Mitentscheidend für die Qualität vieler Saucen ist schließlich die Säure, sprich: der Wein. Der Feinschmecker kennt die goldene Regel, dass der Wein in der Sauce dem Wein im Glase nicht nachstehen dürfe. Der Soßenkoch dagegen verwendet preiswerten *Kochwein,* wenn er seiner Soße überhaupt Wein gönnt. Es tun auch Essig oder Fruchtsaft. Doch immer gilt: Der größte Feind jeder guten Sauce ist der Geiz.

▶ **Brühwürfel, Geschmackssache, Hausmannskost, Kochkunst, Sättigungsbeilage, Sonntagsbraten**

Spätlese

Wein, Weib und Gesang. Dieser Dreiklang wird wie so vieles Luther zugeschrieben, dem Propheten der deutschen Seele, als werde damit die Formel quasi zum Mantra im Buch der Deutschen. Nachweisbar ist das nicht. Wie es der Zufall will, wird der Dreiklang 1775 erstmals erwähnt, es ist das Geburtsjahr der Spätlese, und geht wahrscheinlich auf den Dichter Johann Heinrich Voß zurück: »Wer nicht liebt Wein, Weib und Gesang, der bleibt ein Narr sein Leben lang.« Das ist hundertfach paraphrasiert worden, nicht zuletzt von Goethe, einem Weinkenner, dessen Familie Weinberge besaß und der oft bei den Brentanos im Rheingau saß, wo noch heute der »Goethe-Wein« kredenzt und von Kellermeister Max Schönleber produziert wird. Goethe also: »Ohne Wein und ohne Weiber hol' der Teufel uns're Leiber!«

Vorsicht! Verwandte Dreiklänge sind in vielen Sprachen zu Hause. »Sur, Sura, Sundari« heißt es im Bengalischen und im Sanskrit – nur die Reihenfolge hat sich da geändert: Musik, Wein, Frauen. In Urdu, der Nationalsprache des islamischen Iran, heißt es »Kabab, Sharab aur Shabab« – Fleisch, Wein und Frauen. Allerdings dürften es in keinem Land Wein, Weib und Gesang bis in die Nationalhymne geschafft haben. In Deutschland ist dies, weil allein die dritte Strophe des Deutschlandliedes von Heinrich Hoffmann von Fallersleben (1841) als Hymne anerkannt wird, beinahe der Fall. Die, im Unterschied zur ersten, unverfängliche zweite Strophe lautet:

»Deutsche Frauen, deutsche Treue,
Deutscher Wein und deutscher Sang
Sollen in der Welt behalten
Ihren alten schönen Klang,
Uns zu edler Tat begeistern
Unser ganzes Leben lang.«

Da ist die Treue hinzugefügt; ganz ohne moralische Werte geht es in Deutschland nicht. Um die Sache abzukürzen, verzichte ich nun auf

Frauen und Gesang, Übrig bleiben deutsche Tugenden, verkörpert vom Wein.

Abgesehen von der Bedeutung des Weins im Neuen Testament halten die Deutschen ihren Wein für eine Energie- und Wertequelle, wenn nicht gar für die Essenz ihres Wesens. Der Naturlyriker Georg Britting etwa veröffentlichte einen ganzen Gedichtband über den Wein. »Lob des Weines« erschien erstmals vollständig mit zweiundfünfzig Gedichten 1950. Eine dieser Hymnen vergleicht den heimischen Wein mit dem schweren Trank, der im vulkanischen Schatten von Ätna und Vesuv gedeiht.

»Die zartere Kraft nur
Bildet den Duft aus,
Wie ihn die Rose
nicht hat in den Gärten.
Seelenhaft schwebt er.
Herrlich verrichtets
Mit schmächtigem Feuer
Der Späte, der Enkel,
Der deutsche Weingott.«

Das Lob des Weins von »schmächtigem Feuer« ist durchaus doppelbödig. Auch der patriotische Zecher weiß von der Qualität des fremden Weines. »Das Leben ist zu kurz, um deutsche Weine zu trinken.« Dieser Satz kam mehr als einmal aus dem Munde des in einer Weingegend lebenden Martin Walser, und in seinem Roman »Das dreizehnte Kapitel« ist er auch zu lesen. »Hineingesagt in die winzige Stille, in der jeder noch dem Schluck, den er gerade genommen hatte, nachsann«, löst er damit eine hitzige Debatte aus – ausgerechnet zu Gast beim Bundespräsidenten im Schloss Bellevue. Goethe lässt Brandner im Faust sagen: »Ein echter deutscher Mann mag keinen Franzen leiden, / Doch ihre Weine trinkt er gern.« Minderwertigkeitskomplex oder realistische Einschätzung?

Deutscher Wein war schon immer mehr als ein berauschendes Getränk, und es kann kein Zufall sein, dass sich deutscher Wein auf Rhein reimt. Gedichte, Lieder, Aphorismen, Erzählungen über den deutschen Wein füllen eine ganze Bibliothek.

Carl Zuckmayers Komödie »Der fröhliche Weinberg« etwa, 1925 uraufgeführt, war das erfolgreichste Theaterstück der Weimarer Republik und verursachte zahlreiche Theaterskandale. Die nationalistische Presse schäumte. Zuckmayer, Sohn eines Nackenheimer Weinkapselfabrikanten, stellte den Weinberg und die mit der Weinkultur verbundene Lebensart den völkischen Verkrampfungen seiner Zeit entgegen. Die leicht verwirrende Liebes- und Heiratsgeschichte von Klärchen, der Tochter des Weingutbesitzers Jean Baptiste Gunderloch, liefert den turbulenten Plot. Mitgiftjäger Knuzius ist Gunderlochs deutschtümelnder Gegenspieler: »Indem ich ohne Ansehen von Stand, Rang und Name um ihre Hand anhalte, gedenke ich nicht nur der Erfüllung persönlicher Wünsche, sondern auch der Gesundung unseres Volkes im Hinblick auf seine Tugend, Wahrhaftigkeit, Sauberkeit, Pflichttreue und Rassenreinheit zu erstreben! [...] So wollen wir denn diese Stätte verlassen, mit dem erhebenden Bewusstsein, dass es noch Ideale in unserem Lande gibt, noch innere Schätze, Ehre und Gewissen, Reinheit und edle Sitte!« Worauf Gunderloch dem Phrasendrescher trocken antwortet: »Und Gottseidank noch Weinberg, Stückfässer und Misthaufe!«

»Der fröhliche Weinberg« ist Symbol von Glück und Lebenskraft, die nur im Einklang mit der Natur zu finden sind, nicht im Materialismus einer ihr entfremdeten Gesellschaft. In dem Stück stoßen zwei konträre Deutschlandbilder aufeinander: »Hier die dröhnende, sich überlegen fühlende Macht, die sich auf pervertierte Ideale und Reinheit beruft, dort geerdete, pragmatische, unverblendete Lebensfreude«, wie es der Germanist Friedrich Fürstenberg auf den Punkt bringt. Dass Zuckmayer den vergorenen Rebensaft in Strömen fließen lässt, versteht sich von selbst. Die Weinlaune kann umschlagen von Fröhlichkeit in dumpf-triebhaftes Gegröle.

Der größere Teil des deutschen Weins wächst linksrheinisch, dort, wo lange auch Frankreich herrschte. »Deutschlands Strom, aber nicht Deutschlands Grenze«, dichtete deshalb Ernst Moritz Arndt. Der Rhein wird besungen, als sei er mit dem Wein gefüllt, der an seinen Ufern und seinen Nebenflüssen gedeiht. Es gibt nicht nur die Wacht am Rhein, sondern auch Orte wie Wachenheim an der Weinstraße, wo sich schon Kelten und Germanen wechselseitig verdrängten und vermengten, wie später Römer und Germanen, Franzosen und Deutsche.

Zur Rheinromantik zählt von jeher auch die vom Weinbau geprägte Landschaft. »Dennoch bezwingt man, Frucht zu erbringen den starrenden Schiefer. Selbst der Felsen gebiert und es entströmet der Wein. Allwärts siehst du die Höh'n umkleidet mit grünenden Reben, und sanft lächelnde Luft spielet der Rank' im Gelock. Dicht in Zeilen gepflanzt in das Schiefergestein ist der Rebstock, und an die Brauen des Berg's zieh'n sich begrenzte Geländ'. Anbau lacht aus starrenden Felsschmuck Pflanzern entgegen, selbst in der Blässe des Steins reifet die Traube sich hold.« So vollmundig dichtete bereits Venantius Fortunatus in seinem Reisebericht »De navigio suo« aus dem Jahr 588, als er den Merowingerkönig Childebert auf Mosel und Rhein begleitete. Die Topografie der Weingegenden mit ihren oft steilen Hängen ist schön, muss aber nicht jedem gefallen. Georg Forster, mit Captain Cook um die Welt gesegelt, notierte 1790 im Rheingau: »Weinbau gibt wegen der krüppelhaften Figur der Reben einer jeden Landschaft etwas Kleinliches.«

Vermutlich machten schon in der Jungsteinzeit die Kelten sauren Wein aus wilden Trauben. Die römischen Eliten in Germanien importierten lieber Wein aus Italien. Er schmeckte ihnen besser als das, was der Weinbau nördlich der Alpen hergab, der mit den Legionen von der Rhone bis an Mosel und Rhein vorgedrungen war. Der Süden war klimatisch schon immer unschlagbar. Kaiser Domitian schränkte während seiner Zeit als Herrscher am Ende des ersten Jahrhunderts den Weinbau sogar wieder ein, um den Fernhandel zu schützen. Erst Kaiser Probus erlaubte um 278 wieder den Anbau in Gallien, Spanien und Britannien, weil der Handel den Bedarf nicht mehr decken konnte.

Die Christianisierung hat zur Verbreitung des Weins in Germanien nicht weniger beigetragen als die Römer. Der Weinbau profitierte vor allem von den Klöstern. Weil die Klöster Messwein brauchten, setzten sie in Deutschland die römische Tradition des Weinbaus fort. Der Umtrunk in den Refektorien zählte zu den angenehmen Seiten des Klosterlebens. Man trank meist zur Ehre der Heiligen. Eine schöne, alltägliche Sitte. Mit dem Weintrinken begann der fromme Mönch am Morgen den Tag und beschloss ihn mit dem Schlaftrunk. Wein und Brot sind die Lebensmittel, die in den Leib des Herrn verwandelt werden, doch sie kamen auch auf dem Esstisch der Mönche zu Ehren.

Das weltberühmte Kloster Eberbach im Rheingau wurde 1136 vom französischen Klosterreformator Bernhard von Clairvaux gegründet, auf den der Zisterzienserorden zurückgeht. Bald war der Wein die Haupterwerbsquelle der Mönche, der in großen Mengen zum Weinmarkt in der reichen und damals größten Metropole Europas verschifft wurde. Köln war ein Zentrum des europäischen Weinhandels; einer der Hauptabnehmer war England. Frankreich ist von jeher der größte Konkurrent, vor allem das Weinbaugebiet Bordeaux. Die Kölner Kaufleute erwirkten das Recht, ihren Wein zu denselben Preisen zu verkaufen, die der Wein aus Bordeaux kostete.

Die Rieslingtraube, Inbegriff deutscher Weinkultur, wurde erst seit 1435 im Rheingau angebaut und trat keineswegs sofort und unwidersprochen ihren Siegeszug an. Kloster Eberbach setzte um 1470 noch auf die alten Rebsorten Klebrot und Grobrot.

Wein hielt damals nicht so lange. Er wurde zwar schon im sechzehnten Jahrhundert mittels Schwefel haltbar gemacht, man kannte aber weder die Abfüllung in Flaschen noch Korken. Deshalb warteten die Kunden immer besonders sehnsüchtig auf den neuen Wein. Die Mönche auf dem Rheingauer Johannisberg benötigten zur Lese die Genehmigung des Fürstbischofs in Fulda. Sein »Go« kam per reitendem Boten, einmal jedoch, im Jahr 1775, zwei Wochen zu spät. Es spielt keine Rolle, ob der Kurier unter die Räuber gefallen, so die eine Version der Geschichte, oder der Erzbischof unerreichbar auf Jagd gewesen war. Die Trauben waren jedenfalls bereits verschrumpelt und litten unter Pilzbefall. Gleichwohl wurde aus ihnen ein Wein von köstlicher Süße und Substanz, ein bisher nicht gekannter Tropfen. Der Befall der Trauben durch den Schimmelpilz *Botrytis cinerea,* die sogenannte Grauschimmelfäule, erwies sich als Segen.

Der Vorzug der Spätlesen, gesteigert und klassifiziert zu Beerenauslesen und Trockenbeerenauslesen, wurde nicht gleich allgemein erkannt. »Dieß Beispiel nachzuahmen ist ganz unmöglich, solange noch gemeine Weine im Lande erzogen werden, die freilich das spatläßen nicht aushalten könnten, und selbst war ich oft Zeuge, daß der K. Beamte zu Rüdesheim von dem gemeinen Volke wahre Grobheiten und Ungezogenheiten mit Stillschweigen anhören mußte, wenn er sich nicht noch größeren Ausgelassenheiten aussetzen wollte, als er damals zum Wohl der Güterbesitzer und des Allgemeinen die Laße im Berge so lange als möglich hinausschobe. Das allgemeine Volk will nur viel, und siehet das Vortheilhafte nicht ein.« So hält es die Akte des Mainzer Hofkammersekretärs Degenhardt aus den Jahren 1786 bis 1788 fest. Edelfaule Auslesen, eine deutsche Spezialität, zählen heute zu den teuersten Weißweinen der Welt.

Als Spätlese gelten Trauben, die nach der Hauptlese geerntet werden. Die Beeren müssen einzeln verlesen, überreif, aber nicht zwingend von Edelfäule befallen sein. Das ist lediglich in der höchsten Qualitätsstufe, den Trockenbeerenauslesen, der Fall. Eine weitere Spezialität ist der Eiswein aus gefrorenen Beeren. Das gefrorene Wasser in den Beeren kommt beim Pressvorgang nicht in den Most, das Saftkonzentrat enthält daher eine besonders hohe Konzentration von Zucker und Säure.

Generell war der Ruf des deutschen Weins schon in heroischen Zeiten nicht über alle Zweifel erhaben. Michel de Montaigne notierte auf seiner Reise durch Deutschland: »Sie trinken sozusagen jedes Gewächs mit dem gleichen Vergnügen. Ihnen kommt es mehr darauf an, es durch die Gurgel zu jagen, als es zu schmecken.« Aber was ist auf das Urteil eines Franzosen zu geben?

Es herrschte gerade die Kleine Eiszeit, die Durchschnittstemperatur sank deutlich gegenüber der mittelalterlichen Warmzeit. Warme Sommer waren rar und die Herbste nicht lang genug. Die Ernten brachen ein, die Preise explodierten. Mutter Natur meinte es während vieler Jahrhunderte nicht besonders gut. Ein Großteil der deutschen Rebflächen liegt am oder nur knapp südlich des fünfzigsten Breitengrades. Weinbau ist in diesen Breiten nicht selbstverständlich, sondern nur an besonders geschützten Stellen in Flussnähe und an steilen, nach Süden oder Westen ausgerichteten Hängen möglich. Dort speichern die Böden im Laufe des Tages Wärme, die sie auch noch nach Sonnenuntergang abgeben und den Nachtfrost verhindern. Die zu Boden sinkende kalte Luft fließt durch die Täler ab. Unter solchen klimatischen Bedingungen sind früh reifende oder frostharte Rebsorten nützlich. Deutscher Wein muss des Klimas wegen länger reifen, länger als im Burgund, verbunden mit witterungsbedingten höheren Risiken, Regenschauern, Nachtfrösten.

Deutscher Wein wird deutschem Boden abgerungen. Nirgendwo auf der Welt sind die Lagen steiler. Das müssen sie sein, wegen des flachen

Sonneneinfalls. Es ist mühsam, die Weinberge etwa am Bernkasteler Doctor oder am Engelsfelsen im Badischen zu pflegen und die Trauben zu ernten. Keine Maschine macht mehr mit in den Steillagen der Mosel, der Saar, des Neckars, des Rheins oder des Mains. Dieser Nachteil ist jedoch die Basis, auf der das Besondere, Eigene und Eigensinnige gedeiht. Die klimatischen Nachteile geraten dem deutschen Wein zur Charakterstärke. Fruchtigkeit statt Schwere. Eleganz statt Überwältigung. Die besten deutschen Weine sind hell, von prägnanter Säure, lebendig und leicht.

Im deutlich wärmeren Mittelalter wuchs sogar in Norwegen Wein. Er gedieh in Deutschland auch in Gegenden, die nicht von den Römern kultiviert worden waren, selbst in Niedersachsen, im Münster- und im Sauerland, insgesamt auf etwa der dreifachen Fläche wie heute. Anders als gegenwärtig wuchs auch an der bayerischen Donau Wein. Bischof Aribo von Freising spricht 649 in der Vita des heiligen Emmeram von Regensburg von der »regio Baiovariorum viniferax«, dem Weinland der Bajuwaren. Wein war damals in Deutschland Grundnahrungsmittel, noch vor dem Bier.

Im sechzehnten Jahrhundert kam mit der Abkühlung der Rückgang des Weinbaus, und auch dort, wo Wein noch wuchs, sank seine Qualität. Deutscher Wein war nun der Konkurrenz aus Frankreich und Italien nicht mehr gewachsen. Die Obrigkeit bemühte sich um Verbesserung. Der Kurfürst und Erzbischof von Köln Clemens Wenzeslaus von Sachsen verfügte 1787, innerhalb von sieben Jahren Trauben mit schlechten Eigenschaften und zu viel Säure auszurotten und durch »gute« Reben, überwiegend Riesling, zu ersetzen. Aber selbst in der Rieslingregion Mosel dominierte bis Mitte des neunzehnten Jahrhunderts noch der Elbling, weil die meisten Winzer nicht auf ihre dicken, früh reifenden und Masse produzierenden Reben verzichten wollten.

Die Krisen des deutschen Weins waren nicht immer nur klimatisch bedingt. Als nach der Französischen Revolution die linksrheinischen Gebiete zur Frankreich kamen, wurden Klöster und Adel enteignet. Kleine Winzer und Bürger übernahmen das Geschäft. »Sie handeln noch im alten Zeitgeist, wo eine Menge Weines ein tägliches Bedürfnis war, wo bei Kauf- und Verkaufsakten, Familienfesten, bei Zunftversammlungen etc., Saufgelage gehalten wurden, die eine Menge Weines verschlangen ohne Rücksicht auf dessen Qualität«, klagte 1834 ein badischer Ökonom. Dazu kamen schlechte Sommer. Mit bleihaltigen Mitteln wurden damals Weine aufgehübscht.

Wie sollte deutscher Wein im ständigen Kampf gegen das Klima und gegen die Franzosen bestehen? Mitte des neunzehnten Jahrhunderts half Dr. Ludwig Gall. Seine Methode der »Weinverbesserung« setzte sich durch. Gallisieren hieß, mit Wasser die Säure zu bändigen, mit Zucker die fehlende Sonne zu ersetzen, um »selbst aus unreifen Trauben einen sehr guten Mittelwein zu erzeugen«. Auch die Siebziger- und Achtzigerjahre des zwanzigsten Jahrhunderts bleiben als dunkles Kapitel des deutschen Weinbaus in Erinnerung. Gegen die von der Sonne verwöhnten Lagen Frankreichs, Italiens, Spaniens glaubten deutsche Winzer nur mit Massenware mäßiger Qualität bestehen zu können. Die Konsumenten waren nicht ohne Schuld. Sie kauften die Plörre. Hauptsache billig. Das Missverständnis trug viele Namen, zum Beispiel *Liebfrauenmilch.* Ursprünglich eine alte Lage der Liebfrauenkirche in Worms, wurde daraus eine Sammelbezeichnung. Das von einer unverantwortlichen Weingesetzgebung zugelassene Gemisch machte Mitte der Neunzigerjahre des vergangenen Jahrhunderts mehr als die Hälfte des gesamten deutschen Weinexports und mehr als die Hälfte der rheinhessischen Produktion aus. Ahnungslose hielten den Wein dieses Namens für ein Qualitätserzeugnis deutscher Winzerkunst. Wie die meisten Nachkriegsdeutschen kannten sie nur zwei Sorten Wein: lieblichen und herben. Liebfrauenmilch war lieblich. Der Gesetzgeber erlaubte auch die sogenannte nasse Hand. Bis zu einem Viertel des Weins bestand aus zugesetztem Zuckerwasser. Einige Winzer ließen sich trotzdem noch dazu hinreißen, die Süße notfalls mit Glykol zu heben.

Aus heutiger Sicht waren die Skandale ein Segen, weil sie zur Umkehr zwangen. Auch die Regulierung der Höchstertragsmengen durch die EU hat die deutschen Winzer genötigt, mehr auf Qualität zu setzen. Zehntausend Liter je Hektar sind genug. Eine neue Generation engagierter Winzer kam zum Zug. Und nun hilft auch noch der Klimawandel. Der deutsche Wein gehört zu seinen größten Profiteuren.

Kein Segen ohne Fluch. Der Segen: Die Trauben werden reifer, süßer. Der Fluch: Schädliche Wetterextreme sind häufiger. 2017 ist zum Beispiel ein »Katastrophenjahr«, so der junge Kellermeister des Weinguts Allendorf in Oestrich-Winkel, des größten Familienbetriebs im Rheingau, Max Schönleber. Später Frost, Hagel, dann Trockenheit, dann zu viel Regen zur falschen Zeit. Der Ernteertrag ist um ein Drittel geringer als in guten Jahren.

Das relative Gleichmaß des Wetters ist Vergangenheit. Zwar ist es in guten Jahren schwer, aus den süßen Trauben schlechten Wein zu machen. In schlechten Jahren entscheidet die Fähigkeit der Winzer über den Erfolg.

Kellermeister Max Schönleber im Rheingau

Könner bringen immer interessante Weine zustande, sagt Schönleber. Er ist nicht nur ein Könner, sondern auch ein Rebell.

Mit fruchtig-frischen Weinen aus dem Edelstahltank gibt er sich nicht zufrieden. Früher gab der Alkohol dem Wein Schwere. Seine Weine sind leichter, Phenole und Gerbstoffe aus den Schalen geben Körper und Struktur. Die Kunst beginnt bei der Lese, schon beim Anpressen im Weinberg, danach beim sorgfältigen, langsamen Pressen im Gutshof, das beim Weißwein bis zu zwölf Stunden dauern kann, damit der Saft länger auf der Maische steht.

Im Holzfass vergären Neuerer wie Schönleber ganze Trauben mit. Sie lassen den Most spontan vergären, setzen keine Zuchthefe zu. Die Gärung muss auch nicht mehr mit Schwefel abgestoppt werden; sie lässt sich mit Temperatur regulieren. Die Fässer können gekühlt und erwärmt werden. Früher wurde der Wein geschönt mit (tierischer) Gelatine, mit den Schwimmblasen vom Fisch, heute mit Bentonit, einer Erde. Die neuen Winzer geben ihren Weinen Muße zum Reifen, füllen sie später ab. Auch reduzieren sie den Ernteertrag zugunsten der Qualität – bei den großen Gewächsen sind es nur noch dreitausendfünfhundert Liter pro Hektar. Die Weine bekommen Persönlichkeit, sind weniger gefällig und verwechselbar, schmecken also auch nicht mehr jedem gleich gut, sind nicht immer »konsensfähig«, wie Schönleber sagt.

Das Neue muss erstritten werden. Gegen den eigenen Vater, den Vorgänger im Keller, gegen die Weinbürokraten und ihre gesetzlichen Regeln. Das deutsche Weingesetz hilft dem Weinhandel, nicht jedoch den Verbrauchern. Denn es klassifiziert die Weine ausschließlich nach der Süße des Traubenmostes zum Zeitpunkt der Lese, nach dem Mostgewicht, das in Öchslegraden gemessen wird. Noch immer herrscht ein Öchsle-Stalinismus. Eine neue Etikettenordnung soll helfen.

Das Gesetz erlaubt nach wie vor fragwürdige Methoden. Von Harmonie reden Winzer, wenn sie die Balance zwischen Säure und Süße nicht allein der alkoholischen Gärung überlassen wollen oder können. Sie sorgen für Restsüße im Wein, indem sie die Gärung abstoppen. Oder der Wein wird, wenn er zu sauer ist, mit konzentriertem Traubenmost nachgesüßt. Bei Weinen unterhalb der Prädikatsweine ist das bis zu einem Volumenprozent erlaubt. Das Ergebnis wird als trocken, halbtrocken, halbsüß oder süß bezeichnet. Der süße Wein enthält mehr als fünfundvierzig Gramm Zucker pro Liter.

Die amtliche Weinbewertung folgt schematischen Geschmacksbildern. Alles soll wie immer schmecken. Mancher vermeintliche Fehlton, der sich bei der Spontangärung bildet, will den Prüfern nicht gefallen, obwohl er doch den Wein unverwechselbar und besonders macht. Schönleber geht so weit zu behaupten: hohe Bewertung – langweiliger Wein, und umgekehrt. Ob Landwein, Qualitätswein, Prädikatswein oder Kabinett auf dem Etikett steht, ist nicht entscheidend.

Die innovativen Winzer halten zusammen, tauschen sich aus. Früher herrschte »Angst vor Ideenklau«. Und sie wissen, dass sie laut sein müssen. Entscheidend für den Erfolg auf dem Weltmarkt sind nicht die Bürokraten, sondern die Bewertungen in der Weinbibel »Parker« und die Urteile der Journalisten. Deutscher Wein mag einzigartig sein, aber das Weingeschäft ist global. Der Winzer, der seinen Tropfen nicht nur in der Nachbarschaft verkaufen will, muss heute mehr zustande bringen als trinkbaren Wein. Er muss Kolumnisten und Gastronomen, Weinreiseveranstalter und Lieferanten für sich gewinnen, sich am besten selbst inszenieren als Marke, als Lebenskünstler mit goldenem Händchen für die Arbeit in Wingert und Keller. Ein hartes Geschäft. Wein, nicht anders als Bier, transportiert ein Lebensgefühl.

Doch hilft dem deutschen Wein seine besondere Herkunft. Das Zauberwort ist kein deutsches, sondern ein französisches: Terroir. Und das ist gut so. Stellen wir uns vor, Hitler wäre nicht Abstinenzler gewesen, und die Nazis hätten Terroir eingedeutscht, mit Boden, Scholle, Erde oder Heimat übersetzt! Die Welt der Kenner und Genießer darf politisch korrekt zum Glück vom Terroir der deutschen Tropfen schwärmen, von ihrer Mineralität aus den Lagen mürben, feinblättrigen Schiefers, den Sedimenten eines Urozeans, aus dem die alten Reben »Aromen trinken« können. Der Riesling »nimmt auf, was das Terroir ihm zu erzählen hat, und komponiert daraus eine Geschichte«, so die Werbelyrik der Moselwinzer.

Die Weinmetaphorik ist Lifestyle-tauglich. Simon Strauß lässt das in seinem Roman auf der Zunge zergehen: »Der Blaufränkische Zweigelt sei unschlagbar, sagt Oli, der Kellner mit Glitzerohrring und Undercut. Nach der Schule hat er Fernsehtechniker gelernt, aber dann, als Media Markt und Saturn aufmachten, die Preise kullerten und die Geizigen Anlauf nahmen, hat er umgesattelt. Kellerwirtschaft, Önologie. Olis cowboyblaue Augen haben jedes Barriquefass in Europa von innen gesehen, er kann zum Beispiel große Reden auf Franz Keller halten. Sein Riesling schmecke im Abgang cremig wie Werthers Echte, sagt er, aber natürlich auch herb wie Stachelbeere.«

Der deutsche Wein muss sich wie deutsches Essen noch immer am französischen messen lassen. Frankreich setzte lange die Maßstäbe der Qualität, erzeugte die teuersten Weine in den besten Lagen. Mit dem besseren Image kann Frankreich selbst Wein auf den Weltmarkt drücken, der nichts Großartiges hat.

Produktion und Verbrauch von Wein gehen in Europa zurück, weltweit wächst der Verbrauch. In Zukunft entscheiden die Märkte Amerikas und Asiens. Dort sind mittlerweile auch die größten Konkurrenten der deutschen Winzer zu finden. Die USA sind bereits viertgrößter Weinerzeuger der Welt. Selbst China holt auf.

Der deutsche Weinbau wurde seit der Krise vor einem halben Jahrhundert von der Kellertechnik bis zum Marketing modernisiert. Die Qualität im Handel ist gestiegen, selbst bei den Discountern und im Supermarkt. Dort findet der Kunde mittlerweile auch erstklassige deutsche Flaschen zu günstigen Preisen. Ab Hof sind es immerhin knapp sieben Euro. Im Laden ist ein gutes Fläschchen im Schnitt noch immer unter zehn Euro zu haben. Damit liegen die Preise für deutsche Weine unter dem Durchschnitt der europäischen Konkurrenz. Aber das ändert sich. Große deutsche Gewächse haben die Hundert-Euro-Marke übersprungen.

Die Deutschen kaufen zwar jede zweite Flasche Wein nach wie vor beim Discounter. Doch sie geben dafür auch dort mehr Geld aus, und schlechte Weine sind überall selten. Wie schwer es ist, den Neid-Geiz-Komplex loszuwerden, zeigte sich jedoch, als Kanzlerkandidat Peer Steinbrück in einen veritablen Shitstorm geriet, als er bekannte, keinen Pinot Grigio unter fünf Euro kaufen zu wollen.

Eine andere Chance, als auf Qualität zu setzen, hat der deutsche Wein nicht. Denn in Spanien, Italien und Frankreich geht der heimische Konsum zurück, die Mengen drängen nach Deutschland und treffen dort auch noch auf Konkurrenz aus Übersee. Die Deutschen trinken stabiler, pro

Kopf seit der Jahrtausendwende gut zwanzig Liter im Jahr. Die Hälfte ihres Konsums deckt der Import.

Zwei Drittel der deutschen Anbaufläche liegen allein in Rheinland-Pfalz. Die Trauben der gut neun Millionen Hektoliter deutschen Weins wachsen auf nur einem Prozent der gesamten landwirtschaftlichen Fläche des Landes, die noch siebzehntausend Weinbaubetriebe bewirtschaften. Dreitausend, überwiegend Nebenerwerbswinzer, gaben seit 2010 auf. Etwas mehr als eine Million Hektoliter werden exportiert, das meiste in die USA. Von 2016 bis 2030 darf in der EU die Fläche nur um bis zu einem Prozent pro Jahr ausgedehnt werden. Gut für die Qualität, aber dort hinderlich, wo sich neue Weinanbaugebiete entwickeln könnten. Interesse besteht sowohl in Mecklenburg-Vorpommern wie am Chiemsee. Bisher verzeichnet das deutsche Weinrecht nur dreizehn Anbaugebiete von A wie Ahr bis W wie Württemberg und hundertvierzig Rebsorten, an der Spitze der Riesling. Mehr als zwei Drittel der Rebsorten sind weiße Trauben. Die Nachfrage nach deutschen Rotweinen steigt. Der rote Trollinger ist schwäbisches Nationalgetränk.

Vergessen wir nicht den deutschen Sekt! *Rotkäppchen* ist die beliebteste Sektmarke. Der einst vom VEB Rotkäppchen-Sektkellerei in der DDR produzierte Süßstoff gleichen Namens wurde schon lange vor der DDR an der Unstrut hergestellt und wird es heute noch, wenn nun auch unter Regie der kanadischen Seagram-Gruppe, zu der die Marken Mumm sowie Rotkäppchen gehören. Der weltgrößte Schaumweinproduzent ist eine deutsche Firma: Henkell aus dem Oetker-Konzern schnappte sich die Aktienmehrheit an der spanischen Freixenet-Gruppe. Der deutsche Schaumwein: erst wiedervereinigt, dann globalisiert.

Mit französischem Champagner hat es deutscher Sekt nie aufnehmen können, auch wenn die Produkte vieler kleiner Winzer Qualitätssprünge nach oben machten. Die Natur ist hier kein Nachteil, säurebetonte Grundweine – wenn auch früher oft aus billiger und zweifelhafter ausländischer Produktion – sind bei der Sektproduktion sogar von Vorteil. Deshalb werden sie meist nicht nach Zuckergehalt, sondern nach dem Säuregehalt noch vor der allgemeinen Ente gelesen. Natürlich muss auch Süße hinein. Deshalb kommt nach dem Mischen verschiedener Grundweine (Cuvée) die Fülldosage (Tirage) dazu, eine Zucker-Hefe-Mischung für die zweite Gärung des Schaumweins, am besten in der Flasche (Méthode champenoise). Später wird dem Sekt noch einmal mit in Wein gelöstem Zucker aufgeholfen (Versanddosage). Eine andere Methode lässt die zweite Gärung in einer speziellen Flasche zu, nach der der Sekt gefiltert und nach einem Zwischenaufenthalt im Drucktank auf die Versandflaschen gefüllt wird, wo der Sekt noch einmal neunzig Tage lagert. Problem: Druckverlust beim Filtern und Umfüllen.

Die Komplexität der Sektherstellung ist eine Einladung zur Täuschung argloser Konsumenten. Es ist zum Beispiel nicht korrekt, den im Umfüllverfahren gewonnenen Sekt als »Flaschengärung« auszuzeichnen, trotzdem geschieht es. Die Trickseréien haben Methode, selbst in Frankreich. Schon im neunzehnten Jahrhundert gab es neben der Méthode champenoise die Méthode charmat, benannt nach dem Önologen, der die Herstellung in Großbehältern entwickelte. Es ist bis heute die meist angewandte Technologie. Das Tankgärverfahren ist einfacher, schneller, rentabler. Der Zusatz von Kohlendioxid wird von der einschlägigen EU-Verordnung ausdrücklich geduldet, obwohl die Bläschen eigentlich nur aus der Gärung stammen dürften. Einigen Sektmarken wird bis zu achtzig Prozent der enthaltenen Kohlensäure künstlich hinzugefügt, wie der TÜV Rheinland feststellte. Etikettenschwindel und Kundentäuschung sind in diesem Gewerbe von jeher verbreitet.

Kein Zufall also, dass in Thomas Manns letztem Roman »Bekenntnisse des Hochstaplers Felix Krull« ein Schaumweinfabrikant aus dem Rheingau der Gaunerkarriere seines Sohnes Felix das pädagogische Rüstzeug liefert. Engelbert, eine moralisch wie geschäftlich höchst anrüchige Gestalt, produziert ein gemeingefährliches Gesöff. Der Künstler und Pate Schimmelpreester beschwert sich: »Ihre Person in Ehren, aber Ihren Champagner sollte die Polizei verbieten. Vor acht Tagen habe ich mich verleiten lassen, eine halbe Flasche davon zu trinken, und noch heute hat meine Natur sich nicht von diesem Angriff erholt.« Engelbert Krull geht bankrott und erschießt sich.

▶ **Feinkost für Feinschmecker, Kochkunst, Oans, zwoa, gsuffa!, Soße und Sauce, Staatsbankett**

Speisekarte

Speisekarten sollen informieren und zugleich Appetit wecken. Sie können von geradezu poetischer Kraft sein, aber auch von der Nüchternheit eines Bestellkatalogs für Elektronikbauteile. Sie sind, wenn man so will, Ratgeberliteratur, machen nicht selten ratlos oder aber die Wahl zur Qual. Sie verraten auch zwischen den Zeilen etwas über den Geist der Küche, das Verständnis des Küchenchefs, seine Ambitionen, seine Eitelkeit, seine kulinarische Intelligenz.

Ein Gericht ist jedoch so schwer ins Medium Sprache übertragbar wie ein Musikstück. Ludwig van Beethoven, Symphonie Nr. 5 in c-Moll op. 67 mit den Sätzen Allegro con brio, Andante con moto, Allegro, Allegro: Das besagt kaum mehr als die Grundtonart, die Zahl der Sätze und die Tempi. Der kundige Hörer kann damit etwas anfangen. Er hat den Klang des großen Orchesters, den »Sound« Beethovens im Ohr, er weiß, was ihn erwartet: Ta ta ta taaa. Aber der Küchenchef, selbst mit Sternen ausgezeichnet, ist kein Beethoven und auch kein Poet. Die Speisekarten so zu verfassen, dass sie dem Charakter des Essens tatsächlich entsprechen, ist eine Fähigkeit, die wenige Köche beherrschen. Weil das so ist, passen sie sich gern der Speisekartenmode an. Das macht Speisekarten gelegentlich unfreiwillig komisch.

Steht gerade cooles Understatement hoch im Kurs, werden die wichtigsten Zutaten nackt und schnörkellos aufgezählt. Wie Einkaufszettel lesen sich dann die Speisekarten selbst ausgezeichneter Restaurants. Mancher Koch wagt in der Küche alles, doch nichts davon ist auf der Karte zu lesen.

Am Hof des Alten Fritz war Französisch noch die erste Sprache, nicht bloß bei Tisch. Später, im nationalistischen Deutschland, wurde versucht, sich vom Französischen nicht nur auf dem Teller, sondern auch auf der Speisekarte zu befreien. Kaiser Wilhelm verlangte kaiserliche Speisekarten in deutscher Sprache. Ein Meister der deutschen Sprache wie Theodor Fontane und andere Intellektuelle wetterten öffentlich gegen die neue Doktrin.

Man schrieb nun Tischkarten statt Menü, Tunke statt Sauce, aus Cakes wurden Kekse. 1903 sprach das neue Verdeutschungsheft »Speisekarte«

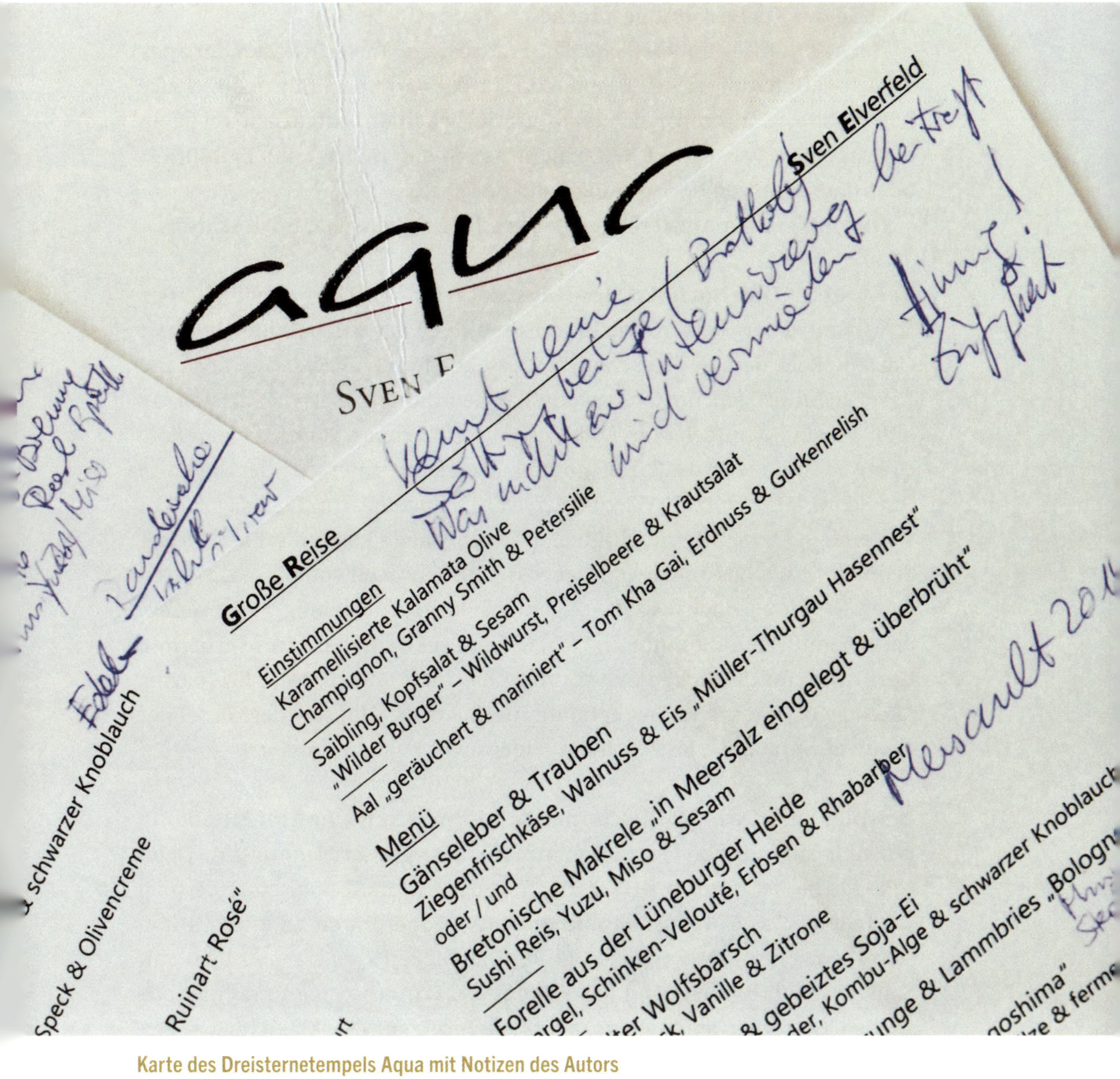

Karte des Dreisternetempels Aqua mit Notizen des Autors

des Allgemeinen Deutschen Sprachvereins von der Aufgabe, die deutsche Sprache zu reinigen, um »das nationale Bewusstsein im deutschen Volke zu kräftigen«. Das galt erst recht unter den Nazis. Französisch wurde nur noch in der Küche selbst gesprochen.

Nach dem Krieg änderte sich das. Französische Ausdrücke auf der Speisekarte galten nun wieder als mondän. Parfaits, Soufflés, Tournedos, Sauce hollandaise, Consommé, Filets au gratin bekamen Aufenthaltsrecht. In der *Aubergine* von Eckart Witzigmann standen »Délice vom Kalbsbries« oder »Suprême von der Seezunge« auf der Karte.

Hier ein kleiner Musterbogen gegenwärtiger deutscher Speisekarten:

Beispiel 1: Die Nach-Art-des-Hauses-Karte. Die Überschrift »Deftige Hausmannskost« flattert wie eine Fahne über der Küche eines Berliner Gartenlokals, das auf den schönen deutschen Namen *Eagle Lodge* hört. Die Karte bemüht sich um bodenständige Geradlinigkeit und Präzision. Es gibt Wiener Schnitzel »vom Kalb«, obwohl ein Wiener Schnitzel vom Kalb so etwas ist wie ein weißer Schimmel. Immerhin unterscheidet die Karte das Schweineschnitzel »Wiener Art« vom Schweineschnitzel »Jäger Art«. Das eine ist ein Schweineschnitzel, das mit Panade kostümiert als Wiener Schnitzel geht, das andere ganz gewiss kein Schnitzel vom frisch erlegten Jäger. Es wird jedoch wie das Zigeunerschnitzel so häufig angepriesen, dass man fürchten könnte, in Deutschland sei Kannibalismus verbreitet. Gern wird auf deutschen Speisekarten die »Art« angepriesen. Eigenartig. Möglicherweise ist die Steakpfanne »nach Art des Hauses« der Gipfel der Genüsse. Sprachlich lässt sich das leider nicht behaupten.

Beispiel 2: Das Kein-schöner-Land-Burschenschaften-Menü. In einem Lokal in Berlin-Charlottenburg mit sehr großer Neonschrift »Deutsche Küche« ist unter der Überschrift: »Aus Mutters Töpfen« zum Beispiel zu finden: »Das Gute aus dem Rheinland – Sauerbraten an Rotkohl und selbstgemachte Klöße« oder »Die Berliner lieben's deftig – Eisbein mit Sauerkraut, Erbspüree und Salzkartoffeln«. Daran ist, vom grammatikalischen Gestolper abgesehen, nichts auszusetzen. Die Klassiker werden mit Slogans aufgemotzt, was bei so einfachen Gerichten aufgeblasen klingt.

Beispiel 3: Bauernbühne. Sogar die Wildsau spricht bayerisch, aus der das Weißbiergulasch besteht. Dazu Lautmalerei am Rande der konkreten Poesie: mit »krustigem Krusterl« kommt der Schweinsbraten, und es wird ein »Wurstiger Wurstsalat« aufgetischt. Es gibt nichts ohne mundwässerndes Adjektiv. »Ofenfrisch« der Braten (als ginge es auch anders), »deftig« das Kraut aus dem Fass, »würzig« das Bratensafterl, »hausgerührt« die Preiselbeeren, »handgedreht« der Knödel. Da wird »geklopft« (das Schnitzel aus der Kalbshüfte), »gestampft« (das Püree) und »frisch angeschwenkt« (die Nudeln), dass es eine Wonne ist.

Beispiel 4: Das Mir-san-mir-Schickimicki-Probiermenü. Selbstverständlich beginnt Alfons Schuhbecks Menü im offiziellen Stammlokal des FC Bayern mit einem alles andere als billigen »F. C. B-Salat mit gebeiztem Lachs, Perlhuhnbrust, Ceviche vom Wolfsbarsch, Mango und Papaya«. Da versammelt sich gleich die ganze Champions League in einem kompakten Spielsystem auf dem Teller. Es folgt ein »Getrüffeltes Nudelgangerl aus dem Parmesanlaib mit Sommertrüffel«. Die Trüffel können nicht oft genug betont werden, auch wenn es dafür keine eigene bayerische Vokabel gibt. »Rosa gebratener Rücken mit Kakaokruste und geschmorter Keule vom Reh mit Roter Bete, Pfifferlingen und Kartoffelbuchteln« ist mehr als nur ein Gangerl, nicht nur wegen des Kakaos.

Beispiel 5: Die coole Zeitgeist-Karte offenbart die neue deutsche Liebe zum Crossover der Kulturen, vor allem der asiatischen, mit jenem Speisekartenminimalismus, der seinen exotischen Reiz ausschließlich ungewohnter Kontraste verdankt. So steht im höchst angesagten Zweisternerestaurant von Tim Raue auf der Liste der »Signature-Gerichte«: »JAKOBSMUSCHEL holunderblüte / grüner thai pfeffer. ZANDER kamebishi soja 10y / lauch. DONG PO SCHWEIN wassermelone / galgant. QUITTE macadamia nougat / passionsfrucht«.

Raue findet reichlich Nachahmer im preiswerteren Segment. Die Exotik darf sich dann gern deutlicher mit Regionalem paaren. Etwa im durchaus angenehmen Lokal *Oxymoron* in den Berliner Hackeschen Höfen: »Fang des Tages – Marillenschaum / Blumenkohl / Vanille / Bio-Quinoa / Passepierre«. Ein Oxymoron ist ein Widerspruch in sich selbst. Der Name ist also Programm: »Rosa gebratene Keule vom Uckermärkischen Weidelamm / Oliven / Bohnen-Hummus / Limette / Aubergine / wilder Brokkoli«.

Beispiel 6: Dreisternepräzision. Jan Hartwig ist wie eine Rakete in den Himmel aufgestiegen. Sein Dreisternerestaurant *Atelier* im Hotel Bayerischer Hof in München ist ein Wallfahrtsort der Feinschmecker. Die Karte glänzt mit kühlem Understatement, dennoch so genauen Angaben der Zutaten, dass sie ohne Übertreibungen auskommt und dennoch unweigerlich Appetit und Neugier steigert. Zwischen den Zeilen steht die Küchenphilosophie, eine Mischung aus Heimatliebe und Weltgewandtheit mit ökologischem Bewusstsein.

»Bretonische Sardine. / Pistazien, Zimtblüte, Liebstöckel, Feldsalat & geeister Feta. // Seeforelle mild geräuchert. / Winter Radi, Schnittlauch & Zitrus Beurre blanc // Glasiertes Kalbsbries. / gebrannter Wirsing, Rieslingkraut & Kapern – Rosinensauce // Weißer Trüffel & Demeter Eigelb. / Spinat, krosse Hendlhaut, Lardo di Colonnato & Fontina« und so weiter.

Beispiel 7: Sterne-Arroganz. Auch das zu Recht gerühmte Restaurant *Essigbrätlein* in Nürnberg steht an der Spitze des Fortschritts. Gerade deshalb gibt es sich gar nicht erst die Mühe, auf der Karte auch nur eine Ahnung davon aufkommen zu lassen, was dem Gast an ebenso frugalen wie auf die Spitze getriebenen regionalen Großartigkeiten erwartet. Die sieben Gänge des Menüs lauten zum Beispiel: »Bohne / Karpfen mit Rettich / Kartoffeln mit Staudensellerie / Lauch / Grünkohl / Lamm mit Steckrübe / Reiseis mit Mandarine«. Angesichts dieser Minimal-Art scheinen hundertfünfundfünfzig Euro pro Person eine Frechheit. Diese Karte lädt nicht ein, sondern schließt aus: den Ahnungslosen. Erwünscht sind die Avantgardisten unter den Feinschmeckern. Die, die schon Bescheid wissen.

Beispiel 8: Tradition. Der *Schwarze Adler* in Oberbergen im Kaiserstuhl gehörte zu den ersten deutschen Restaurants mit Michelin-Stern und ist nie aus der Liga abgestiegen. Französisch-badische Küche, wie sie immer war: Neuem gegenüber aufgeschlossen, aber auf dem soliden Fundament der Tradition. Mundwässernde Genauigkeit, die auf Angeberei ebenso verzichtet wie auf kalten Minimalismus. Dass die »Galantine von der Wachtel« mit reichlich Gänseleber gefüllt ist, unterschlägt die Karte. Der Kenner hofft es und weiß auch, was eine Galantine ist – nämlich ein französischer Klassiker, ein ganzes, entbeintes und mit verschiedenen Farcen gefülltes, kalt serviertes Tier. Der Löffel »roh marinierter« Staudensellerie und die Sauce-Vert-Tüpfelchen wären auf der Karte wirklich nicht der Rede wert gewesen, aber sie lassen das Gericht etwas leichter erscheinen, als es ist. Es ist der wuchtige Ecksatz einer großen Symphonie. Das Spiel wiederholt sich später beim »Geschmorten Ochsenschwanz mit Haselnuss und Buchenpilzen«, ein schöner Dreiklang. Nur ist auch hier vom nicht zu übersehenden größten Bestandteil auf dem Teller, einer gebratenen Entenleber, so wenig zu lesen wie von der köstlichen Rotweinsauce. Dass dazu jeweils hochklassige Weine offen kredenzt werden – hier zum Beispiel ein 1989er Chateau de Fieuzal, ein großer Bordeaux aus dem Hundertsechzig-Euro-Fläschchen, wird auch nicht eigens erwähnt.

► **Bio, Feinkost für Feinschmecker, Geschmackssache, Gutbürgerlich, Hausmannskost, Kochkunst, Lecker, Mahlzeit, Staatsbankett**

Staatsbankett

Im Grandhotel Breidenbacher Hof in Düsseldorf sind schon Zarah Leander abgestiegen, Feldmarschall Kesselring, Bundespräsident Theodor Heuss. Im Sommer 1954 befand es sich wieder im Ausnahmezustand, es wurde der Nobelpreisträger Thomas Mann erwartet. Ein Staatsempfang war nichts dagegen. Hans Pleschinski schilderte es, das Hotel scheute »für den eminenten Aufenthalt [...] weder Kosten noch Mühen«. Schließlich galt der Gast »als einer der empfindlichsten. Weltweit.« An alles wurde gedacht, selbst an die richtigen Schallplatten in der Präsidentensuite, Wagner und Mahler in Einspielungen von Bruno Walter. Und natürlich »war die Küche auf die erdenklichen Gaumenschmeicheleien vorbereitet. Weiße Trüffel waren nicht zu bekommen gewesen. Immerhin dunkle aus dem Périgord hatte der Chef de Cuisine, umständlich genug in solchen Aufbaujahren, über einen Kollegen in Luxemburg besorgen können.«

Wozu der Aufwand? Thomas Mann »ist Kultur, und zwar in Reinform. Was uns noch als Luxus erscheint, ist nur ein Vorbote der Zivilisation.« Es ging keineswegs allein darum, Thomas Mann zu gefallen. Denn der war nicht bloß ein populärer Prominenter. Der deutsche Weltschriftsteller, zurück aus dem Exil, wurde wie ein Staatsgast begrüßt. Das Reich, für das er stand, die Kulturnation Deutschland, war soeben auferstanden aus Ruinen. Der Schriftsteller war also nicht allein. Es saßen gleichsam zwei Körper in einem am Tisch – wie bei einem Staatsessen, ein Mensch und ein Repräsentant. Und ebenso war der Gastgeber ein Repräsentant. Das, was er aufzubieten hatte, warf nicht bloß ein Licht auf ihn, sondern auf das ganze Land. Hier in Düsseldorf lautete die Botschaft: Wir sind wieder wer.

Nur ein paar Monate später wurde der erste offizielle Staatsbesucher in Bonn empfangen; es war Äthiopiens Kaiser Haile Selassie, der 1954 den Anfang machte, gefolgt vom persischen Schah Reza Pahlavi. Der erste Bundespräsident, Theodor Heuss, hatte zwar mit einer ökonomischen Arbeit über den Weinbau in seiner Heimat promoviert, aber er war ein protestantischer Schwabe. Und er gab das Motto aus, das für staatliche Repräsentation der Bundesrepublik bis heute gilt: Es herrscht ein »Pathos der Nüchternheit«. Noch in der Weimarer Republik gab es Staatsessen von acht bis zehn Gängen mit Hummer und Kaviar. Nun bemühte man sich um selbstbewusste Bescheidenheit. Heuss hatte mit dem, was er »teils wilhelminischen, teils adolfinischen Stil« nannte, nichts am Hut.

Jahre später konstatierte der Staatsrechtler Josef Isensee noch immer ein gewisses Defizit an sinnlicher Opulenz. »Formen der Selbstdarstellung, die bei allen Staaten der Erde üblich sind, werden hierzulande zum Problem.« Und bis heute steht als Leitfaden des nunmehr Berliner Protokolls: »Generell sparsam und dennoch im richtigen Augenblick großzügig sein, sparsam, ohne kleinkariert zu wirken, großzügig, ohne zu protzen.« Das Bemühen, sich so zu geben, wie man tatsächlich ist (isst), mischt sich mit permanenter Angst vor den neidischen Blicken der Öffentlichkeit.

Breschnew in Bonn 1973 – Installation im Haus der Geschichte der Bundesrepublik

Konrad Adenauer, der erste Bundeskanzler, interpretierte diese deutsche Ambivalenz durchaus politisch: »Wir dürfen nicht auffallen und müssen uns Zurückhaltung auferlegen, aber wir müssen eine gewisse Repräsentation betreiben auch gegenüber anderen. Wenn ich wieder eine Großmacht werden will – und das müssen wir Deutsche werden –, muss ich anfangen, aufzutreten wie eine Großmacht.« Der Weinkeller des Kanzleramts war damals besser bestückt als der des Präsidenten, wie Knut Bergmann in seiner Spezialgeschichte der Republik »Mit Wein Staat machen« feststellte. Adenauer kredenzte Grand Crus aus dem Bordeaux, während Heuss auch mal seinen eher dürftigen Hauswein einschenken ließ, einen Lemberger vom Brackenheimer Zweifelberg.

Es war ja dazumal auch schwer, mit deutschem Rotwein zu renommieren. Bundespräsident Heinrich Lübke persönlich wählte für den ersten Besuch der Queen 1965 einen hochklassigen Burgunder. Als dagegen die niederländische Königin Beatrix im April 1991 dem wiedervereinten Deutschland als erstes ausländisches Staatsoberhaupt einen offiziellen Besuch abstattete, ließ Bundespräsident von Weizsäcker dann schon ausschließlich Gewächse aus den alten Bundesländern reichen. Ein Fauxpas, die Weine aus Sachsen und von Saale und Unstrut zu übergehen. Mit dem Aufschwung des deutschen Weinbaus kommen bei Staatsessen mittlerweile nur noch deutsche Weine zum Zuge.

Beim Staatsessen in Bonn und Berlin dominiert ganz und gar deutsche Kost, die ein wenig mit der Zeit geht. Nicht übertrieben luxuriös und angeberisch, vielmehr selbstbewusst und bodenständig im Trend der angesagten Regionalküche.

Als die Queen im Juni 2015 im Schloss Bellevue Gast von Bundespräsident Joachim Gauck war, wurden auf goldgeränderten Tellern der Königlich Preußischen Porzellanmanufaktur Bachforelle mit Meerrettich und gerösteten Salatherzen, Wildkraftbrühe mit gefülltem Teigblatt, Müritzlammrücken zu Beelitzer Spargel und Kartoffelkuchen sowie eine Variation von Erdbeeren und Holunderblüten aufgetragen. Zu trinken gab es einen Weißen aus Rheinhessen und einen Roten aus der Pfalz. Dazu spielte ein Quintett der Berliner Philharmoniker Beethoven, witzigerweise ausschließlich mit britischen Musikern besetzt.

Aufgetischt werden zum Staatsbankett stets vier Gänge, keiner mehr und keiner weniger. Das Essen soll nicht ermüden, die Gäste nicht überfordern. Deshalb darf auch nichts auf den Teller, was kompliziert zu verspeisen ist, Krustentiere in ihren Panzern etwa. Der Suppe folgen knappe Tischreden, die mit der Floskel enden: So erhebe ich mein Glas zu Ehren des Staatsgastes/Gastgebers und auf die Freundschaft zwischen unseren Ländern/Völkern.

Das Protokoll gehorcht überall in Europa denselben Gepflogenheiten. Sie wurden auch von der DDR befolgt. Zum letzten Mal am 7. Oktober 1989, dem vierzigsten und letzten Jahrestag der DDR. Der wichtigste Gast, der Präsident der UdSSR und Generalsekretär der Kommunistischen Partei der Sowjetunion, Michail Gorbatschow, fiel bei der Tischrede mit einer Prophezeiung unangenehm auf: »Wer zu spät kommt, den bestraft das Leben.« Honecker punktete ebenfalls mit goldenen Worten: »Den Sozialismus in seinem Lauf halten weder Ochs noch Esel auf.« Aufgetragen wurde ein ziemlich reichhaltiger Vorspeisenteller: »Zuchtwachtelbrüstchen auf Maispüree, Forellenröllchen mit Dillsoße und Lachskaviar, Schaumbrot von Räucherzunge«. Gefolgt von »Putensuppe mit Pistazienklößchen und Tomatenroyal, Filetensemble Trianon vom Kalb, Rind und Huhn«. Eher viel als fein, rührend ambitioniert und doch kulinarisch von gestern.

2013 kochte für Obama Berlins Vorzeigekoch Tim Raue auf. Der musste an diesem Abend seine Vorliebe für asiatische Gerichte zurückstellen. Es gab Kabeljau mit Schmorgurke, Estragoncreme und – als einziges asiatisches Zugeständnis – eine Brühe aus Kombu-Algen, Thunfischflocken und Wasser. Zum Hauptgang kochte Raue erstmals »preußisch«, wie er sagte. Königsberger Klopse mit Kartoffelpüree und Apfel-Rote-Bete-Salat. Bienenstich mit Aprikose zum Nachtisch – dekonstruiert als Sorbet.

Außerdem brachte Raue Spargel mit Saiblingskaviar auf den Tisch. Zur Spargelzeit muss deutscher Spargel auf den Tisch, ein ungeschriebenes Gesetz. Frankreichs Präsident Hollande wurde im August 2012 Schweinefilet mit Spargel aus Beelitz serviert. Das Berliner Protokoll hätte wissen müssen, dass Hollande keinen Spargel mag. Auch noch mit Sauce hollandaise!

Abgesehen davon, dass man nichts auftischt, was der Gast nicht mag, geht es beim Staatsbankett nicht um persönliche Geschmacksvorlieben. Aufgetischt wird die Kultur eines Landes, auch die politische Kultur, wie sie sich bei Tisch spiegelt. Das Staatsbankett ist der Höhepunkt eines

Staatsbesuchs, mehr als ein prächtiges Essen, mit dem der Gastgeber seine Wertschätzung für den Gast ausdrückt. Es gelten zahlreiche protokollarische Gesetze, von der Kleiderordnung bis zum Defilee. Man speist im Schloss. Früher im Schloss Augustusburg in Brühl bei Bonn, heute im Schloss Bellevue, dem Dienstsitz des Bundespräsidenten. Der Aufwand an Sicherheit reicht zuweilen bis in die Küche. Amerikanische und russische Präsidenten bringen Vorkoster mit wie einst Kaiser und Päpste.

Zu unterscheiden ist das Staatsbankett vom Arbeitsessen. Das Arbeitsessen soll solide und vernünftig sein. Drei Gänge müssen genügen. As time goes by: Barack Obama kam im November 2016 das letzte Mal als Präsident nach Berlin, um nach Donald Trumps Wahlsieg Angela Merkel als verbliebene Stütze des Abendlands zu rühmen sowie den Deutschen ihre Wiederwahl zu empfehlen. Es gab Eisbein, Nürnberger Bratwürste, Kalbshaxe, Apfelstrudel. Very German! Dies war ein persönliches Abendessen zweier Staatslenker, die sich gut verstanden. Gutbürgerliche Küche soll Vertrautheit signalisieren. Ein guter Freund wird zu Hause bewirtet. Im Fall Merkel-Obama war es zwar das Hotel Adlon, aber eben kein Amtssitz oder Gästehaus der Regierung, sondern ein privater Ort.

Auch beim Arbeitsessen gilt: »Das Essen ist immer politisch codiert, aber überall anders«, wie der Politologe Philip Manow feststellt. Also in Berlin anders als in Paris. G7-Gastgeber Frankreich scheut sich nicht, Foie gras aufzutischen. Gänsestopfleber gehört in Paris zur Küchenkultur wie Bratwurst in Berlin, und kein Grüner würde sie infrage stellen.

Zu Gast beim Bundespräsidenten sind nicht bloß Staatsgäste. Martin Walsers Roman »Das dreizehnte Kapitel« beginnt mit der beinahe satirischen Schilderung eines Essens im Schloss Bellevue. Der Protagonist, ein Schriftsteller, sitzt neben der Gattin des Präsidenten. »Und es ging auch gleich los: Bachforelle mit Spinatschaumbrot, wildem Spargel, eingelegtem Blumenkohl und jungen Tomaten.« Die »heraldische Orgie« wird fortgesetzt mit »Eifeler Rehbock mit Wildkräuter-Frischkäse-Grießnocken«, gefolgt vom »in Rebenholz geräuchertem Kalbstafelspitz mit Feldthymian-Trauben-Sauce, Spitzkohlgemüse und gefüllter Linda-Kartoffel mit Kaiserstühler Rauchspeck«. So etwas kann sich selbst Walser nicht ausdenken. Die Aufgeblasenheit der Sprache steht im Widerspruch zu der doch eher bodenständigen Kost.

Was steckt hinter solch vollmundigen Speisefolgen? Zur hochoffiziellen Feinschmeckerei sagte der frühere Außenminister Joschka Fischer, bekanntermaßen kein Kostverächter: »Sie waren offenbar noch nie bei einem Bankett. Exquisites Essen gibt es eigentlich nur im Élysée-Palast und im Quai d'Orsay. […] In Frankreich ist das Essen Teil der nationalen Kultur und Tradition. Wenn in Deutschland jemand solche Küchenbrigaden beschäftigen würde, wäre es ein Skandal.«

Was Politiker privat essen oder zu essen vorgeben, ist ein anderes Thema. Nur dass sie dabei nicht den Staat repräsentieren, sondern bloß sich selbst darstellen. Sie müssen sehr darauf achten, mit welchen Speisen sie sich erwischen lassen. Kohl ließ seinen Saumagen wie eine der Reichsinsignien vor sich hertragen. Schröder prollte mit Currywürsten herum und schenkte der deutschen Sprache das geflügelte Wort: »Hol mir mal 'ne Flasche Bier, sonst streik ich hier.«

Auch Angela Merkel macht in dieser Hinsicht Schule. Im Wahlkampf 2013 verriet sie gezielt ihre Liebe zu Streuselkuchen. Ihr Mann, Joachim Sauer, beschwere sich immer, dass auf dem Streuselkuchen, den sie ihm selber backe, zu wenig Streusel zu finden seien. Dazu die CDU in einer millionenfach gedruckten Broschüre: »Er ist halt Konditorensohn.« Im Wahlkampf 2017 tischte die Kanzlerin Kartoffelsuppe auf, zubereitet aus im eigenen Garten geernteten Knollen. »Ich zerstampfe die Kartoffeln immer selbst mit einem Kartoffelstampfer und nicht mit einer Püriermaschine. So bleiben in der Konsistenz noch immer kleine Stückchen übrig.« Wer solche Informationen für Tinnef hält, hat nicht gut genug hingehört. Die Hausfrau im Kanzleramt sendet Signale an die Wählerschaft. Die Botschaft des Streuselkuchens: Ich backe noch für meinen Mann. Die Botschaft der Kartoffelsuppe: Ich mache alles selbst und kenne mich sogar am Kochtopf aus.

► **Bismarckhering, Feinkost für Feinschmecker, Geschmackssache, Kochkunst, Mahlzeit, Manieren und Sitten, Saumagen, Spätlese, Speisekarte, Vorwiegend festkochend**

Suppenkaspar

»Der Kaspar, der war kerngesund, ein dicker Bub und kugelrund.« So beginnt die Geschichte des Suppenkaspars im »Struwwelpeter«. Kugelrund? Beschrieb der deutsche Arzt Heinrich Hoffmann 1844 etwa eine Essstörung? Kerngesund? Kaspar sollte abnehmen. Wenn er so weiterfrisst, wird er nicht mehr lange leben.

»Doch einmal fing er an zu schrein: Ich esse keine Suppe! Nein!« Wieder nicht richtig. Jetzt übertreibt er, hat nun keine Woche mehr. »Am vierten Tage endlich gar, der Kaspar wie ein Fädchen war. Er wog vielleicht ein halbes Lot – und war am fünften Tage tot.« Von der Fresssucht wechselt er ins schiere Gegenteil, vermutlich Anorexia nervosa (krankhafte Appetitlosigkeit). Davon zu unterscheiden sind Anorexia mentalis (Magersucht) und Bulimie (Ess-Brech-Sucht).

An Magersucht laborieren (nach einer Untersuchung des Robert-Koch-Instituts) heute etwa hunderttausend Frauen zwischen fünfzehn und dreißig Jahren, jedoch nur zehntausend Männer. Von Ess-Brech-Sucht sind dagegen etwa sechshunderttausend Deutsche betroffen. Etwa dreißig Prozent der jungen Mädchen und fünfzehn Prozent der Jungen leiden an Essstörungen jeglicher Art.

Am nicht ganz realistischen Tempo von Kaspars Verfall im »Struwwelpeter« ist zu erkennen, dass es sich nicht um einen Erziehungsratgeber handelt. Vielmehr richtet sich das drastisch illustrierte Werk direkt an den Endverbraucher, das zu erziehende Kind. Der Erziehungsstil ist modern, was den unterhaltsamen Ton, nicht aber, was die Verweigerung des Happy Ends angeht. Pädagoge Heinrich Hoffmann arbeitete mit Angst. Erziehung war seinerzeit noch überwiegend Dressur, orientiert an bürgerlichen Konventionen. Der leitende Arzt der Frankfurter Anstalt für Irre und Epileptische schöpfte aus der Praxis. Ein mit der Bezeichnung Suppenkaspar versehener Grabstein eines 1834 verstorbenen neunjährigen Jungen wurde in Leoben gefunden. Im Kirchbuch der Eintrag: »Verweigert die Nahrungsaufnahme.«

Die Gesellschaft diskriminiert heute den Dicken heftiger als den Suppenkasper. Er gilt als disziplinlos, Fettleibigkeit als Schichtenproblem. Im

Unterschichten-TV werden die Adipösen unter dem Vorwand der Aufklärung vorgeführt. »The Biggest Loser«, auch als Extrastaffel mit Jugendlichen, ist für die Betroffenen alles andere als unterhaltsam. Wohl niemand käme auf die Idee, das Aufpäppeln Magersüchtiger als Showformat anzubieten, obwohl die Hungerhaken junger Modemodels ein gesellschaftlich relevantes Thema sind. Das deutsche Mädel Heidi Klum lässt grüßen.

Aber warum *Suppen*kaspar? Suppe ist keine mühsam zu zerkleinernde Speise, lässt sich mühelos schlucken. Sie steht in Hoffmanns Geschichte symbolisch für Essen überhaupt. Jede Küchenkultur kennt Suppen, aber auf deutschen Tischen ist sie mehr als nur eine Vorspeise oder Zwischenmahlzeit. Sie ist wie Pasta in Italien Ausdruck deutscher Küche insgesamt.

Suppe und Eintopf sind von jeher zentraler Bestandteil der Ernährung. Der Grund dafür ist in Vergessenheit geraten. Im Unterschied zum Braten am Spieß bleibt der Fettanteil des Fleisches im Topf erhalten. Und darauf kam es an: Fleisch war in Deutschland der wichtigste Fettlieferant. Da sollte nichts verloren gehen. Und dazu machte Suppe auch minderwertiges, billiges Fleisch genießbar.

Suppe ist aber auch darüber hinaus ein Symbol. Künstlerkoch Peter Kubelka: »Die Suppe im Teller ist nichts anderes als ein See in einem Tal. Dort schwimmen die Fische, und in der Suppe die Einlage. […] Man schöpft mit dem Löffel, also mit der künstlichen […] Hand die Suppe aus dem Teller. […] Es gibt meines Erachtens kein poetischeres, kraftvolleres Dokument der Conditio Humana als eine Suppe in einem Teller.« Besonders liebte sie Kubelka, wenn darin Sternchen schwammen.

Es wäre reizvoll, an dieser Stelle eine Phänomenologie der deutschen Suppe zu skizzieren, würde dies nicht den Rahmen sprengen. Grob gesprochen ist zwischen klaren und gebundenen Suppen zu unterscheiden.

Der Deutsche liebt die klare Suppe nicht ihrer klaren (leider oft nur aus Instantbrühe bestehenden) Konsistenz wegen, sondern wegen der Einlage. Ist in der Brühe nichts zu finden außer Fleischextrakt, trägt sie die französische Bezeichnung Consommé und gilt als Krankenkost. Der Bayer etwa liebt in der Brühe den feisten, tennisballgroßen Leberknödel, dessen unterschiedliche Qualitäten in Münchner Zeitungen regelmäßig rauf und runter diskutiert werden. Die schwäbische Variante sind Leberspätzle. Die sogenannte Festtags- oder Hochzeitssuppe wartet mit Grieß-

Suppenlöffel Richard Wagners

nockerl, Brätnocken, in Streifen geschnittenen Pfannkuchen (Flädle) und gewürfeltem Suppenfleisch auf, gern gesehen sind Hackfleischbällchen, Eierstich, Backerbsen, geröstete Brotwürfel und Suppennudeln.

Gemüse dagegen ist eher in gebundenen Suppen zu finden. Sie werden mit Möhren, Blumenkohl, Sellerie, Lauch, Petersilienwurzeln, Pastinaken, Erbsen, Bohnen und Linsen bestückt, aber auch aus Kürbis oder Esskastanien hergestellt, dann in der Regel püriert. Inbegriff deutscher Suppenkultur in der Klasse der gebundenen Gemüsesuppen ist die Kartoffelsuppe. Es werden die berlinische, die sächsische, die bayerische Kartoffelsuppe gerühmt, ohne dass sie sich wesentlich voneinander unterscheiden. Ohne Majoran und Speck beziehungsweise Wursteinlage kommen sie selten aus. Aber auch gebundene Fleischsuppen (Ochsenschwanz, Gulasch) gehören zum Fundament deutscher Küche. Schleimsuppen aus Hafer, Grieß, Reis, Gerste, meist mit Milch, seltener mit Sahne gebunden und mit Butter und Speck verfeinert, stehen im Repertoire von Omas Küche.

Das Segment der Suppen geht nahtlos über in den Bereich der dickeren Eintöpfe. Eintopf ist ein wenig wie real existierender Sozialismus. Niemand muss hungern, aber individuelle Vorlieben können leider nicht berücksichtigt werden. Eintopf klingt nach Lagerfeuerromantik, nach Gemeinschaft, aber auch nach Bahnhofsmission. »Eintopf« ist ein ideologisch belasteter Begriff. Gab es beispielsweise im seit über hundert Jahren immer wieder neu aufgelegten Klassiker »Bayerisches Kochbuch« vor dem Dritten Reich stets das Kapitel »Zusammengekochte Gerichte«, hießen sie nun »Eintopfgerichte«. Einmal im Monat sollte auf Wunsch der Nazis der Sonntagsbraten durch Eintopf ersetzt und die gesparte Summe dem Winterhilfswerk gespendet werden. Die Solidaritätsabgabe wurde von den Blockwarten überwacht.

Eintopf kann Fantasielosigkeit zum Löffeln sein, aber auch Quell kulinarischer Freuden. Man braucht den Pichelsteiner Eintopf nur ein wenig mit Chili, Ingwer und Zitronenabrieb zu aromatisieren, die Erbsensuppe mit frischer Minze zu ertüchtigen, den Linseneintopf von schmackhaften Sorten wie schwarzen Belugalinsen oder Alb-Leisa von der schwäbischen Alb profitieren zu lassen, und ein Leipziger Allerlei ist nicht einfach Einerlei, wenn sich in ihm Flusskrebse und Morcheln in Cognac vergnügen. Eintöpfe passen sich allen Lagen und Lagern an, selbst gehobenen. Das Bremer Kükenragout zum Beispiel enthält neben Stubenküken Flusskrebse und Rinderzunge und ist ein Festessen.

Ihre Herkunft aber können Eintopf und Suppe nicht verleugnen. Es sind Speisen der Armen, bei denen es eben nur einen Topf und eine Feuerstelle gab und überhaupt Schmalhans Küchenmeister war. Zu ihren Vorteilen zählt, dass Reste unauffällig verwertet werden können. Die Suppenküche ist eine Einrichtung für Notleidende. Ein Teller Suppe und ein Stück Brot sind bis heute Synonym für eine Minimalration.

Doch selbstverständlich kommt auch in gehobenen Kreisen zuerst die Suppe. »Ein warmer, goldener Schimmer wallte in den Tellern; es war die Suppe: Nudelsuppe. Durchsichtig, mit goldgelben, kleinen, verschlungenen, zarten Nudeln«, aufgetragen von Jacques, dem Diener, in weißen Handschuhen. Er trägt das Tablett mit der dampfenden Terrine herein, stellt sie in der Mitte des Tisches ab. Mit der Schöpfkelle hantiert Fräulein Hirschwitz, die Hausdame, im sonntäglich Grauseidenen, auf dem Haupt ein schwerer Haarknoten, wie Joseph Roth erzählt. Auch sie nimmt am Tisch des Bezirkshauptmanns Trotta Platz.

► **Bio, Brotzeit, Diätwahn, Eat-Art, Extrawurst, Hausmannskost, Hungersnot, Kraut und Rüben, Schlachtschüssel, Sonntagsbraten, Soße und Sauce, Völlerei, Weißwurstäquator**

Thermomix

Warum sollte ich mir den sündteuren Apparat leisten? Ich bin in der Lage, warme Mahlzeiten ohne Anleitung herzustellen. Die Kundenberaterin bringt meiner Skepsis zwei Argumente entgegen. Das erste kann einen Deutschen auf der Höhe der Zeit durchaus beeindrucken. Der Thermomix, sagt sie, verbrauche nur halb so viel Energie wie eine mittlere Kochplatte. Also dann. Dann gehört das Maschinchen ins Wahlprogramm der Grünen. Dort steht es aber nicht.

Mit dem zweiten Argument fällt ein Zauberwort der deutschen Sprache. Es zergeht auf der Zunge wie eine Delikatesse: *Gelinggarantie.* Es gibt kein schöneres deutsches Wort. Wo Sehnsüchte Versicherungsschutz genießen, wo sich Romantik mit Rationalität paart, dort herrscht Gelinggarantie. Somit ist der Gelinggarant Thermomix ein Gerät, mit dessen Hilfe sich nicht bloß kochen, sondern zugleich tief in die deutsche Seele blicken lässt.

Die Gelinggarantie ist eine konkrete Antwort auf *German Angst,* zumindest die Angst davor, etwas könnte außer Kontrolle, gar zur Blamage geraten. Ist eine Quelle der deutschen Angst doch stets die Möglichkeit, sich zu verrechnen, das beste Ergebnis zu verfehlen. In der Küche ist ohne Planung und Ordnung nichts zu gewinnen, aber auch nicht ohne Improvisationstalent. Unwägbarkeiten, wohin man schaut. Und dann dies: Ein Gerät, das alle Unsicherheitsfaktoren auszuschalten verspricht, nein, garantiert!

Dabei rechnet der Thermomix mit mittleren Annahmen. Er kann die variierenden Qualitäten und Reifegrade der Zutaten ja nicht prüfen. Dieses grundsätzliche Problem, mit dem jeder Koch jeden Tag umgeht, hält der Thermomix für vernachlässigbar, als seien die Gaben der Natur standardisiert wie Bauteile eines IKEA-Regals. Die Gelinggarantie versteht sich nur auf Mittelmaß.

Wer in der Küche vor allem nichts falsch machen will, wer nichts wagt und nichts riskiert, kann auch wenig ganz richtig machen. Dann ist der Thermomix sein Ding. Der ehrgeizige Koch dagegen schmeckt, sieht, riecht, spürt, prüft, entfacht die Magie der Verwandlung. Die Individuali-

Thermomix-Beraterinnen im Fronteinsatz

tät der Zutaten zu würdigen, ist keine grüne Esoterik und kein Hokuspokus, sondern notwendiger Teil kulinarischer Leidenschaft. Der Thermomix aber ist für Leidenschaftslose gemacht.

Der Ursprung des Geräts der Firma Vorwerk reicht ins Jahr 1961 zurück und liegt dort, wo auch die Schwebebahn schwebt und es die größte Zahl religiöser Gemeinden und Sekten gibt: in Wuppertal. Ist die Gemeinde der Thermomix-Anwender nicht auch eine Art Sekte? Sie treffen sich zu Kochabenden und schwärmen wie Küchen-Scientologen.

Das »Handelsblatt« ernannte die Maschine, die es nicht im Laden, sondern nur auf Verkaufspartys und beim Vertreter gibt, zum »deutschen iPhone«. »The magical German do-it-all kitchen appliance« ist ein Renner von Australien bis in die USA. Überall verzichtet das Unternehmen auf Werbung und auf den Verkauf in Läden, der Thermomix ist wie in Deutschland nur beim Vertreter zu erwerben. Mehr als fünf Millionen Maschinen weltweit sprechen für sich. Das Gerät besteht im Wesentlichen aus einem Mixtopf mit integrierter Heizung und eingebauter Waage, einem Motor, der bis zu zehntausendsiebenhundert Umdrehungen in der Minute leistet, einem Schlagmesser mit vier Klingen, die linksherum drehend zum Kochlöffel werden, sowie einem Dampfgaraufsatz. Es kann wiegen, kneten, zerkleinern, mischen, anbraten, erhitzen und folgt dabei den angesagten Küchentrends. Auch Sous-vide-Garen kann es und fermentieren. Nur nicht backen. Außerdem erlaubt der Thermomix den Zugriff auf das ansonsten kostenpflichtige Rezeptportal, laut Eigenlob der Firma eine Evolution des digitalen Kochens.

Ein Roboter ist der Thermomix (noch) nicht, aber »welche Zutat in den Mixtopf kommt, weiß er von allein. Sind Sie mit dem Schritt fertig, drücken Sie einfach auf ›Weiter‹.« Hier wird erkennbar, was der Hersteller meint, wenn er »intelligentes Kochen« verspricht. Der Anspruch, der Küche mithilfe von Technik aufzuhelfen, ist typisch deutsch. Vorsprung durch Technik. Das Gerät spart keine Zeit, es macht Lärm, es versklavt den Koch zum Handlager. Er ist gut für Leute, die es erleichtert, sich zum penniblen Befolger eines Rezeptbuchs machen zu lassen. Gerät ein, Kopf aus. »Lassen Sie Ihrer Kreativität freien Lauf!«, verspricht der Hersteller. Doch das Kochen mit Thermomix hat mit Kochen so viel zu tun, wie Malen nach Zahlen mit Malen zu tun hat.

Viele Käufer abonnieren auch eine von mehreren höchst erfolgreichen Spezialzeitschriften, die nicht vom Hersteller herausgegeben oder finanziert werden, sondern von unabhängigen Verlagen, die sich an den Erfolg anhängen. Hefte wie »Mein Zaubertopf« erklären, was eigentlich keiner großen Erklärung bedarf, und bieten Rezepte von der Suppe bis zum Bier, selbst gebraut im Thermomix.

Wahres Kochen würde bedeuten, immer wieder zu probieren und zu schmecken, sich von Vorschriften und Rezepten zu emanzipieren, eigene Geschmacksvorstellungen zu entwickeln und herauszufinden, wie sie sich realisieren lassen. Kochen bedeutet, immer wieder Entscheidungen zu treffen, ein Gericht bewusst Schritt für Schritt aufzubauen.

Dennoch öffnet die Maschine ein Fenster in die Zukunft, in der künstliche Intelligenz dem Menschen nicht bloß das Autofahren und das Denken abnimmt, sondern gewiss auch einmal das Kochen. »Ein Leben ohne Thermomix ist möglich, aber sinnlos«, zitiert das »Hamburger Abendblatt« einen Jünger des Geräts (und paraphrasiert damit Loriots Satz über den Mops). Sicher scheint: Ein Kochen mit Thermomix ist möglich, aber sinnlos.

► **Einbauküche, Feinkost für Feinschmecker, Fernsehköche, Grillgut, Hausmannskost, Hopfen und Malz, Kochkunst, Zukunft auf dem Teller**

Vegetarier und Veganer

Wer wäre nicht bereit, dem schrecklichen Los der Hühner mit Abscheu und Empörung zu folgen: »Zur Massenexekution humpeln sie arglos durch dunkle Gänge und gackern leise untereinander. Würde irgendjemand ihre Sprache sprechen, könnte man Sätze aufschnappen wie ›mir haben sie gesagt, sie bringen uns auf eine herrliche grüne Wiese‹ [...] Zu tausenden auf Haken gespießt, splitterfasernackt, kopfüber, kopflos ruckeln sie im Todeskarussell in den Verpackungstrakt.« So lässt Joachim Meyerhoff in seinem Erfolgsroman »Die Zweisamkeit der Einzelgänger« eine junge Frau loslegen. Ein grausam schöner Text, der unbezweifelbare Missstände der Massentierhaltung haltlos übertreibend zum Hühner-Holocaust hinaufmoralisiert.

Fleischverächter argumentieren auch mit den Umweltfolgen der Massentierhaltung. Sie verbrauche mehr Ressourcen und verursache höhere Schadstoffemissionen als Nahrungsmittel aus Pflanzen. Viehhaltung verursache laut WHO rund achtzehn Prozent des menschlich verursachten Treibhauseffekts. Tierhaltung trage zur Abholzung der Urwälder bei. Fleischlose Ernährung, behaupten einschlägige NGOs, verbessere die Welternährung. Bis zu zehn Milliarden Menschen könnten rein vegetarisch ernährt werden. Und siehe da, vor allem in Deutschland zeitigen solche Argumente Effekt. Das Bundesamt für Umwelt schlug vor, zur Schonung der Atmosphäre Milch, Eier, Butter und Fleisch nicht mehr als Grundnahrungsmittel, also nicht mehr günstiger zu besteuern. Nach dieser Logik müsste künftig auch das übermäßige Atmen, verursacht etwa durch Sport, besteuert werden, um den Ausstoß klimaschädigender Gase zu verringern.

Einen schweren Verstoß gegen die aktuelle Political Correctness erlaubte sich Bundesernährungsminister Christian Schmidt (CSU), als er die Auffassung vertrat, Bezeichnungen wie »vegetarisches Schnitzel« oder »vegane Currywurst« seien irreführend. Man dürfe nicht so tun, als ob es sich um Fleisch handle. Der Mann setzte sich nicht durch und ist auch schon lange nicht mehr Minister.

Was in Deutschland gar nicht geht, geht natürlich in Frankreich. Das

Parlament verabschiedete sogar ein Gesetz, das alle Bezeichnungen veganer Produkte verbietet, die für echte Fleisch- oder Milchprodukte verwendet werden. Es drohen Strafe bis dreihunderttausend Euro. In Frankreich gibt es keine veganen Burger, Würstchen, Schnitzel oder Steaks mehr. Die, die es gibt, müssen anders heißen.

Vegetarier essen Tiere nicht, weil es Tiere sind. Produkte, die an Tiere nur erinnern, sind ihnen willkommen. Zu kriegen sind sie auch beim *Veganen Metzger.* Der Streit um die Bezeichnungen verrät etwas über die eingefleischten Vorstellungen in unseren Köpfen. Wir assoziieren Fleisch – auch wenn wir unsere Zähne in einen Veggie-Burger schlagen.

Ersatzprodukte täuschen vor, was sie nicht sein wollen. Sie sehen aus und schmecken wie echte Buletten. Ist das nicht absurd? Andere wollen gar nicht an Fleisch erinnert werden. Eine Vegetarierin, die ich gut kenne, mag zum Beispiel auch keine Schupfnudeln. Sie sähen aus wie Maden, findet sie. Sie kann sich nicht von der bildhaften Vorstellung lösen, es handle sich bei den wurmförmigen Kartoffelteigröllchen um Lebewesen. Dafür aß sie einmal mit Appetit die als Fischfilet nicht mehr erkennbaren aufgeblätterten Bestandteile eines Kabeljaus, die ich unters Gemüse gemischt hatte. Sie hatte an Geschmack und Textur nichts auszusetzen, weil es sie nicht an ein getötetes Tier erinnerte. Seit ich ihr reinen Wein einschenkte, würde sie sich nicht noch einmal täuschen lassen.

Eine vegetarische Wurst herzustellen ist kein Kunststück. Man nehme Hühnereiweiß, Füllstoffe aus Getreide, pflanzliches Öl, Farbe, Hefeextrakt, Wasser und Gewürze, abgefüllt in Plastikschläuche und gekocht – fertig ist die Wurstillusion. Die Herstellung ist billiger als die echter Wurst. Geschmackstests zeigen immer wieder, dass Probeesser oft nicht einmal merken, dass in der Wurst kein Fleisch mehr steckt.

Anders als in Frankreich wird in Deutschland fleischlose Kost für einen zivilisatorischen Fortschritt gehalten, also für moralisch geboten. Das ist nicht neu. Schon Albert Einstein formulierte das Credo: »Nichts wird die Chance für ein Überleben auf der Erde so steigern wie der Schritt zu einer vegetarischen Ernährung.« Doch sind Vegetarier nicht grundsätzlich bessere Menschen. Der Hinweis auf den Vegetarier Hitler ist hier leider nicht zu vermeiden.

Sie neigen nur dazu, aus ihrer Überzeugung eine Ideologie zu machen. Weltrettungsfantasien mischen sich traditionell in den deutschen Diskurs. Die Gegenpartei ist auch nicht ohne Argumente. Die Nahrungskette sei nun einmal die Basis der Evolution. Die meisten Weideflächen seien für Ackerbau nicht nutzbar. Ein Spargelfeld verschlinge weit mehr Fläche, gemessen am erzeugten Nährwert, als Weideland.

Das Bewusstsein entscheidet. Es folgt auch spirituellen Überzeugungen. Überwiegend vegetarisch lebten einst nur katholische Mönche. Außerhalb der Klöster wurde allein in Notlage zuerst auf Fleisch verzichtet.

Fleisch aus Seetang: Installation von Hanan Alkouh

Im neunzehnten Jahrhundert kam die Lebensreformbewegung auf, angesiedelt zwischen Askese und Esoterik. Eine sehr deutsche Angelegenheit. »Pflanzenkost – die Grundlage einer neuen Weltanschauung« – unter diesem Titel versuchte Gustav Struve 1832 die Deutschen zu bekehren. Das deutsche Wort *Weltanschauung* dröhnt seither in der Debatte. Es geht immer um alles, nicht bloß um die Ernährung. Wenige Jahrzehnte später, 1867, gründeten Vegetarier um den freikirchlichen Pastor Eduard Baltzer im thüringischen Nordhausen – der deutschen Kornmetropole – den *Deutschen Verein für natürliche Lebensweise.* In ihm versammelten sich nicht bloß Vegetarier, sondern auch Abstinenzler, Nudisten, Nichtraucher und Naturheilkundler, nach eigenem Verständnis allesamt »Lebensreformer«. Es konnte nicht ausbleiben, dass sich 1892 die neue Bewegung zum *Deutschen Vegetarierbund* zusammenschloss. Man sang die Hymne der Einfachheit als Grundlage körperlich-geistiger Gesundheit. Eine durch und durch romantische Bewegung, einschließlich ihrer antikapitalistischen Gesellschaftskritik.

Anders als heute waren damals siebzig Prozent der Vegetarier Männer. Viele von ihnen Lehrer, Beamte, protestantische Christen. Der Vegetarismus traf in eine Zeit, in der der Fleischverbrauch insgesamt rapide anstieg und das Schlachten industrialisiert wurde. Die Lebensreformer verweigerten sich der Moderne.

Zur Verbreitung vegetarischer Ernährung trug auch die esoterische Anthroposophie bei. Ihr Begründer, der Österreicher Rudolf Steiner, glaubte, der Mensch ernähre nicht nur seinen Körper, sondern auch seine geistige Substanz, also den Astralleib, jene wolkenartige Hülle, die seine Seele umgebe und mit ihr den Tod des materiellen Körpers überdauere. Kohlehydrate waren für Steiner »Gehirnnahrung«. Kartoffeln wollte er gemieden wissen, weil sie weder Blüte noch Samen noch Frucht seien, sondern nur die Verdickung einer Wurzel. Er empfahl Eiweiß aus Vollkorngetreide, warnte vor tierischen Fetten, weil die vermeintlich direkt in den Körper übergingen. Tote Tiere schädigten seiner Ansicht nach das Nervensystem, führten zu hysterischen und epileptischen Zuständen, zu Zorn, Antipathie und Vorurteilen.

Noch der Brockhaus von 1902 unterschied lediglich zwischen Vegetariern und »strengen Vegetariern«. Der Begriff Veganer wurde 1944 in

England von Donald Watson eingeführt, der die *Vegan Society* gründete. Inzwischen ist die von allen tierischen Produkten befreite vegane Ernährung ein trendiger Teil der Alltagskultur. Es gibt Messen (Veggie World), vegane Kochbücher und Produkte in unüberschaubarer Vielfalt. Waren es im neunzehnten Jahrhundert einige Tausend strenge Vegetarier, so werden heute in Deutschland (nach Einschätzung des Vegetarierbundes) eine knappe Million Veganer vermutet und vier bis acht Millionen Vegetarier. Auf deutlich geringere Zahlen kommt eine Studie der Uni Göttingen: Gut drei Millionen Vegetarier, vierhunderttausend Veganer. Sechsmal so viele Frauen wie Männer, Tendenz steigend. Die Zahlen sind umstritten, schwer zu verifizieren und am Ende auch sinnlos, weil immer mehr Flexitarier und Flexiveganer, also Gelegenheitsveganer, unterwegs sind. Nur dreißig Prozent der Bundesbürger essen täglich Fleisch.

Umstritten ist, wie gesund vegane Ernährung ist. Gesundheitsbehörden warnen vor Mangelernährung während Schwangerschaft und Stillzeit, bei Kindern und alten Menschen. Für diese Gruppen rät etwa das Schweizerische Bundesamt für Lebensmittelsicherheit ausdrücklich von veganer Ernährung ab. Auch nach Einschätzung der Deutschen Gesellschaft für Ernährung ist die ausreichende Versorgung mit bestimmten Nährstoffen wie Vitamin B12, Protein, Kalzium, Eisen und Jod in ausreichender Menge vegan nur schwer möglich.

Fleisch und Ei-Ersatz werden aus Pilzen, Soja, Lupinen, Pfeilwurzelstärke, Kichererbsen, Bananen und Avocado hergestellt. Milch kann durch Kokosmilch, Sojamilch oder Lupinenmilch, Gelatine durch Johannisbrot-Guarkernmehl, Honig durch Ahorn-Agaven-Sirup oder Zuckerrübensirup ersetzt werden. Dazu kommen zahlreiche Zusatzstoffe. Doch beweisen Tests auch immer wieder, dass vegane Ersatzstoffe nicht automatisch besser oder gar gesünder sind als gewöhnliche Produkte. Und auch Sojaanbau belastet Böden und vergiftet Wasser.

Viele Veganer lehnen auch Leder, Wolle, Seide und andere tierische Produkte ab. Manchen geht nicht einmal das weit genug. Der Fundamentalismus lässt sich noch steigern. Bioveganer lehnen auch Pflanzen ab, deren Felder mit Gülle gedüngt werden. Fruganer verurteilen selbst die Zerstörung von Pflanzen beim Ernten. Sie essen nur Nüsse, Früchte, Samen, deren Entnahme die Pflanze nicht beeinträchtigt.

Bert Brechts Lied »Erstens kommt das Fressen, zweitens die Moral«, dreht der Veganer um: Erstens kommt die Moral. Veganer sehen in der Ausbeutung der Tiere eine Art Rassismus. Missbraucht das Tier namens Mensch seine Macht über die anderen Tiere? Streng logisch begründen lässt sich das nicht. Zudem ist längst nicht allen Vegetariern klar, dass es ohne Lab aus dem Magen des auch dafür geschlachteten Kalbs keinen Käse gibt. Gelatine tierischer Herkunft wird zum Filtern scheinbar veganer Lebensmittel wie Saft und Wein eingesetzt. Und ab welcher Größe endet das Lebensrecht des Tieres? Myriaden von Kleinstlebewesen gehen dabei drauf, wenn Pflanzen geerntet werden.

Veganer halten dagegen, die geistigen Fähigkeiten und das Sozialverhalten von Tieren seien nicht abzustreiten. Das Gefühlsleben welcher Tiere aber soll respektiert werden und welcher nicht? Und was ist mit Pflanzen, die zumindest nach Mutmaßungen des Bestsellerautors Peter Wohlleben als empfindungsfähige Lebewesen zu betrachten sind? Leiden sie nicht auch, zumal sie häufig roh verzehrt werden?

Mindestens einen guten Grund, Fleisch zu verschmähen, gibt es auch für Allesesser: miserabel gekochtes Fleisch. An dieser Stelle entdeckt selbst der Feinschmecker sein Herz für Tiere. Wenn sie schon sterben müssen, um verspeist zu werden, dann hätten sie wenigstens verdient, dass ihr Fleisch geachtet wird.

▶ **Bio, Diätwahn, Fleischeslust, Geschmackssache, Hausmannskost, Hungersnot, Schlachtschüssel, Sonntagsbraten, Zukunft auf dem Teller**

Verbraucher

Der Verbraucher wird nicht seinem freien Willen überlassen. Er wird behandelt, als müsse er beschützt werden, vor den Produzenten, aber auch vor sich selbst. Dummerweise verhalten sich Verbraucher oft unvernünftig. Obrigkeit und Verbraucherschutzorganisationen gehen davon aus, dass Konsumenten nicht in der Lage sind, alle notwendigen Informationen zur Kenntnis zu nehmen und sich entsprechend zu verhalten. Auf Werbung und unkontrollierte Kaufanreize fällt der Verbraucher herein, weiß mit der Fülle der Angebote nicht aufgeklärt genug umzugehen und ist überhaupt der Macht der Industrie nicht gewachsen. Ohne Verbraucheraufklärung kann man ihn nicht auf den Markt lassen. Darüber hinaus erlässt der Staat Verbraucherschutzgesetze. Der Verbraucher muss behütet, betreut, erzogen, bevormundet werden.

Ganz ähnlich verhält es sich mit dem vermeintlich mündigen Bürger in der Politik. Er ist ebenso eine Schimäre wie König Kunde. Die Parteien versuchen die Wähler lieber mit Propaganda und Wahlgeschenken zu beeinflussen, statt mit unübersichtlichen Sachfragen zu belästigen, die er sowieso nicht kapiert. Sie ersparen sich den Diskurs mit ihm und handeln über seinen Kopf hinweg. Wähler sind Verbraucher. Sie haben individuelle Bedürfnisse und sind nicht in der Lage, ans Ganze zu denken. Sie lassen sich demoskopisch beobachten und entsprechend abspeisen. Sie konsumieren, ob Politik oder Lebensmittel, aber sie gestalten sie nicht mit. Zugegeben, das ist ein wenig zugespitzt, aber nicht viel.

Der Bürger ist jedoch keineswegs immer nur Verbraucher. Der Bürger denkt oftmals anders als der Verbraucher. Der Bürger zum Beispiel lehnt Massentierhaltung ab, als Verbraucher aber kauft er bedenkenlos sechshundert Gramm Nackensteak für 1,99 Euro. Der Bürger weiß um das Problem der Verschwendung, der Verbraucher aber kauft zu viel ein. Vierhundertsechsundfünfzig Kilogramm Lebensmittel erwerben die Deutschen durchschnittlich im Jahr, hundert Kilogramm davon landen im Müll. Und weshalb Gurken in Plastikfolie? Der Verbraucher ist immer auch der Verschmutzer. Die Freiheit der Auswahl wird oft als »Konsumterror« denunziert. Dabei ist die Vielfalt des Angebots durchaus nicht immer groß genug. Zwar stehen im Supermarkt unendlich viele Sorten Joghurt im Regal, aber zu wenige Apfelsorten.

Die Joghurtvielfalt ist unter anderem Food-Designern zu verdanken. Sie konstruieren Lebensmittel, die in der Natur nicht vorkommen, aus Bausteinen, die in der Natur nicht zu finden sind. Sie interessieren sich weniger für die Naturprodukte selbst als für deren Inhaltsstoffe. Sie setzen Fette, Eiweiß und Kohlehydrate neu zusammen. Zusatzstoffe erleichtern die mechanische Verarbeitung, beschleunigen, vereinfachen die Herstellung und standardisieren die Produkte. Die Nahrungsmittelindustrie nivelliert den Geschmack. Die größere Vielfalt der Produkte geht einher mit größerer Uniformität der Produkte. Damit wird der Verbraucher der Natur entfremdet.

Doch die meisten Verbraucher fühlen sich damit wohl. Die Konsumenten könnten sich zur Wehr setzen, etwa dadurch, dass sie weniger Fertiggerichte kaufen und mehr selbst kochen. Über das »Handwerk als Gegenentwurf zur Infantilisierung des Konsumenten« hat Richard Sennett ein grandioses Buch geschrieben. Handwerkliche Fähigkeiten wären durchaus ein Mittel, aus der Falle des Konsums auszubrechen.

Selbstredend hält sich der Verbraucher für einen kritischen Verbraucher. Also glaubt er auch an Verbraucheraufklärung. Kritik am Verbraucher ist Kritik am Markt. Zugleich ist die Verbraucheraufklärung selbst ein Markt.

Der Verbraucher definiert sich über die Produkte, die er konsumiert, nicht zuletzt über deren Marken. »Je mehr Marken, desto individueller das Ich«, stellt Wolfgang Joop fest. Was bliebe vom Ich ohne die Marken und Produkte, mit denen er sich identifiziert? Der Markt kompensiert somit zu einem guten Teil den Mangel an Transzendenz, »die jede Gesellschaft braucht, um zu überleben. Sie hat keinen Gott, kein Paradies der Arbeiter und Bauern, keinen Nationalstolz, keine Geschichte«, urteilt der Historiker Philipp Blom. Aber es wird, vor allem wenn der Wohlstand nicht mehr wachsen will, immer schwerer, sich über Konsum Sinn zu kaufen. Wer nur als Konsument Sinn finden kann, ist nicht wirklich frei.

Wir konsumieren und leiden zugleich am Konsum. Dieses Leiden an der Moderne ist in Umbruchzeiten besonders groß. So erklärt sich der

Die Freiheit des Verbrauchers

Widerspruch, dass der Überfluss neue Ängste erzeugt. Und die alte Frage neu stellt, die Frage nach dem richtigen, selbstbestimmten Leben.

Ob das Verhältnis zum eigenen Körper, Lifestyle oder politische Gesinnung: Essen bietet dem Verbraucher konkrete Ausdrucksmöglichkeiten in einer Welt wachsender Ungewissheiten und schrumpfender Selbstbestimmung.

Früher einmal gab es keine Verbraucher, sondern Versorger. Der Verbraucher steht einem fast unüberschaubaren Angebot gegenüber. Fast alles, was er braucht, ist immer verfügbar. Der Versorger früherer Zeiten konnte davon nur träumen, er wünschte sich Versorgungssicherheit. Für den Verbraucher ist sie selbstverständlich. Der Versorger hatte noch Angst vor dem Mangel. Der Verbraucher hat Angst vor falscher Ernährung.

Zum Verbraucher wurde der Versorger dank neuer Konservierungstechniken, weltweiter Logistiknetze und der Ausweitung des Handels. Die Eisenbahn sorgte für schnellen Transport, Konserven und Kühlmaschinen kamen auf den Markt, die Lebensmittelchemie entwickelte Konservierungsmittel und künstliche Aromen. Der Versorger lebte einst noch in vollkommener Abhängigkeit von der Natur. Ob auch in Harmonie mit ihr, darf bezweifelt werden.

Auch im Tante-Emma-Laden gab es noch keine Verbraucher. Kunden und Tante Emma standen in einer direkten Beziehung zueinander. Heute sind kleine Lebensmittelgeschäfte Luxus, ansonsten dominieren wenige Handelsketten den Markt. Inzwischen kaufen die meisten Deutschen ihre Lebensmittel im Supermarkt. Die Übernahmeschlacht um Kaisers/Tengelmann hielt die Nation in Atem. Discounter Aldi kämpft gegen Discounter Lidl. Und alle haben Angst. Angst vor Amazon. Der Online-Gigant ist in den Lebensmittelhandel eingestiegen, Lieferung frei Haus. Der Markt ist in Bewegung, der Verbraucher bewegt sich immer weniger.

So wie der Supermarkt Tante Emma abgelöst hat, wird das Internet den Supermarkt weitgehend ablösen. Von künstlicher Intelligenz gesteuerte Logistik soll den Konsumenten Entscheidungen und Wege abnehmen. Niemand ist mehr gezwungen, Vorräte zu besorgen, mit seinem Auto Straßen und Parkflächen zu verstopfen. Er wird beliefert. Der Kühlschrank bestellt selbsttätig. Individuelle Portionierungen werden auch den Müll verringern. Hat der Fortschritt nicht immer auch seine gute Seite?

Zwischen 1880 und 1900 sank erstmals deutlich der Anteil des Einkommens, das für Essen ausgegeben werden musste, je nach Familiengröße und Schicht von fünfzig bis achtzig Prozent auf vierzig bis fünfundsechzig Prozent. Heute liegt er bei etwa einem Siebtel des verfügbaren Einkommens. In reichen Gesellschaften ist der Anteil, den die Bürger für Lebensmittel ausgeben, naturgemäß geringer als in armen Ländern. Beim Vergleich von Deutschland mit Ländern von annähernd gleichem Wohlstandsniveau zeigt sich, dass der Franzose etwa dreißig Prozent mehr für Lebensmittel ausgibt, der Italiener sogar vierzig Prozent. Der Stellenwert des Essens ist anderswo höher, also auch der Stellenwert der Esskultur. Aber von Esskultur ist neuerdings ohnehin kaum die Rede. Es wird nicht kulinarisch argumentiert, sondern moralisch. Statt Bewusstsein für besseres Essen zu schaffen, werden dem Verbraucher in der Klimadebatte vor allem Schuldgefühle beigebracht. Kein Bissen ohne schlechtes Gewissen.

▶ **Bauernopfer, Bio, Einbauküche, Geschmackssache, Hungersnot, Kraut und Rüben, Nationalgericht, Schlachtschüssel, Vegetarier und Veganer, Zukunft auf dem Teller**

Völlerei

Völlerei als Charakterschwäche, gar als Todsünde zu betrachten, gehört zum grundlegenden Wertekanon des Christentums, ist aber in Deutschland entwicklungsgeschichtlich relativ neu. Für Jäger und Sammler war es überlebenswichtig zu vertilgen, was erjagt worden war. Man ernährte sich auf Vorrat, wie es Tiere tun, ob fleischfressend oder vegetarisch, ob Löwe oder Kamel. Nur dem bösen Wolf im Märchen wird es nicht verziehen, dass er nach hinterlistiger Täuschung sechs Geißlein in sich hineinstopft, sei's aus Heißhunger, sei's aus Bosheit. Die Strafe folgt bekanntlich auf den Fuß: »Was rumpelt und pumpelt in meinem Bauch herum? Ich meinte, es wären sechs Geißlein, so sind's lauter Wackerstein.« Und wie ist das mit Obelix, dem Gallier? Ihm wird der gesunde Appetit eines Mannes zugestanden, der eben viel Kraft braucht im Kampf gegen die Römer.

Für die griechisch-römische Kultur, es herrschte selten Mangel, war maßvolles Essen dagegen das höchste Ideal. Davon hielten die Eliten des nördlichen Europas nichts. Für die heidnischen Germanen war der Vielfraß ein Mordskerl, ein Vorbild dank körperlicher Überlegenheit. Zum Helden gehörte der Appetit. Er bezog seine animalische Kraft aus der Menge der (fleischlichen) Nahrung. Der Held schlang. »Ich verstehe eine Kunst, die zu erproben ich voll bereit bin: hier ist niemand anwesend, der sein Essen schneller verzehren wird als ich«, prahlt Loki in der Edda-Sage.

Selbst die Rationen in den mittel- und nordeuropäischen Klöstern entsprachen »der Gefräßigkeit von Zyklopen«, wie die römisch-katholische Lateransynode 1059 beklagte. Die Fastenregeln kamen aus Italien und richteten sich vor allem gegen den hemmungslosen Genuss von Fleisch.

Der Girgl war ein starker Mann, sogar im »Seebichler Landboten« wurden seine Heldentaten verbreitet. Mit zwanzig Paar Weißwürsten begründete er seinen Ruhm. Nun stand die Wette an, ob er auch fünfzig Leberknödel verdrücken kann. Doch »mit neununddreißig Leberknödln ist unser Held aus der Welt geschieden. Was für ein Tod!« Oskar Maria Graf setzte ihm in seinen »Kalendergeschichten« ein Denkmal.

Auch Heinrich Manns Schlaraffenland-Held Andreas fällt der Völlerei zum Opfer. Er speist dreimal am Tag in verschiedenen Weinrestaurants nahe seiner Wohnung. »Während er sich mittags, gleich nach dem Aufstehen, und zur Nacht mit einer kräftigen bürgerlichen Mahlzeit begnügte, hatte er am Frühabend, sobald die Geliebte ihn verließ, einen Heißhunger zu stillen, dem zwei Dutzend Austern, ein blutiges Roastbeef und etwas Geflügel mit Mühe genügten.« Der Mann kann sich nicht beherrschen. Sein Vergehen zählt zu den Todsünden.

Hochmut, Geiz, Neid, Zorn, Wollust, Faulheit, Völlerei: Das sind sie, die sieben Todsünden, nach katholischer Lehre die Hauptlaster, die Wurzeln allen Übels. Aber mal ehrlich! Der werfe den ersten Stein, der unempfänglich wäre für die eine oder andere Todsünde, entsprechen sie doch natürlichen menschlichen Neigungen und Bedürfnissen, übertreiben sie eben nur ein wenig. Entscheidend für die Schwere der Todsünde ist das Maß der Übertreibung. Zwischen Maßhalten und Maßlosigkeit ist der Übergang fließend. Wer sich der Völlerei völlig versagt, versagt sich auch der Lebenslust. Ich weiß, für diese Ansicht gibt's keine Freikarte zum nächsten Kirchentag. Die sieben Todsünden gelten als dunkle Seite der Freiheit. Ohne sie aber bliebe Freiheit Theorie. Luther übrigens akzeptierte die Einstufung zur Todsünde nicht, er sah in der Dämonisierung gewöhnlicher Laster nur den Versuch der römischen Kirche, Angst zu verbreiten.

Die Todsünden sind Teil der *conditio humana,* der Natur des Menschen. Philosophen streiten seit dreitausend Jahren darüber, was nicht bloß

ein gelungenes, sondern auch ein gutes Leben wäre. Das ist schwerer zu beantworten, als die Laster moralisch zu verurteilen sind. Auch der Moralist ist ja nicht frei von Hochmut, der Asket nicht frei von Geiz. Und ist etwa heiliger Zorn keine Todsünde? Das glaubt doch wohl nur der, der auch an heilige Kriege glaubt. Was genau wäre denn der Unterschied zwischen Muße und Faulheit? Ist Wollust nicht ein Urtrieb des Lebens?

Mit den christlichen Todsünden hat auch Bertolt Brecht nichts am Hut. »Die sieben Todsünden der Kleinbürger« nannte er sein von Kurt Weill vertontes satirisches Ballett mit Gesang, das 1933 in Paris uraufgeführt wurde. Es handelt von zwei Schwestern im Süden der USA. Anna I ist die Managerin von Anna II, einer Tänzerin. Ihr Aufstieg aus kleinbürgerlicher Enge ist in Gefahr durch Verführung zu Todsünden. Völlerei ist für eine Solotänzerin zweifellos existenzgefährdend. Die Regeln in Hollywood sind hart: »Danach darf sie nicht mehr essen. Das wird schwer sein für unsere Anna, denn sie ist sehr verfressen. Wenn sie sich da nur an den Kontrakt hält.« Der Vertrag besagt, dass sie kein Gramm zunehmen darf, jeden Tag wird sie gewogen. Anna, die Managerin, lässt Anna, die Tänzerin, von Killern überwachen. Mit Völlerei hat das Ernährungsbedürfnis Annas nichts zu tun. Sie verstößt nur gegen eine rigide Norm. Tänzerinnen haben so dünn zu sein wie Mannequins. Welches Laster wiegt schwerer? Esslust oder bedingungsloser Erwerbstrieb?

Wer der Völlerei verfällt, muss kein schlechter Mensch sein. Anders als bei den anderen Todsünden, wird kein anderer Mensch davon geschädigt. Es sei denn, andere müssten der Völlerei wegen hungern. Zu unterscheiden ist also zwischen Völlerei und Verschwendung. Im »Simplicius Simplicissimus« führt Grimmelshausen nicht bloß über den Fettsack Klage – »Können ihre Seelen, die doch Gottes Ebenbild sind, in solchen Mastschweinkörpern ausharren?« –, sondern vor allem darüber, »wie man hier mutwillig Speise und Trank vergeudete, obwohl der Arme Lazarus, den man hätte damit laben können, in Gestalt vieler hundert vertriebener Wetterauer, denen der Hunger zu den Augen herausschaute, draußen vor der Tür verschmachtete«.

Süße Verführung

Die Wollust kommt der Völlerei am nächsten. Saufen, Fressen, Huren: ein Dreiklang des Über-die-Stränge-Schlagens. Wie 1973 im französisch-italienischen Spielfilm »Das große Fressen« von Marco Ferreri. Könnte es auch ein Werk des deutschen Kinos sein? Als vulgär, maßlos, dekadent wurde der Film auch in Frankreich kritisiert. Schockierend, die Geschichte der vier Bürger, die sich mittels einer monströsen Fressorgie umbringen, in den Tod begleitet von einer pummeligen Lehrerin. Typisch französisch an dieser Produktion ist, dass während des Drehs echte Delikatessen des berühmten Feinkosthauses Fauchon zum damals sagenhaften Wert von vierhunderttausend Mark verfressen wurden. Französische Kritiker witterten einen Verrat an französischem Geschmack und Geist und eine Beleidigung der Kochkunst. Typisch deutsch ist, dass der Film hierzulande überwiegend politisch, nämlich als radikale Materialismuskritik, missverstanden wurde. Französische Kritiker dagegen bemängelten, dass die todessüchtigen Todsünder Genuss zur Tortur verkommen ließen.

In einer deutschen Version des Stoffs würden wohl nicht Austern, Pasteten und Cremes die Verdauung der Protagonisten zerstören, sondern Berge von Würsten, Knödeln und gegrillten Haxen. Der deutsche Fresssack ist vor allem Vielfraß, der französische Gourmand zugleich Gourmet, der sich immer auch einer feinen Esskultur verpflichtet fühlt.

Die banale Völlerei ist hierzulande vor allem an kalten und warmen All-inclusive-Büfetts zu beobachten. Es ist die All-You-Can-Eat-Mentalität, die Gäste die Teller vollschaufeln lässt. Auch die noch immer verbreitete Beurteilung von Gaststätten nach der Größe der Portionen fördert Völlerei. Nicht wenige Gäste wollen für ihr Geld möglichst viel bekommen. Oft ist es nicht die Völlerei, sondern der Geiz, der das rechte Maß sprengt.

Aus kulinarischer Perspektive ist der Geiz die schlimmste der sieben Todsünden, weit schlimmer als die Völlerei. Wer nicht gönnen kann, kann sich auch selbst nichts gönnen. Geiz ist bekanntlich geil in Deutschland, nicht zuletzt, wenn es ums Essen geht. »Geiz ist ein Gradmesser für unsere Kultur«, urteilte Wolfram Siebeck. Der Geizige wird in Deutschland seltener verachtet als der bekennende Hedonist.

Woher das kommt? Völlerei und Hunger sind Geschwister. Wenn Mangel eine ständige Bedrohung ist, gibt sich der Mensch der Völlerei hin, sobald er Gelegenheit dazu findet. Deutschland war nicht immer von Hunger geplagt, doch immer von der Angst vor dem Hunger. »Und nichts anderes als diese Angst forderte dazu auf, krampfhaft zu konsumieren, wenn es etwas zu essen gab«, so der Historiker Montanari. Genieße, was du kriegen kannst. Und Braudel resümiert: »Vor dem Ende des 15. Jahrhunderts bot Europa also keine besonderen lukullischen Genüsse […] Die Schaustellung der Quantität war wichtiger als die Qualität, der Luxus allenfalls Völlerei.« Das gilt auch und besonders für die Fleischgelage an den Höfen im fünfzehnten und sechzehnten Jahrhundert. Die Völlerei folgt der barocken Maxime des *carpe diem*. Nutze den Tag, wer weiß, was noch kommt und wie schnell es vorbei ist. Rumohr spricht nicht von Völlerei, sondern von Schlemmerei, meint aber dasselbe. »Unter Schlemmerei verstehe ich eine gewisse vergeudende Gefräßigkeit oder gefräßige Vergeudung.« Nicht zu verwechseln ist die Völlerei mit der Feinschmeckerei. Sie sind unvereinbar.

Mit der besseren Versorgungslage wird Völlerei zur Abweichung von der Norm. Der Fresssack hat mit Spott, wenn nicht mit Verachtung zu rechnen. Er darf nicht. Du sollst nicht. Wer seinen Appetit trotzdem nicht im Zaum hält, soll wenigstens mit schlechtem Gewissen vor dem Teller sitzen. Gewiss, Völlerei kommt nicht bloß von Disziplinlosigkeit. Fresssucht ist auch psychisch bedingt. Intensive Gefühle steigern den Appetit. Es gibt Lustfresser und Frustfresser.

Bundeskanzler Helmut Kohl war beides zugleich. Ich erinnere mich an eine Begegnung am Wolfgangsee. Wir kehren ein. Über Kohls Tellerrand lappen zwei großzügig bemessene Schnitzel. Nach wenigen Minuten ist sein Teller leer. Er starrt auf die zwei noch fast vollständigen Schnitzel auf dem Teller seiner Frau. Sie erwidert den Blick, ahnt schon, was kommt. Er greift mit der Gabel einen der beiden Fleischfladen. Hannelore Kohl: »So macht er es immer. Nach dem Motto: Die Hälfte für mich, den Rest teilen wir uns.« Schon ist sein Teller wieder leer. Nun beäugt er die beeindruckende Portion Kaiserschmarrn auf dem Teller eines Fernsehredakteurs. »Herr Bundeskanzler, wollen Sie mal probieren?« Ja, er will, greift sich die Portion und schiebt gut die Hälfte davon auf seinen leeren Schnitzelteller.

▶ **Diätwahn, Feinkost für Feinschmecker, Fleischeslust, Hungersnot, Kochkunst, Manieren und Sitten, Oans, zwoa, gsuffa!, Schlaraffenland, Suppenkaspar, Verbraucher, Weißwurstäquator**

Vorwiegend festkochend

Die Kartoffel steht für deutsche Küche, ja für das deutsche Wesen überhaupt. Stecken in ihr doch Werte wie Bescheidenheit, Vernunft, Genügsamkeit, Erdverbundenheit. Doch führt die Kartoffel ausgerechnet in Deutschland ein kulinarisch unbefriedigendes Dasein. Die Zuchtziele der Agrarindustrie streben nicht nach Verfeinerung, sondern allein nach Menge und Marktfähigkeit. Neue Sorten sollen lagerungsfähig, witterungsbeständig, ertragreich sein. Wie sie schmecken, bleibt zweitrangig. Die Kartoffelesser nehmen klaglos hin, dass ihnen die überwältigende Vielfalt (gut fünftausend Sorten weltweit) vorenthalten wird. Den meisten Verbrauchern genügt die simple Unterscheidung in A, B oder C. A wie festkochend, B wie vorwiegend festkochend, C wie mehlig kochend.

Wahrscheinlich nimmt Angela Merkel wie die meisten ahnungslosen deutschen Hausfrauen mehlige Kartoffeln, wenn sie sie »immer selbst mit einem Kartoffelstampfer« zerkleinert. Mehlig kochende Knollen zerfallen zwar beim Garen. Entscheidend für das Gelingen von Kartoffelbrei ist aber nicht der Stärkegehalt, sondern das Verhältnis zwischen den Polysaccharid-Arten Amylopektin und Amylose. Amylopektin ist verantwortlich für den klebrigen Brei, der bei zu starkem Pürieren entsteht. Gut ist also ein hoher Anteil von Amylose. Der aber findet sich in festkochenden, edlen Sorten wie dem Bamberger Hörnchen. Sie eignen sich nicht nur besser für Salat und Bratkartoffeln, sondern auch für Suppe. Mehlige Kartoffeln sind ihrer Klebewirkung wegen vorzüglich für Gnocchi und Gratins, also eher für nichtdeutsche Zubereitungsarten.

Wenige Sortennamen sind dem Supermarktkunden so geläufig, dass er mit ihnen etwas anfangen könnte und ihre Kocheigenschaften unterscheiden. Nicola und Sieglinde (festkochend), Bintje und Erntestolz (vorwiegend festkochend), Ackersegen und Reichskanzler (mehlig kochend). Neue Sorten tragen Namen wie Adretta (»sehr gute Eignung für Püree und andere Trockenprodukte«), Pelikan (»mittelspäte Verarbeitungskartoffel für die Chipsproduktion«), Prestige (»leichte Rodbarkeit ermöglicht eine verlustarme und störungsfreie Ernte«), Rambo (»Stärkesorte mit ausgeglichener Sortierung«) oder Gourmetesse (»Qualitäts-Speisesorte mit geringer Neigung zu Rohverfärbung und Kochdunkelung«). Die Nordring Kartoffelzucht- und Vermehrungs-GmbH Groß Lüsewitz bewirbt so ihre neuen Züchtungen. Von spezifischen Geschmackseigenschaften ist bei keiner der angebotenen Sorten die Rede, gelegentlich nur pauschal von »guter Geschmack«, als sei das bereits eine erwähnenswerte Besonderheit. Es kommt der Industrie nicht entscheidend auf den Geschmack an – das ist das ganze Elend.

Ein beliebtes deutsches Sprichwort hält die Größe der Knolle für die entscheidende Qualität. Die dümmsten Bauern ernten die größten Kartoffeln. Ein Satz, der tief in die deutsche Seele blicken lässt. Er spricht vom unverdienten Erfolg, der sich unabhängig von Können und Geschick einstellt. Nur kein Neid, könnte man sagen. Aber eigentlich ist das Sprichwort selbst ziemlich dumm. Es kommt beim Kartoffelanbau gar nicht auf die Knollengröße an. Der Ertrag ist davon unabhängig.

Kartoffelexperten auf der Fruit Logistica

Abgesehen davon ist viel selten gut. Die edle deutsche Sorte Bamberger Hörnchen ist von ausgesprochen kleinem Wuchs, spindelförmig, gekrümmt. Das Knöllchen versetzt den dümmsten Bauern wohl kaum in Begeisterung, wohl aber den Feinschmecker.

Was an der Kartoffel ist überhaupt deutsch? Die Knolle stammt nicht von hier, und in deutscher Scholle wurde sie auch nicht früher heimisch als anderswo in Europa. Immerhin, Deutschland erzeugt die meisten Kartoffeln in der EU. An der Liebe der Deutschen zur Kartoffel auf dem Teller aber muss zunehmend gezweifelt werden. Lag zur Jahrtausendwende der Jahresverbrauch pro Kopf in Deutschland noch bei gut siebzig Kilo, davon mehr als vierzig Kilo Frischkartoffeln, sind es inzwischen nur noch siebenundfünfzig Kilo, und der Frischkartoffelanteil hat sich fast halbiert.

Der Mythos von der deutschen Kartoffel ist nicht zu trennen von einem Kapitelchen der preußischen Geschichte, das gemeinhin für glorreich gehalten wird. Auf der schlichten Grabplatte auf der Terrasse des Schlosses Sanssouci, unter der König Friedrich II. neben seinen Windhunden begraben liegt, werden gelegentlich Kartoffeln statt Blumen niedergelegt. Ja, es war der Alte Fritz, der Große, der den Kartoffelanbau in seinen Ländereien erst empfahl, dann befahl. Ohne Verordnung, ohne Druck von oben ging es nicht. Was der Bauer nicht kennt, muss ihm der König vorsetzen. Aber dann übererfüllt er sein Soll mit patriotischem Stolz.

Unter dem zeitgemäßen Begriff *Nudging* erfreut sich die auf Psychotricks setzende Version staatlicher Gängelung noch immer großer Beliebtheit. Kampagnen zur angeblich gesunden Ernährung haben Konjunktur. Auch der Anführer der Preußen nutzte diese Methode. Jedes Kind lernt in der Schule die Episode, wie der König ein Kartoffelfeld streng bewachen ließ, um die Bauern zum Diebstahl der bislang verschmähten Knollen anzustiften.

Genützt hat es zunächst nicht viel. Es bedurfte des Erlasses von mindestens fünfzehn strafbewehrten Anordnungen. Der »Kartoffelbefehl«, eine Circular-Ordre vom 24. März 1756, ging in die Geschichte ein. »Es ist von uns in höchster Person die Anpflanzung der sogenannten Tartoffen, als ein sehr nützliches und sowohl für Menschen als Vieh auf sehr vielfache

Weise dienliches Erd-Gewächse, ernstlich anbefohlen.« Da hatte Friedrich bereits zehn Jahre lang vergeblich versucht, mit Werbekampagnen und kostenlosem Verteilen von Stecklingen den Anbau durchzusetzen. »Die Dinger riechen nicht und schmecken nicht, nicht einmal die Hunde mögen sie fressen«, hieß es unter dummen wie weniger dummen Bauern. Sie hielten Kartoffeln bestenfalls für Viehfutter. Auch scheiterten Versuche, Brot aus Kartoffelmehl zu backen.

Letztlich war es weniger königliche Weisheit als blanke Not, die der Knolle zum Sieg verhalf. Als Friedrich 1740 an die Regierung kam, und in den Jahren danach, wüteten Hungersnöte. Der König gründete Dörfer und ließ ein Land besiedeln, dessen Krume nicht gerade von Nährstoffen strotzte, und die damals übliche Dreifelderwirtschaft war alles andere als effektiv. Die Streusandbüchse Brandenburgs gibt bis heute weniger Getreide her als die meisten anderen deutschen Gegenden. Die genügsame Kartoffel versprach, gemessen an Getreide, dreifachen Ertrag. Aber erst nach der großen Hungersnot von 1770 bis 1772 gelang die großflächige Umstellung der Ernährung von Brot als Hauptnahrungsmittel zur Kartoffel. »Wo nur ein leerer Platz zu finden ist, soll die Kartoffel angebaut werden«, hatte Friedrich befohlen. Doch so schnell schossen die Preußen nicht, auch nicht auf dem Acker. Dichter waren schneller. Matthias Claudius rühmte 1774: »Schon rötlich die Kartoffeln sind und weiß wie Alabaster.«

Das hohe Kartoffellied auf Friedrich demontiert Günter Grass spielerisch im »Butt«. Dort ist es nicht der »olle Fritz«, sondern die Gesindeköchin Amanda Woyke, der es gelingt, den Kartoffelanbau »zur preußischen Tugend« zu machen. Nach ihrer Vorschrift reiben sich auf der königlich-preußischen Staatsdomäne Zuckau die Beschäftigten »vorsorglich ganzleibig mit Kartoffelmehl ein«, bis die Choleraepidemie wieder abklingt. Bulwen heißen die Knollen. Im Roman hat Amanda auch die Bratkartoffel erfunden, die Kartoffelflinsen und den Kartoffelsalat. Und ihre Kartoffelsuppe wird 1778 laut Dekret zum königlichen Leibgericht erhoben.

Tatsächlich war Preußen ein Spätzünder. Friedrich von Preußen hatte die Kartoffel vermutlich am Tisch seiner geliebten Schwester, der Markgräfin von Bayreuth, 1743 kennengelernt. Da standen Kartoffelrezepte längst im Kochbuch, etwa dem des niederösterreichischen Abtes Caspar

Plautz von 1621. In der Oberpfalz ist der Kartoffelanbau weit früher nachgewiesen als in Preußen.

Von den spanischen Eroberern in den Hochlagen der Anden entdeckt, wurde die Kartoffel bereits um 1560 in Europa bekannt und zunächst ihrer schönen Blüten wegen als Zierpflanze geschätzt. Lange wusste niemand, was er mit den Knollen anstellen sollte. Der große flämische Botaniker Carolus Clusius entdeckte 1588 als einer der Ersten ihren Nährwert, aber auch ihre Wetterfestigkeit. Landgraf Wilhelm IV. von Hessen-Kassel schenkte die Knolle, die er Taratouphli nannte, 1591 dem Herzog von Sachsen mit der Empfehlung: »Dieselbigen, wenn sie gekocht werden, sind gar anmutig zu essen.« Eine seltsame Delikatesse. Doch man misstraute dem Nachtschattengewächs, hielt es für giftig, ja gar der Verbreitung der Syphilis verdächtig. Die Kleine Eiszeit und der Hunger im Dreißigjährigen Krieg halfen beim Umdenken.

Kartoffeln verdrängten das graue Brot und die Hülsenfrüchte als Hauptnahrungsmittel erst Mitte des neunzehnten Jahrhunderts. Das Misstrauen blieb. Der revolutionären Gedanken gegenüber aufgeschlossene bayerische Philosoph Ludwig Feuerbach fand, die Kartoffel mache den Deutschen zu einem »kraftlosen und autoritätshörigen Wesen«.

Die neue Klasse der Industriearbeiter ernährte sich zunehmend von Kartoffeln. Dies führte die Landwirtschaft in Abhängigkeit von der Kartoffel und zu neuen Risiken bei Missernten, so etwa auch 1846, als sowohl die Getreide- wie die Kartoffelernte dem Frost und der Fäule zum Opfer fielen. Ansonsten wusste man in kargen Zeiten den Reichtum der Kartoffelaromen zu schätzen. »Dieses Kartoffelmus, das war einmal die berühmte Soltauer Granate, eine Kartoffel wie ein Findling, überschwer, fest, aber doch nie glasig, oder die Stramme Alma, fein-mehlig zerging sie auf der Zunge«, heißt es bei Uwe Timm. Allein schon die Namensvielfalt der alten, fast verschwundenen Sorten verspricht Genuss. Blauer Schwede, Rouge de Flandre, Red Duke of York, Shetland Black, La Ratte d'Ardeche. Badenser Blauhörnchen, Augsburger Gold, Mecklenburger Schecke. Über Spezziallieferanten sind sie für den Feinschmecker wieder erhältlich. Aber der gewöhnliche Frittenliebhaber ist dafür nicht empfänglich.

Das fängt schon mit seiner Abneigung an, frische Kartoffeln zu verwenden. Früher einmal lagerte jedermann Kartoffeln im Keller. Kühle Gewölbe sicherten die Winterversorgung. Wer bunkert heute noch Kartoffeln im Keller? Sogar bereits geschälte Knollen stellt der Handel in Plastikbeuteln zur Verfügung. Die mit Klopophan oder Chloroprophan behandelte unverzehrbare Schale ist dann schon entfernt. Der Trend geht seit Jahren von der Frischkartoffel zur Halbfertigware. Die meisten Verbraucher sind zu bequem, Kartoffeln zu schälen. Das ist relativ: Bei ihrer Einführung galt die einfache, zeitsparende Handhabung der Kartoffel als Vorteil gegenüber der viel aufwendigeren Getreideküche.

Die Zunahme der sogenannten Kartoffelprodukte, tiefgekühlt oder getrocknet, ist ein kulinarisches Trauerspiel. Die Fernsehköche tun nichts gegen diesen Trend. Über die unterschiedlichen Sorten verlor Sternekoch Nelson Müller keine Silbe, als er zur besten Sendezeit über »Pommes, Chips & Co« räsonierte und zum Vergleichstest einlud. Pommes von Aldi und Lidl, Agrarfrost und McCain, McDonald's und Kentucky Fried Chicken traten gegeneinander an. »Frittiert ist einfach lecker«, befand der Fernsehkoch. Womit er nicht unrecht hat. Über das richtige Frittieren aber verlor er kaum ein Wort. Fazit der Sendung: »Unsere Kartoffel: Günstig, gesund und vor allem lecker.« Ein Satz – ein Armutszeugnis.

Geschmacklich ist nicht viel zu erwarten von in Wasser angerührtem Kartoffelmehl. Die davon erzeugten Klöße oder Knödel sind nicht erwähnenswert. Kartoffelpüree aus Pulver? Nelson Müller: »Da tut mir die Kartoffel echt leid.« Doch kein Rezept aus frischen Kartoffeln war seiner Sendung auch nur eine Minute wert.

Frankreich ist selbst auf dem Feld der Kartoffel weiter. Alain Ducasse führt in seinem Standardwerk »Grand Livre de Cuisine« sechsundvierzig verschiedene Arten auf, *pomme de terre* zuzubereiten. Von *pomme de terre beignets* über *pommes galette*, *gnocchi de pomme de terre*, *pommes Berny*, *pommes Choisy*, *pommes dauphine* bis zu *pommes soufflées*. Auf heimischen Speisekarten, etwa des Speziallokals *Kartoffelkeller* in Berlin, finden sich gerade einmal Kartoffelsuppe, Kartoffelpuffer, Bratkartoffeln, Rösti, Ofenkartoffeln, Knoblauchkartoffeln, rheinischer Kartoffelauflauf, Kartoffelpüree, Kartoffelklöße. Kartoffelfritten sind der Stolz jeder Imbissbude. Große Vielfalt? Doch fehlt da nicht etwas?

Die Pellkartoffel! Die Armenspeise, mit Quark oder einer Flocke Butter und Salz, behauptet nicht nur unter Vegetariern ihr Ansehen in der deutschen Hausmannskost. Das Kochen in Schale erleichtert nicht bloß das Schälen, es wird auch weniger weggeschnitzt. Bestseller auf deutschen Speisekarten ist die gemeine »Salzkartoffel«. Weshalb eigens betont werden muss, dass die geschälte und gekochte Kartoffel in gesalzenem Zustand serviert wird, bleibt ebenso ein Rätsel wie der Umstand, weshalb in zahllosen Kantinen die feste Konsistenz der Salzkartoffel ruiniert wird. Die Salzkartoffel ist freilich die gewöhnlichste, schlichteste, liebloseste Art, Kartoffeln auf den Teller zu bringen, nichts als Sättigungsbeilage. Die Deutschen und ihre Kartoffel: Es ist und bleibt leider ein vorwiegend festkochendes Missverständnis.

Die Weltkarriere der Kartoffel aber ist noch nicht zu Ende. Das Preußen der Gegenwart heißt China. Das Land, das ein Fünftel der Menschheit mit nur einem Zehntel des weltweiten Ackerlandes ernähren muss, entdeckte die Kartoffel, die bei höherem Ertrag auch noch deutlich weniger Wasser benötigt als Reis. Im Norden, in der Wüstenprovinz Gansu, wird sie generalstabsmäßig angebaut, den Chinesen mit allen Tricks des medialen Nudging nahegebracht, als Brot, Kekse, Nudeln, Kartoffelsaft angepriesen, ein Volk zu Kartoffelessern umerzogen. Nicht leichter als damals in Preußen. Die Chinesen essen am liebsten Reis zu den neuen Erdeiern. Die Zukunft der »Erdbohne«, auf Chinesisch *tudou*, hat gerade erst begonnen.

▶ **Bauernopfer, Feinkost für Feinschmecker, Fernsehköche, Hausmannskost, Hungersnot, Imbissbude, Kochkunst, Kraut und Rüben, Lecker, Sättigungsbeilage, Suppenkaspar, Weißwurstäquator**

Waldpilze

In der Tiefe des deutschen Waldes besiegten die Germanen die Römer. Im Wald, da qualmten die Hütten der armen Köhler, da überfielen Räuber die Reisenden. In alten Zeiten bedeckten Wälder fast das ganze Land. Unheimlich waren sie und undurchdringlich. Der Wald verbarg, steckte voller Geheimnisse und Gefahren. Hänsel und Gretel verirrten sich in ihm. Hexen und wilde Tiere hausten im Wald, der böse, hinterhältige Wolf.

Gespenstisch schön ist er nach wie vor hier und da, der deutsche Wald. Er schenkt dem Outlaw Freiheit und dem Stadtmenschen seelentiefe Gefühle. Er ist »eine schöne Wildnis voll gesunder Blumen, Kräuter und herrlicher Bäume« (Adalbert Stifter), »jenseits der Zivilisation« (Ernst Jünger). Also sind in ihm die Romantiker zu Hause und auch Goethe: »über allen Gipfeln ist Ruh«. So deutsch ist der Wald, aus welcher Perspektive man ihn auch sieht. Elias Canetti erkannte im Forst gar ein Bild für das deutsche Heer, »es war der marschierende Wald«. So wird jeder im Wald von anderen Urängsten verfolgt.

Auch für die junge Kathrin in Juli Zehs Roman »Unterleuten« ist der Wald »etwas Magisches: ein Lebewesen, in dem man herumlaufen konnte«. Und dennoch ist der Wald »kein Ort, an dem man sich freiwillig aufhielt. Man fuhr in den Wald, um Holz zu machen. Oder man suchte Pfifferlinge, für die es in Plausitz gutes Geld gab.« Man muss sich nur auskennen im Wald. »Wer Pilze kannte, die in Grüppchen beisammenstanden wie dünnbeinige Partygäste und gemeinsam einen fauligen Ast verdauten – der wusste, dass die Antwort auf alle Fragen ›Stoffwechsel‹ lautete.« Im Pilz steckt alles, was den deutschen Wald ausmacht, seine ganze Magie. Denn der Pilz ist ein sonderbares Wesen, halb Pflanze, halb Tier, mal giftig, mal bekömmlich.

Günter Grass erzählt im »Butt«, wie Armin und Bettina (noch nicht verheiratete Brentano) einander stolz den Inhalt ihrer Körbe zeigen. Bettina hat auch Fliegenpilze gefunden. »Die seien wie Märchen schön. Von denen gehe Zauber aus. Sie wisse, daß der Fliegenpilz, selbst wenn man nur wenig von ihm speise, Träume mache, die Zeit aufhebe, das Ich erlöse und alles, so grob es gegeneinander stehe, miteinander versöhne.« Auch die beschönigende Beschreibung einer Vergiftung lesen wir da. Die beiden verliebten Hochromantiker berauschen sich am Fliegenpilz. »Beim Indieaugensehen sahen sie einander bis auf den Seelengrund. Und Worte machten sie, die in Purpur gingen und in jedem Wasser ihr Spiegelbild fanden: Bettina verglich den Waldteich nahbei mit eines verwunschenen Prinzen Trauerauge.«

Pilzstand am Münchner Viktualienmarkt

Pflanze oder Tier? Die Ortsfestigkeit ist dafür so wenig entscheidend wie bei der Koralle. Auch Hefen sind Pilzkulturen, ohne sie kein Bier, kein Wein. Ein Pilz ist aber auch das größte Lebewesen der Welt. Ein einziges Exemplar breitet sich im Malheur National Forrest Oregons auf 8,8 Quadratkilometern aus, ein zweitausendvierhundert Jahre alter Hallimasch, ein Geflecht aus mikroskopisch dünnem Myzel. Pilze leben in Symbiose mit Pflanzen und Tieren.

Der Pilzsammler ist ein besonderer Menschenschlag. Um die Pilze »drehte sich die Weltachse, eingeschlossen das Wetter, das zum Pilz- oder Nichtpilzwetter wurde. Sein erster Gedanke am Morgen: ›Auf in den Wald. Auf in die Wälder. Auf in die Pilze.‹« Peter Handke hat ein Buch über seine Leidenschaft geschrieben: »Versuch über den Pilznarren«. Sein Haus in Chaville, nicht weit von Versailles, in Gehweite der Wälder, ist Anfang November noch voller Pilze. Sie liegen frisch herum, sind zum Trocknen vorbereitet oder bereits eingekocht. Kein Tag vergeht, an dem nicht Pilze gegessen werden. Handke serviert mir zunächst kalte Pilze mit Ziegenkäse und Gemüse. Es folgt eine sämige Pilzsuppe. Schließlich frisch gebratene Steinpilze zu Kastanien und gerösteten Haselnüssen. Pilze liegen schwer im Magen; wir brauchen eine Menge serbischen Quittenschnaps dazu.

Wir haben etwas gemeinsam. Ich lebte als Kind im Bayerischen Wald, ging mit den Eltern häufig *in die Pilze,* lernte sie unterscheiden, briet sie in der Pfanne, kochte davon. Ein ganzer Pfadfindertrupp hat sie bei guter Gesundheit überlebt. Handke berichtet von der frühen Pilzsuche, die das »geldversessene Kind seinerzeit auf die Sprünge brachte«, wie von einer Schatzsuche. »Ein Schimmern. Unter dem stumpfgrauen Dickicht aus Totholz und Flechten schimmerte ein Schatz. [...] etwas, für das du bei seinem Einlösen gegen Geld draußen an der Pilzsammelstelle, selbst beim schönsten Finderglück, im Höchstfall ein, zwei kleine Scheinchen ausbezahlt bekamst.« Der Pilznarr ist eigentlich kein Sammler, sondern ein Sucher, mehr noch ein Entdecker. Erfahrung, Talent, Witterung, Geduld müssen zusammenkommen. Sein Suchschritt ist eine seltsam verzögerte Bewegung, doch niemals stockend, zwischen Stehen und Gehen, Bewegung und Stillstand.

Schon die Sprache verleiht Pilzen Magie. Mohrenkopf-Milchling, violetter Rötelritterling, Schopftintling, Gelbfuß-Hasenohr, Echter Reizger, Herbsttrompete, Knopfstieliger Rübling, Krause Glucke, Knorpeliger Rasling, Schönfußröhrling, Totentrompeten. Sie sind allesamt genießbar. Nicht aber Satansröhrling, Flockenstieliger Hexenröhrling oder Pantherpilz, der erst tötet, wenn er längst verdaut ist, weil er die Blutkörperchen zerstört, ganz abgesehen vom Knollenblätterpilz, den Ahnungslose vom Wiesenchampignon nicht unterscheiden können. Zwanzig bis vierzig Leute überleben jedes Jahr den Irrtum nicht, zumal die Wirkung erst Stunden nach dem Verzehr eintritt und dann zum Organversagen führen kann. Die Zahl der Pilzvergiftungen nimmt zu.

Der Pilzsucher und Pilzsammler ist »als Abenteurer zugleich ein letzter wie erster Mensch«, so Handke. »Solange diese letzten der Weltgewächse der Zucht widerstünden [...] wird mein und unser In-die-Pilze-Gehen Teil dieses Widerstands und Abenteuer des Widerstands bleiben.« Die meisten Pilze widersetzen sich dem Anbau, sie sind nicht zu domestizieren. Zwar lassen sich Austernpilze und Champignons züchten, der Zitronensaitling, der Buchenpilz, asiatische Shiitake-Pilze ebenfalls, doch weder Steinpilz noch Pfifferling noch Morchel. Wer weiß, wie lange noch? Der Trend geht zur Zucht. Frische Steinpilze im Februar kommen aus Südafrika. Getrocknete Steinpilze dürfen in keiner guten deutschen Kartoffelsuppe fehlen.

Der Sammler trägt Pilze nicht eimerweise aus dem Wald, sondern nur so viel, wie er zubereiten kann. (Mehr ist in Deutschland auch nicht erlaubt.) Was muss der Pilzkundige nicht alles wissen über Jahreszeit, Bäume, Wurzelwerk, Bodenbeschaffenheit, Wetterbedingungen! Wenn der Sammler vor dem Pilz steht, muss er gerochen, befühlt, unterschieden, bestimmt werden.

Der durchschnittliche Verbraucher greift ahnungslos zu Zuchtchampignons im Supermarkt, vielleicht zu getrockneten Steinpilzen. Vor auf dem Markt erworbenen Pilzen (im Süden: Schwammerl) muss sich niemand fürchten. Aber dort gibt es auch nur wenige Sorten, sieht man von Spezialständen auf wenigen Märkten wie dem Münchner Viktualienmarkt ab. Birkenpilz, Butterpilz, Marone, Ritterling, Kaiserling, Stockschwämmchen, Hallimasch, Flaschenbovist, Blutreizker, der nach Kalbfleisch schmeckt, Kuhmaul oder Parasol sind selten zu bekommen, meist nur Steinpilze oder Pfifferlinge, die auch Reherl oder Eierschwammerl genannt werden, je nach Gegend. Pilze sind geschmacklich ein guter Fleischersatz.

Wissenschaftler gehen von bis zu fünf Millionen Arten aus. Fast zweieinhalbtausend sind heimisch, ein Zehntel davon genießbar. Nur zehn von ihnen sind tödlich. Keine Angst? Oder doch. Seit der Reaktorkatastrophe 1986 in Tschernobyl leidet der Pilznarr ganz besonders unter den Radionukliden des Cäsiums 137. Sie haben eine Halbwertszeit von dreißig Jahren. Es ist in manchen Regionen seitdem gesünder, nicht allzu oft in die Pilze zu gehen.

Seit einiger Zeit gibt es auch in Deutschland Pilznarren, die mit speziell geschulten Hunden auf Trüffelsuche gehen. Die kostbarsten aller Pilze kommen aus dem italienischen Piemont (die weißen aus der Gegend von Alba) und dem Périgord (die schwarzen Trüffel). Sie wachsen aber auch in heimischen Laubwäldern. Warum nur hat lange niemand mehr an den Wurzeln deutscher Eichen, Buchen, Linden danach gesucht? Noch im achtzehnten und neunzehnten Jahrhundert wurden deutsche Trüffel gehandelt. Im Nachkriegsdeutschland fand man Trüffel bald nur noch auf der Roten Liste der gefährdeten Arten – fälschlicherweise, sagen die Trüffelnarren. Wer kann es schon genau wissen, die symbiotischen Knollen leben dreißig Zentimeter unter der Oberfläche. Der deutsche Wald – eine heimliche Goldgrube?

► **Bio, Feinkost für Feinschmecker, Hausmannskost, Hopfen und Malz, Kraut und Rüben, Spätlese, Zukunft auf dem Teller**

Weihnachtsessen

In der Hoffnung, wenigstens in Arabien dem Weihnachtsgeklingel zu entgehen, flog ich ins Leere Viertel. Doch welch ein Irrtum! Selbst der Rand der Rub al-Chali ist weihnachtlich illuminiert. In den Hotelhallen stehen gewaltige Knusperhäuschen – »Gingerbread, not eatable« –, Christbäume mit mehr Plastikkugeln als Tannennadeln, Schlitten fahrende Nikoläuse im Kunstschnee. »Stille Nacht, heilige Nacht« lieben auch der weiß gewandete Muselmann und die von Kopf bis Fuß schwarz verhüllte Muselfrau, die gern auch Zimtsterne und Glaskugeln einkauft. Spielt die Weihnachtsgeschichte nicht ohnehin im Morgenland?

Mit all seinen Zutaten ist deutsches Weihnachtsbrauchtum ein Exportschlager, eine Weltmarke, wie geschaffen fürs globale Xmas emotion business. Zum deutschen Brauchtum gehören nicht bloß Weihnachtsmann, Weihnachtsbaum und Weihnachtslieder, Weihnachtsgeld und in Weihnachtspapier verpackte Weihnachtsgeschenke, sondern auch Weihnachtsgans, Weihnachtskarpfen, Weihnachtsstollen und ungezählte Weihnachtsmärkte.

Manches am Weihnachtsfest ist ungenießbar. Das meiste aber ist außerordentlich nahrhaft. Weihnachten – nur ein anderes Wort für Völlerei. Klar, dass bald darauf die Fastenzeit folgt. Im Dickicht der weihnachtlich beleuchteten Städte futtert der deutsche Mensch gegen Dunkelheit und Kälte der Jahreszeit an. Er isst mehr, weil er instinktiv Energievorräte anlegt. So gerät das Weihnachtsfest nicht bloß zum spirituellen, sondern auch zum kulinarischen Höhepunkt des Jahres. Die Mast fängt schon mit Nikolaus' Gaben an. Das war früher anders. Da wurde im Advent gefastet.

Heiligabend dann: Jede Familie folgt ihrem von Müttern und Vätern ererbten eigenen Ritual. Weihnachten bei den Buddenbrooks zum Beispiel. Am Abend des dreiundzwanzigsten Dezembers bereits die Bescherung. Am Nachmittag und Abend des vierundzwanzigsten schließlich das »weihevolle Programm«, den Regeln folgend, die der verstorbene Konsul festgesetzt hat. Alle fühlen die »Verantwortung für den würdigen Verlauf« des Abends, von der musikalischen Umrahmung bis zur Speisenfolge. Den Anfang nimmt der Karpfen in geschmolzener Butter und mit altem Rhein-

Lebkuchenhaus, Abu Dhabi

wein. Es folgt der Puter, gefüllt mit einem Brei aus Maronen, Rosinen und Äpfeln. »Es gab gebratene Kartoffeln, zweierlei Gemüse und zweierlei Kompott dazu, und die kreisenden Schüsseln enthielten Portionen, als ob es sich bei jeder einzelnen von ihnen nicht um eine Beigabe und Zutat, sondern um das Hauptgericht handelt.«

Bei Katholiken zählt der Heiligabend streng genommen noch zum Advent, also zur Fastenzeit. Deshalb ist Bescheidenheit angesagt. Kartoffelsalat mit Würstchen oder Frikadellen kommen auf den Teller. Das Heiligabendmenü in meinem Elternhaus begann unabänderlich mit drei gehäuften Löffeln gekochter Hirse mit Zimt und Zucker. Der Brauch verspricht Geldsegen im kommenden Jahr, vorausgesetzt, der Geldbeutel liegt neben dem Teller.

Bei den Buddenbrooks kannte man das auch: »Der Senator schob ein paar Schuppen des Fisches in sein Portemonnaie, damit während des ganzen Jahres das Geld nicht daran ausgehe.«

Nach der Hirse wurde bei Herles' Erbsensuppe serviert. Es folgte panierter Rotbarsch auf Kartoffelsalat. Bei den Nachbarn gab es Würstchen. Bei der angeheirateten protestantischen Familie dagegen stand Fleischfondue chinoise auf dem Tisch.

Weihnachten ist das Fest des Friedens. Nur den Gänsen wird der nicht gegönnt. Sagt man »dumme Gans«, weil sie, die Gans, das Spiel nicht durchschaut? Der Gans nützt Erfahrungswissen so wenig wie uns Menschen. Weil jeden Tag der Bauer mit Futter kommt, rechnet die Gans mit allem, nur nicht damit, dass eines Tages alles endet. Ihr größter Auftritt findet zur Mittagsstunde des ersten Weihnachtsfeiertags statt, triefend von Fett, welches aufzusaugen die Knödel bestimmt sind. Die Festtagssuppe zuvor ist schon nicht ohne. Von einer anständigen Gans kann eine vierköpfige Durchschnittsfamilie drei Tage lang essen.

Zu Weihnachten erinnert sich der Mensch seiner Lieben. Großfamilien rotten sich an Wirtshaustischen zusammen. Dort, wo es die Gänse auch portioniert gibt und wo sie gern mit klebrigem dunklem Weihnachtsbock oder Doppelbock hinuntergeschwemmt werden. Am folgenden Tag ist man gleich wieder zum Essen verabredet. Jedes Paar hat schließlich mindestens zwei Familien. Gut, dass bald Silvester ist. Dann gibt es endlich wieder etwas Anständiges zu essen. Und noch mehr zu trinken. Auch die bunten Weihnachtsteller sind dann noch nicht geleert. Pumperlsatt ist der Deutsche unschlagbar gemütlich.

Ob am Heiligabend Karpfen, Würstchen, Fondue oder Fastenspeisen wie Suppen serviert werden, es folgt der bunte Teller voller meist immer noch selbst gebackener Plätzchen, deren Rezepte ebenfalls von Generation zu Generation überliefert sind. Vanillekipferl, Zimtsterne, Kokosmakronen und natürlich Lebkuchen. Die Königin der Lebkuchen heißt Elise, der auf Oblaten gekleckste Teig kommt ohne Mehl aus, aber nie ohne Nüsse, kandierte Zitrusfrüchte, Gewürze, obendrauf Mandelkern und Zuckerguss, wahlweise Schokoladenüberzug. Hirschhornsalz und Pottasche (Kaliumkarbonat) als Triebmittel gehören neben anderen Gewürzen in den Pfefferkuchenteig. Pfeffer hingegen nicht. Aber im Mittelalter wurden alle Gewürze aus der Ferne – Fenchel, Kardamom, Muskat, Koriander, Ingwer, Mazis, Nelken, Piment, Anis und Zimt – mit dem Wort Pfeffer zusammengefasst. Pfefferkuchen sagt man im Osten, Lebkuchen im Süden, Honig-

»Foodrevolution 5.0«: Ausstellung im Hamburger Museum für Kunst und Gewerbe. Rechts die Endosymbiose aus Mensch und Algen, ein Projekt von Michael Burton und Michiko Nitta

All das ist nichts angesichts dessen, was noch kommt. Die Algen der Ozeane produzieren zehnmal mehr Biomasse als Landpflanzen. Die Lebensmittelindustrie wird sie in großem Maßstab in flachen Becken und Bioreaktoren züchten. Das ist in trockenen Landstrichen ebenso möglich wie in urbanen Industriebrachen. Der Einsatz von Energie und Wasser ist gering, nur Sonnenlicht ist unverzichtbar. Das Designprojekt *Algaculture* von Michael Burton und Michiko Nitta propagiert eine Methode, die wie

Science-Fiction anmutet. In Symbiose mit Algen, die aus der Atemluft des Menschen versorgt werden, könnte der Homo sapiens selbst Fotosynthese betreiben, gewissermaßen zu einem Mischwesen aus Pflanze und Tier, zum »Plantimal« werden.

Mithilfe von technisch erzeugten Illusionen kann der Mensch Algen und Insekten vertilgen, merkt es aber nicht. Das Steak findet nur noch im Kopf statt. Alle sensorischen, geschmacklichen Eindrücke lassen sich mittels Virtual-Reality-Headset, Nahrungsmittelerkennungssensor, Bewegungsmelder und Aromadiffusor nachahmen. Kaugeräusche, Gerüche, Konsistenzen werden simuliert, das Gefühl, eine echte Speise zu essen, künstlich erzeugt.

Der Kulturwissenschaftler Jinsoo An arbeitet an einem solchen Projekt mit Namen *Nourished*. Die Ausgangsidee ist, Leuten, die fasten wollen oder müssen, Diabetikern und Allergikern, all jenen, die nicht zu sich nehmen dürfen, was sie wollen, die Illusion bestimmter Speisen zu vermitteln. Der *aromatic diffuser* täuscht Gerüche verschiedener Lebensmittel vor. Der *bone conduction transducer* ahmt die Geräusche des Kauens und Malmens im Munde nach. Und 3D-gedruckte kalorienarme essbare Gegenstände produzieren im Mund das Gefühl für Texturen, für die Weichheit oder Knusprigkeit des Essens, das man gar nicht isst.

Beim veganen »Metzger« wird Fleischimitat aus überwiegend natürlichen anderen Lebensmitteln wie Soja gemacht. Der nächste Schritt ist naturidentisches »Fleisch«, das nicht in Tieren wächst, sondern von Maschinen erzeugt wird. Auf molekularer Basis ist das Verfahren bereits erprobt. Maschinen sind in der Lage, Pflanzennährstoffe weitaus effektiver in Fleisch oder Milchprodukte zu verwandeln, als der tierische Stoffwechsel es vermag. Die im Silicon Valley sitzende Firma *Impossible Foods* ist dabei führend. Der Chemiker und Stanford-Professor Patrick O. Brown startete 2011 das Unternehmen mit dem Ziel, die Tierhaltung zu minimieren. Zur Herstellung eines *Impossible Burger* werden nach Angaben der Firma fünfundneunzig Prozent weniger Land und vierundsiebzig Prozent weniger Wasser verbraucht sowie siebenundachtzig Prozent weniger Treibhausgase entwickelt. Außerdem enthält er mehr Eiweiß, weniger Fett und Kalorien und kommt ohne Cholesterin, Antibiotika oder Hormone aus. Allerdings lässt sich so bisher nur Hackfleisch, nicht aber ein saftiges Bratenstück erzeugen. Auch an Schweine-, Hühner- und Fischfleisch arbeitet *Impossible Foods.*

Was wird beim Essen überhaupt als Fleisch wahrgenommen? Im Wesentlichen sind es Textur, Geschmack und Geruch. *Impossible Foods* hat herausgefunden, dass der rote Blutfarbstoff Hämoglobin eine entscheidende Rolle spielt. Er kommt auch in Sojawurzeln vor, allerdings in zu geringen Mengen. Eine neu entwickelte Hefe produziert nun Hämoglobin durch Fermentation, ein Prozess, der mit dem Bierbrauen verwandt ist. Um das Fett aus Rindfleisch zu ersetzen, verwendet *Impossible Foods* Kokosfett, das ähnlich wie Rinderfett erst in der Pfanne schmilzt, sowie Protein aus Weizen und Kartoffeln. Der Kunstburger riecht, schmeckt und verhält sich in der Pfanne wie konventionelles Rinderhackfleisch.

Der erste Burger aus nichttierischer Herstellung ist bereits serienreif. Jetzt muss er nur noch billiger werden. Firmengründer wie Patrick Brown von *Impossible Foods* schwärmen: »Wir wollen pflanzlich etwas herstellen, das ein Fleischesser echtem Fleisch vorzieht.« Nicht nur Moralisten sollen sich an Kunstfrikadellen begeistern. Kulinarisch wird solches Fleisch vermutlich niemals an eine Lendenschnitte vom Charolais-Rind heranreichen, dafür aber politisch hochkorrekt sein.

Fleisch aus Pflanzen ist nur eine Möglichkeit. Eine andere: echtes Fleisch aus Fleischmolekülen, die aber nie einen Stall gesehen haben, gezüchtet aus Stammzellen. Wenn inzwischen sogar menschliche Ersatzteile aus menschlichen oder tierischen Zellen hergestellt werden können, muss es auch möglich sein, Schnitzel aus Stammzellen zu fertigen. Der erste Stammzellenburger des niederländischen Medizinprofessors Mark Post, eine Viertelmillion Dollar wert, fiel im Geschmackstest vor einigen Jahren noch durch. Er schmeckte zu trocken.

Aber Posts Team kommt schnell voran. Das Prinzip ist klar: Statt ganzer Tiere werden nur noch tierische Zellen gezüchtet und daraus Fleisch geformt. Statt 1,5 Milliarden Kühe bräuchte die Menschheit nur noch zweihundert, um den gesamten Bedarf an Fleisch zu decken, rechnet Mark Post. Die Fleischkulturen aus den Muskelstammzellen von Rindern vermehren sich in Bioreaktoren. Es dauert etwa einen ganzen Tag, bis sich die ersten Muskelzellen geteilt haben. Aber dann verläuft ihr Wachstum exponentiell. Nicht bloß Muskeln aus Stammzellen von Rindern, auch Fettzellen werden inzwischen gezüchtet. Auch das Hämoglobin, das die Muskeln rot färbt und sie nach Fleisch schmecken lässt, ist in Arbeit. Noch ist dieses Fleisch zu teuer für die Massenproduktion. Und Veganer stören sich daran, dass sowohl die Nährflüssigkeit wie das molekulare Ausgangsmaterial vom Tier stammen.

Ein knappes Dutzend Start-up-Unternehmen hat weltweit das Rennen aufgenommen. Ein neuer Industriezweig steht in den Startlöchern. Es könnte ein Billionengeschäft werden. Die Deutschen sind mit dabei. Ausgerechnet die PHW-Gruppe, der größte Hühnerschlachter der Republik, deren Marke *Wiesenhof* nicht den besten Ruf genießt, hat in die israelische Start-up-Firma SuperMeat investiert. Noch steht Hühnerfleisch, das nicht an Lebewesen wächst, sondern in Nährflüssigkeit, nicht in den Supermarktregalen.

Radikal zu Ende gedacht ist das nicht. Wozu überhaupt noch essen? Foodpuristen sind schon weiter. Das Manifest einer neuen Bewegung der Genussverweigerung stammt, woher auch sonst, aus dem Silicon Valley. Der Softwareentwickler Rob Rhinehart stellte es ins Netz. »How I Stopped Eating Food« beschreibt einen sechswöchigen Selbstversuch des Autors. Ausgehend von der Annahme, der Körper brauche nicht Lebensmittel, sondern lediglich ihre werthaltigen Inhaltsstoffe, mixte er sich 2013 aus Chemikalien eine dickflüssige, geruchlose, beige Masse. Lediglich Olivenöl für Fettsäuren sowie Salz kamen hinzu. *Soylent* – eine Schöpfung aus Soya und Lentils (Linsen) – nannte er die Nährstoffmischung, wobei weder das eine noch das andere in *Soylent* enthalten waren. »It was delicious«, schwärmte der Kostverächter. »I feel like the six million dollar man.« Jedes Mal, nachdem er einen Becher gelehrt hatte, fühlte er sich gesättigt und voller Energie. Es plagte ihn keinerlei Verlangen nach Essen, abgesehen von der sozialen Funktion der Mahlzeit. Bei leichter, nicht beabsichtigter Gewichtsabnahme bekam Rhinehart bessere Haut, weißere Zähne, zumindest behauptet er es. Er arbeitete konzentrierter, rannte sieben statt einer Meile am Tag. Sich nur noch zu ernähren statt zu essen: Wäre das nicht der reinste Jungbrunnen? Und natürlich auch ein profitables Geschäft.

Wer mit Rhinehart der Meinung ist, Nahrungsmittel seien nur »the fossil fuel of human energy« – der Tankstoff des Lebens –, der könnte es sich in der Tat ersparen, Tag für Tag Lebensmittel zu besorgen, zuzubereiten, stundenlang am Tisch zu sitzen und danach noch die Küche sauber zu machen. Er kann Unmengen Müll vermeiden, Geld sparen und nebenbei auch noch den Welthunger bekämpfen. Essen wäre kein »big part of life« mehr. Wunderbar!? Wird sich auch in Deutschland eine wachsende Zahl von Menschen in nicht allzu ferner Zukunft von einer Art Astronautennahrung am Leben erhalten?

Schon möglich, dass sich langfristig die Vorstellung verliert, Essen müsse zuerst und vor allem Lebensfreude vermitteln. Krank wird aber nicht nur der, der sich der Schlemmerei hingibt, sondern auch der, der dem Genuss entsagt. Der Mensch isst nicht nur, um zu leben, er lebt auch, um zu essen. Wer dazu nicht in der Lage ist, krankt auch.

Und nicht nur das. Kochen ist die älteste Brücke zwischen Natur und Kultur. Am Anfang stand das Feuer, das Prometheus den Göttern raubte. Mithilfe des Feuers veränderte der Mensch Nahrungsmittel so, dass sie schneller und leichter verdaut werden konnten. Dies erlaubte ihm, seine Körperkräfte sinnvoller einzusetzen. Er wurde kreativ, weil er kochte, er kochte, weil er genoss. Die Kochkunst entstand, als der Mensch feststellte, dass Essen mehr sein konnte als Sättigung. Erst jetzt entwickelte der Mensch Zivilisation.

Die Fähigkeit des Kochens ist Voraussetzung für das Entstehen von Kultur. Der Mensch emanzipierte sich von der bloßen Ernährung, so wie er sich mit Sprache, Schrift, Musik und Bildern von der reinen Kommunikation emanzipierte.

Wenn Esskultur überflüssig würde, würde Kultur überhaupt obsolet. Dann wäre es auch sinnlos, nach der Seele der Deutschen zu suchen. Schon gar nicht auf dem Teller.

▶ **Bio, Geschmackssache, Kochkunst, Kraut und Rüben, Nationalgericht, Suppenkaspar, Thermomix, Vegetarier und Veganer, Verbraucher**

Literatur

Adorno, Theodor W.: Dissonanzen. Einleitung in die Musiksoziologie, IV. Klassen und Schichten, Frankfurt a. M. 2003

–: Ästhetische Theorie, Frankfurt a. M. 1995

Aly, Götz: Hitlers Volksstaat, Frankfurt a. M. 2005

Anthus, Antonius: Vorlesungen über Eßkunst, Berlin 1996

Aretino, Pietro, und Hettche, Thomas: Stellungen, Köln 2003

Barlösius, Eva: Soziologie des Essens, Weinheim 1999

Bartens, Werner: Es reicht! Schluss mit falschen Vorschriften, Frankfurt a. M. 2014

Barthes, Roland: Mythen des Alltags, Berlin 2012

Becher, Ursula A. J.: Geschichte des modernen Lebensstils, München 1990

Bergier, Jean François: Die Geschichte vom Salz, Frankfurt a. M. 1989

Bergmann, Knut: Mit Wein Staat machen. Eine Geschichte der Bundesrepublik Deutschland, Berlin 2018

Bierbichler, Josef: Mittelreich, München 2010

Blom, Philipp: Die Welt aus den Angeln. Eine Geschichte der Kleinen Eiszeit, München 2017

–: Was auf dem Spiel steht, München 2017

Bourdieu, Pierre: Die feinen Unterschiede. Kritik der gesellschaftlichen Urteilskraft, Frankfurt a. M. 1984

Braudel, Fernand: Sozialgeschichte des 15.–18. Jahrhunderts. Der Alltag, Berlin 1999

Brillat-Savarin, Jean Anthelme: Die Physiologie des Geschmacks oder philosophische Anleitung zum Studium des Tafelgenusses, Wien 1984

Bocuse, Paul: Die neue Küche, Dortmund 1991

Böll, Heinrich: Das Brot der frühen Jahre, Köln 1955

Borchmeyer, Dieter: Was ist deutsch?, Reinbek 2017

Bude, Heinz (Hg.): Bürgerlichkeit ohne Bürgertum, Paderborn 2010

Busse, Tanja: Die Wegwerfkuh, München 2015

–: Die Einkaufsrevolution, München 2006

Dannheimer, Hermann, und Heinz Dopsch (Hg.): Die Bajuwaren. Von Severin bis Tassilo 488–788. Katalog der gemeinsamen Landesausstellung des Freistaates Bayern und des Landes Salzburg, München 1988
Döblin, Alfred, Berlin Alexanderplatz, Berlin 1929, Taschenbuchausgabe München 1965
Dollase, Jürgen: Kulinarische Intelligenz, Wiesbaden 2006
Dorn, Thea, und Richard Wagner: Die deutsche Seele, München 2011
Dülmen, Richard van: Kultur und Alltag in der frühen Neuzeit. Dorf und Stadt, München 1992

Ebenhöh, Klaus, und Wolfgang Popp: Der Philosoph im Topf. Essende Denker – denkende Esser, München 2008
Elias, Norbert, Über den Prozess der Zivilisation, Basel 1939, Taschenbuchausgabe Frankfurt a.M. 1976
Englund, Peter: Die Verwüstung Deutschlands. Eine Geschichte des Dreißigjährigen Kriegs, Stuttgart 1998
Enzensberger, Hans Magnus: Blindenschrift, Frankfurt a.M. 1964
–: Landessprache, Frankfurt a.M. 1960
Erasmus von Rotterdam: Colloquia familiaria, Basel 1518, Taschenbuchausgabe Stuttgart 1993

Fallada, Hans: Kleiner Mann – was nun? Berlin 1932, Taschenbuchausgabe Hamburg 1950
Ferguson, Niall: Der falsche Krieg. Der Erste Weltkrieg und das 20. Jahrhundert, Stuttgart 1999
Feuchtwanger, Leon: Erfolg, München 1930, Taschenbuchausgabe Frankfurt a.M. 1984
Fichtenau, Heinrich: Lebensordnungen des 10. Jahrhunderts, München 1992
Fichtner, Ullrich: Tellergericht. Die Deutschen und das Essen, München 2004
Fink-Keßler, Andrea: Milch. Vom Mythos zur Massenware, München 2012
Foede, Petra: Wie Bismarck auf den Hering kam, Zürich 2009
Fontane, Theodor: Effi Briest, Berlin 1896, Taschenbuchausgabe Ditzingen 2002
Friedell, Egon: Kulturgeschichte der Neuzeit, München 1927–31 (3 Bd.), Taschenbuchausgabe Stuttgart 1976
Fries-Knoblach, Janine: Die Bauern und die Bewirtschaftung der Felder im Mittelalter. In: Th. Platz/T. Eckert (Hg.), Mittel-

alterliches Leben in Franken. Vorträge zur Ausstellung »Ritter, Burgen, Dörfer«, Forchheim 1998, S. 191–224

Fritzens, Florentine, Gemüseheilige. Eine Geschichte des veganen Lebens, Stuttgart 2016

Froelich, Dieter: Kochen als Kunstgattung. In: Artist Kunstmagazin, Nr. 87, 2011

Fürstenberg, Friedrich: Entkrampfung. Der fröhliche Weinberg – Carl Zuckmayers Bild von Lebensfreude und Glück, München 2004

Fuhrmann, Horst: Einladung ins Mittelalter, München 1987

Gall, Lothar: Bürgertum in Deutschland, München 1989

Glaser, Hermann: Kulturgeschichte der Bundesrepublik, 3 Bd., München 1989

Graf, Oskar Maria: Kalendergeschichten, München 1929, Taschenbuchausgabe München 1984

Grass, Günter: Der Butt, Darmstadt/Neuwied 1977, Taschenbuchausgabe München 2015

Grimmelshausen, Hans Jakob Christoffel von: Der abenteuerliche Simplicissimus Deutsch, aus dem Deutschen des 17. Jahrhunderts von Reinhard Kaiser, Frankfurt a. M. 2009

Hank, Rainer: Lob der Macht, Stuttgart 2017

Hegel, Georg Wilhelm Friedrich: Vorlesungen zur Ästhetik I, Frankfur a. M. 1986

Heinz, Michael: Von Mähdreschern und Musterdörfern. Industrialisierung der DDR-Landwirtschaft und die Wandlung des ländlichen Lebens, Berlin 2011

Heinzelmann, Ursula: Was is(s)t Deutschland, Wiesbaden 2016

Hellmuth, Thomas, und Ewald Hiebl: Kulturgeschichte des Salzes: 18.–20. Jahrhundert, Wien 2001

Hengartner, Thomas, und Christoph Maria Merki (Hg.): Genussmittel – Ein kulturgeschichtliches Handbuch, Frankfurt a. M. 1999

Herles, Benedikt: Zukunftsblind, München 2018

Hirschfelder, Günter: Europäische Esskultur, Frankfurt a. M. 2001

Johannes-Hornschuh, Monika: Die moderne Küche als sozialer Raum, Gelnhausen 2010

Kafka, Franz: Ein Hungerkünstler, Berlin 1924; Gesammelte Werke, Taschenbuchausgabe Frankfurt a. M. 1976

Kant, Immanuel: Anthropologie in

pragmatischer Hinsicht, Werkausgabe VII, Frankfurt a. M. 1968

Karmasin, Helene: Die geheime Botschaft unserer Speisen, München 1999

Keglevic, Peter: Ich war Hitlers Trauzeuge, München 2017

Kehlmann, Daniel: Tyll, Reinbek 2017

Keller, Franz: Vom Einfachen das Beste. Essen ist Politik oder Warum ich Bauer werden musste, um den perfekten Genuss zu finden, Frankfurt 2019

Kempowski, Walter: Das Echolot, Abgesang, München 2005

Kern, Esther, Silvain Müller und Pascal Haag: Leaf to Root, Aarau 2016

Kershaw, Ian: Höllensturz, München 2016

Knigge, Adolph Freiherr von: Über den Umgang mit Menschen, Hannover 1788

Koslowski, Peter, und Birger P. Priddat: Ethik des Konsums, München 2006

Kouznetsova, Anja (Hg.): Visual Feast. Contemporary Food Staging and Photography, London 2017

Krüger, Michael, und Eckkehard Faude: Literatur und Alkohol, Lengwil 2004

Kubelka, Peter: Kochen, die älteste bildende Kunst. Ein Gespräch mit Heinz Norbert Jocks. In: Kunstforum International, Bd. 159, 2002, S. 93–109

Lemke, Harald: Ethik des Essens, Berlin 2007

–: Die Kunst des Essens, Bielefeld 2007

–: Nietzsche und der Wille zur Wurst. In: Mitteilungen des Internationalen Arbeitskreises für Kulturforschung des Essens, Heft 11, Heidelberg 2003, S. 76–80

Lenz, Siegfried: Deutschstunde, Reinbek 1968

Lévi-Strauss, Claude: Mythologica I. Das Rohe und das Gekochte, Frankfurt a. M. 1971

–: Mythologica III. Vom Ursprung der Tischsitten, Frankfurt a. M. 1973

Lütz, Manfred: Lebenslust. Über Risiken und Nebenwirkungen des Gesundheitswahns, München 2013

MacKenzie, Deborah, und Michael Le Page: Eat light: Dawn of the plantimals. In: New Scientist, Bd. 208, 2010, S. 32–35

Mann, Heinrich: Im Schlaraffenland. Ein Roman unter feinen

Leuten, München 1900, Taschenbuchausgabe Frankfurt a. M. 1988

Mann, Thomas: Buddenbrooks, Berlin 1901, Taschenbuchausgabe Frankfurt a. M. 1989

–: Der Zauberberg, Berlin 1924, Taschenbuchausgabe Frankfurt a. M. 1989

Manow, Philip: Die zentralen Nebensächlichkeiten der Demokratie, Reinbek 2017

Mayer, Walter: Brot. Auf der Suche nach dem Duft des Lebens, Berlin 2017

Meulen, Nicolaj van der, und Jörg Wiesel (Hg.): Culinary Turn, Bielefeld 2017

Michaels, David: The World is Your Burger, New York 2017

Montanari, Massimo: Der Hunger und der Überfluss. Kulturgeschichte der Ernährung in Europa, München 1993

Müller, Christa (Hg.): Urban Gardening. Über die Rückkehr der Gärten in die Stadt, München 2011

Münkler, Herfried: Der Dreißigjährige Krieg, Berlin 2017

Neumann, Gerhard, Alois Wierlacher und Rainer Wild (Hg.): Essen und Lebensqualität. Kultur- und naturwissenschaftliche Perspektiven, Frankfurt a. M. 2001

Nida-Rümelin, Julian: Humanistische Reflexionen, Frankfurt a. M. 2016

Nietzsche, Friedrich: Jenseits von Gut und Böse [234], Sämtliche Werke, KSA 5: 173

Nipperdey, Thomas: Deutsche Geschichte 1866–1918. Bd. I: Arbeitswelt und Bürgergeist, München 1990

Onfray, Michel: Die genießerische Vernunft, Baden-Baden/Zürich 1996

Peter, Peter, Kulturgeschichte der deutschen Küche, München 2009

Peyer, Hans Conrad: Gastfreundschaft und kommerzielle Gastlichkeit im Mittelalter, München 1983

Pleschinski, Hans: Königsallee, München 2013

Plessner, Helmuth: Die Stufen des Organischen und der Mensch. Einleitung in die philosophische Anthropologie, Bonn 1928, 3. Aufl. Berlin 1975

Pollmer, Udo, Georg Keckl und Klaus Alfs: Don't go Veggie. 75 Fakten zum vegetarischen Wahn, Stuttgart 2016

Raddatz, Fritz J.: Tagebücher, Reinbek 2010, Eintrag vom 17.5.1993
Rath, Claus-Dieter: Reste der Tafelrunde. Das Abenteuer der Eßkultur, Reinbek 1984
Richter, Stefanie: Essstörung. Dissertation, Bielefeld 2006
Riepertinger, Rainhard, et. al. (Hg.): Bier in Bayern, Katalog zur Bayerischen Landesausstellung, Regensburg 2016
Rigotti, Francesca: Philosophie in der Küche, München 2002
Roth, Joseph: Radetzkymarsch, Berlin 1932, Taschenbuchausgabe Köln 2010
Rudtke, Tanja: Kulinarische Lektüren, Bielefeld 2013
Rumohr, Carl Friedrich von: Geist der Kochkunst, Stuttgart 1822, Taschenbuchausgabe Frankfurt a.M. 2010
Ruoß, Siegfried: Schwäbische Spätzleküche, Stuttgart 2001

Safranski, Rüdiger: Romantik. Eine deutsche Affäre, München 2007
Schivelbusch, Wolfgang: Das Paradies, der Geschmack und die Vernunft. Eine Geschichte der Genussmittel, München 1980
Schneider, Peter: Die Lieben meiner Mutter, Köln 2013
Schuhbeck, Alfons: Meine Reise in die Welt der Gewürze, München 2011
Schürmann, Thomas, Tisch- und Grußsitten im Zivilisationsprozess. Dissertation, Münster 1994
Schweißfurth, Karl Ludwig: Der Metzger, der kein Fleisch mehr isst, München 2014
Seibt, Ferdinand: Glanz und Elend des Mittelalters, Berlin 1987
Simmel, Georg: Soziologie der Mahlzeit, in: Der Zeitgeist, Beiblatt zum Berliner Tagblatt Nr. 41, 10. Oktober 1910; socio.ch/sim/verschiedenes/1910/mahlzeit.htm
Sloterdijk, Peter: Kritik der zynischen Vernunft, 2. Band, Frankfurt a.M. 1983
Strauss, Simon: Sieben Nächte, München 2017

Tellkamp, Uwe: Der Turm, Berlin 2008
Teuteberg, Hans Jürgen: Essen und kulturelle Identität, Berlin 1997
Teuteberg, Hans Jürgen, und Günter Wiegelmann (Hg.): Unsere tägliche Kost. Studien zur Geschichte des Alltags, Bd. 6, Münster 1986
Timm, Uwe: Die Entdeckung der Currywust, Köln 1993
Tolksdorf, Ulrich: Grill und Grillen oder: Die Kochkunst der mittleren Distanz. In: Kieler Blätter zur Volkskunde, 5, 1973, S. 113–133

Uther, Hans-Jörg: Handbuch zu den Kinder- und Hausmärchen der Gebrüder Grimm, Berlin 2008

Vandereycken, Walter, Ron Van Deth und Rolf Meermann: Hungerkünstler, Fastenwunder, Magersucht. Eine Kulturgeschichte der Eßstörungen, Zülpich 1990

Vaupel, Elisabeth: Gewürze. Acht kulturhistorische Kostbarkeiten, München 2002

Wagner, Christoph: Universität der Genüsse, Innsbruck 2015

Wagner, Jan: Regentonnenvariationen, München 2014

Walser, Martin: Das dreizehnte Kapitel, Reinbek 2012

–: Angstblüte, Reinbek 2006

Wawerzinek, Peter: Schluckspecht, Köln 2014

Wehler, Hans-Ulrich: Deutsche Gesellschaftsgeschichte, 4 Bd., München 1987–2003

Werner, Florian: Die Kuh. Leben, Werk und Wirkung, München 2009

Wierlacher, Alois: Gastlichkeit, Berlin 2012

–: Vom Essen in der deutschen Literatur. Mahlzeiten in Erzähltexten von Goethe bis Grass, Stuttgart 1987

Wierlacher, Alois, Gerhard Neumann und Hans Jürgen Teuteberg (Hg.): Kulturthema Essen, Berlin 1993

Wohlleben, Peter: Das Seelenleben der Tiere, München 2016

Zamoyski, Adam: Phantome des Terrors, München 2016

Zuckmayer, Carl: Der fröhliche Weinberg, Berlin 1925

Zweig, Arnold: Erziehung vor Verdun, Amsterdam 1935, Berlin 2001

Zweig, Stefan: Die Welt von Gestern, Stockholm 1942, Taschenbuchausgabe Frankfurt a.M. 1970

MHD25.10
VERP22.10
MEGGLE
Feine Butter
Beurre-Boter-Burro
UniversitätsKlinikum Heidelberg
Wir wünschen Ihnen einen guten Appetit
und baldige Genesung.
Ihr Serviceteam Küche

MIX
Papier aus verantwortungsvollen Quellen
FSC® C083411

Verlagsgruppe Random House FSC® N001967

PENGUIN VERLAG

1. Auflage

in der Verlagsgruppe Random House GmbH,
Neumarkter Str. 28, 81673 München
Lektorat: Ulla Mothes, Berlin
Bildbearbeitung: Lorenz & Zeller, Inning am Ammersee
Umschlaggestaltung: Büro Jorge Schmidt, München
Umschlagabbildungen: © Foodcollection / Getty Images;
© Nanni Schiffl-Deiler, München
Satz: Vornehm Mediengestaltung GmbH, München
Druck und Bindung: CPI books GmbH, Leck
Printed in Germany
ISBN 978-3-328-60004-6
www.penguin-verlag.de

Dieses Buch ist auch als E-Book erhältlich.